U0655940

应用型高校本科专业
产教融合型课程体系改革与实践
经济学专业

李红欣　魏　瑞　王巧玲　编著

清华大学出版社

北京

内 容 简 介

在快速变化的经济环境中,高等教育正面临着前所未有的挑战与机遇。随着产业结构的不断优化升级,市场对于具备扎实理论基础与卓越实践能力的高素质经济学人才需求日益迫切。应用型高校作为连接教育与产业的重要桥梁,其本科专业产教融合型课程体系的改革与实践已成为培养适应经济社会发展需求经济学人才的关键所在。本书在介绍经济学专业发展历程和现状的基础上,从市场对经济学专业的人才需求出发,找出学生的主要就业岗位,并梳理出该岗位的主要任务、能力要求以及知识要求,从而构建了基于岗位任务的由专业基础课程＋项目化教学课程＋应用型课程所组成的经济学专业的新课程体系。同时,本书还提供了部分主干课程的知识建模图以及基于 OBE 理念的教学设计,以期和各位同人一起学习交流。

本书封面贴有清华大学出版社防伪标签,无标签者不得销售。

版权所有,侵权必究。举报:010-62782989,beiqinquan@tup. tsinghua. edu. cn。

图书在版编目(CIP)数据

应用型高校本科专业产教融合型课程体系改革与实践.经济学专业/
李红欣,魏瑞,王巧玲编著 . --北京:清华大学出版社,2025.5. --ISBN
978-7-302-69099-3

Ⅰ. G649.21

中国国家版本馆 CIP 数据核字第 20250S3N28 号

责任编辑:刘士平
封面设计:常雪影
责任校对:袁 芳
责任印制:刘 菲

出版发行:清华大学出版社
　　　网　　　址:https://www.tup. com. cn, https://www.wqxuetang. com
　　　地　　　址:北京清华大学学研大厦 A 座　　　邮　　编:100084
　　　社 总 机:010-83470000　　　邮　　购:010-62786544
　　　投稿与读者服务:010-62776969, c-service@tup. tsinghua. edu. cn
　　　质量反馈:010-62772015, zhiliang@tup. tsinghua. edu. cn
印 装 者:天津安泰印刷有限公司
经　　销:全国新华书店
开　　本:185mm×260mm　　　印　　张:21.75　　　字　　数:423 千字
版　　次:2025 年 7 月第 1 版　　　印　　次:2025 年 7 月第 1 次印刷
定　　价:79.00 元

产品编号:109534-01

序 一

课程是教育教学活动的基本依据,是实现教育目标的基本保证,是学校一切活动的中介。课程教学是师生共存的精神生活过程,自我发现和探索真理的过程,生命活动和自我实现的方式。具体而言,课程的重要性体现在 4 个结合点:第一,课程是学生和学校的结合点,学校提供课程,学生学习课程;第二,课程是学校和社会的结合点,社会对人才(学生)的不同要求通过课程结构和内容的改变来实现;第三,课程是教学和科研的结合点,科研促进教学,载体是课程;第四,课程是学生个体文化和社会文化的结合点,是学生社会化的重要渠道。课程是学校最重要的事,同时也是最容易被忽视的事。学校领导往往认为,课程教学是教师们的事;教师则容易将自己的研究、关注点放在学术上,忽视对课程的研究。实则,课程是一个开放体系,与政治、文化、经济、民族、语言、性别、制度、学科等紧密相连;课程教学是一项合作的事业,需要政府、社会、大学、领导、教师、学生、职员广泛参与。

黄河科技学院是一所高度重视课程建设的大学。我与该校董事长胡大白先生、执行董事兼校长杨保成教授有过多次交流。2024 年 10 月,我和我们院校研究团队师生到该校进行了为期两天的考察学习。同年 11 月,我指导的一位博士生又到该校进行了为期 周的调研学习。黄河科技学院的课程建设给我留下了极为深刻的印象。

黄河科技学院遵从党中央"全面提高人才自主培养质量"的要求,从"让每个学生都享有公平而有质量的教育,使具有不同禀赋和潜能的每一个人都得到充分发展"出发,积极开展课程改革。在课程改革中,学校立足为地方和产业发展培育应用型人才的人才培养目标,开展大样本、全覆盖的专业岗位需求调研。通过调研,抓住在应用型人才培养中存在的"产教融合不够深入、师资实践应用能力不够、课程体系与市场需求无法紧密衔接"等问题,探索能够满足中国式现代化发展需求,以提升学生的岗位胜任力、就业适应力和职业发展力为目标的应用型本科教育模式。在这一课程改革过程中,影响深远、成效显著的当属创造性地提出并推进项目化教学体系改革。

项目化教学以能力目标为导向,以企业岗位任务为课程载体,通过真实的项目来促进学生主动学习。项目化教学具有真实性、实践性、探究性和创新性。实施项目化教学有利于增强学生知识整合和应用能力,有利于提升学生综合能力,有利于培养学生职业能力。从我们的考察中了解到,黄河科技学院从 2018 年开始推动项目化教学体系改革。在改革的过程中,学校做了大量工作。

(1)营造课程建设和改革的制度环境。学校积极营造有利于课程建设和改革的制度环境,出台相关支持政策。首先,开展覆盖全校的课程立项工作,制定各类课程建设标准,每门课给予相应的立项经费支持,累计投入了 3000 多万元支持全校 1300 多门课程的建设和改革。其次,实行优课优酬的制度,根据课程评估结果,给予教师们最高五倍课酬的课时费。最后,给予学校教师横向项目 20% 的配套经费,支持教师们将科研成果、横向项目转化落地、公司化、市场化,落地后给予 10 万~15 万元的经费支持,并鼓励教师们将这些成果积极转化,反哺到课程教学中。

(2)构建课程建设和改革的组织机构。大学产教融合课程体系的改革需要联合各个教学单位、职能管理部门和一线教师进行互动合作,逐步构建一个有利于产教融合型课程体系建设的组织机制。首先,学校进行了体制机制改革,在学校职能部门层面进行“大部制”改革,将原来的 13 个处级单位整合成教师中心、教育教学中心、学生中心三大中心,以及思政工作部、科技发展部、资源保障部等五个大部,实现了职能部门的扁平化管理,大大提高了职能部门服务课程建设和改革的效率。在教学单位进行“学部制”改革,将 12 个学院整合成工学部、艺体学部、商学部、医学部四个学部,打通了院系壁垒,整合了学科、专业、师资和平台等各类资源,为课程改革提供了有力支持。其次,学校创建了上下协同的组织机制。自上而下,主管校领导、教育教学中心组织项目化和产教融合型课程体系建设研讨会,激发和启蒙教师对于课程建设的热情和想法,鼓励教师投入课程改革实践,并通过咨询和课程指导推进课程改革的进行和完善。首批试点课程建设完成后,引导优秀教师利用教学学术思维进行研讨、反思和改进,并作为导师培训其他教师开展课程改革,起到了自下而上的效果。上下协同,推进产教融合型课程体系建设的良好发展。

(3)提供课程建设和改革的资源条件。资源条件包括软件条件和硬件条件。其中,软件条件是指利于课程建设和改革的“人”的资源,主要关注产教融合课程教学团队师资建设。聘请国家教育行政学院刘亚荣教授牵头的专家团队,主管校长亲自带队,通过多种方式对学校管理人员和教师进行培训,制定各类课程评估标准,掌握课程知识建模方法;定期组织课程改革交流工作坊,供教师们学习、研讨和互动;鼓励和动员教师到企业挂职锻炼,提高教师们的实践能力,更好地服务产教融合课程改革。硬件条件是指利于课程建设和改革的基础资源,主要包括项目实践场所、项目设计和实施物资以及产业和企业资源的支持。学校主动协调联系校内资源和企业资源,创办大学科技园、创客工厂、众创空间、各类工程实训中心等场所,并保证各类工具和物资的供应,为课程设计和实施提供条件。学校层面和学部层面都设有产教融合办公室,积极联系和对接企业,进行沟通合作,帮助教师们开拓更广泛的企业资源,保证课程植根于产业并最终走向社会。此外,学校还自主研发了集智能管理、智慧教学和数智评价于一体的数字化课程建设平台,为课程建设和改革提供了优质高效的数字化资源保障。

在实施项目化教学的同时,学校倒推整个课程体系的调整和改革,最终构建了"2+1+1"(基础+实践+应用)的产教融合型课程体系。在学校构建的产教融合型课程体系中,前两年的基础课阶段聚焦学生基本能力的养成,设置基础性课程,通过一些综合性项目,让学生"见过"和"做过";大三的实践阶段,通过项目化教学课程对接企业实践工作岗位的真实项目,培养学生实践创新能力,让学生能够"做成";大四的应用阶段,设置应用型课程,教师直接带领学生进入企业生产一线,通过企业委托项目,让学生能够"做好"。

黄河科技学院课程体系改革已经取得了丰硕成果,产生了广泛的社会影响。学校在教育教学改革后的师生满意度调查中,总体满意度高于98%。在改革的过程中,全校师生积极参与,共同创造,凝聚改革共识,产教融合走向深入,教师、学生能力显著提升,人才培养与行业企业岗位需求的对接愈发紧密,课程教学质量有了明显提升。改革成果受到省内外高校和社会的广泛关注,130多所高校、240多家企事业单位到校交流;课程改革总体设计者、负责人杨保成教授,应邀在国内各类教育学术研讨会及多所高校介绍改革的做法和经验。

现在,学校以"应用型高校本科专业产教融合型课程体系改革与实践"为题,在清华大学出版社结集出版系列图书,十分有意义。一方面,为应用型高校深化教育教学改革、创新人才培养模式、优化课堂教学方式方法、开展常态化课程评价、全面提升育人水平提供了参考。另一方面,为专业负责人、任课教师如何改革课程结构、改进教学方法,特别是在项目化教学中如何将企业的真实任务或者项目与专业课知识真正融合,以构建一门与人才培养目标相匹配、内容适度的课程等提供了借鉴。综上,我十分高兴地向高校同人们推荐系列图书。

黄河科技学院的"应用型高校本科专业产教融合型课程体系改革与实践"属于规范的院校研究。他们在立足本校课程体系改革的院校研究中,体现出了热心教育、关爱学生的奉献精神;学习教育理论、探索教育规律的科学精神;"勇立潮头,敢于破局",在突破难点、痛点中不断奋进的坚韧不拔的精神,值得我们学习。期望高校同人像黄河科技学院那样开展院校研究,通过院校研究推进学校的建设和发展。

是为序。

华中科技大学原党委副书记
中国高等教育学会院校研究分会创会会长

2024 年 12 月 8 日

序　二

党的二十大报告明确提出了"全面提高人才自主培养质量"的要求,党的二十届三中全会在此基础上审议通过的《中共中央关于进一步全面深化改革　推进中国式现代化的决定》进一步提出了"分类推进高校改革"的要求。为构建高质量的人才自主培养体系,教育部提出了具体的技术路径,包括编制学科专业知识图谱、能力图谱,推动项目式、情景式和研究式教学等深度探索,实现从"知识中心"到"能力中心"的转变。河南省教育厅出台的《河南省本科高等学校深化产教融合促进高质量发展行动计划》,紧密结合本省传统产业提质发展、新兴产业培育壮大、未来产业谋篇布局,全力推动人才培养供给侧和产业需求侧结构要素全方位融合,为加快构建河南现代产业体系,确保高质量建设现代化河南、确保高水平实现现代化河南提供强有力的人才和智力支持。

作为高等教育体系的重要组成部分,应用型本科高校是形成产教良性互动、校企优势互补的产教深度融合发展格局的高等教育主要生力军,为全面建设社会主义现代化国家提供强大的人力资源支撑,在推进中国式现代化进程中扮演着至关重要的角色。然而,当前应用型本科人才培养体系改革存在很多堵点、痛点和难点,其中以下三个方面尤为关键。

其一,产教融合不够深入。高校与企业合作存在合作浅层化、利益差异化、供需不对接等问题,高校难以准确把握产业需求和企业的实际需求,服务产业发展和行业企业技术升级的能力不够,企业参与高校人才培养过程的积极性、主动性不够。

其二,师资实践应用能力不足。大部分教师毕业后直接到高校授课,理论知识丰富扎实,但缺乏行业经验和企业实践经验,难以紧跟行业最新发展趋势,在解决企业实际问题方面的实践应用能力不足。

其三,课程体系与市场需求无法紧密衔接。现有课程体系没有从市场导向出发进行系统设计,与市场需求衔接不紧密,课程教学目标、内容、评价方法不能有效促进应用型人才培养目标的实现,导致课程体系对人才培养目标的支撑力不够,学生能力与企业岗位任务要求出现脱节。

习近平总书记在 2024 年 9 月召开的全国教育大会上的重要讲话,向全党全社会发出了"建成教育强国"的动员令,系统部署了全面推进教育强国建设的战略任务和重大举措。习近平总书记指出,建设教育强国是一项复杂的系统工程。中共教育部党组在《人民日报》发表文章强调,面对新一轮科技革命和产业变革对全球秩序和发展格局带来的深远影响,能不能建成教育强国、为加快实现高水平科技自立自强提供支撑,能不能培养出世界一流人才和经济社会发展所需的大批高素质建设者,是摆在我们面前的重大课题。如何让每个学生都享有公平而有质量的教育,使具有不同禀赋和潜能的每一个人都能得到充分发展,是每一个教育工作者长期努力、不断改革的方向。

黄河科技学院作为全国第一所民办普通本科高校,肩负着为地方和产业发展培育应用型人才的使命。在新时代全面推进教育强国建设的背景下,学校清醒地认识到,要想真正实现面向未来培养人才,必须勇立潮头,敢于破局,重新规划未来学校发展定位,重构全新的产教融合人才培养体系,并且在专业层面、课程层面、课堂教学层面层层深入、彻底落实。教学改革改到深处是课程,改到痛处是教师。办学理念再好,体系设计再先进,没有教师的落地实施,人才培养成效是无法见真章的。为此,黄河科技学院从2018年开始,以英语课程和体育课程为破局起点,通过创新探索,让教师们初试初尝"以学生学习成长为中心"的课程和教学模式改革小成功的喜悦和红利;继而通过体制机制重构,全面触发和激励更深层次的人才培养体系创新和方法论创新;通过构建思想引路、问题导向、自我学习探索以及专家咨询等一系列行动学习式的有组织学习,推动全校所有专业所有教师,共同构建和实施了全新的人才培养体系。

人才培养是一个系统复杂的工程,体现在目的—目标体系的多层次和复杂性。具体而言,宏观层面必须以党和国家的意志和要求为根本遵循,即落实立德树人根本任务,培养德智体美劳全面发展的社会主义建设者和接班人;中观层面要体现区域需要,即精准对接国家战略和河南省"7＋28＋N"产业链群,深度聚焦发展新质生产力要求;微观层面,学校明确提出,要以学生的成长发展,提升学生的岗位胜任力、就业适应力和职业发展力为目标。

为实现上述目的—目标体系,学校以支撑目标实现的课程体系改革为突破口,构建了以能力逐级进阶提升为导向的"2＋1＋1"(基础＋实践＋应用)产教融合型课程体系(见图1)。其中,立德树人的课程思政点作为每一门课的育人目标,纳入教学设计要求。课程体系中的"2"代表本科阶段的大一、大二聚焦学生"基本能力"养成,设置基础性课程。学生通过基础性课程学习专业基础知识和技能,实现"见过"和"部分做过",为后续学习与实践筑牢坚实的理论基础和技能基础。中间的"1"代表大三基于企业真实项目和市场评价标准,创设基于培养实践和创新能力的项目化教学课程,设置就业、创业、应用型研究三个方向,实施分类培养。学生可根据职业发展方向自由选择,实现个性化发展。学生在参与项目化教学课程的学习与实践中,将理论知识与实际项目紧密结合,有效提高实践能力和创新能力,实现"做成"。最后一个"1"代表大四开设应用型课程,教师带领学生直接进入企业生产一线,直接参与工作实践,在获取工作报酬的同时接受职业应用性评价,更深入地了解职业需求,为未来职业发展做好充分准备,进一步提升职业发展力,实现"做好",同时为即将步入职场的学生增强信心与竞争力,铺就应用型人才成长之路。学校创新课程体系的最终目的是实现应用型人才的高质量培养,助力学生实现高质量就业。

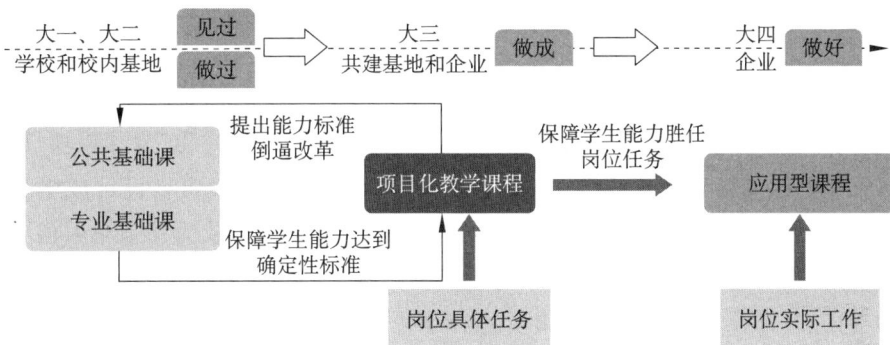

图 1 黄河科技学院"2+1+1"(基础+实践+应用)产教融合型课程体系

之所以进行这样的课程体系设计,是基于学校在多年产教融合的探索实践中发现,教师按照基于学习产出的教育(outcomes-based education,OBE)理念构建课程和课程模块,将能力作为课程目标,其背后的假设是"课程直接可以支撑能力目标",实际上在操作层面较难实现;而把行业企业的真实岗位任务或工程项目、技术研发项目转化为项目化的课程,其背后的假设是"能力内含在操作真实任务的过程中"。因此,将项目化教学课程作为能力培养的真实载体,教师更容易操作。教师可将自己做过的项目转化为课程,用任务承载真实能力训练,学生完成任务即受能力训练,且培养的能力可在任务结果中体现并进行评价。当然,其难点在于如何将企业的真实任务或者项目与专业基础课程知识真正融合,以构建一门与人才培养目标相匹配、内容适度的课程。在此实践逻辑基础上,学校以此类课程为起点,倒推整个课程体系的改革、调整和融合。产教融合型课程体系构建涉及学校及教职工的办学理念层面、工作系统方法层面、落实行为层面和办学效果评价反馈等,是一个复杂的系统工程。为构建这套全新的产教融合型课程体系,学校做了以下基础性改革工作。

一、抓住关键环节,重构人才培养体系

其一,大样本、全覆盖的专业岗位需求调研。由学校商学部人力资源专业团队牵头,专业设计调研方案,培训所有参与调研的专业负责人和教师。学校所有的专业负责人组队深入到学生就业的主要用人单位,开展产业、企业、岗位调研,利用调研数据进行工作分析,最终建立就业数据库:产业—行业—企业分类标准、产业链人才需求标

准、专业人才培养质量标准。学校编制了人才需求能力标签,构建了职位标签等,以便更精准地匹配人才与市场需求。学校紧跟产业需求,将这些标签全部纳入自主研发的数字化平台,形成产业、行业、用人单位就业信息数据库。这些标签都是企业人力资源部门熟悉的用人标签,用人单位后续能够在平台上更新和组合自己的就业数据标签,进而发布就业信息。开放的就业信息数据库能够吸引越来越多的用人单位进驻,逐步覆盖所有本科专业对应的岗位。各专业以此为基础,倒推形成自己的人才综合素质能力评价模型,为后续人才培养模式改革提供依据。

其二,采取课程立项的办法,全面推行大三年级的项目化教学课程建设工程。与项目式、案例式教学课程不同,项目化教学课程将企业真实项目"化"为课程项目任务,既可以无缝对接企业真实岗位要求,提升学生的岗位胜任力;又可以设计成学生是学习主体的项目化教学课程,让学生边做边学,成为学习的主人,成为课堂学习的共同设计者,充分激发学生的内在动力,开展有意义的学习。项目化教学课程的设计,以市场需求为导向,从岗位真实任务要求出发,先提取"职位群—岗位典型任务—工作项目",然后优化这些项目所需要的专业知识图谱,将专业知识图谱与工作项目融合,形成一种新型的项目化教学课程的知识图谱。在此基础上,确定课程教学目标、项目任务、教学内容、课上课下学习任务等。学校制定了项目化教学课程的建设标准:一是强调项目"真实性",必须是来源于企业的实际项目,可以是即时性项目或延时性项目,按照岗位任务逻辑,将项目任务、项目流程、项目能力、常见错误和解决办法编排成学习任务单元;二是建立对接企业行业的项目资源库,及时更新,确保项目的延续性和内容的有效性;三是制定以成果为导向、市场直接评价或仿真评价的三级评价标准,学生考核合格即能达到课程对应的岗位任务要求,胜任岗位工作。项目化教学课程是"2+1+1"产教融合型课程体系中的核心环节,具有承上启下的关键作用。这个环节不进行改革,其他课程改革都只是理念,无法真正落地实施。因此,学校将大三的项目化教学课程的改革作为整个课程改革的切入点,以分批立项的方式完成了大三所有的课程改革。

其三,依托数字化学习平台,基于知识建模、课程教学设计的技术方法全面重构课程体系。作为课程改革的突破口,学校在全面实施项目化教学课程后,开始倒逼前修专业基础课程改革,支撑大四的应用型课程建设。前修基础课程需在目标制定、内容选择、教学模式和评价考核等方面提供有力支撑,以确保知识的系统性和连贯性。同时,项目化教学课程也为大四学生直接参与用人单位的真实项目和工作,提供更具技术性和实用性的知识,以及解决实际问题能力和创新能力的基础。为此,学校邀请国家教育行政学院刘亚荣专家团队,以课程知识建模为基础,全面重构公共基础课程和专业基础课程。一是绘制所有课程的知识建模图。本科专业的全部课程绘制知识建模图为新型人才培养体系搭建坚实的知识体系基础。二是重构基础课程。从支撑项目化教学课程或后续专业基础课程的需要入手,倒推专业基础课和公共基础课的知识容量和结构,全面梳理项目化教学课程所需的知识、能力和素质,将知识点进行详细分解、重新组合,重塑现有的知识体系,对前修专业基础课程的知识、能力、素质主模块进行组合,形成新的专业基础课和公共基础课。三是明确课程建设标准,推动新版教学设计和课程大纲的制定。基于课程知识建模图,重新制定1206门本科课程的教学设计和课程大纲,每门课的教学设计都重新设计和匹配了"以学生学习为中心"的各种教学、学习资源,包括线上课程、作业练习、各种学习评价工具等。四是建设数字化学习平台系统。所有课程的教学、学习资源都实现了线上师生共享,有效满足了教师教学和学生学习对各种学习资源和工具即时性、便利性的需求;解决了公共基础课学生基数大、师生互动难等问题;也解决了教考分离、多维评价、客观证据翔实的教学和学习评价真实难题;真正实现了学生随时可学,不受限于学期和专业,学完即可结业的泛在学习理念。

其四,基于市场真实评价的应用型课程建设。作为学校"2+1+1"产教融合型课程体系的最后环节,应用型课程是对应用型人才培养效果的有效检验和直接体现。学校指导各本科专业开展高质量充分就业调研分析,通过定性与定量相结合,从知识能力素质要求、工作岗位经验、职业资格证书考取等维度对毕业生高质量充分就业的本质属性进行画像,提出高质量充分就业标准,并落实到应用型课程目标中。应用型课程的设计基于实际的产业发展和市场需求,由教师承接研发创新类等高质量真实市场项目,通过相应的教学设计(如学分、教学安排、课程考核等)赋予其课程要素,从而转换为课程。教师带领学生承接真实的市场项目,接受市场评价,产生经济与社会效益。在此过程中,教师的实践教学能力得以显著提高,逐步向"双师型"教师队伍转型。学生通过岗位任务从合格的入职者变成优秀的入职者,实现从"做成"到"做好",直接实现高质量充分就业。

其五,建立优秀本科生荣誉体系。为引领学生积极进取、全面发展,持续提升学生德智体美劳综合素养,进而激励学生追求卓越、奋发向上,营造"逢一必争,逢金必夺"的优良校园氛围,学校以德智体美劳全面发展为导向重构本科生荣誉体系,促进学生成长成才。一方面,学校表彰在学习、创新创业等方面表现突出的学生。他们或项目成果获企业采纳,实现高质量充分就业目标;或创新创业能力强,勇启创业征程;或勤奋好学,有一定学术成果。学校为他们颁发"全能英才奖""创新创业奖""学业卓越奖",激发学生的内在潜能和创新精神,促进学生更加积极主动地投入到学习和实践中,不断挑战自我,追求更高的目标。另一方面,学校表彰积极参与学校产教融合工作并做出努力和贡献的优秀毕业生。他们或积极牵线搭桥,为学校与企业搭建合作桥梁,不断拓展合作渠道;或参与学校课程设计,将企业实际需求与行业最新动态有机融入教学内容,助力学校构建贴合市场需求的人才培养模式;或为在校生创造大量实习与实践机会,促使学生在实践中茁壮成长。学校为他们颁发"杰出校友奖",对其做出的贡献和取得的成就给予充分肯定。同时,学校激励在校学生努力提升自己,力争成长为创新引领型人才。

　　黄河科技学院"2+1+1"产教融合型课程体系不同于传统学科逻辑下的本科人才培养体系,也不同于当前很多应用型大学倡导的校企合作的本科人才培养体系。三种人才培养体系对比分析见图2。传统高校人才培养体系根植于学科逻辑,偏重知识传授,为学生筑牢坚实的理论基础。然而,在对接企业实际工作所需的应用技能培养方面却极为薄弱,使得传统本科教育的毕业生大多呈现出"眼高手低"的特点,必须经过培训期后才能适应岗位任务要求。在知识匮乏、缺乏信息技术传播知识的时代,这种培养方式是大学的不二选择。但在信息技术时代,知识可以泛在获取,这种人才培养体系已经不能再作为任何大学人才培养的基本方式。

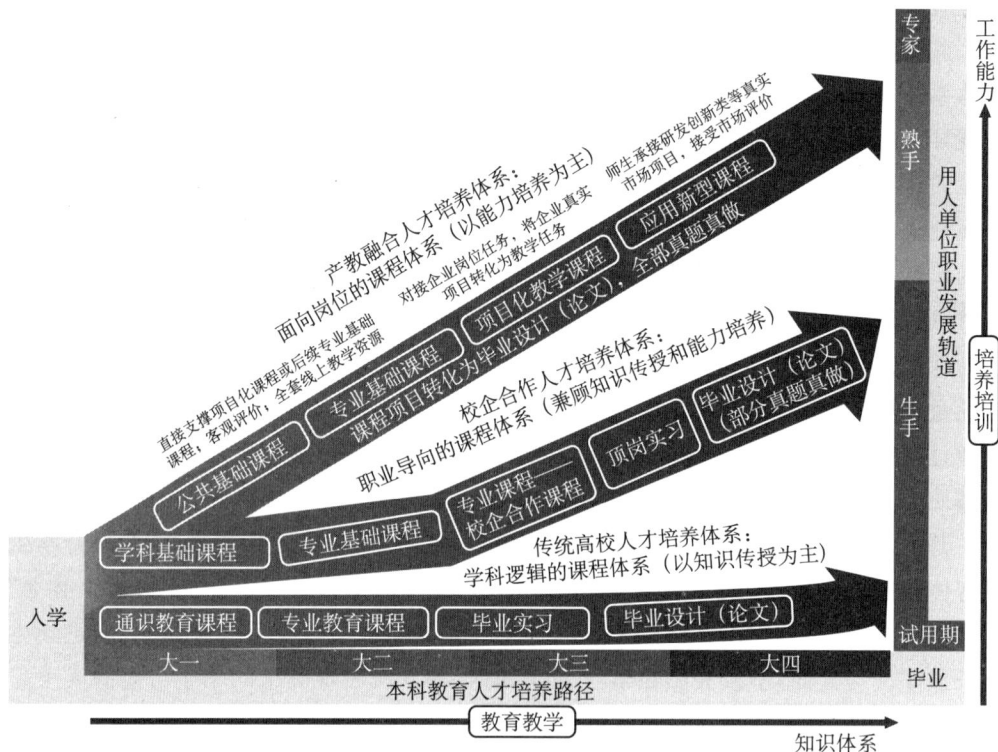

图2　三种人才培养体系对比分析

　　校企合作人才培养体系以职业为导向,设置校企合作课程、顶岗实习及毕业论文真题真做等实践类课程和环节,既注重知识传授,又兼顾能力培养,尤其强调实践与应用,对提高学生实践能力和职业技能有较大帮助。但是也存在四方面的主要问题:一是课程体系内容衔接度不够。校企合作课程与前端的基础课程以及与企业真实岗位要求之间都缺乏有效衔接,导致课程体系连贯性欠佳,人才培养与市场需求不匹配。

二是师资队伍实践应用能力不足。教师因缺乏行业经验与企业实践经验,难以有效解决企业实际问题。三是校企合作课程个性化程度不高。课程多由企业研发,雷同性强,与学校办学特色联系不紧密,无法满足学生的个性化发展需要和市场的多样化需求。四是校企合作课程覆盖领域不广泛。合作项目往往依托"订单式"人才培养开设,局限于企业所需的特定岗位,未能全面覆盖专业面向的所有岗位。

我校的产教融合人才培养体系,从锚定岗位需求出发,重新梳理了人才培养的学习逻辑。在未来的人才培养中,一旦产业中的工程师和学校的教师都具备课程领导力,便能够突破产业和学校的界限,随时将岗位的需求转化为培养的课程。届时,学校将成为任何产业人才随时获取学习机会的场所,也将成为产业孕育未来科技产品的场所。

二、强化支持保障,全面推进综合改革

人才培养体系改革是牵一发而动全身的系统工程,外部需要全社会方方面面的配合与支持,内部也涉及体制机制、数字化平台、课程建设、教学质量评价与持续改进等全要素多维度的支撑和保障。为此,学校主要从以下几方面进行了衔接配套改革。

其一,自主研发数字化平台,实现评价与建设全流程智能化。搭建集智能管理、智慧教学、数智评价于一体的课程建设数字化平台,统筹全校课程资源,对外实现各高校课程资源共建共享,对内实现课程数据与教师数据、学生数据互联互通,协同推进课程建设与评价、学生服务和师资培养;构建基于质量标准、全量化采集、大模型分析的智能化课程评价支持体系,通过统一规划、统一建设、统一管理、统一评价,优化课程结构、明确课程规格、分析课程目标达成度、智能化提供课程画像、过程性规范课程准入与退出,保障一流应用型课程的优质、高效、充足供给。

其二,评价牵引,推进课程高质量建设。学校与国家教育行政学院共同研创课程评价指标体系。分类研创教学设计、教学实施、教学产出评价标准,重点关注课程知识建模的完整性、教学活动目标与任务的一致性、师生交互过程的有效性、教学评价的客观性。聚焦教学设计、教学实施、教学产出三个关键环节,实现课程评估精准化。一是聚焦教学设计。考察 OBE 理念在每个任务和活动设计中的体现,强调选取活动的目标、交互、成果及评价标准的一致性,课程知识建模的完整性等。二是聚焦教学实施。评价教学过程与教学设计的一致性,重点考查学生是否进行高阶思考、是否积极参与各项学习活动、知识能力是否达到预期目标。三是聚焦教学产出。将课程考核评价标准、企业评价标准、企业采纳证明等纳入课程成果重点考察,将教师教学能力提升、课改论文发表等作为教师成果进行评价,将学生考核结果、学生作品、创作等作为学生成果重点考察评价。学校充分利用大数据技术,将日常教学动态数据与专家评估相结

合,建立线上线下相互支持,专业、学部、学校三级进阶式评价机制,实现常态化全覆盖"课程＋教师团队"评价。通过线上审阅课程资源和评审材料、深入课堂随机听课、组织课程答辩汇报、强化反馈改进四步骤,构建评价闭环,促进课程评价"反哺"课堂教学,推动全部课程锻优提质。评价结果打破职称定课酬惯例,实行优课优酬,最高给予5倍工作量奖励。

其三,深化体制机制改革,推动教学改革落地生根。学校充分利用体制机制灵活、行动决策迅速等优势,深入开展"大部制""学部制"体制机制改革,推动高校与产业、行业、企业资源共享、深度融合、协同发力、共同育人。在职能部门推行"大部制"改革,通过整合 13 个处级单位,成立教师中心、教育教学中心、学生中心三大中心,以及思政工作部、科技发展部、资源保障部等五个大部,提高职能部门服务教育教学工作的效能度和协同性。在教学单位积极推动"学部制"改革,打破原有的"校—院—系—教研室"多层级结构,将 12 个学院整合为工学部、艺体学部、商学部、医学部四个学部,依据专业集群下设科教中心,赋予其资源配置的自主权力。通过体制机制改革,充分汇聚学科、专业、师资、平台等各类优势资源,实现了以下三方面的提升。一是教师中心的成立,为教师提供了更专业的发展平台。鼓励教师深入企业实践,提升实践教学能力与专业素养,提供更多职业发展机会和激励机制,打造高素质、专业化、创新型教师队伍。二是教育教学中心的成立,有利于整合教育教学资源,推动产教深度融合。通过搭建教学平台,教师与企业专家共同设计与实施课程、共同制定并修订人才培养方案,促使专业设置紧密贴合产业需求,大幅提升专业与市场对接的精准度与紧密性。同时,引导教师将行业最新动态和技术及时引入课堂,促进教学方法创新,增强教学的针对性和实效性,为培养具有扎实专业知识和较强实践能力的应用型人才筑牢坚实基础。三是学生中心的成立,为学生提供了更多实践机会和职业发展指导。开展职业规划、职业咨询服务、优秀本科生表彰以及行业专家和成功校友经验分享等丰富多彩的活动,为学生在职业选择和发展中遇到的困惑提供个性化指导和建议,进而提升学生的就业竞争力和职业适应能力。

三、发挥改革效能,凸显人才培养成效

学校始终秉持"办一所对学生最负责任的大学"的办学愿景,全心全意为教师服务,全心全意为学生服务,人才培养新体系改革得到广大师生的高度认可和肯定。

学校采用调查问卷、访谈等多种形式开展了教育教学改革后的师生满意度调查。结果显示,总满意度高于 98%。教师董菲菲分享村庄规划授课感悟时谈道:"当学生真正成为课堂的主人时,他们便不再是学习的被动承受者,而是积极投身于教学活动之中,化身为学习的主动探索者与协同合作者。他们的学习热情空前高涨,思维也更加活跃。"教师杨颖分享道:"投身于学校课程改革实践,我深切认识到,卓越的教学绝

非因循守旧,而在于大胆创新、勇于实践。身为一线教育工作者,我们不只是知识的传播者,更是变革的推进者。课改给予我宽广的舞台,使我能尝试新教学理念与方法。我将项目化、合作学习等理念融入课堂,激发学生兴趣与创造力,实现师生平等互动、共同发展。"学生崔锴洁分享了自己在服装与品牌设计课程中的体验:"在这门课程里,同学们模拟不同岗位,大家分工协作,展现出极强的团队协作精神和学习热情,我能深切地感受到有一股强大的力量推动着我在交叉创新的道路上不断向前。"学生司双颖谈道:"项目化教学课程风景园林规划与设计具有很强的实践性、应用性和挑战性。在一次次的项目构思与创作过程中,我被激发出全身心投入学习的热情,对这门课程产生了浓厚的兴趣。特别是当自己设计的园林方案被采纳并且最终得以建成的时候,之前所有的辛苦付出都转化为满满的成就感,那种激动和自豪难以用言语来表达,感觉所有的努力都是非常值得的!"

回顾 6 年的改革历程,学校聚焦人才培养模式改革、课程体系构建、课程开发、课程设计以及课程评价等关键环节,先后召开了主管教学部(院)长、科教中心主任、骨干教师等不同层面人员参与的研讨会 300 余场,投入 3000 余万元用于 1300 多门课程的建设。在此过程中,教师们对于人才培养模式改革理念、思路及步骤等有了更清晰、更深刻的认知。在全体师生的充分认可与深度参与下,全校上下已然凝聚起改革共识,产教融合持续走向深入,教师队伍的能力得到显著提升,人才培养与行业企业岗位需求的对接愈发紧密,课程教学质量有了明显提升。改革成果受到省内外高校和社会的广泛关注,130 余所高校、240 余家企事业单位等到校交流;受邀在中国高等教育学会、国家教育行政学院等举办的院校研究高端论坛,郑州大学、成都大学等高校做主题报告 28 次;成果在第 61 届、第 62 届中国高等教育博览会上展出,获得省内外高校教学管理人员和一线教师的高度好评;办学成效被中央电视台《新闻联播》、新华社、《光明日报》《中国教育报》等广泛报道。

斗转星移,岁月如梭,黄河科技学院在时光的长河中稳健前行。2024 年 5 月,学校迎来了辉煌的四十华诞。值此之际,我们集结学校人才培养新体系改革成果,分专业出版"应用型高校本科专业产教融合型课程体系改革与实践"系列图书,为应用型高校深化教育教学改革、创新人才培养模式、优化课堂教学方式方法、开展常态化课程评价、全面提升育人水平提供有效借鉴和参考。这一本本沉甸甸的册子,凝聚着全校教师在课改历程中的智慧与汗水,折射出全体教师的睿智与灵性,更满溢着全体教师"以学生为中心"的教育理想与不懈追求。

此举,一为抚今追昔,以文字铭刻学校波澜壮阔的发展历程,为辉煌历史留存厚重见证;二为激励莘莘学子奋发图强,在知识的海洋中砥砺前行,以拼搏之姿努力成才,为未来铸就璀璨华章;三为鼓舞吾辈同人不忘初心,励精图治,以昂扬斗志勇攀高峰,在教育的新征程上再创佳绩,为国家培养更多栋梁之才,为时代书写更壮丽的教育诗篇。

　　回顾往昔,那些奋斗的足迹、拼搏的身影,皆是前行的动力源泉。展望未来,我们深感责任重大、使命光荣。我们定会牢记为党育人、为国育才的初心使命,不负重托,与时俱进,努力谱写无愧于前人、无负于时代的璀璨新篇章。

黄河科技学院执行董事、校长

杨保成

2024 年 10 月 16 日

前 言

在当前教育改革的浪潮中,推动应用型高校本科专业与产业深度融合的课程体系的改革与实践,不仅是提升高等教育质量、增强毕业生就业竞争力的关键举措,更是促进经济社会高质量发展的内在要求。这一进程中,经济学专业以其独特的跨学科视角和紧密联系实际的特性,扮演着至关重要的角色。

然而,经济学专业的传统教育模式往往侧重于理论知识的传授,忽视了对学生实践能力的培养,导致部分毕业生难以迅速适应市场需求。因此,在应用型高校中推进经济学专业产教融合型课程体系的改革,将行业前沿知识、企业实际需求深度融入教学内容,构建理论与实践并重、知识与能力并进的课程体系,不仅是提升教育质量、增强学生就业竞争力的必然选择,更是推动经济学教育创新、服务经济社会发展的重要举措。

黄河科技学院作为一所应用型高校,其经济学专业需要培养满足市场需求、适应市场需求的经济学人才。因此,教师团队在对毕业五年内的学生、招聘网站和招聘公告进行广泛调研的基础上,确定了本专业的主要岗位、岗位任务和岗位能力,从OBE理念出发,开发项目化教学课程,倒推专业基础课程,形成服务于岗位需求的"基础＋实践＋应用"的"2＋1＋1"产教融合型课程体系。其中,"2"指大一和大二学习专业基础课程,第一个"1"指大三学习项目化教学课程,最后一个"1"指大四学习应用型课程,即2年专业基础课程＋1年项目化教学课程＋1年应用型课程。

本书共4章。第1章是经济学专业概况,第2章是经济学专业课程体系构建,第3章是经济学专业课程知识建模图,第4章是基于OBE理念的教学设计。

本书在编写过程中,参考了多位专家、学者的著作、论文等成果。同时,本书在编写思想、结构内容、大纲拟定等方面还得到了有关教授的认真指导与审核,对此,我们表示衷心的感谢。

本书由黄河科技学院李红欣、魏瑞、王巧玲编著,宋圣学和夏林等参与编写。其中,李红欣提供了微观经济学、宏观经济学和产业经济学的相关资料,魏瑞提供了政治经济学的相关资料,王巧玲提供了经济统计软件及应用和区域经济学的相关资料,夏林提供了宏观经济学的部分相关资料,欧阳艳蓉提供了家庭财富管理,常永佳提供了证券市场金融产品营销,叶亚丽提供了电子商务数据分析等相关资料。全书由李红欣和魏瑞进行统稿。

由于编写水平限制,书中疏漏和错误之处在所难免,敬请读者批评和指正。

本书编写组

2025 年 1 月

目　录

第 1 章

经济学专业概况

1.1 专业发展历程

经济学专业的发展历史可以追溯到古代,当时,哲学家们就开始思考有关人类活动和资源分配的问题,这些思考后来成了经济学研究的基础。在近代,经济学作为一门独立的学科,包括古典经济学和马克思主义经济学等流派。

古典经济学起源于 17 世纪,其基本概念包括自由市场经济体系、经济增长和分配理论等。古典经济学家认为自由市场经济体系是最能够有效分配资源的一种经济模式,这是因为市场价格通常会在生产成本和消费者需求之间取得平衡,从而实现资源的最优配置。此外,古典经济学家还提出了"看不见的手"理论,认为市场经济自发的相互作用可以促成最优的社会福利结果。在经济增长和分配理论方面,古典经济学家则主要关注劳动生产率和资本积累问题。

马克思主义政治经济学是以马克思主义为基础的一种经济思想流派,其理论来源包括马克思的《资本论》和《哥达纲领批判》等作品。马克思主义经济学家认为资本主义制度下的生产关系是历史中最容易剥削劳动者的生产关系,因此需要一个以生产资料公有制为基础的社会制度来消除资本主义的弊端。他们主张通过无产阶级革命推翻资本主义制度,建立社会主义制度,从而实现人类解放和共同富裕。

自 20 世纪 30 年代以来,经济学作为一门独立的学科在中国得到了广泛的发展和应用。中华人民共和国成立后,经济学专业教育主要学习苏联,按照苏联模式设置专业和课程体系。1966 年后,经济学专业教育陷入了停滞状态,直到改革开放后,经济学专业才得以恢复并进一步发展。1998 年,中华人民共和国教育部修订《普通高等学校本科专业目录》,将经济类专业分为经济学和管理学两个不同的学科门类,其中经济学专业属于经济学门类。在教育部 2012 年、2020 年和 2024 年颁布的《普通高等学校本科专业目录》中,经济类专业的学科门类为经济学,专业代码为 020101,属于经济学类专业。

黄河科技学院经济学专业于 2006 年开始招收普通本科学生,截至 2023 年,已培养出 13 届毕业生。2006 年,学院成立了经济学教研室,全面负责经济学专业的学科建设;2012 年,获批第八批河南省重点学科——区域经济学;2013 年,获批河南省高等学校"专业综合改革试点"项目;2014 年,获批河南省民办高校品牌专业;2018 年,获批第九批河南省重点学科——区域经济学;2024 年,获批第十批河南省重点学科——应用经济学。

1.2　专业现状

从传统的市场需求来看,经济学专业人才需求主要集中在高端市场,例如高校和大公司市场研究分析部门。根据现代市场需求可知,经济学专业毕业生可以在政府部门、金融机构、企业、研究机构等不同类型的组织中找到就业机会,而且往往能够获得相对较高的薪酬水平。如经济学专业毕业生可以选择从事经济预测师、市场分析人员等职业,这些职业主要负责各种市场数据的收集和分析。随着市场化程度越来越高,市场调查和分析的重要性将越来越明显。此外,经济学专业毕业生还可以在金融、咨询等行业中获得相对较高的薪酬水平,特别是在投资银行、咨询公司等高薪领域,经济学背景的人才需求更大。总体而言,经济学专业人才的需求十分广泛,但他们必须具备一定的分析思维和决策能力,以及扎实的经济学知识和实践经验。

2022 年,国务院印发的《"十四五"数字经济发展规划》中明确提出,2020 年我国数字经济核心产业增加值占国内生产总值(GDP)比重达到 7.8%,按当年 101.5986 亿元的 GDP 计算,数字经济核心产业产值约为 7.92 亿元。同时,《"十四五"数字经济发展规划》也提出,到 2025 年,数字经济核心产业产值占 GDP 的比重预计达到 10%。在发布的《全球数字经济发展指数报告(TIMG 2023)》中中国全球数字经济发展指数(TIMG 指数)排名第八。而从分项指标来看,中国在数字基础设施指数中排名第三;在数字市场指数中排名第二。数字经济的快速发展,对电子商务的作用也越来越大,使其更加注重数据的分析和应用,这也对经济学专业提出了新的发展要求,即培养学生数据分析的能力。因此,基于传统和新兴的市场需求,经济学专业开设了证券投资分析、家庭财富管理、证券市场金融产品营销和电子商务数据分析等项目化教学课程,同时为了确保项目化教学课程的顺利开展,开设了经济学、统计学、证券投资学、保险学、计量经济学、经济统计软件及应用、商务数据分析等专业基础课。

黄河科技学院经济学专业现有专职教师 12 人,从学历结构来看,博士研究生 2 人,硕士研究生 10 人;从职称结构来看,教授 7 人,副教授 4 人,讲师 1 人;从年龄结构来看,50 岁及以上 2 人,40～50 岁 9 人,40 岁以下 1 人;教师中享受国务院特殊津贴 1 人、河南省优秀专家 2 人、河南省骨干教师 1 人、河南省学术带头人 1 人、郑州市高校骨干教师 2 人、郑州市优秀教师 1 人。

作为地方民办高校,黄河科技学院经济学专业定位于培养德智体美劳全面发展,具备扎实的经济学理论基础,掌握经济学的基础知识和基本分析方法,具有运用现代技术手段和数量分析方法进行社会经济调查和经济分析的应用能力,并具有向大数据分析、跨境电商等领域扩展渗透的社会适应能力和创新能力,毕业后能在经济管理部门、企事业单位从事经济分析、预测决策、规划和经营管理等工作的应用型高级专门人才以及考取经济类、金融类和管理类的硕士研究生。

第 2 章

经济学专业课程体系构建

2.1　人才需求分析

　　经济学专业涉及宏观经济、微观经济、金融等多个领域,为毕业生提供了广泛的就业机会,而相对集中的去向为升学和金融相关行业。这几年,公务员考试的热潮使经济学成为热门专业。此外,随着我国数字经济的快速发展,市场对经济学专业毕业生的人才需求也有了明显的变化——对数字化人才需求增加,许多与经济相关的岗位对数据处理、计量经济学等技术要求越来越高,经济与数据的结合、经济与科技的结合也越来越密切。因此,求职者需要具备扎实的专业知识、良好的分析能力和实践经验才能在竞争激烈的市场中脱颖而出。

2.2　岗位任务分析

2.2.1　主要就业岗位

　　(1)数据分析师岗位:不同行业中,专门从事行业数据搜集、整理、分析,并依据数据做出行业研究、评估和预测的专业人员。这个岗位的核心工作是利用各种数据分析市场,帮助公司和组织发现并解决问题,发掘商业机会,提高效率和效益,从而促进业务的增长。

　　(2)证券投资顾问岗位:专门从事提供证券投资建议而获取薪酬的资产管理人士。这种业务是一种按照相关规定,证券公司、证券投资咨询机构接受客户委托,按照约定,向客户提供涉及证券及证券相关产品的投资建议服务,辅助客户作出投资决策,并直接或者间接获取经济利益的经营活动。作为证券投资顾问,首先必须取得金融市场基础知识和证券市场基本法律法规两个基础科目的有效合格成绩,得到证券专项科目考试资格,然后再取得证券投资顾问业务专项科目的有效合格成绩,即获得证券投资顾问从业资格后才能从事该岗位。

　　(3)银行理财经理岗位:负责为客户提供投资建议和理财产品的工作人员。其主要职责是根据客户的财务状况、投资目标和风险偏好,为客户提供个性化的理财规划和投资建议。

(4)证券市场金融产品营销岗位:向客户销售证券类金融产品或相关服务的工作人员。其职责包括品牌推广、客户招揽、产品推介和销售,以及客户服务等。

(5)网店运营岗位:是指基于网络店铺的运营工作。主要包括市场调研,市场开店,官方网店运营,品牌营销,资金流、物流、分销体系的建设与维护,会员营销和数据分析等。

(6)会计助理岗位:协助主办会计开展工作,完成会计业务,进行会计核算和分析的工作人员。该岗位一般要求通过初级会计专业技术资格考试,获得担任会计专业职务的任职资格。

2.2.2　主要岗位任务

(1)数据分析师岗位任务:进行市场数据挖掘与分析;进行竞店与竞品分析;进行舆情分析;进行关键词分析;进行选品分析;进行行业分析;进行店铺诊断分析等。

(2)证券投资顾问岗位任务:进行经济基本面和行业分析;选取传统企业和新兴企业进行股票估值;构建投资组合,进行模拟交易和投资组合评价,并修正投资组合;进行技术分析等。

(3)银行理财经理岗位任务:进行家庭资产梳理;完成家庭保险规划方案;制作家庭投资规划方案等。

(4)证券市场金融产品营销岗位任务:进行金融产品的营销选择;确定细分市场及目标客户并制订营销策划及推广方案等。

(5)网店运营岗位任务:选择平台及账号注册;完成选品;熟悉国际物流及报价表,核算运费和选择国际物流,完成实操物流模板的设置;熟悉产品发布的规则,发布产品;进行产品 Listing 优化;熟悉平台站内营销引流工具,能够分析数据报告,设置促销及折扣;发货及客服处理任务等。

(6)会计助理岗位任务:完成期初建账;填制会计凭证;登记企业账簿;编制会计报表;完成纳税申报等。

2.2.3　岗位能力分析

(1)数据分析师岗位能力分析:熟悉各类办公软件,精通统计分析工具软件,擅长数据建模;具备良好的数据敏感度和数据挖掘能力;能够对收集的信息进行汇总,并制作数据报表;具有规范严谨的统计操作技能,能够做好数据及报表的备份,归档保管,熟悉数据安全保护法;能够有效地催收企业相关统计报表;能够进行行业与企业的产品需求分析等。

（2）证券投资顾问岗位能力分析：具有丰富的证券理论知识和证券分析能力，对基本面和技术面分析有深入研究，有稳定盈利的交易体系；具备丰富的投资组合构建和管理能力，能够设计不同类型的投资产品等。

（3）银行理财经理岗位能力分析：具备良好金融业务及产品知识；能独立为客户量身定制资产配置方案；具有良好的沟通能力等。

（4）证券市场金融产品营销岗位能力分析：具备良好金融业务及产品知识；具备市场拓展能力；具备商务谈判能力；具备客户关系建立与维护能力；具备营销策划执行能力；具备市场调研分析能力；具备数据分析及组织协调能力；具备应变能力、市场洞察力等。

（5）网店运营岗位能力分析：熟悉跨境平台操作；熟悉平台规则；具备一定的英语读写能力；具备应变能力、市场洞察力、市场调研分析能力等。

（6）会计助理岗位能力分析：具备扎实的财务知识和会计基础知识，熟悉财务报表编制和分析方法；熟练掌握财务软件和办公软件的应用，如 Excel、Word 等；具备较强的数据处理和分析能力，能够熟练运用财务分析工具；具备良好的沟通能力和团队合作精神，能够与不同部门的同事有效配合；具备较强的责任心和细致的工作态度，能够按时保质完成工作任务；具备一定的英语读写能力，能够熟练阅读和理解财务相关文献等。

2.3 课程体系

2.3.1 专业课程体系结构图

经济学专业课程体系结构图如图 2-1 所示。其中电子商务数据分析、证券投资分析、家庭财富管理、经济法基础与初级会计实务和证券市场金融产品营销是就业方向的项目化教学课程，经济学综合是研究型方向的项目化教学课程，其他课程均为专业基础课。以电子商务数据分析为例，产业经济学和商业数据分析是该课程的直接支持课程，而产业经济学的支持课程是微观经济学和宏观经济学；商业数据分析的支持课程则是经济统计软件及应用、统计学和计量经济学。

2.3.2 专业课程知识结构体系

经济学专业基于岗位和项目任务的课程知识体系组课安排如表 2-1 所示。表中列出了经济学专业的主要职业群：金融服务类、数据分析类、企业会计类、国贸类和营销电商类。针对每一个职业群，该表列出了岗位名称，梳理了岗位任务，同时从岗位任务出发，提炼形成项目化任务，并由若干个项目化任务形成相应的项目化教学课程。为了完成该项目化任务，学生需要具备的先行知识会在专业基础课程主模块中体现出来，最终由若干个主模块构成了相应的专业基础课。

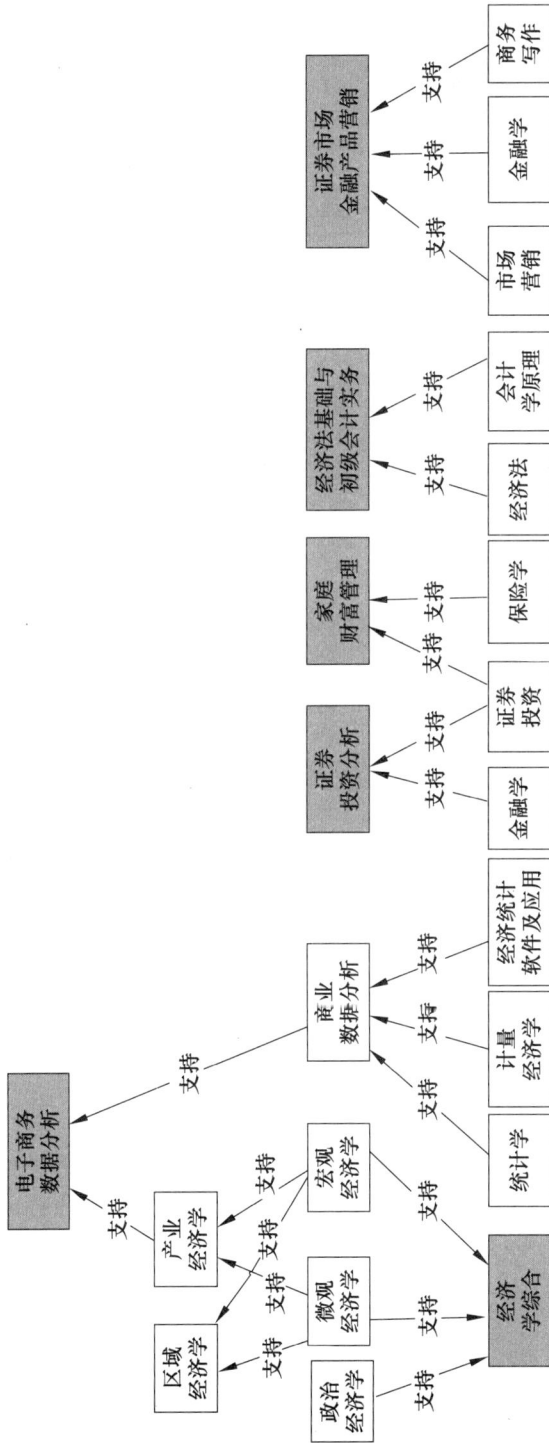

图 2-1 经济学专业课程体系结构图

表 2-1　经济学专业基于岗位和项目任务的课程知识体系组课安排

职位群	岗位名称	岗位任务	项目化任务	项目化教学课程	专业基础课程主模块	专业基础课程
金融服务类	证券投资顾问	基本面分析	项目 X1:基本面分析 任务一:经济基本面分析(课内6学时;课外12学时) 任务二:行业分析(课内4学时;课外8学时) 任务三:模拟交易(课内4学时;课外8学时)	证券投资分析(包含项目 X1/X2/X3/X4)课程性质:必修(学分:3;学时:48)开课学期:第5学期	Z1 基本面分析(7学时) Z2 股票(5学时) Z3 股份资本及股息(3学时) Z4 货币(4学时) Z5 数据搜集与整理(6学时) Z6 宏观经济指标分析(8学时) Z7 国民人收入决定(16学时) Z8 宏观经济政策(8学时) Z9 计量软件运用(3.5学时) Z10 一元线性回归分析(9.5学时) Z11 发展中国家:中国经验(4学时) Z12 经济发展关键因素分析(14学时) Z13 需求分析(4学时) Z14 供给分析(2学时) Z15 价格与弹性(4学时) Z16 消费者行为(7学时) Z17 生产论(6学时) Z18 成本论(4学时) Z19 完全竞争市场分析(6学时)	1. 政治经济学(包含模块 Z3/Z4/Z56/Z57/Z68/Z85/Z103/Z113/Z114/Z118/Z132)课程性质:必修(学分:3;学时:48)开课学期:第1学期 2. 微观经济学(包含模块 Z13/Z14/Z15/Z16/Z17/Z18/Z19/Z20/Z21/Z22)课程性质:必修(学分:3;学时:48)开课学期:第2学期 3. 宏观经济学(包含模块 Z6/Z7/Z8)课程性质:必修(学分:2;学时:32)开课学期:第3学期 4. 金融学(包含模块 Z87/Z88/Z89/Z90/Z91)课程性质:必修(学分:3;学时:48)开课学期:第3学期 5. 财政学(包含模块 Z24/Z25/Z26/Z27)课程性质:必修(学分:3;学时:48)开课学期:第4学期

续表

职位群	岗位名称	岗位任务	项目化任务	项目化教学课程	专业基础课程主模块	专业基础课程(包含模块)
金融服务类	证券投资顾问	基本面分析	同上	同上	Z20 不完全竞争市场分析(8学时) Z21 要素市场(3学时) Z22 市场失灵及微观经济政策(4学时) Z23 决策与决策过程(3学时) Z24 财政及其职能(6学时) Z25 财政收入(13学时) Z26 财政支出(15学时) Z27 财政管理与财政政策(14学时) Z28 产业组织(20学时) Z29 产业政策(4学时)	6. 统计学(包含模块 Z5/Z41/Z66/Z98/Z111) 课程性质:必修 (学分:3;学时:48) 开课学期:第3学期 7. 会计学(包含模块 Z121/Z122/Z123/Z124/Z125/Z126/Z127/Z128/Z129/Z130) 课程性质:必修 (学分:4;学时:64) 开课学期:第2学期 8. 经济法(包含模块 Z37/Z38/Z42/Z43/Z44/Z112/Z131) 课程性质:必修 (学分:2;学时:48) 开课学期:第1学期
		股票估值	项目 X2:对股票进行估值 任务一:选取蓝筹股企业进行估值(课内4学时;课外8学时) 任务二:选取新兴行业企业进行估值(课内8学时) 任务三:模拟交易(课内2学时;课外4学时)		Z30 产业结构(3学时) Z31 产业分析(5学时) Z32 博弈论基础知识(5学时) Z33 优势策略与纳什均衡(8学时) Z34 零和博弈与混合策略(9学时) Z35 动态博弈(10学时) Z36 股票估值(6学时) Z37 公司法(11学时) Z38 证券法(3学时) Z39 多元线性回归分析(11.5学时)	9. 管理学(包含模块 Z23/Z47/Z48/Z49/Z70/Z71/Z72/Z73/Z74/Z75/Z76/Z141/Z147) 课程性质:必修 (学分:3;学时:48) 开课学期:第1学期 10. 管理沟通(包含模块 Z54/Z55/Z67/Z82/Z83/Z133/Z134/Z136) 课程性质:必修 (学分:3;学时:48) 开课学期:第2学期

续表

职位群	岗位名称	岗位任务	项目化任务	项目化教学课程	专业基础课程主模块	专业基础课程
金融服务类	证券投资顾问	构建投资组合	项目 X3：构建投资组合 任务一：构建投资组合（课内 4 学时；课外 8 学时） 任务二：模拟交易（课内 2 学时；课外 4 学时） 任务三：投资组合评价（课内 3 学时；课外 6 学时） 任务四：修正投资组合（课内 3 学时；课外 6 学时）	同上	Z40 投资组合管理（9 学时） Z41 统计数据的概括性度量（12 学时） Z42 经济法总论（6 学时） Z43 个人独资企业和合伙企业法（5 学时） Z44 破产法（7 学时） Z45 时间序列的计量经济模型（13 学时） Z46 放宽基本假定的模型（10.5 学时） Z47 管理导论（4 学时） Z48 管理理论的历史演变（3 学时） Z49 轻制（6 学时）	11. 商务写作（包含模块 Z63/Z69/Z86/Z104/Z105/Z135） 课程性质：选修 （学分：3；学时：48） 开课学期：第 4 学期 12. 证券投资（包含模块 Z1/Z2/Z36/Z40/Z50/Z64/Z65） 课程性质：选修 （学分：3；学时：48） 开课学期：第 4 学期 13. 产业经济学（包含模块 Z28/Z29/Z30/Z31） 课程性质：必修 （学分：2；学时：32） 开课学期：第 4 学期
		技术分析	项目 X4：进行技术分析 任务一：研究市场，总结实用的技术分析体系（课内 4 学时；课外 8 学时） 任务二：选取不同的股票，通过技术分析找出买卖点（课内 4 学时；课外 3 学时） 任务三：模拟交易（课内 3 学时；课外 6 学时） 任务四：修正技术分析体系（课内 1 学时；课外 2 学时）		Z50 技术分析（7.5 学时）	14. 经济统计软件及应用（包含模块 Z51/Z52/Z106/Z107/Z108/Z115/Z116/Z117/Z119/Z120） 课程性质：必修 （学分：3；学时：48） 开课学期：第 4 学期 15. 计量经济学（包含模块 Z9/Z10/Z39/Z45/Z46） 课程性质：必修 （学分：3；学时：48） 开课学期：第 5 学期

续表

职位群	岗位名称	岗位任务	项目化任务	项目化教学课程	专业基础课程主模块	专业基础课程
金融服务类	银行理财经理	制作家庭理财方案	项目 X5:家庭资产梳理 任务一:波动率对家庭投资的影响分析(课内 1 学时;课外 2 学时) 任务二:分析生活中常见的风险(课内 1 学时;课外 2 学时) 任务三:完成客户或自己家庭的家庭资产梳理方案(课内 2 学时;课外 4 学时)	家庭财富管理 (包含项目 X5/X6/X7) 课程性质:必修 (学分:3;学时:48) 开课学期:第 6 学期	Z51 基于 SPSS/STATA 文件的建立、管理和处理(4 学时) Z52 基于 SPSS/STATA 的描述分析(5 学时) Z53 中等收入陷阱(4 学时) Z5 数据搜集与整理(6 学时) Z41 统计数据的概括性度量(12 学时) Z54 面谈(6 学时) Z55 倾听(6 学时) Z56 资本积累(5 学时) Z57 银行资本和利润(4 学时) Z58 保险的基础知识(13.5 学时) Z59 商业保险(15 学时) Z60 社会保险(4 学时) Z61 保险市场(11 学时) Z62 保险规划(4.5 学时) Z63 契约类文书(4 学时)	16. 发展经济学(包含模块 Z11/Z12/Z53/Z145/Z146) 课程性质:选修 (学分:2;学时:32) 开课学期:第 6 学期 17. 商业数据分析(包含模块 Z92/Z93/Z94/Z95/Z96/Z97) 课程性质:必修 (学分:3;学时:48) 开课学期:第 3 学期 18. 保险学(包含模块 Z58/Z59/Z60/Z61/Z62) 课程性质:选修 (学分:3;学时:48) 开课学期:第 5 学期 19. 市场营销(包含模块 Z77/Z78/Z79/Z80/Z81/Z140/Z148) 课程性质:选修 (学分:3;学时:48) 开课学期:第 5 学期 20. 市场调查与预测(包含模块 Z84/Z99/Z100/Z101/Z102) 课程性质:选修 (学分:3;学时:48) 开课学期:第 5 学期
		家庭保险规划	项目 X6:完成家庭保险规划方案 任务一:梳理家庭所有成员现有的人身保障情况(课内 2 学时;课外 8 学时) 任务二:分析客户或学生自己家庭成员可能存在的人身风险(课内 1 学时;课外 4 学时) 任务三:制作家庭保险规划方案(课内 9 学时;课外 20 学时)			

续表

职位群	岗位名称	岗位任务	项目化任务	项目化教学课程	专业基础课程主模块	专业基础课程
金融服务类	银行理财经理	家庭投资规划	项目 X7：制作家庭投资规划方案 任务一：普通家庭或投资者适合选择的投资类别、产品选择及估值实操（课内 8 学时；课外 40 学时） 任务二：家庭投资规划方案的制作（课内 8 学时；课外 16 学时） 任务三：根据不同个人或者家庭情况制作家庭投资方案（课内 4 学时；课外 8 学时）	同上	Z64 基的类别、筛选、重点是 ETF 基金（7 学时） Z65 投资组合管理实操（6.5 学时） Z66 假设建模检验（11 学时） Z67 口头沟通（6 学时） Z68 借贷资本及利息（2 学时） Z69 事务文书（6 学时） Z70 环境分析与理性决策（4 学时） Z71 决策的实施与调整（4 学时） Z72 人员配备（2 学时） Z73 组织设计（4 学时） Z74 领导（4 学时） Z75 激励（4 学时） Z76 沟通（2 学时）	21. ERP 实训 （包含模块 Z109/Z110/Z137/Z138/Z139/Z142/Z143/Z144/Z155） 课程性质：选修 （学分：2；学时：32） 开设学期：第 6 学期 22. 博弈论 （包含模块 Z32/Z33/Z34/Z35） 课程性质：选修 （学分：2；学时：32） 开设学期：第 6 学期 23. 区域经济学 （包含模块 Z148/Z149/Z150/Z151/Z152/Z154） 课程性质：必修 （学分：2；学时：32） 开设学期：第 5 学期
	证券市场金融产品营销岗位	金融产品营销策划	项目 X8：证券市场金融产品营销推广 任务一：金融产品的营销选择（课内 4 学时；课外 8 学时） 任务二：确定细分市场及目标客户（课内 12 学时；课外 24 学时） 任务三：营销策划及方案推广（课内 16 学时；课外 32 学时）	证券市场金融产品营销 （包含项目 X8） 课程性质：必修 （学分：2；学时：32） 开设学期：第 6 学期	Z76 沟通（2 学时） Z77 产品与服务策略（7 学时） Z78 定价策略（8 学时） Z79 市场竞争与定位（7 学时） Z80 促销策略（7 学时） Z81 渠道策略（4 学时） Z82 组织沟通（6 学时） Z83 书面沟通（6 学时）	

续表

专业基础课程

职位群	岗位名称	岗位任务	项目化任务	项目化教学课程	专业基础课程主模块
金融服务类	证券市场金融产品营销岗位	金融产品营销策划	同上	同上	Z84 市场调查目的和内容确认（6学时） Z85 资本循环和周转（6学时） Z86 宣传类文案（14学时） Z71 决策的实施与调整（4学时） Z87 金融市场基础知识（8学时） Z88 基金的类型与交易（10学时） Z89 债券的类型与交易（8学时） Z90 信托的特征与交易（6学时） Z91 货币政策解读（16学时）
数据分析类	数据分析岗位	市场分析	项目 X9：市场数据挖掘与分析 任务一：市场整体数据挖掘（课内 3 学时；课外 13 学时） 任务二：市场整体数据分析与撰写数据分析报告（课内 6 学时；课外 13 学时）	电子商务数据分析（包含项目 X9/X10/X11/X12/X13/X14/X15） 课程性质：选修 学分：3；学时：48 开课学期：第 5 学期	Z92 如何做商业数据分析（6学时） Z93 商业数据采集（9学时） Z94 商业数据处理（9学时） Z95 商业数据分析（9学时） Z96 商业数据展示（9学时） Z97 商业数据分析报告（6学时） Z5 数据搜集与整理（6学时） Z98 时间序列分析和预测（8学时） Z99 市场数据源调查（12学时） Z100 市场调查报告撰写与陈述（10学时） Z101 市场预测（9学时） Z102 市场数据资料处理与分析（11学时） Z103 生产价格的形成（4学时）

续表

职位群	岗位名称	岗位任务	项目化任务	项目化教学课程	专业基础课程主模块	专业基础课程
数据分析类	数据分析岗位	市场分析	同上	同上	ZI104 调研类文书（8学时） ZI105 财经应用文写作基础知识（4学时） ZI06 基于 SPSS/STATA 的聚类分析（5学时） ZI07 基于 SPSS/STATA 的主成分分析（6学时） ZI08 基于 SPSS/STATA 的因子分析（6学时） Z79 市场竞争与定位（7学时） Z19 完全竞争市场分析（6学时） ZI09 会计报表的编制（2学时） ZI110 业绩评价（4学时） Z93 商业数据采集（9学时） Z94 商业数据处理（9学时） Z95 商业数据分析（9学时） Z96 商业数据展示（9学时） Z97 商业数据分析报告（6学时） Z41 统计数据的概括性度量（12学时） ZI11 抽样推断（11学时） Z112 竞争法律（7学时） ZI13 商业资本和商业利润（4学时） ZI14 价值规律（4学时） ZI15 基于 SPSS/STATA 的均值比较（5学时） ZI16 基于 SPSS/STATA 的相关分析（5学时） ZI17 基于 SPSS/STATA 的方差分析（5学时） Z70 环境分析与理性决策（4学时）	
		竞争对手分析	项目 X10：竞店与竞品分析 任务一：竞争对手的识别与分层（课内 3学时；课外 11学时） 任务二：竞店分析与撰写竞店数据分析报告（课内 4学时；课外 13学时） 任务三：竞品分析与撰写竞品数据分析报告（课内 4学时；课外 13学时）			

职位群	岗位名称	岗位任务	项目化任务	项目化教学课程	专业基础课程模块	专业基础课程
数据分析类	数据分析岗位	舆情分析	项目 X11:舆情分析(课内 2 学时;课外 6 学时)	同上	Z93 商业数据采集(9 学时) Z94 商业数据处理(9 学时) Z95 商业数据分析(9 学时) Z96 商业数据展示(9 学时) Z97 商业数据分析报告(6 学时) Z118 资本转化及生产(6 学时) Z119 基于 SPSS/STATA 的典型相关分析(4 学时) Z120 基于 SPSS/STATA 的定性资料统计推断(3 学时)	
		关键词分析	项目 X12:关键词分析(课内 3 学时;课外 10 学时)		Z93 商业数据采集(9 学时) Z94 商业数据处理(9 学时) Z95 商业数据分析(9 学时) Z96 商业数据展示(9 学时) Z97 商业数据分析报告(6 学时)	
		选品分析	项目 X13:选品分析(课内 4 学时;课外 13 学时)		Z93 商业数据采集(9 学时) Z94 商业数据处理(9 学时) Z95 商业数据分析(9 学时) Z96 商业数据展示(9 学时) Z97 商业数据分析报告(6 学时)	

续表

职位群	岗位名称	岗位任务	项目化任务	项目化教学课程	专业基础课程主模块	专业基础课程
数据分析类		行业综合分析	项目 X14:电子商务数据综合分析 任务:行业研究报告(课外 12 学时)	同上	Z31 产业分析(5 学时) Z93 商业数据采集(9 学时) Z94 商业数据处理(9 学时) Z95 商业数据分析(9 学时) Z96 商业数据展示(9 学时) Z97 商业数据分析报告(6 学时)	
	数据分析岗位	店铺诊断	项目 X15:店铺诊断分析 任务一:关键指标分析(课内 4 学时;课外 12 学时) 任务二:产品分析(课内 4 学时;课外 12 学时) 任务三:客户分析(课内 4 学时;课外 12 学时) 任务四:推广分析(课内 4 学时;课外 12 学时)		Z93 商业数据采集(9 学时) Z94 商业数据处理(9 学时) Z95 商业数据分析(9 学时) Z96 商业数据展示(9 学时) Z97 商业数据分析报告(6 学时)	
企业会计类	会计助理	具备初级会计资格证书	项目 X16:达到初级会计资格考试大纲要求 任务一:完成寒假初级会计视频课学习(初级会计实务 70 学时;经济法基础 80 学时) 任务二:参加春季学期期初全真模底考试 任务三:完成轻松过关一,初级会计实务 1 000 题,经济法基础 1 000 题 任务四:参加期中模拟考试(三次) 任务五:考前十天冲刺(初级会计实务 20 学时;经济法基础 20 学时) 任务六:完成三次考前模拟考试	经济法基础与初级会计实务 (包含项目 X16) 课程性质:选修 (学分:4;学时:80) 开课学期:第 4 学期	Z121 会计学总论(8 学时) Z122 会计要素与会计等式(6 学时) Z123 账户与复式记账(6 学时) Z124 借贷记账法的应用(14 学时) Z125 会计凭证(4 学时) Z126 会计账簿(6 学时) Z127 财产清查(6 学时) Z128 财务报告(8 学时) Z129 账务处理程序(4 学时) Z130 会计档案和会计法规(2 学时)	

续表

职位群	岗位名称	岗位任务	项目化任务	项目化教学课程	专业基础课程主模块	专业基础课程
国贸类	网店运营岗	选择平台及账号注册	项目 X17:选择平台及账号注册 任务一:熟悉跨境电子商务的概念和基本流程(课内 1 学时;课外 2 学时) 任务二:查询主流跨境电子商务平台的相关资料(课内 1 学时;课外 2 学时) 任务三:注册 1 个跨境网店(课内 2 学时;课外 4 学时)	跨境网店运营 X17/X18/X19/X20/X21/X22/X23 (包含项目 课程性质:选修 (学分:3;学时:48) 开课学期:第 6 学期	Z131 合同法(9 学时) Z132 商品理论(6 学时)	
		选品	项目 X18:选品 任务一:背诵禁售商品,学会专利查询方法(课内 1 学时;课外 4 学时) 任务二:熟悉选品方法和途径(课内 2 学时;课外 2 学时) 任务三:做意向产品调研报告(课内 4 学时;课外 8 学时) 任务四:自己去平台选 1 个产品(课内 0 学时;课外 2 学时)			
		物流模板设置	项目 X19:物流模板设置 任务一:熟悉国际物流及报价表(课内 2 学时;课外 3 学时) 任务二:学会核算国际物流费运营和选择国际物流(课内 3 学时;课外 6 学时) 任务三:实操模板的设置(课内 4 学时;课外 5 学时) 任务四:学会查询国际物流单号(课内 1 学时;课外 2 学时)		无	

续表

职位群	岗位名称	岗位任务	项目化任务	项目化教学课程	专业基础课程主模块	专业基础课程
国贸类	网店运营岗	产品上传及发布	项目 X20:产品上传及发布 任务一:熟悉速卖通产品发布的规则(课内1学时;课外2学时) 任务二:学会发布产品,发布自己的选品(课内3学时;课外6学时) 任务三:学会使用 PS 处理图片,并将自己的选品图片进行 PS 处理(课内4学时;课外8学时) 任务四:学会发布 Listing 信息档案(课内1学时;课外2学时)	同上	无	
		产品 Listing 优化	项目 X21:产品 Listing 优化 任务一:熟悉优化 Listing 的方案(课内2学时;课外4学时) 任务二:将自己发布的产品的 Listing 进行优化(课内2学时;课外8学时)		无	
		营销	项目 X22:产品营销 任务一:熟悉平台站内营销引流工具(课内1学时;课外2学时) 任务二:学会分析数据报告(课内5学时;课外10学时) 任务三:为自己的产品设置促销及折扣(课内2学时;课外4学时)		Z77 产品与服务策略(7学时) Z78 定价策略(8学时) Z79 市场竞争与定位(7学时) Z80 促销策略(7学时)	
		发货及客服处理	项目 X23:发货及客服处理任务 任务一:熟悉发货及订单反馈处理(课内1学时;课外2学时) 任务二:实操发货及纠纷处理(课内3学时;课外8学时) 任务三:实操二次营销(课内1学时;课外2学时)		Z133 危机沟通(6学时) Z134 人际冲突处理(6学时) Z135 行政公务文书(12学时)	

续表

职位群	岗位名称	岗位任务	项目化任务	项目化教学课程	专业基础课程主模块	专业基础课程
营销电商类	数字营销岗	品牌与产品定位	项目 X24:行业调研及品牌与产品定位 任务一:项目启动——介绍项目价值与产品品牌、阶段周期及任务解读(课内 2 学时;课外 4 学时) 任务二:探究化妆品行业市场——分析化妆品行业头部品牌、搜集和整理产品竞品数据(课内 2 学时;课外 9 学时) 任务三:解读产品品牌文化、品牌发展战略(课内 2 学时;课外 5 学时) 任务四:解读产品主要产品线分布(课内 2 学时;课外 4 学时) 任务五:以产品为案例,解读快消及零售行业的供应链模式(课内 2 学时;课外 5 学时) 项目 X25:品牌数字化营销实践 任务一:探究产品数字化营销实践,分析其线上线下营销布局(课内 2 学时;课外 4 学时) 任务二:了解产品线上与线下上小程序电销新模式(课内 1 学时) 任务三:了解营销创新内容,学习创新与产品营销,设计个人销售海报工具使用(课内 4 学时;课外 14 学时)	数字营销 (包含项目 X24/X25/X26/X27/X28/X29/X30) 课程性质:选修 学分:3;学时:48 开课学期:第 6 学期	Z83 书面沟通(6 学时) Z136 群体、团队沟通(6 学时) Z99 市场数据采集调查(12 学时) Z104 调研类文书(8 学时) Z137 企业战略选择(4 学时) Z138 预算管理(4 学时) Z139 融资管理(2 学时) Z140 品牌策略(8 学时) Z141 组织文化(2 学时) Z142 生产准备(4 学时) Z143 生产管理与成本管理(4 学时) Z144 存货管理(4 学时) Z145 城市发展与新型城镇化(5 学时) Z146 农业农村发展与乡村振兴战略(5 学时) Z147 创新(6 学时) Z148 中国特色区域经济学(7 学时) Z149 生产要素配置与产业集聚(6 学时) Z150 区域经济发展阶段与发展理论(4 学时) Z151 城乡二元结构与城乡统筹(6 学时) Z152 区域经济结构及其演进(5 学时)	

续表

职位群	岗位名称	岗位任务	项目化任务	项目化教学课程	专业基础课程主模块	专业基础课程
营销电商类	数字营销岗	消费者调研与画像提取	项目 X26:消费者调研规划 任务一:了解消费者建议或反馈的途径,掌握获取消费者洞察融入品牌与产品的工具与方法(课内 2 学时;课外 5 学时) 任务二:学习个护行业消费者洞察报告,掌握化妆品细分市场的目标用户基本特征(课内 2 学时;课外 6 学时) 任务三:学习个护行业消费者洞察报告,解读产品面向的目标人群特征(课内 2 学时;课外 6 学时) 任务四:掌握用户调研方法与常用工具,掌握提取用户画像方法(课内 2 学时;课外 6 学时) 任务五:学习调研数据分析技巧及调研报告框架(课内 2 学时;课外 6 学时) 任务六:学习几种常用的数据分析模型(课内 2 学时;课外 5 学时)	同上	Z5 数据搜集与整理(6 学时) Z99 市场数据来源调查(12 学时)	
			项目 X27:撰写消费者调研报告与目标人群画像提取 任务一:用户调研实践周(课内 1 学时;课外 15 学时) 任务二:撰写消费者洞察报告(课内 2 学时;课外 4 学时)		Z148 市场购买行为分析(7 学时) Z154 国民收入区际分配(4 学时)	

续表

职位群	岗位名称	岗位任务	项目化任务	项目化教学课程	专业基础课程主模块	专业基础课程
营销电商类	数字营销岗	产品销售与分析	项目 X28:产品销售技能培训 任务一:了解产品线上与线下的销售模式(课内 1 学时;课外 3 学时) 任务二:销售技能培训(课内 3 学时;课外 10 学时)	同上	Z67 口头沟通(6 学时)	
			项目 X29:产品销售实战 任务一:产品销售实战演(课内 6 学时;课外 17 学时) 任务二:掌握项目复盘方法(课内 1 学时;课外 2 学时) 任务三:对产品销售实践进行总结分析报告与复盘(课内 1 学时;课外 2 学时)		Z155 销售管理(4 学时)	
					Z80 促销策略(7 学时)	
			项目 X30:职场通识培训与项目总结汇报 任务一:学习产品与用户分析报告的通用框架与结构,掌握项目模块整合方法(课内 2 学时;课外 13 学时) 任务二:学习职场通识技能与项目(课内 2 学时;课外 13 学时)		Z69 事务文书(6 学时)	

2.4 经济学本科专业人才培养方案

2.4.1 专业基本信息

专业名称:经济学   专业代码(国标):020101

专业开办年度:2006   学科门类:经济学

标准学制:四年   授予学位:经济学学士

2.4.2 培养目标

经济学专业致力于培养德智体美劳全面发展,具备扎实的经济学、金融学等多学科的理论基础,掌握经济学的基础知识和基本分析方法,具有运用现代技术手段和数量分析方法进行社会经济调查和经济分析的应用能力,并具有向大数据分析、跨境电商等领域扩展渗透的社会适应能力和创新能力,毕业后能在经济管理部门、企事业单位从事经济分析、数据分析、投资分析等工作的应用型高级专门人才以及考取经济类硕士研究生的学术型人才。

学生毕业五年后能够达到的目标如下。

培养目标1:职业素养目标

(1)坚守职业道德:具备良好的职业道德,能坚定理想信念,深刻理解并自觉践行社会主义核心价值观,具有较强的社会责任感和良好的道德修养以及服务社会的意识。

(2)坚守学术诚信:坚守职业道德底线,保持诚信、公正和专业的态度,为经济发展和社会进步做出贡献。

培养目标2:职业技能目标

(1)熟练掌握经济学理论与方法:毕业五年后,学生应能熟练掌握并运用经济学的基本理论和方法,包括供需理论、市场类型、成本收益分析、宏观经济政策等,以解决实际经济问题。

(2)数据分析能力:能够使用数据分析软件(如 Eviews、Stata、Exce 等)从大量数据中提取有价值的信息,为经济分析提供数据支持。

培养目标3:职业发展目标

(1)成为中层经济工作者:毕业五年后,学生应能在企事业单位、金融机构及相关政府经济部门等单位中,成长为从事经济分析、投资咨询、管理与决策的中层经济工作者。他们能够独立完成工作任务,对复杂的经济问题进行深入研究和分析,为单位和客户的决策提供科学依据。

（2）专业深造与学术研究：部分学生可能选择继续深造，攻读硕士或博士学位，以进一步提高自己的专业素养和学术研究能力。这部分学生将能够从事经济学相关领域的研究工作，或在高校、科研院所等机构中从事教学和科研工作。

培养目标4：个人发展目标

（1）持续学习与自我提升：经济学是一个不断发展的学科，新的理论和方法不断涌现。毕业五年后，学生应能保持持续学习的态度，不断提升自己的专业素养和综合能力。

（2）创新创业能力：面对不断变化的经济环境，学生应具备创新思维和投资、创业能力，能够发现新的投资机会和商业机会。同时还要具备较强的独立思考能力和分析能力，能够提出自己的观点和解决方案。

2.4.3 毕业要求

毕业要求1：具有社会主义核心价值观；具有正确的世界观、人生观和价值观；具有坚定正确的政治方向和高尚的道德品质；遵纪守法，诚信友善，具有良好的职业道德和公共道德。

毕业要求2：具备数学、外语、经济学、金融学、统计学等基础知识和经济统计软件及应用、计量经济学等大数据分析的专业知识；掌握扎实的经济学基本理论、研究方法和分析工具。

毕业要求3：具备一定的专业研究能力；能够熟练地将经济学专业知识与数学、统计学、计量经济学相结合；能够熟练应用SPSS软件、Eviews软件进行定量分析与处理。

毕业要求4：具有掌握经济现象的分析方法、金融投资的分析方法等；具有经济分析、投资咨询等方面的能力。

毕业要求5：具备较强的语言表达能力、写作能力、人际沟通和交流能力；具备较强的团队协作精神，能够在多学科背景下的团队中承担个体、团队成员以及负责人的角色。

毕业要求6：具有紧跟国内外经济形势的变化，及时获取最新的政策信息，并学会从中提炼出有用信息的能力；在快速变化的经济和技术环境中，保持持续学习的态度，跟踪相关领域的最新理论和技术进展。

毕业要求7：具备一定的人文社科知识和科学素养，了解经济、文化、社会发展的历史和现状；在分析经济问题时，能够从更广泛的社会文化背景出发，综合考虑各种因素。

毕业要求8：具有良好的科学思维方法和探索精神，在经济研究和实践中，追求真理，严谨治学；具备科学的世界观和方法论；具有良好的人文和科学素养；具有良好的身心素质。

毕业要求9：具备经济学的理性思维能力，具有用经济学理论解释经济现象和分析经济问题的能力；具有一定的创新意识和创新能力。毕业要求指标点分解如表2-2所示。

表2-2　毕业要求指标点分解

毕业要求	指标点
毕业要求1：具有社会主义核心价值观；具有正确的世界观、人生观和价值观；具有坚定正确的政治方向和高尚的道德品质；遵纪守法，诚信友善，具有良好的职业道德和公共道德	1-1　具有社会主义核心价值观；具有正确的世界观、人生观和价值观； 1-2　具有坚定正确的政治方向和高尚的道德品质； 1-3　遵纪守法，诚信友善，具有良好的职业道德和公共道德
毕业要求2：具备数学、外语、经济学、金融学、统计学等基础知识和经济统计软件及应用、计量经济学等大数据分析的专业知识；掌握扎实的经济学基本理论、研究方法和分析工具	2-1　具备数学、外语、经济学、金融学、统计学等基础知识； 2-2　具备经济统计软件及应用、计量经济学等大数据分析的专业知识； 2-3　掌握扎实的经济学基本理论、研究方法和分析工具
毕业要求3：具备一定的专业研究能力；能够熟练地将经济学专业知识与数学、统计学、计量经济学相结合；能够熟练应用SPSS软件、Eviews软件进行经济问题的定量分析与处理	3-1　具备一定的专业研究能力；能够熟练地将经济学专业知识与数学、统计学、计量经济学相结合； 3-2　能够熟练应用SPSS软件、Eviews软件进行经济问题的定量分析与处理
毕业要求4：具有掌握经济现象的分析方法、会计报表的分析方法等；具有经济分析、财务分析等方面的能力	4-1　具有掌握经济现象的分析方法、金融投资的分析方法等； 4-2　具有经济分析、投资咨询等方面的能力
毕业要求5：具备较强的语言表达能力、写作能力、人际沟通和交流能力；具备较强的团队协作精神，能够在多学科背景下的团队中承担个体、团队成员以及负责人的角色	5-1　具备较强的语言表达能力、写作能力、人际沟通和交流能力； 5-2　具备较强的团队协作精神，能够在多学科背景下的团队中承担个体、团队成员以及负责人的角色
毕业要求6：具有紧跟国内外经济形势的变化，及时获取最新的政策信息，并学会从中提炼出有用信息的能力；在快速变化的经济和技术环境中，保持持续学习的态度，跟踪相关领域的最新理论和技术进展	6-1　具有紧跟国内外经济形势的变化，及时获取最新的政策信息，并学会从中提炼出有用信息的能力； 6-2　在快速变化的经济和技术环境中，保持持续学习的态度，跟踪相关领域的最新理论和技术进展

续表

毕 业 要 求	指 标 点
毕业要求7:具备一定的人文社科知识和科学素养,了解经济、文化、社会发展的历史和现状;在分析经济问题时,能够从更广泛的社会文化背景出发,综合考虑各种因素	7-1 具备一定的人文社科知识和科学素养,了解经济、文化、社会发展的历史和现状; 7-2 在分析经济问题时,能够从更广泛的社会文化背景出发,综合考虑各种因素
毕业要求8:具有良好的科学思维方法和探索精神,在经济研究和实践中,追求真理,严谨治学;具备科学的世界观和方法论,具有良好的人文和科学素养,具有良好的身心素质	8-1 具有良好的科学思维方法和探索精神,在经济研究和实践中,追求真理,严谨治学; 8-2 具备科学的世界观和方法论,具有良好的人文和科学素养,具有良好的身心素质
毕业要求9:具备经济学的理性思维能力,具有用经济学理论解释经济现象和分析经济问题的能力;具有一定的创新意识和创新能力	9-1 具备经济学的理性思维能力,具有用经济学理论解释经济现象和分析经济问题的能力; 9-2 具有一定的创新意识和创新能力

毕业要求与培养目标的关联矩阵如表 2-3 所示。

表 2-3 毕业要求与培养目标的关联矩阵

毕业要求	培 养 目 标			
	培养目标 1	培养目标 2	培养目标 3	培养目标 4
毕业要求 1	√			
毕业要求 2		√	√	
毕业要求 3		√	√	
毕业要求 4			√	√
毕业要求 5			√	
毕业要求 6		√	√	√
毕业要求 7			√	√
毕业要求 8	√			
毕业要求 9		√	√	√

注:毕业要求对培养目标有支撑作用的在相应单元格中标记"√"符号。

2.4.4 课程与毕业要求对应关系矩阵

课程与毕业要求对应关系矩阵如表 2-4 所示。

表 2-4 课程与毕业要求对应关系矩阵

课程名称	毕业要求1			毕业要求2			毕业要求3		毕业要求4		毕业要求5		毕业要求6		毕业要求7		毕业要求8		毕业要求9	
	1-1	1-2	1-3	2-1	2-2	2-3	3-1	3-2	4-1	4-2	5-1	5-2	6-1	6-2	7-1	7-2	8-1	8-2	9-1	9-2
思想道德修养与法律基础	H	H	H												M	M		M		
中国近现代史纲要	H	H	H												M	M		M		
马克思主义基本原理概论	H	H	H												M	M		M		
毛泽东思想和中国特色社会主义理论体系概论	H	H	H												M	M		M		
习近平新时代中国特色社会主义思想概论	H	H	H												M	M		M		
形势与政策Ⅰ、Ⅱ、Ⅲ、Ⅳ	H	H	H												M	M		M		
军事课	H	H	H															M		
国家安全	H	H	H																	
大学英语Ⅰ、Ⅱ、Ⅲ、Ⅳ、Ⅴ				H																
高等数学Ⅰ、Ⅱ（财经类）				H			H													
线性代数				H																
概率论与数理统计				H			H													
体育Ⅰ、Ⅱ、Ⅲ、Ⅳ																		H		
大学生心理健康																		H		
大学生职业发展与就业指导Ⅰ、Ⅱ	H	H	H																	
创新创业概论																				H
信息技术与人工智能				H									H							

续表

课程名称	毕业要求1			毕业要求2			毕业要求3		毕业要求4		毕业要求5		毕业要求6		毕业要求7		毕业要求8		毕业要求9	
	1-1	1-2	1-3	2-1	2-2	2-3	3-1	3-2	4-1	4-2	5-1	5-2	6-1	6-2	7-1	7-2	8-1	8-2	9-1	9-2
劳动教育Ⅰ、Ⅱ																	H			
艺术欣赏															M		H			
汉语阅读与写作											H									
文献信息检索												H								
中华优秀传统文化概论															M		H			
经典阅读															M		H			
新生研讨课																			H	H
实验室安全		H																		
创新创业实践																				H
政治经济学				H		H	H	H	H	H							H		H	
微观经济学				H		H	H	H	H	H							H		H	
宏观经济学				H		H	H	H	H	H							H		H	
金融学				H		H	H	H	H	H							M		H	
财政学				H		H	H	H	H	H							M		H	
统计学				H	H	H	H	H	H	H									H	
会计学原理				H		H	H	H	H	H										
经济法			H	H													H			
管理学				H			H				M	M	M							
产业经济学				H		H	M	M	H	H									M	
经济统计软件及应用				H	H	H	H	H	H	H									M	

续表

课程名称	毕业要求1			毕业要求2			毕业要求3		毕业要求4		毕业要求5		毕业要求6		毕业要求7		毕业要求8		毕业要求9	
	1-1	1-2	1-3	2-1	2-2	2-3	3-1	3-2	4-1	4-2	5-1	5-2	6-1	6-2	7-1	7-2	8-1	8-2	9-1	9-2
区域经济学				H	H	M	M	H	H										M	
计量经济学				H	H	H	H	H	H	H									M	
商业数据分析				H	H				M											
管理沟通											H		H							
商务写作											H									
证券投资				H			H	H	H	H										
保险学				H			H			H										
市场营销学				H					M	H	H	H								
ERP 实训											H	H	H							M
市场调查与预测					M						H	H	H							
博弈论						H			H	M									H	
商务英语											H									
数字营销											H	H								M
电子商务数据分析					H	H					H		H							
证券投资分析									H	H	M	M	H						H	
家庭财富管理										H	H	H	H							L
证券市场金融产品营销										H	H	H	H							L
跨境网店运营											H	H	M							
经济法基础与初级会计实务				H																
经济学综合				H		H			H								M		H	

续表

课程名称	毕业要求1			毕业要求2			毕业要求3		毕业要求4		毕业要求5		毕业要求6		毕业要求7		毕业要求8		毕业要求9	
	1-1	1-2	1-3	2-1	2-2	2-3	3-1	3-2	4-1	4-2	5-1	5-2	6-1	6-2	7-1	7-2	8-1	8-2	9-1	9-2
马克思主义哲学、政治经济学与科学社会主义概论	H	H	H												H	H				
马克思主义中国化时代化的理论与实践	H	H	H												H	H				
"二战"后国际格局演变与我国外交政策	H	H	H												H	H				
英文阅读与写作Ⅰ、Ⅱ				H																
大学英语阅读精讲教程Ⅰ、Ⅱ				H																
大学英语综合教程Ⅰ、Ⅱ				H																
二手汽车跨境电商交易											H	H	H							
证券交易									M	M	II	H	H							
保险实务									M	M	H	H	H							
认知实习				M	M		M	M			H	H	H	H	M	M	H	H	H	H
专业实习	M	M	M	H	H	H	H	H	H	H	H	H	H	H	M	M	M			
社会实践	M	M	M						H	H	H	M								
毕业实习	M	M	M						H	H	H		H							
毕业论文				H	H	H	H	H	H	H	M	H			M	M	M	M	H	H

注：H 表示高度关联，M 表示中度关联，L 表示低度关联。

2.4.5 课程学分结构与毕业条件

课程学分结构与毕业条件如表 2-5 所示。

表 2-5 课程学分结构与毕业条件

课程平台	学 时 统 计					学 分 统 计					
	总学时	必修学时	选修学时	理论教学	实践教学	总学分	必修学分	选修学分	理论学分	实践学分	实践学分占总学分比例/%
普通教育课程	1 078	958	120	836	242	63	55.5	7.5	50.4	12.6	20
专业基础课程（就业）	928	640	288	632	296	58	40	≥18	38.5	19.5	33.6
专业基础课程（应用型研究）	960	640	320	664	296	60	40	≥20	39.5	20.5	34.2
项目化教学课程（就业）	288	144	144	24	264	15	9	≥6	1.5	13.5	90
项目化教学课程（应用型研究）	336	144	192	216	120	13	9	≥4	5.5	7.5	57.7
应用型课程	≥0	0	≥0	0	≥0	≥0	0	≥0	0	≥0	0
集中实践课程	320	240	80	0	320	15	12	≥3	0	15	1.000
合计（就业）	2 614	1 982	632	1 492	1 122	151	116.5	≥34.5	90.4	60.6	40.1
合计（应用型研究）	2 694	1 982	712	1 716	978	151	116.5	≥34.5	95.4	55.6	36.8
准予毕业条件	不少于151学分										
授予学位条件	符合以上毕业条件,并符合《黄河科技学院学士学位授予工作实施细则》学位授予条件										

2.4.6 课程设置与教学计划

1. 普通教育课程

普通教育课程的课程设置与教学计划如表 2-6 所示。

表 2-6 普通教育课程的课程设置与教学计划

课程平台	课程类别	课程代码	课程名称	课程性质	课程学分			课程学时			考试考查	开课学期
					学分	理论	实践	学时	理论	实践		
普通教育课程	思想政治	2320319001	思想道德与法治	必修	3	2.5	0.5	48	40	8	考查	1
		2320319002	中国近现代史纲要	必修	3	2.7	0.3	48	44	4	考试	2
		2320319003	马克思主义基本原理概论	必修	3	2.7	0.3	48	44	4	考试	4
		2320319004	毛泽东思想和中国特色社会主义理论体系概论	必修	3	2.5	0.5	48	40	8	考试	3
		2320319009	习近平新时代中国特色社会主义思想概论	必修	3	2.5	0.5	48	40	8	考试	4
		2320319005	形势与政策 I	必修	0.5	0.5	0	16	16	0	考查	1~2
		2320319006	形势与政策 II	必修	0.5	0.5	0	16	16	0	考查	3~4
		2320319007	形势与政策 III	必修	0.5	0.5	0	16	16	0	考查	5~6
		2320319008	形势与政策 IV	必修	0.5	0.5	0	8	8	0	考查	7
		2320559001	军事课	必修	4	2	2	36	36	2周	考查	1
		2320559002	国家安全	必修	1	1	0	16	16	0	考查	1
	外语	2320329001	大学英语 I	必修	3	3	0	48	48	0	考试	1~4
		2320329002	大学英语 II	必修	3	3	0	48	48	0	考试	1~4
		2320329003	大学英语 III	必修	3	3	0	48	48	0	考试	1~4
		2320329004	大学英语 IV	必修	3	3	0	48	48	0	考试	1~4
		2320329005	大学英语 V	定向选修	2	2	0	32	32	0	考试	1~4
	数理基础	2320339004	高等数学 I（财经类）	必修	4	4	0	64	64	0	考试	1
		2320339005	高等数学 II（财经类）	必修	4	4	0	64	64	0	考试	2
		2320339008	线性代数	选修	3	3	0	48	48	0	考试	3~6
		2320339009	概率论与数理统计	选修	3	3	0	48	48	0	考试	3~6
	体育与心理	2320539001	体育 I	必修	1	0	1	32	0	32	考查	1
		2320539002	体育 II	必修	1	0	1	32	0	32	考查	2
		2320539003	体育 III	必修	1	0	1	32	0	32	考查	3

课程平台	课程类别	课程代码	课程名称	课程性质	课程学分			课程学时			考试考查	开课学期
					学分	理论	实践	学时	理论	实践		
普通教育课程	体育与心理	2320539004	体育Ⅳ	必修	1	0	1	32	0	32	考查	4
		2320749001	大学生心理健康	必修	2	1.5	0.5	32	24	8	考查	2
	职业发展指导	2320569001	大学生职业发展与就业指导Ⅰ	必修	1.5	1	0.5	20	14	6	考查	1~2
		2320569002	大学生职业发展与就业指导Ⅱ	必修	0.5	0.5	0	14	10	4	考查	4~6
		2320759001	创新创业概论	必修	2	1.5	0.5	32	24	8	考查	4
	信息技术	2320529001	信息技术与人工智能	必修	2	1	1	32	16	16	考试	1
	素质拓展	2320239001	劳动教育Ⅰ	必修	0.5	0.5	0	8	8	0	考查	1
		2320239002	劳动教育Ⅱ	必修	1	0	1	24	0	24	考查	2~6
		2320519002	艺术欣赏	选修	2	1	1	32	16	16	考查	春/秋
		2320519001	汉语阅读与写作	选修	2	1	1	32	16	16	考查	春/秋
		2320589001	文献信息检索	选修	2	1	1	14	14	0	考查	春/秋
		2320319011	中华优秀传统文化概论	选修	1	1	0	16	16	0	考查	春/秋
		按学校公布	经典阅读	选修	0.3/门						考查	春/秋
		按学校公布	新生研讨课	选修	1或1.5/门						考查	1~2
		—	实验室安全	选修	0.5	0.5	0	8	8	0	考查	1
	创新创业实践	—	创新创业实践	选修	4							—
		必修课小计			55.5	43.9	11.6	958	732	226	—	—

选修课≥7.5学分(含公选课),公选课以学校公布的为准,创新创业实践学分认定以学校文件为准

2. 专业基础课程

专业基础课程的课程设置与教学计划如表 2-7 所示。

表 2-7　专业基础课程的课程设置与教学计划

课程类别	课程代码	课程名称	课程性质	课程学分			课程学时			考试考查	开课学期
				学分	理论	实践	学时	理论	实践		
专业基础课程	2323031201	政治经济学	必修	3	3	0	48	48	0	考试	1
	2323031202	微观经济学	必修	3	3	0	48	48	0	考试	2
	2323031203	宏观经济学	必修	2	2	0	32	32	0	考试	3
	2323031401	金融学	必修	3	2	1	48	36	12	考试	3
	2323031408	财政学	必修	3	2	1	48	36	12	考试	4
	2323031204	统计学	必修	3	2	1	48	32	16	考试	3
	2323030001	会计学原理	必修	4	3	1	64	48	16	考试	2
	2323030317	经济法	必修	3	2	1	48	32	16	考查	1
	2323030520	管理学	必修	3	1.5	1.5	48	24	24	考试	1
	2323031205	产业经济学	必修	2	2	0	32	32	0	考试	4
	2323031206	经济统计软件及应用	必修	3	0	3	48	0	48	考查	4
	2323031207	区域经济学	必修	2	2	0	32	32	0	考试	5
	2323031208	计量经济学	必修	3	0	3	48	0	48	考查	5
	2323030506	商业数据分析	必修	3	2	1	48	32	16	考试	4
		必修课小计		40	26.5	13.5	640	432	208		

3. 项目化教学课程

项目化教学课程的课程设置与教学计划如表 2-8 所示。

表 2-8 项目化教学课程的课程设置与教学计划

课程类别	方向	课程代码	课程名称	课程性质	课程学分			课程学时			考试考查	开课学期
					学分	理论	实践	学时	理论	实践		
项目化教学课程	就业方向课程	2323031210	电子商务数据分析	必修	3	0	3	48	0	48	考查	5
		2323031418	证券投资分析	必修	3	0.5	2.5	48	8	40	考查	5
		2323031419	家庭财富管理	必修	3	1	2	48	16	32	考查	6
			必修课小计		9	1.5	7.5	144	24	120		
	应用型研究方向课程	2323031211	电子商务数据分析	必修	3	0	3	48	0	48	考查	5
		2323031418	证券投资分析	必修	3	0.5	2.5	48	8	40	考查	5
		2323031419	家庭财富管理	必修	3	1	2	48	16	32	考查	6
			必修课小计		9	1.5	7.5	144	24	120		

4. 应用型课程

应用型课程的课程设置与教学计划如表 2-9 所示。

表 2-9 应用型课程的课程设置与教学计划

课程类别	课程代码	课程名称	课程性质	课程学分			课程学时			考试考查	开课学期
				学分	理论	实践	学时	理论	实践		
应用型课程	2323031523	二手汽车跨境电商交易	选修	2	0	2	32	0	32	考查	7
	2323031422	证券交易	选修	3	0	3	48	0	48	考查	7
	2323031423	保险实务	选修	2	0	2	32	0	32	考查	7
		选修课小计		7	0	7	112	0	112		

5. 集中实践课程

集中实践课程的课程设置与教学计划如表 2-10 所示。

表 2-10　集中实践课程的课程设置与教学计划

课程类别	课程代码	课程名称	课程性质	课程学分			课程学时			考试考查	开课学期
				学分	理论	实践	学时	理论	实践		
集中实践课程	2323031215	认知实习	选修	1	0	1	20	0	1周/20	考查	1～2
	2323031216	专业实习	选修	2	0	2	40	0	2周/40	考查	3～6
	2323031217	社会实践	选修	1	0	1	—	—	4周/80	考查	假期
	2323031213	毕业实习	选修	4	0	4	80	0	4周/80	考查	7
	2323031214	毕业论文	必修	12	0	12	240	0	12周/240	考查	8

2.4.7　专业基础课程选修课和项目化选修课程一览表

专业基础课程选修课和项目化选修课程一览表如表 2-11 所示。

表 2-11　专业基础课程选修课和项目化选修课程一览表

课程类别	课程名称	课程代码	课程学分			课程学时			开课学期
			学分	理论学分	实践学分	学时	理论学时	实践学时	
专业基础课程	管理沟通	2323030503	3	2	1	48	32	16	2
专业基础课程	商务写作	2323030509	3	2	1	48	32	16	4
专业基础课程	证券投资	2323031414	3	2	1	48	36	12	4
专业基础课程	保险学	2323031402	3	2	1	48	36	12	5
专业基础课程	市场营销学	2323030504	3	2	1	48	32	16	5
专业基础课程	ERP 实训	2323030108	2	0.25	1.75	32	4	28	6
专业基础课程	市场调查与预测	2323030507	3	2	1	48	32	16	5
专业基础课程	博弈论	2323031209	2	2	0	32	32	0	6
专业基础课程	商务英语	2323031505	3	2	1	48	32	16	3
项目化教学课程（就业方向）	数字营销	2323030515	3	2	1	48	32	16	6

续表

课程类别	课程名称	课程代码	课程学分			课程学时			开课学期
			学分	理论学分	实践学分	学时	理论学时	实践学时	
项目化教学课程（就业方向）	证券市场金融产品营销	2323031421	2	0.5	1.5	32	8	24	6
项目化教学课程（就业方向）	跨境网店运营	2323031507	3	1	2	48	16	32	6
项目化教学课程（就业方向）	经济法基础与初级会计实务	2323030010	4	4	0	80	80	0	4
项目化教学课程（就业方向）	经济学综合	2323031211	4	4	0	64	64	0	6
项目化教学课程（应用型研究方向）	马克思主义哲学、政治经济学与科学社会主义概论	2320238001	1	1	0	48	48	0	5
项目化教学课程（应用型研究方向）	马克思主义中国化时代化的理论与实践	2320238007	1	1	0	48	48	0	6
项目化教学课程（应用型研究方向）	"二战"后国际格局演变与我国外交政策	2320238013	1	1	0	39	39	0	7
项目化教学课程（应用型研究方向）	英文阅读与写作Ⅰ	2320238005	1	1	0	48	48	0	5
项目化教学课程（应用型研究方向）	英文阅读与写作Ⅱ	2320238006	1	1	0	64	64	0	5
项目化教学课程（应用型研究方向）	大学英语阅读精讲教程Ⅰ	2320238008	1	1	0	64	64	0	6
项目化教学课程（应用型研究方向）	大学英语阅读精讲教程Ⅱ	2320238009	1	1	0	64	64	0	6

续表

课 程 类 别	课程名称	课程代码	课程学分			课程学时			开课学期
			学分	理论学分	实践学分	学时	理论学时	实践学时	
项目化教学课程（应用型研究方向）	大学英语综合教程Ⅰ	2320238014	1	1	0	52	52	0	7
项目化教学课程（应用型研究方向）	大学英语综合教程Ⅱ	2320238015	1	1	0	52	52	0	7

说明：公共选修课程由学校教育教学中心公布。

第 3 章

经济学专业课程知识建模图

本章主要包含两部分内容,一是经济学专业的项目化教学课程知识建模图,二是专业基础课知识建模图。围绕这两部分内容,本章分别选取了部分课程的部分知识建模图。

3.1　项目化教学课程知识建模图

项目化教学课程知识建模整体思路大致分为以下几步。第一步,研讨并确定本门课程中要讲授的所有专业知识点,并一一罗列出来。第二步,针对罗列出来的每一个知识点,确定知识类型,并标注在每一个知识点后方。其中,□"长方形"代表本模块的陈述性知识(DK),表达的是专业相关符号、概念、原理和公式等;⬭"胶囊"图形代表程序性知识(PK),表达的是实物的运动过程、某种操作的步骤序列或在处理工作中某一个问题时的解决策略;▭"旗帜"图形代表事实和范例(FC),如方案、产品、现象、事实、问题、案例、例子,以及命题的推导过程和论证过程,这类知识代表着特定的现实及知识的运用(知识类型见下文)。第三步,把罗列的知识点清单转换到Visio 绘图中,开始绘制知识建模图。第四步,确定知识点之间的关系,并补充到知识建模图中,其中知识点之间有9种语义逻辑关系:各类包含、组成/构成、是一种、具有属性、具有特征、定义、并列、是前提、支持。第五步,将知识建模图中的先决知识、核心知识等用不同的颜色进行标注。其中"核心知识"标注为红色,"先决知识"标注为绿色,"核心的结构化知识框架"标注为蓝色。按照上述要求,下文分别展示了家庭财富管理、证券市场金融产品营销和电子商务数据分析三门课程的部分知识建模图。

3.1.1　家庭财富管理

项目化教学课程家庭财富管理的知识建模图如图 3-1～图 3-3 所示。

3.1.2　证券市场金融产品营销

项目化教学课程证券市场金融产品营销的知识建模图如图 3-4～图 3-6 所示。

3.1.3　电子商务数据分析

项目化教学课程电子商务数据分析的部分知识建模图如图 3-7～图 3-9 所示。

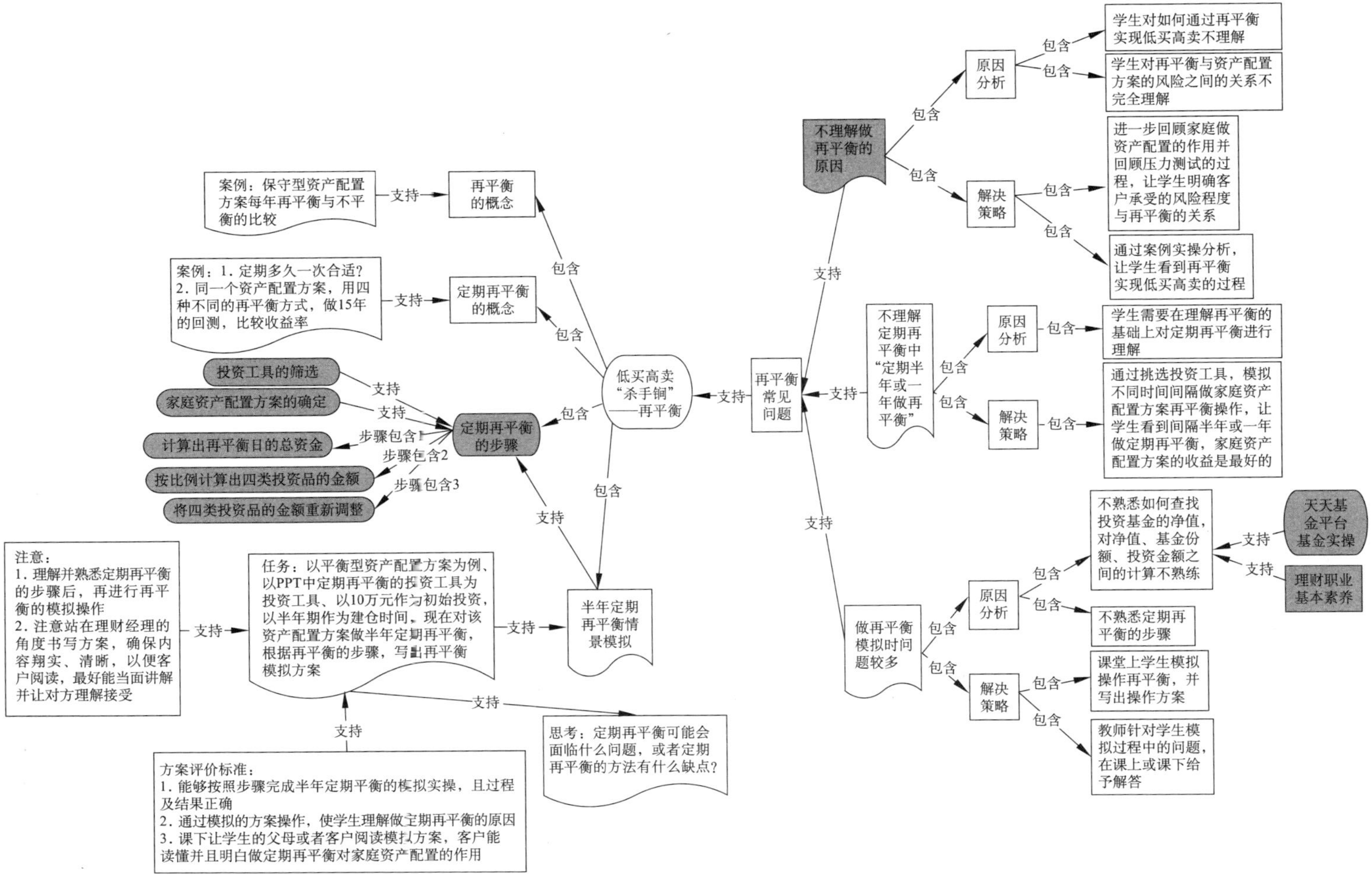

图 3-1　家庭财富管理知识建模图 1

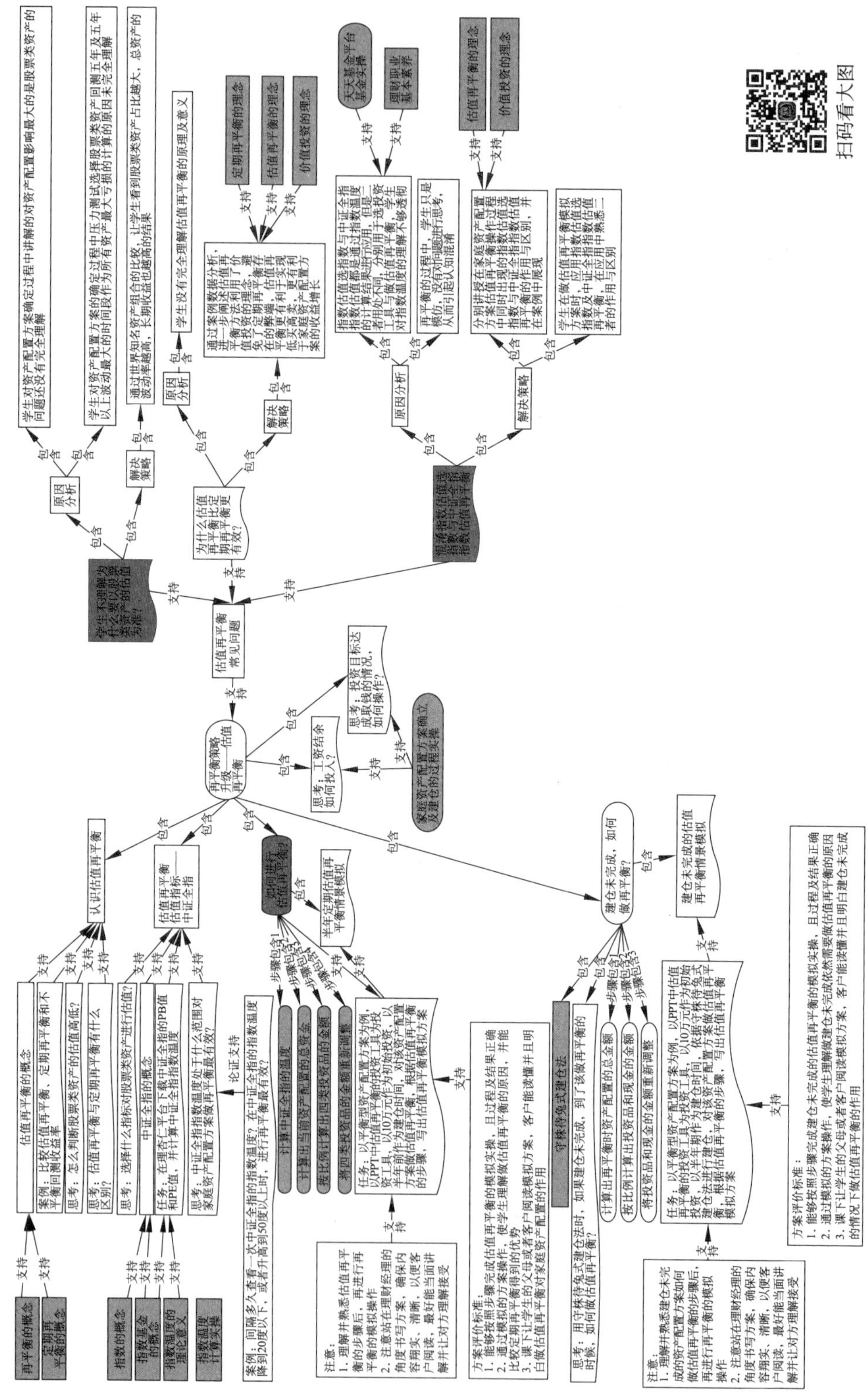

图 3-2 家庭财富管理知识建模图 2

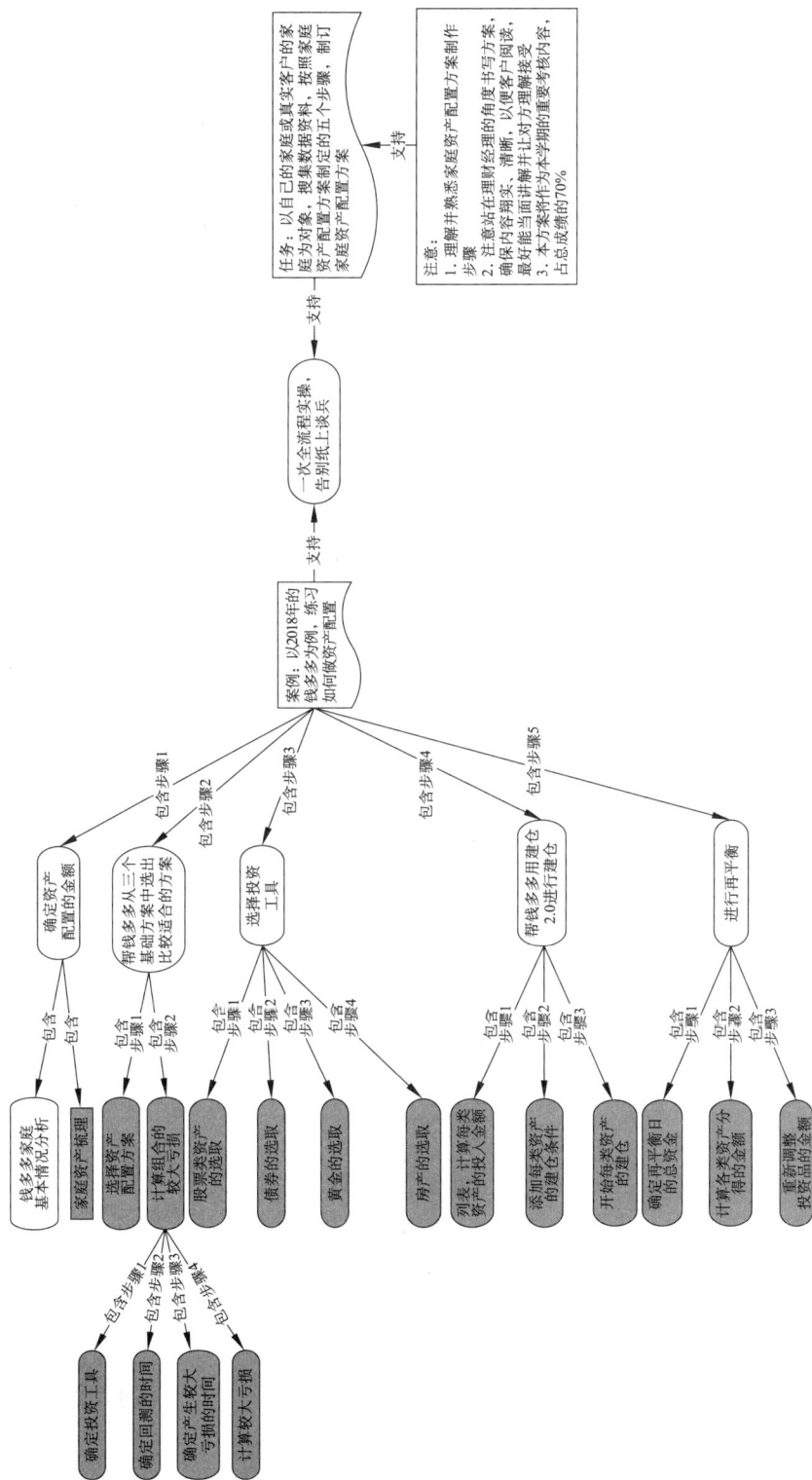

图 3-3　家庭财富管理知识建模图 3

任务：以自己的家庭或真实客户的家庭为对象，搜集数据资料，按照家庭资产配置方案制定的五个步骤，制订家庭资产配置方案

注意：
1. 理解并熟悉家庭资产配置方案制作步骤
2. 注意站在理财经理的角度书写方案，确保内容翔实、清晰，以便客户阅读，最好能当面讲解并让对方理解接受
3. 本方案将作为本学期的重要考核内容，占总成绩的70%

支持

一次全流程实操，告别纸上谈兵

支持

案例：以2018年的钱多多为例，练习如何做资产配置

包含步骤1
包含步骤2
包含步骤3
包含步骤4
包含步骤5

确定资产配置的金额
- 包含 → 钱多多家庭基本情况分析
- 包含 → 家庭资产梳理

帮钱多多从三个基础方案中选出比较适合的方案
- 包含步骤1 → 选择资产配置方案
- 包含步骤2 → 计算组合的较大亏损

选择投资工具
- 包含步骤1 → 股票资产的选取
- 包含步骤2 → 债券的选取
- 包含步骤3 → 黄金的选取
- 包含步骤4 → 房产的选取

帮钱多多用建仓2.0进行建仓
- 包含步骤1 → 列表，计算每类资产的投入金额
- 包含步骤2 → 添加每类资产的进仓条件
- 包含步骤3 → 开始每类资产的总资金

进行再平衡
- 包含步骤1 → 确定再平衡日的建仓
- 包含步骤2 → 计算每类资产分得的金额
- 包含步骤3 → 重新调整投资品的金额

计算组合的较大亏损
- 包含步骤1 → 确定投资工具
- 包含步骤2 → 确定回测的时间
- 包含步骤3 → 确定产生较大亏损的时间
- 包含步骤4 → 计算较大亏损

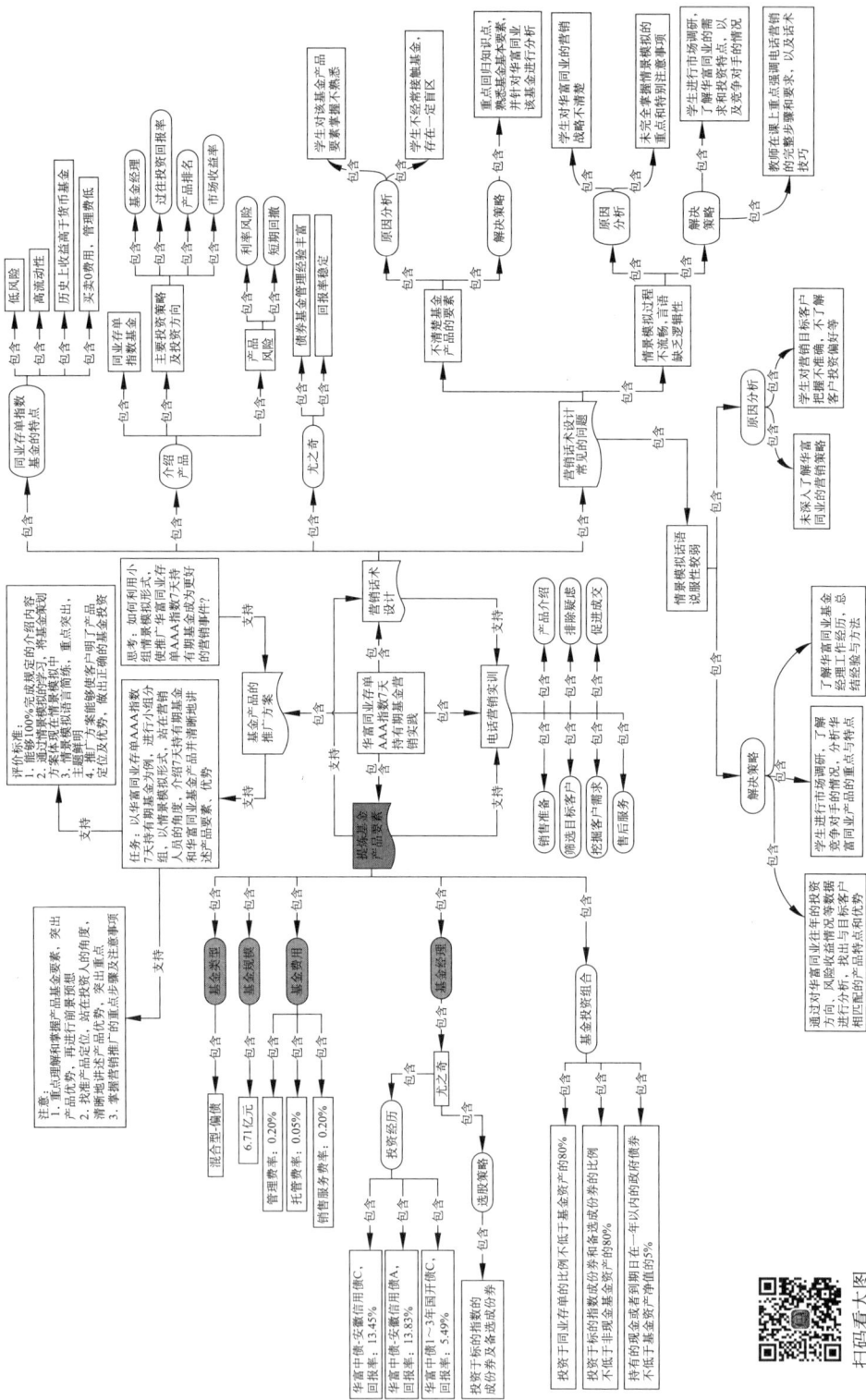

图 3-4 证券市场金融产品营销知识建模图 1

扫码看大图

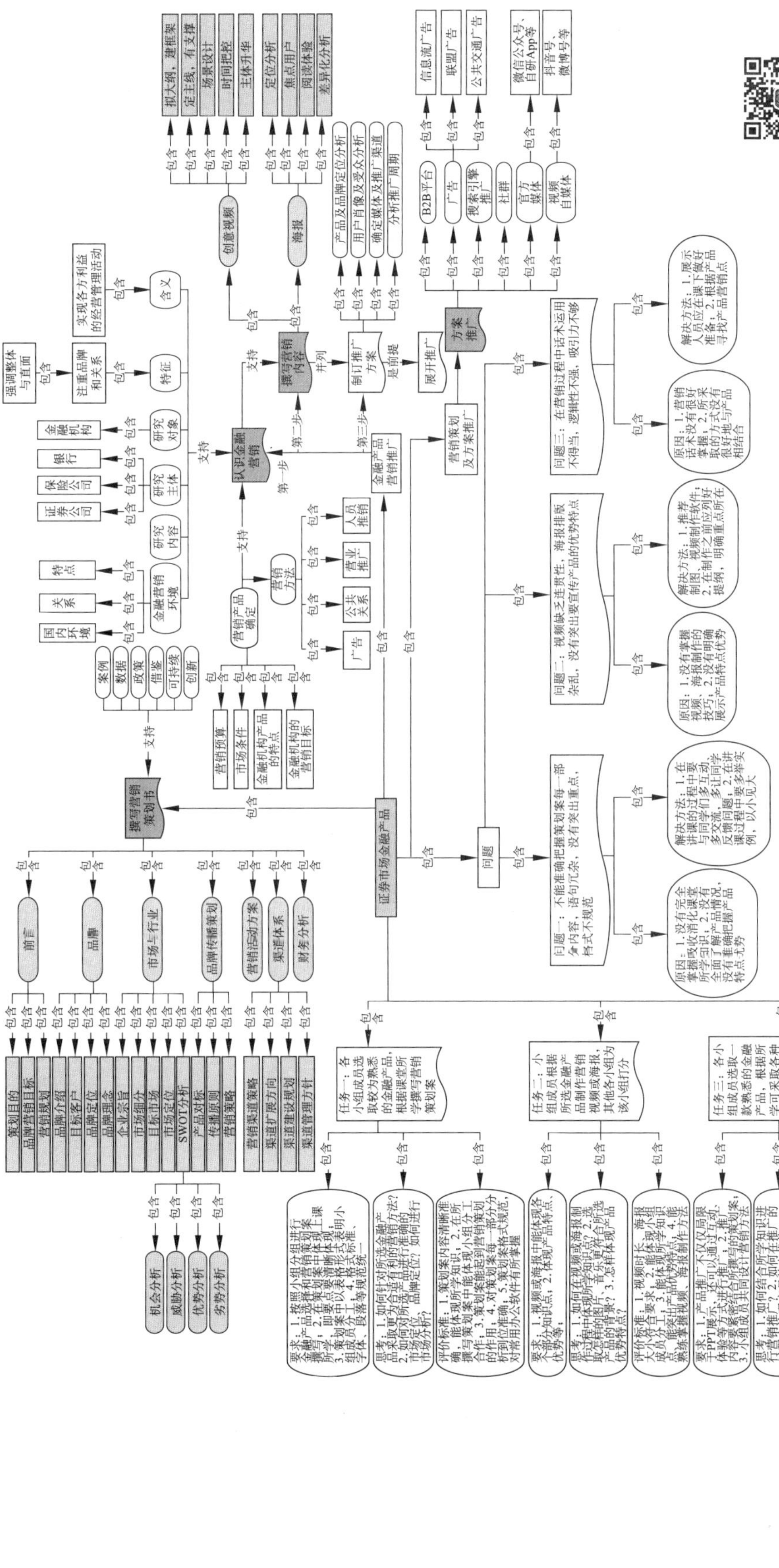

图 3-5　证券市场金融产品营销知识建模图 2

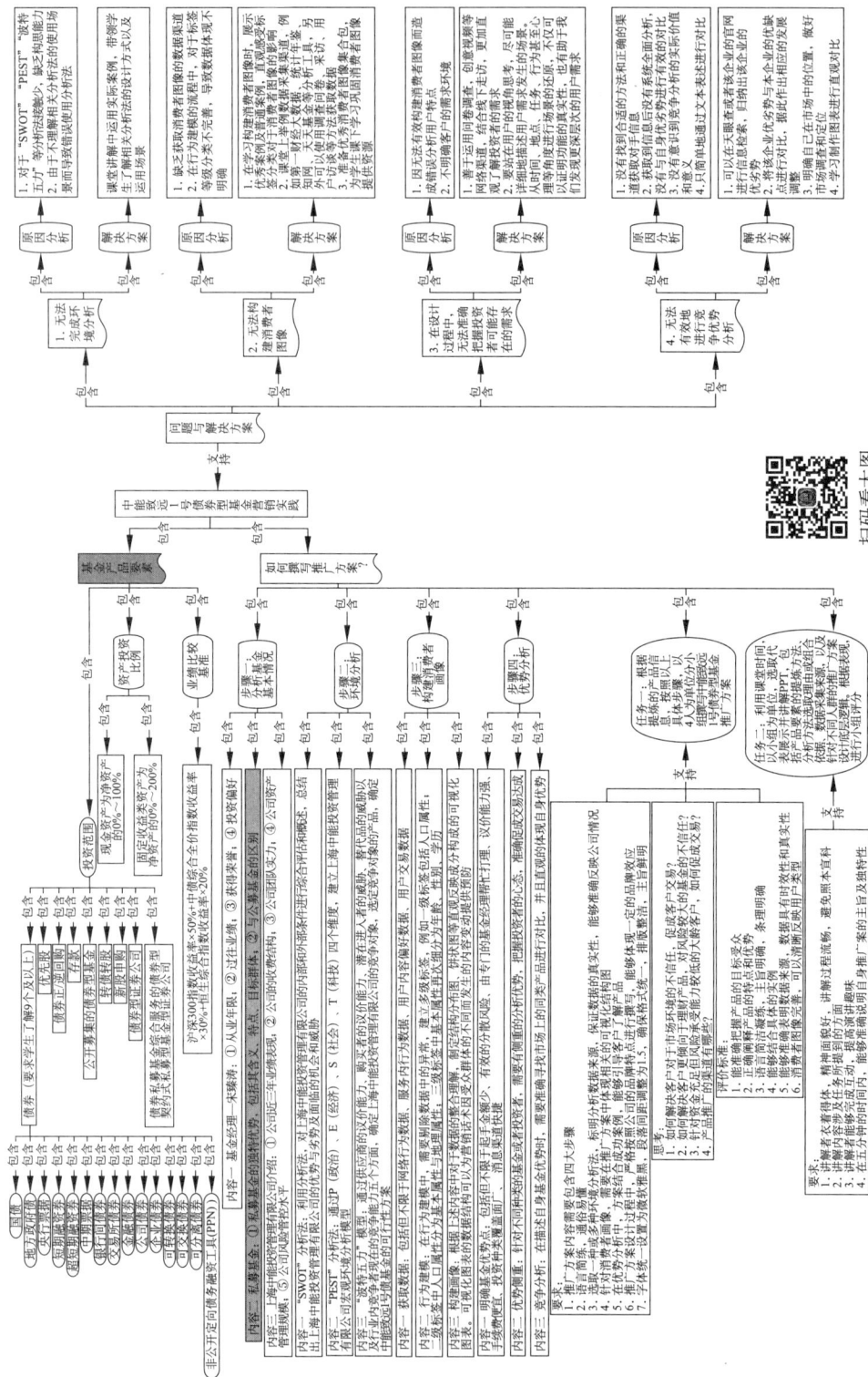

图 3-6 证券市场金融产品营销知识建模图 3

扫码看大图

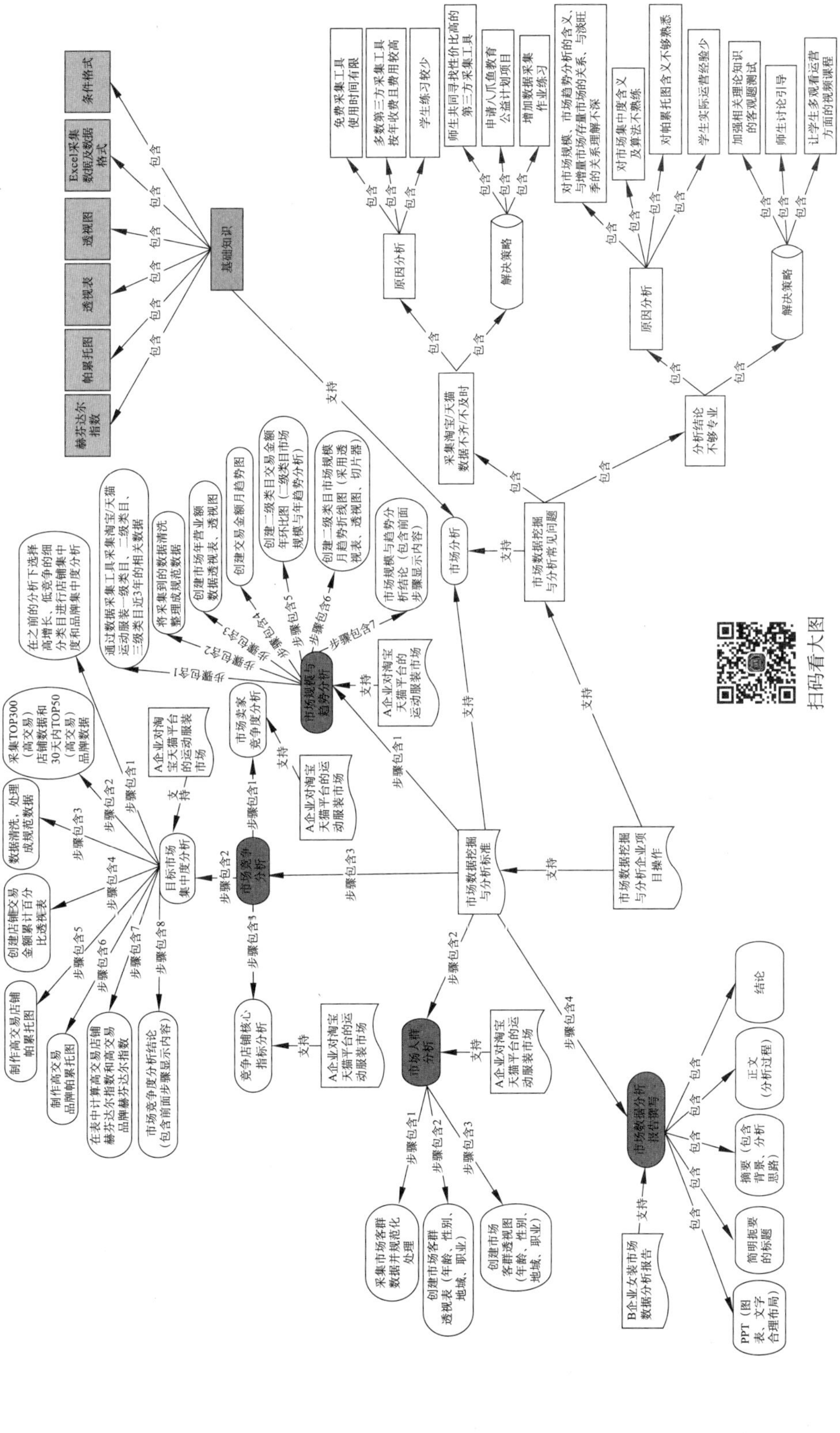

图 3-7 电子商务数据分析知识建模图 1

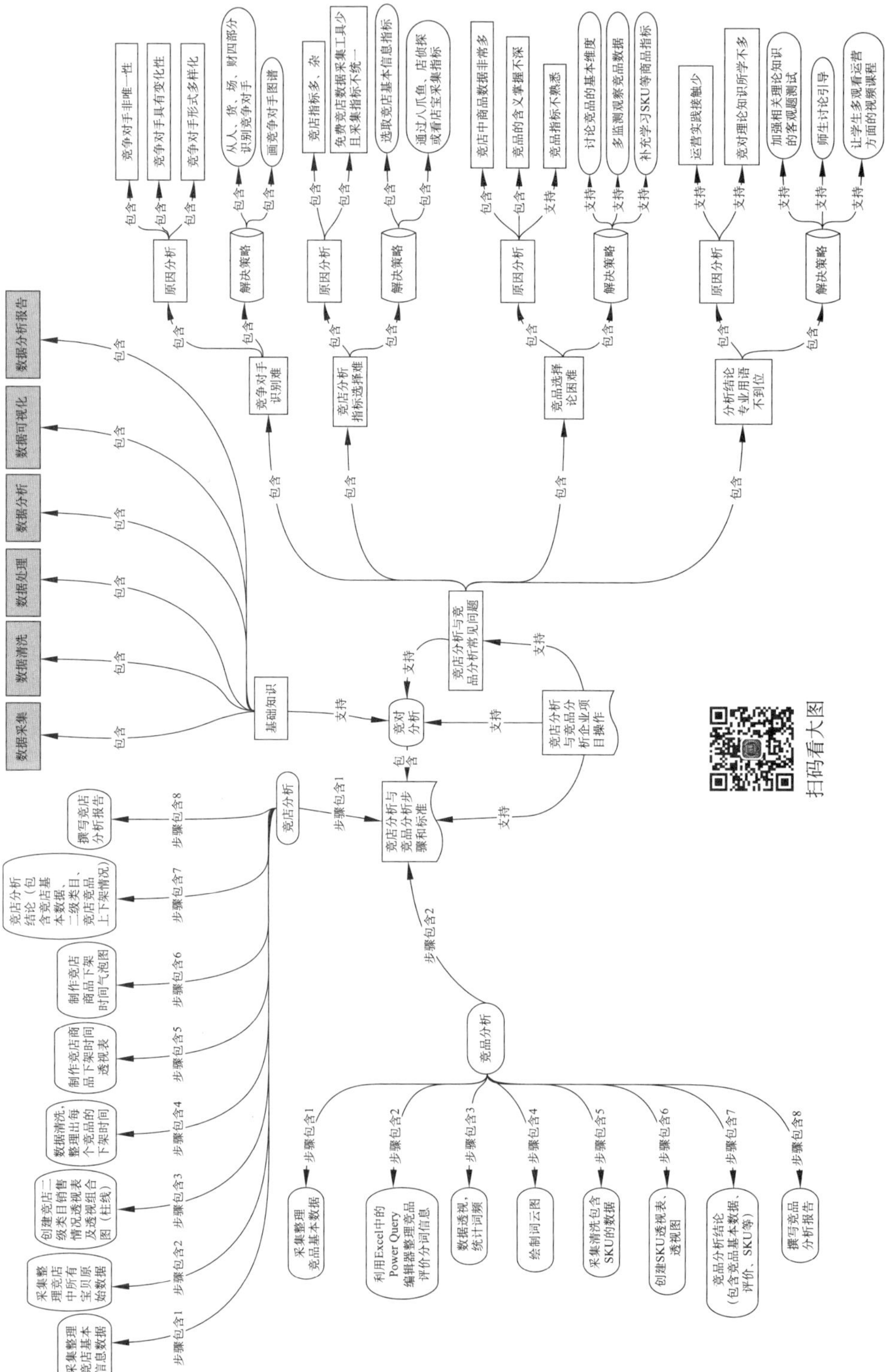

图 3-8 电子商务数据分析知识建模图 2

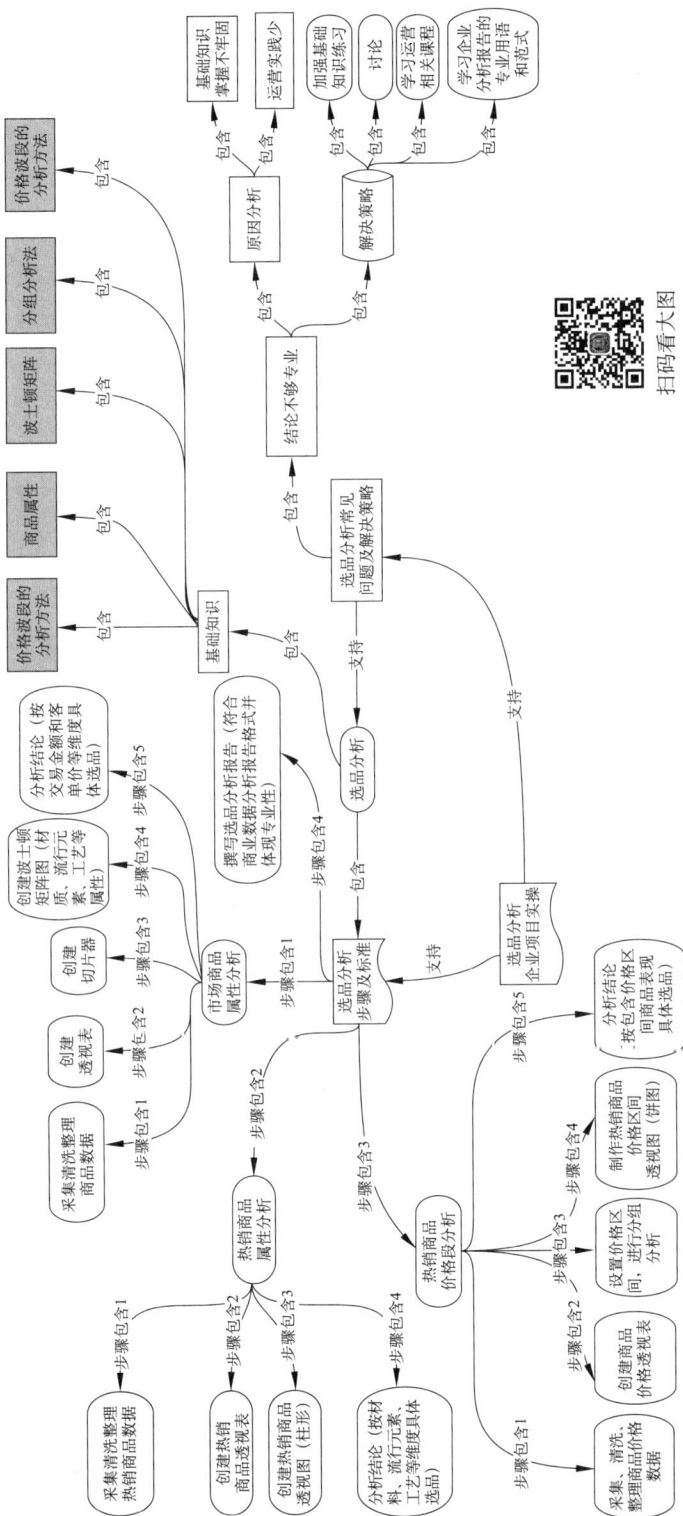

图 3-9　电子商务数据分析知识建模图 3

3.2　专业基础课程知识建模图

专业基础课知识建模的过程与项目化教学课程类型略微不同的是，"核心知识"标注为红色，"先决知识"标注为绿色，"核心的结构化知识框架"标注为蓝色。下文展示了政治经济学、微观经济学、宏观经济学、产业经济学、区域经济学、计量经济学和经济统计软件及应用的部分知识建模图。

3.2.1　政治经济学

专业基础课政治经济学的部分知识建模图如图 3-10～图 3-12 所示。

3.2.2　微观经济学

专业基础课微观经济学的部分知识建模图如图 3-13～图 3-15 所示。

3.2.3　宏观经济学

专业基础课宏观经济学的部分知识建模图如图 3-16～图 3-18 所示。

3.2.4　产业经济学

专业基础课产业经济学的部分知识建模图如图 3-19～图 3-21 所示。

3.2.5　区域经济学

专业基础课区域经济学的部分知识建模图如图 3-22～图 3-24 所示。

3.2.6　计量经济学

专业基础课计量经济学的部分知识建模图如图 3-25～图 3-27 所示。

3.2.7　经济统计软件及应用

专业基础课经济统计软件及应用的部分知识建模图如图 3-28～图 3-30 所示。

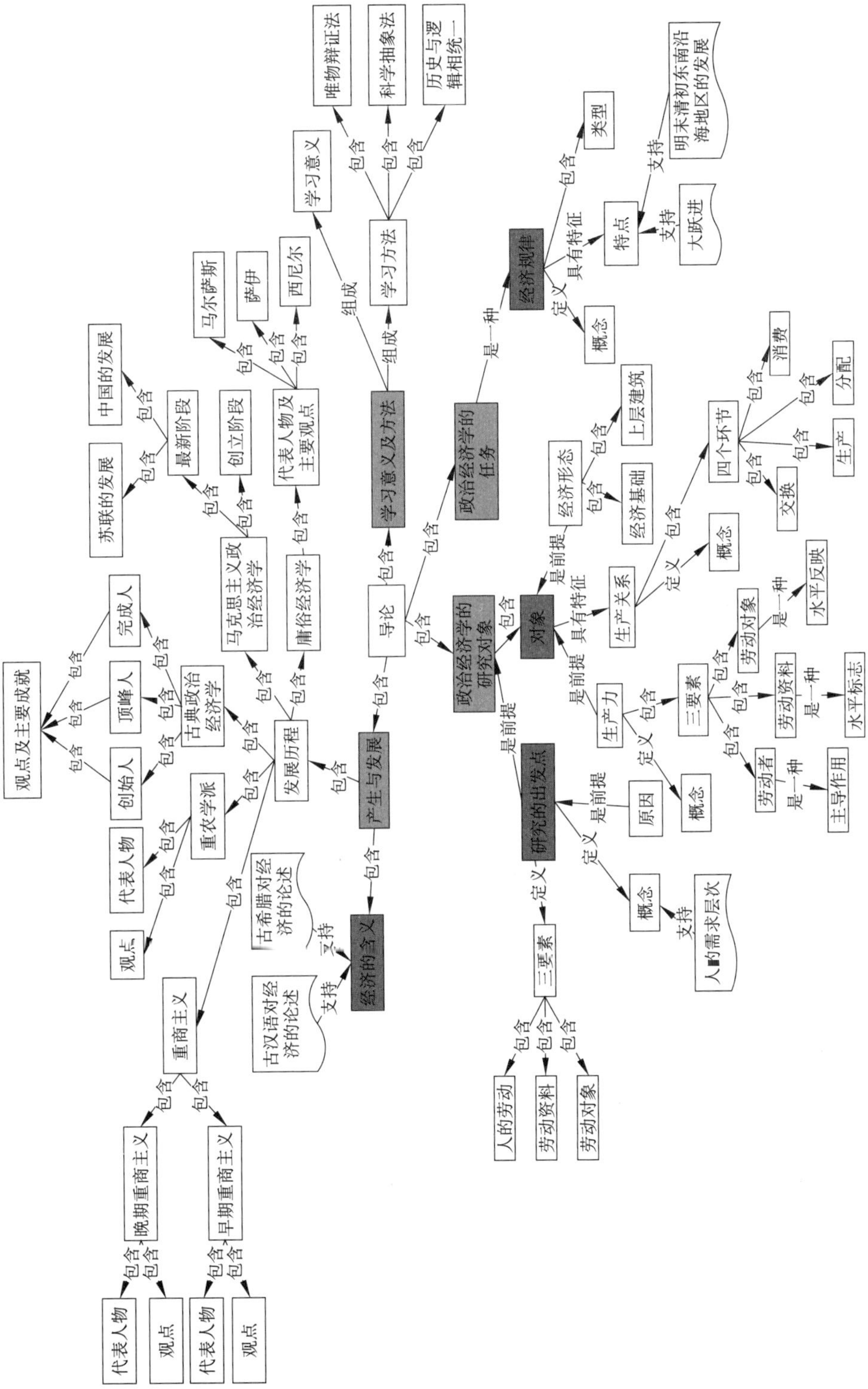

图 3-10　政治经济学知识建模图 1

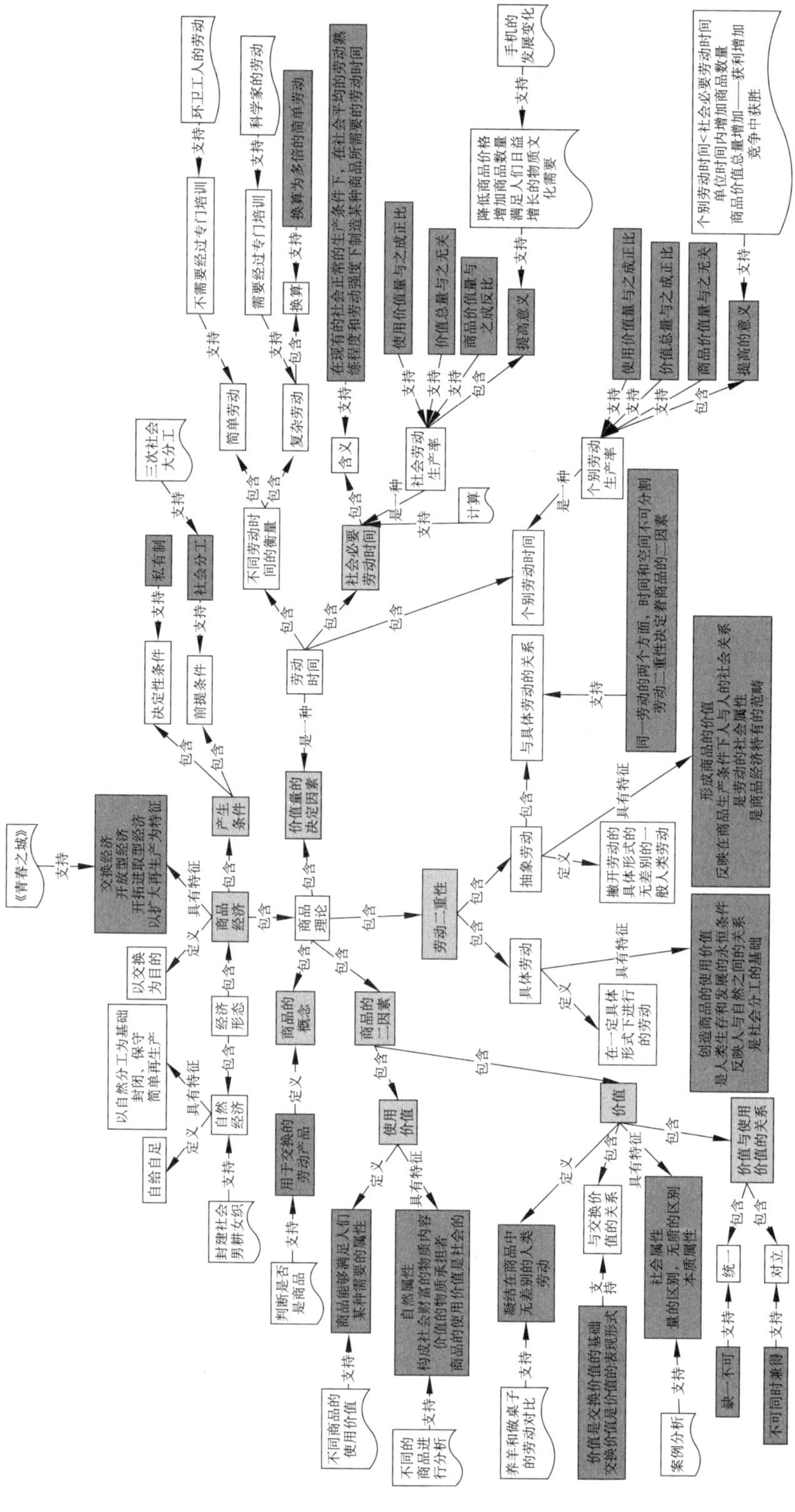

图 3-11 政治经济学知识建模图 2

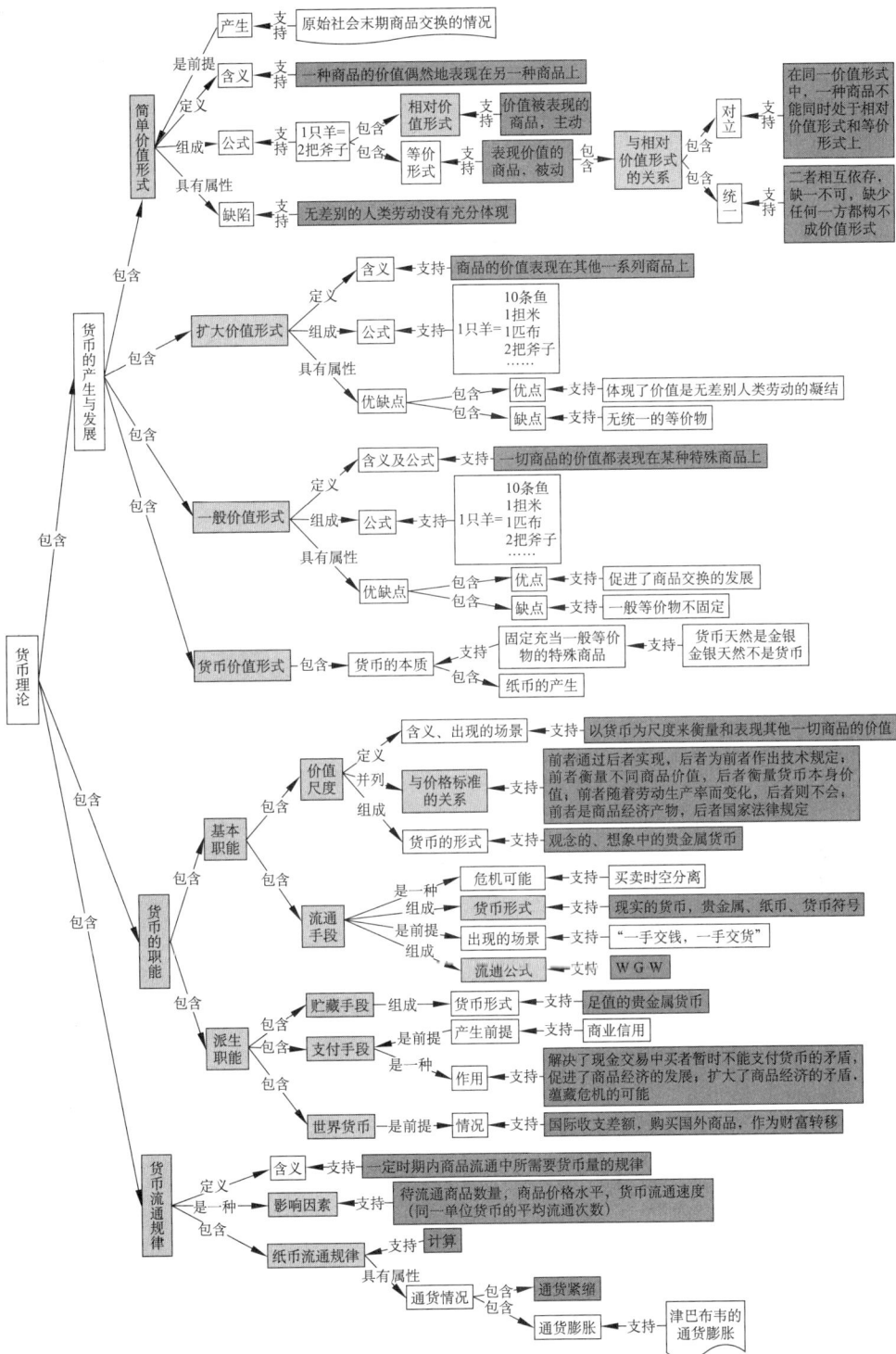

图 3-12　政治经济学知识建模图 3

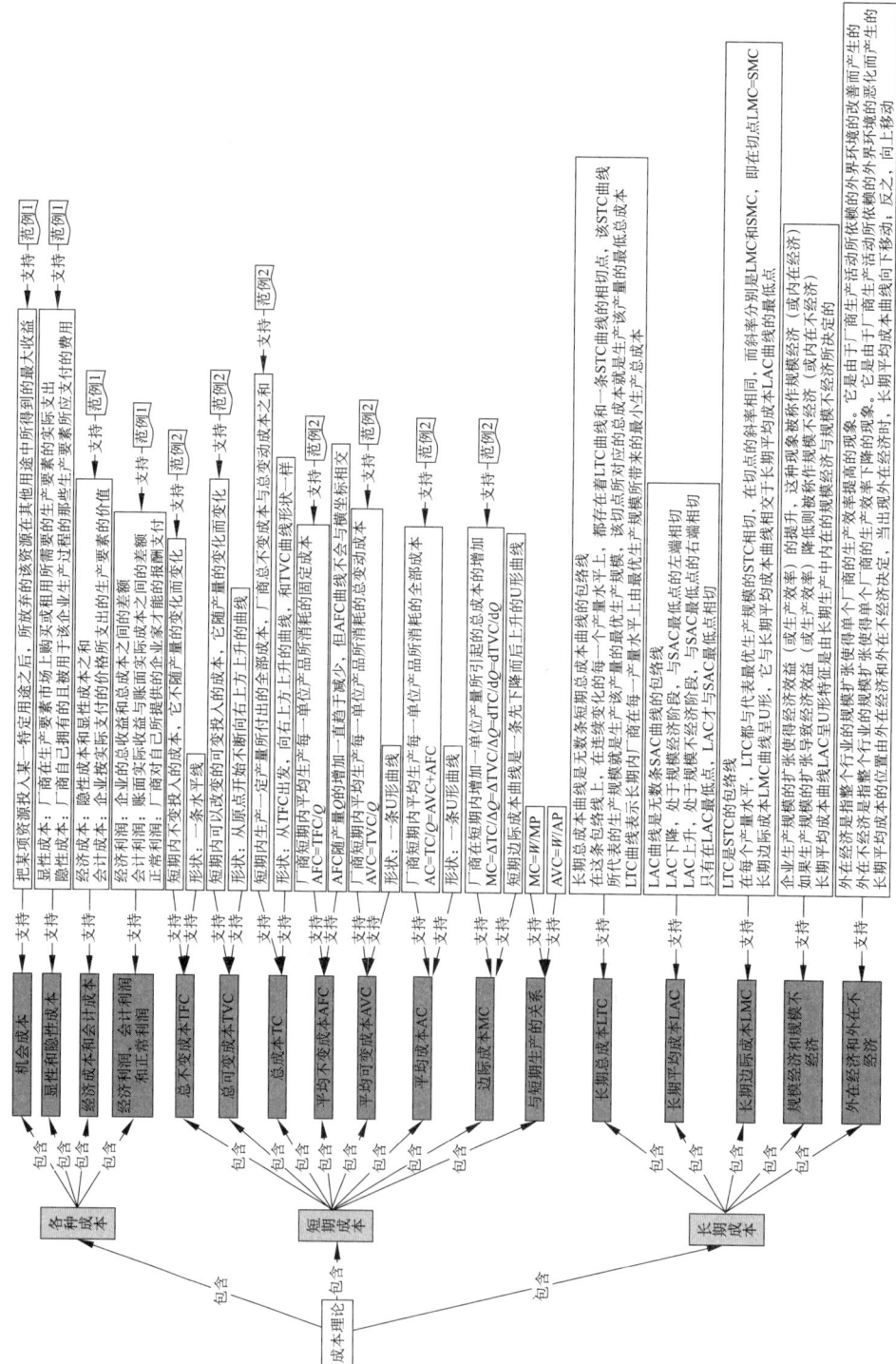

图 3-13 微观经济学知识建模图 1

成本理论 包含 各种成本、短期成本、长期成本

各种成本 包含：

- 机会成本 —支持→ 把某资源投入某一特定用途之后，所放弃的该资源在其他用途中所能得到的最大收益 —支持→ 范例1
- 显性和隐性成本 —支持→ 显性成本：厂商在生产要素市场上购买或租用所需生产要素所支出的实际支出 —支持→ 范例1
- —支持→ 隐性成本：厂商自己拥有的且被用于该企业生产过程所生产要素所应支付的费用 —支持→ 范例1
- 经济成本和会计成本 —支持→ 经济成本：隐性成本和显性成本之和
- —支持→ 会计成本：企业实际支付价格所支付的价值
- 经济利润、会计利润和正常利润 —支持→ 经济利润：企业的总收益和总成本之间的差额 —支持→ 范例1
- —支持→ 会计利润：账面实际收益与面实际成本之间的账面支付 —支持→ 范例1
- —支持→ 正常利润：厂商对自己提供的企业家才能的报酬 —支持→ 范例1

短期成本 包含：

- 总不变成本TFC —支持→ 形状：一条水平线
- 总可变成本TVC —支持→ 形状：短期内可以变的可变量投入的成本，它随产量的变化而变化 —支持→ 范例2
- 总成本TC —支持→ 形状：从原点开始不断地向右上方上升的曲线 —支持→ 范例2
- 平均不变成本AFC —支持→ 形状：从TFC出发，向右上方上升的曲线，厂商总不变成本与总变动成本之和
- —支持→ AFC随Q产量的增加一直趋于减小，但AFC曲线不会与横坐标相交 AFC=TFC/Q
- 平均可变成本AVC —支持→ 厂商短期内平均每生产一单位产品所消耗的总变动成本 AVC=TVC/Q —支持→ 范例2
- 平均成本AC —支持→ 形状：一条U形曲线
- —支持→ 厂商短期内平均每生产一单位产品所消耗的全部成本 AC=TC/Q=AVC+AFC
- 边际成本MC —支持→ 形状：一条U形曲线
- —支持→ 厂商在短期内每增加一单位产量所引起的总成本的增加 MC=∆TC/∆Q=∆TVC/∆Q=dTC/dQ —支持→ 范例2
- 与短期生产的关系 —支持→ 短期边际成本曲线是一条先下降而后上升的U形曲线
- —支持→ MC=W/MP
- —支持→ AVC=W/AP

长期成本 包含：

- 长期总成本LTC —支持→ 长期总成本曲线是无数条短期总成本曲线的包络线
- —支持→ 在这条包络线上，在连续变化的每一个产量水平上，都存在着LTC曲线和一条STC曲线的相切点，该STC曲线所代表的生产规模就是生产这一产量的最优生产规模，该切点所对应的总成本就是生产该产量的最小生产的最低总成本
- —支持→ LTC曲线表示长期内厂商在每一产量水平上由最优生产规模所带来的最低总成本
- 长期平均成本LAC —支持→ LAC曲线是无数条SAC曲线的包络线
- —支持→ LAC下降，处于规模经济阶段，与SAC最低点的左端相切。LAC上升，处于规模不经济阶段，与SAC最低点的右端相切。只有在LAC最低点，LAC才与SAC最低点相切
- 长期边际成本LMC —支持→ LTC是STC的包络线
- —支持→ LTC是每个产量水平，LTC都与代表该产量最优生产规模的STC相切，在切点处斜率相同，而斜率分别是LMC和SMC，即在切点LMC=SMC
- —支持→ 长期平均成本LMC曲线也呈U形，它与长期平均成本LAC相切于长期平均成本的最低点
- 规模经济和规模不经济 —支持→ 企业生产规模的扩张使得生产效益（生产效率）提升，这种现象称作规模经济（或内在经济）
- —支持→ 如果生产规模的扩张导致生产效益（或生产效率）降低则规模数据称作规模不经济（或内在不经济）
- —支持→ 长期平均成本曲线LAC呈U形特征是由长期生产中内生成本与规模经济所决定的
- 外在经济和外在不经济 —支持→ 外在经济是指整个行业规模扩张使得单个厂商生产效率提高的现象。它是由于厂商的外界环境的改善而产生的
- —支持→ 外在不经济是单个厂商生产活动所依赖的外界环境的恶化而产生的
- —支持→ 企业由于厂商生产活动所依赖的外界环境的变化，它是由于厂商外部生产效率下降的现象，当出现外在经济时，长期平均成本曲线向下移动；反之，向上移动

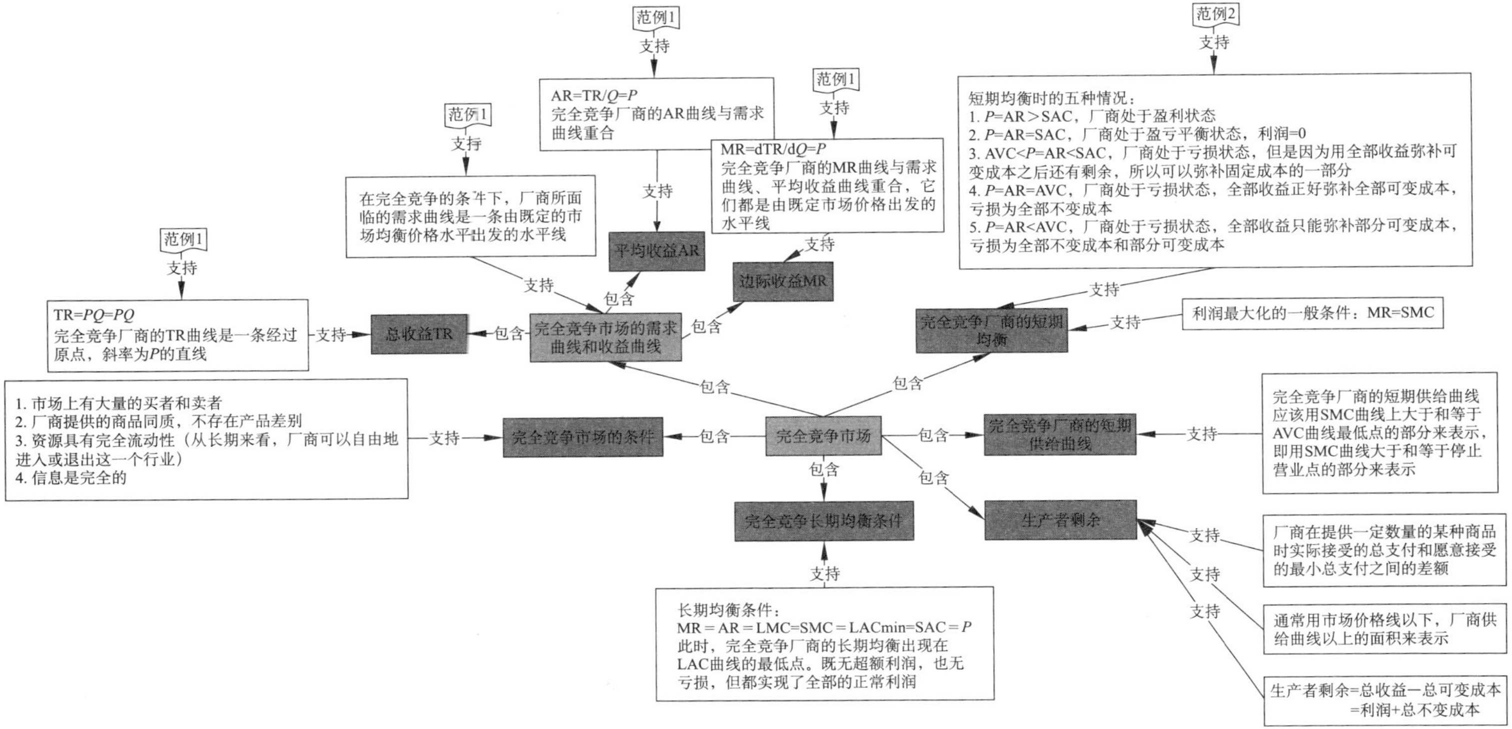
范例1
支持
TR=PQ=PQ
完全竞争厂商的TR曲线是一条经过原点，斜率为P的直线
支持
总收益TR
包含
范例1
支持
在完全竞争的条件下，厂商所面临的需求曲线是一条由既定的市场均衡价格水平出发的水平线
支持
完全竞争市场的需求曲线和收益曲线
范例1
支持
AR=TR/Q=P
完全竞争厂商的AR曲线与需求曲线重合
支持
平均收益AR
包含
范例1
支持
MR=dTR/dQ=P
完全竞争厂商的MR曲线与需求曲线、平均收益曲线重合，它们都是由既定市场价格出发的水平线
支持
边际收益MR
包含
1. 市场上有大量的买者和卖者
2. 厂商提供的商品同质，不存在产品差别
3. 资源具有完全流动性（从长期来看，厂商可以自由地进入或退出这一个行业）
4. 信息是完全的
支持
完全竞争市场的条件
包含
完全竞争市场
包含
包含
包含
包含
包含
完全竞争长期均衡条件
支持
长期均衡条件：
MR＝AR＝LMC=SMC＝LACmin=SAC＝P
此时，完全竞争厂商的长期均衡出现在LAC曲线的最低点。既无超额利润，也无亏损，但都实现了全部的正常利润
范例2
支持
短期均衡时的五种情况：
1. P=AR＞SAC，厂商处于盈利状态
2. P=AR=SAC，厂商处于盈亏平衡状态，利润=0
3. AVC<P=AR<SAC，厂商处于亏损状态，但是因为用全部收益弥补可变成本之后还有剩余，所以可以弥补固定成本的一部分
4. P=AR=AVC，厂商处于亏损状态，全部收益正好弥补全部可变成本，亏损为全部不变成本
5. P=AR<AVC，厂商处于亏损状态，全部收益只能弥补部分可变成本，亏损为全部不变成本和部分可变成本
支持
完全竞争厂商的短期均衡
支持
利润最大化的一般条件：MR=SMC
完全竞争厂商的短期供给曲线
支持
完全竞争厂商的短期供给曲线应该用SMC曲线上大于和等于AVC曲线最低点的部分来表示，即用SMC曲线大于和等于停止营业点的部分来表示
生产者剩余
支持
支持
支持
厂商在提供一定数量的某种商品时实际接受的总支付和愿意接受的最小总支付之间的差额
通常用市场价格线以下，厂商供给曲线以上的面积来表示
生产者剩余=总收益−总可变成本
=利润+总不变成本

图 3-14　微观经济学知识建模图 2

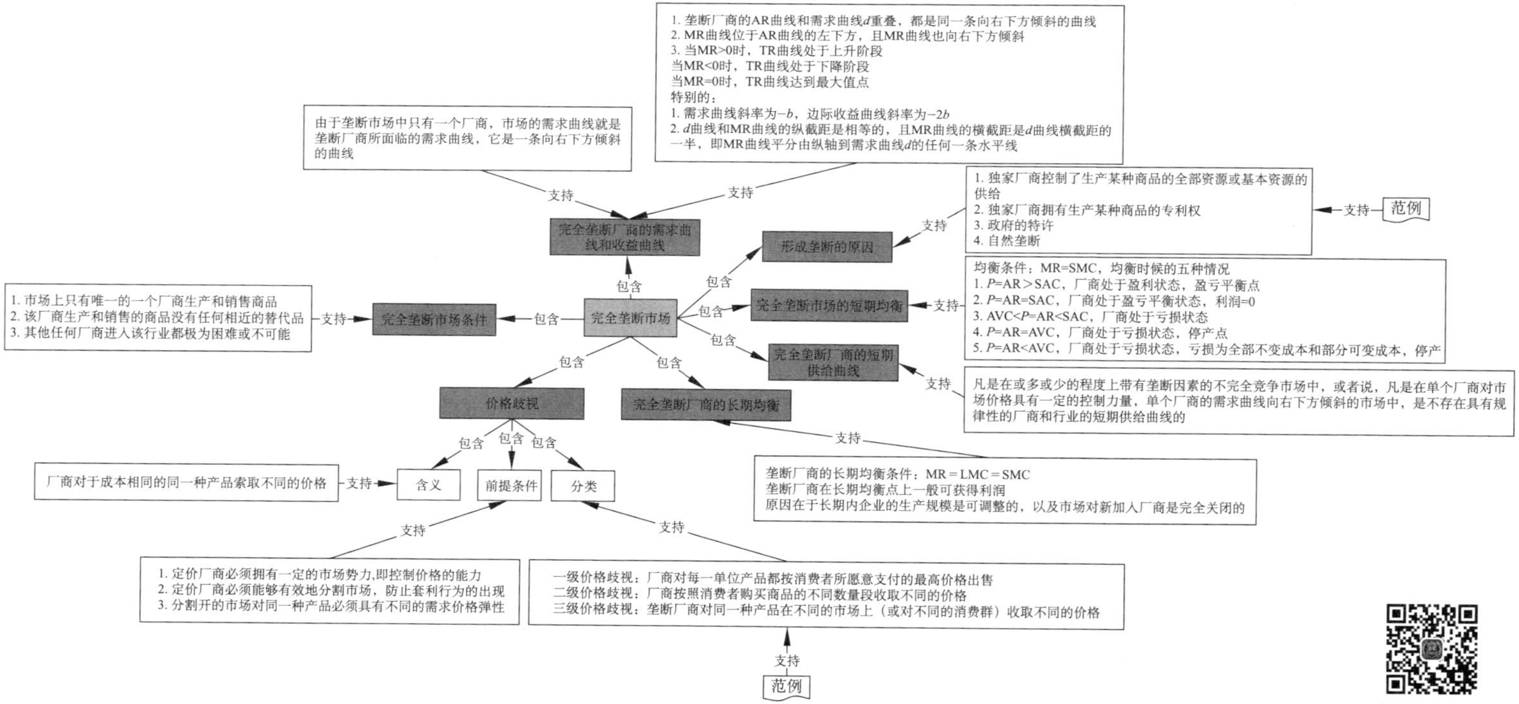

扫码看大图

1. 垄断厂商的AR曲线和需求曲线d重叠，都是同一条向右下方倾斜的曲线
2. MR曲线位于AR曲线的左方，且MR曲线也向右下方倾斜
3. 当MR>0时，TR曲线处于上升阶段
当MR<0时，TR曲线处于下降阶段
当MR=0时，TR曲线达到最大值点
特别的：
1. 需求曲线的斜率为−b，边际收益曲线的斜率为−2b
2. d曲线和MR曲线的位置关系是MR曲线的横截距是d曲线横截距的一半，即MR曲线平分从纵轴到d曲线的任何一条水平线

由于垄断市场中只有一个厂商，市场面临的需求曲线就是垄断厂商所面临的需求曲线，它是一条向右下方倾斜的曲线

1. 独家厂商控制了生产某种商品的全部需求或基本资源的供给
2. 独家厂商拥有生产某种商品的专利权
3. 政府的特许
4. 自然垄断

均衡条件：MR=SMC，均衡时有五种情况
1. P>AR>SAC，厂商处于盈利状态，盈亏平衡点
2. P=AR=SAC，厂商处于短期均衡状态，利润=0
3. AVC<P=AR<SAC，厂商处于亏损状态，厂商继续生产
4. P=AR=AVC，厂商处于亏损状态，停产点
5. P=AR<AVC，厂商处于亏损状态，厂商停止生产

凡是在至少或多少程度上持有垄断因素的不完全竞争市场中，或者说，凡是单个厂商具有规律在市场上对市场价格具有一定控制势力的厂商的短期供给曲线的律性使得厂商的需求曲线向右下方倾斜的市场中，是不存在具有规律的厂商的短期供给曲线的

完全垄断厂商所面临的需求曲线就是平均收益曲线

形成全垄断的原因

完全垄断市场出现的短期均衡情况

完全垄断厂商面临的区别均衡

完全垄断市场

完全垄断市场条件

垄断厂商的长期均衡条件：MR=LMC=SMC
垄断厂商在长期均衡点上，一般可获得利润
原因在于长期内企业可生产的、以及对新加入厂商是完全关闭的

1. 市场上只有唯一的一个生产者和销售商品
2. 该厂商生产和销售的商品没有任何近似的替代品
3. 其他任何厂商进入该行业都极为困难或根本不可能

价格歧视

分类

前提条件

含义

厂商对于成本相同的同一种产品索取不同的价格

1. 定价厂商必须拥有一定的市场势力，即控制价格的能力
2. 定价厂商必须能够有效地分割出各种市场，防止套利行为的出现
3. 分割开的市场上一种产品必须具有不同的需求价格弹性

一级价格歧视：厂商对每一单位产品都按消费者愿意支付的最高价格出售
二级价格歧视：厂商按照消费者购买数量的不同收取不同的价格
三级价格歧视：垄断厂商对同一种产品在不同的市场上（或对不同的消费者）收取不同的价格

图 3-15　微观经济学知识建模图 3

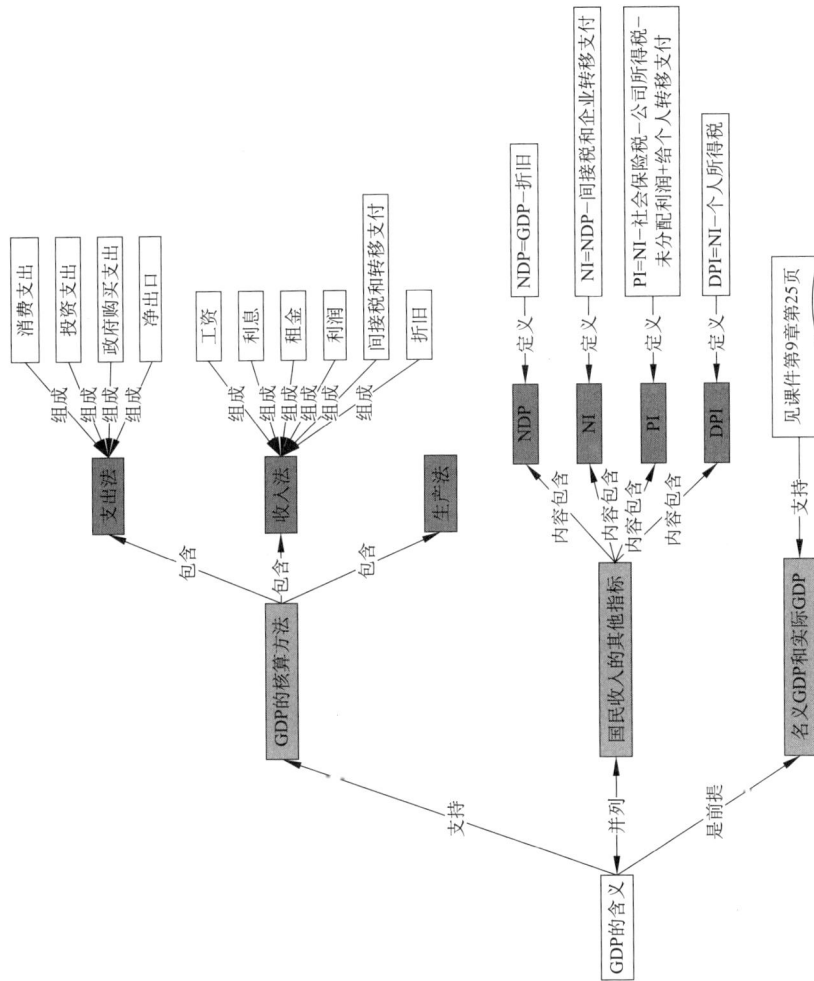

图 3-16　宏观经济学知识建模图 1

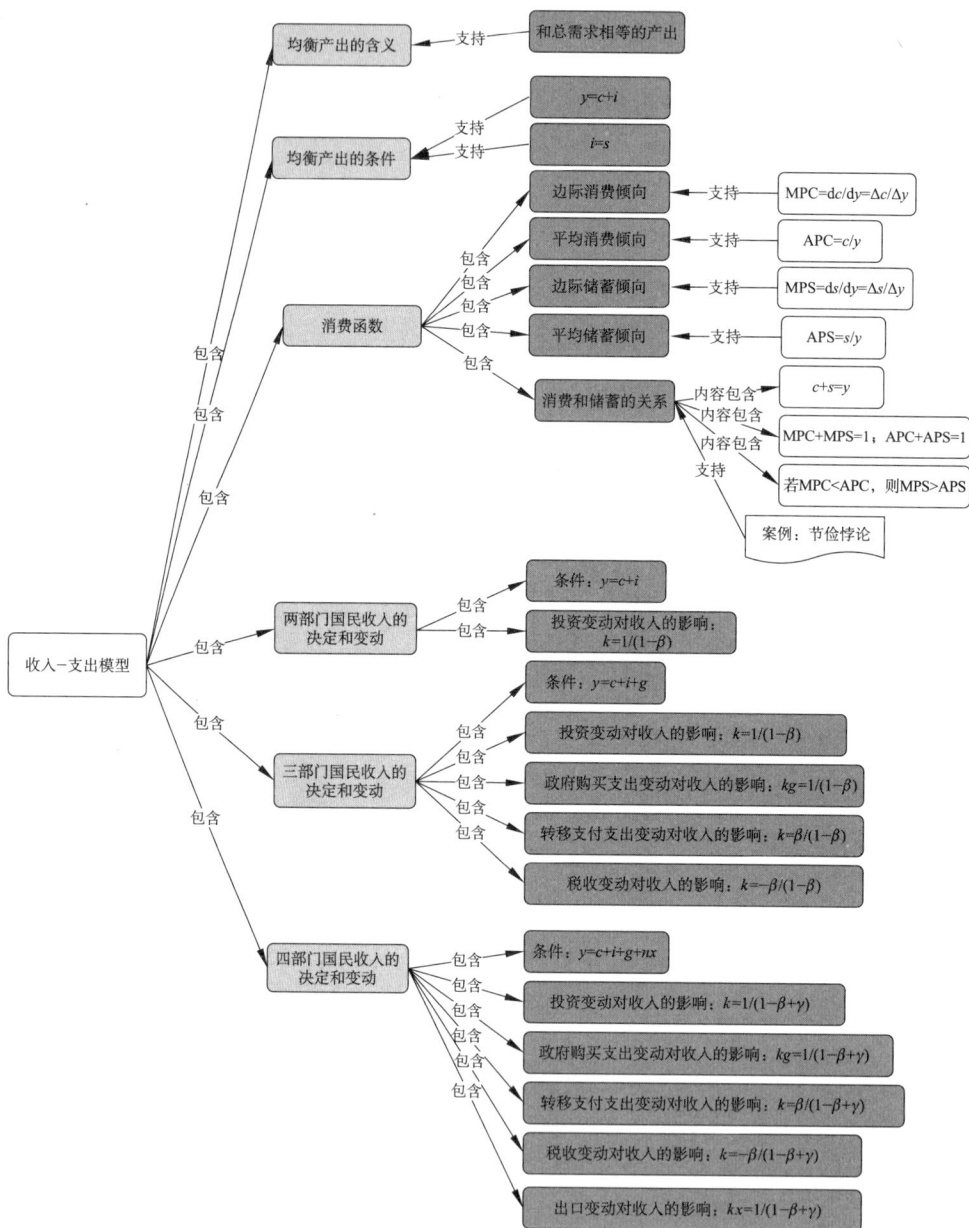

图 3-17 宏观经济学知识建模图 2

AD-AS 模型

内容包含 → AD曲线

内容包含 → AS曲线

内容包含 → AD-AS模型的构造及应用

AD曲线

包含 → AD曲线的含义

包含 → AD曲线的推导 ── 支持 ── 产品市场与货币市场共同均衡：IS方程：$s(y)=i(r)$；LM方程：$M_0/P=L(y)+L(r)$

包含 → AD曲线的移动 ── 支持 ── 扩张性财政政策变动，则AD向右移动，紧缩性财政政策变动，则AD向左移动；扩张性货币政策变动，则AD向右移动，紧缩性货币政策变动，则AD向左移动

AS曲线

包含 → AS曲线的含义 ── 短期总供给曲线

包含 → AS曲线的推导 ── 充分就业条件下的长期总供给曲线；凯恩斯主义总供给曲线

包含 → AS曲线的移动 ── 支持 ── 技术进步、资本投入、劳动投入、劳动生产率提高等，总供给曲线右移

对总需求方面扰动和冲击的反应

包含 → 一般情况的AD-AS模型 ── 支持 ── 外来因素对总需求的扰动和冲击，引起总需求曲线移动，总产量增加或者减少，价格与产量同方向变动

包含 → 极端的短期AD-AS模型 ── 支持 ── 外来因素对总需求的扰动和冲击，引起总需求曲线移动，总产量增加或减少，价格不变

包含 → 极端的长期AD-AS模型 ── 支持 ── 外来因素对总需求的扰动和冲击，引起总需求曲线移动，总产量不变，价格与需求同方向变动

对总供给方面扰动和冲击的反应

包含 → 对生产能力变动的反应 ── 支持 ── 当生产效率提高导致生产能力增大时，经济运行如果在总供给曲线陡峭部分，总需求曲线弹性小，则价格明显低于早初始水平，反之不明显

包含 → 对一般价格冲击的反应 ── 支持 ── 投入品价格上涨，总供给曲线向左上方移动，导致更高的均衡价格水平和更低的产出水平

包含 → 长期极端AD-AS对供给冲击的反应 ── 支持 ── 大的技术进步或者石油危机、自然灾害等总供给曲线移动

支持 → 案例：石油危机与美国经济

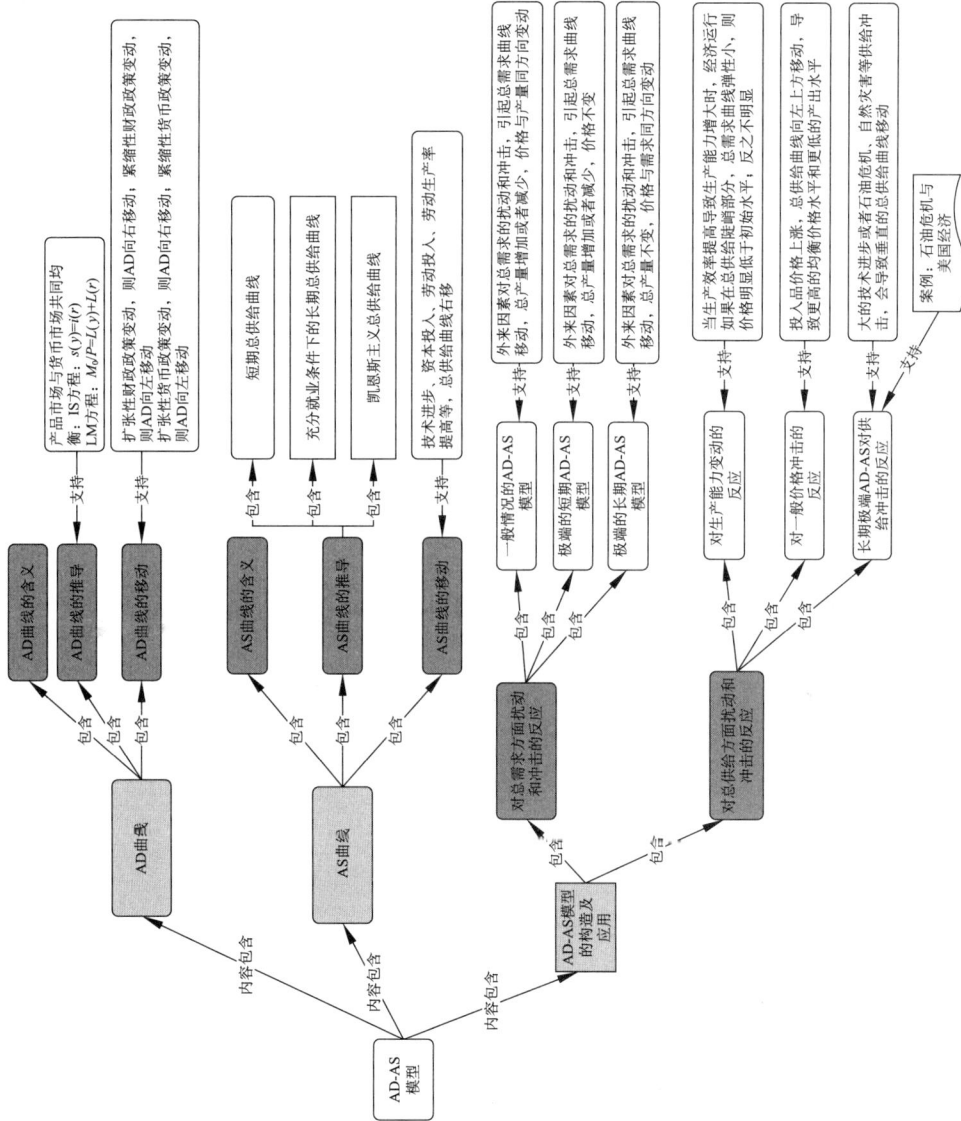

图 3-18　宏观经济学知识建模图 3

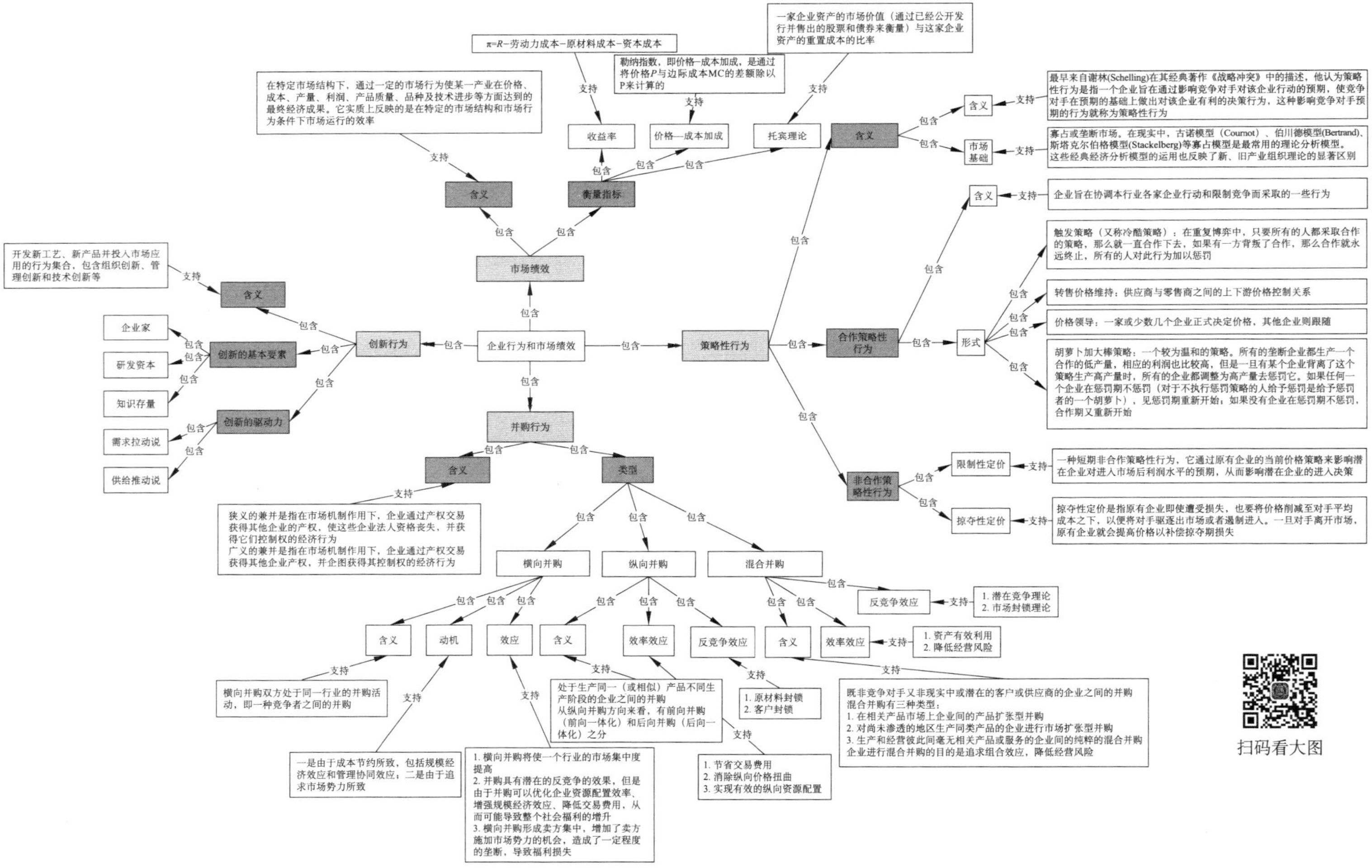

图 3-19 产业经济学知识建模图 1

扫码看大图

产业分类

马克思的两大部类划分法 —支持→ 以产品的最终用途的不同作为分类标准：生产资料生产的产业类和消费类和生产消费资料的产业部类

农轻重产业分类法 —支持→ 以物质生产的不同特点为标准：农业、轻工业和重工业

霍夫曼产业分类法 —支持→ 以工业化及其发展阶段为标准：消费资料工业、资本资料工业和其他工业

三次产业分类法 —支持→ 以产业发展的次顺序及其与自然界的关系为标准：第一产业、第二产业和第三产业

钱纳里的产业分类法 —支持→ 以不同经济发展时期对经济发展影响主要作用的制造业部门为标准：初级产业、中期产业和中后期产业

生产要素集约分类 —支持→ 以要素的集约程度为标准：劳动密集型、资本密集型、技术密集型和知识密集型

产业结构分类法 —支持→ 以产业在国民经济中的地位和作用不同为标准：基础产业、支柱产业、先行产业、新兴产业、朝阳产业、幼小产业、主导产业

产业发展状态分类法 —支持→ 按技术先进进程度分为传统产业、夕阳产业、淘汰产业

标准产业分类法 —支持→ 按国民经济行业分类（20个门类）

产业结构演变规律与趋势

马克思的产业比例协调发展规律 —支持→ $I+(C+V+m) > I+(C)+II(C)$

列宁的生产资料生产有限增长的规律 —支持→ 认为增长最快的应该制造生产资料的生产资料生产，其次是制造消费资料的生产资料生产，最慢的应该是消费资料生产

配第-克拉克定理 —支持→ 随着人均收入的增加，劳动力会从第一次产业向第二次产业和第三次产业移动（或劳动力会从第一产业向第二产业和第三产业流动）

库兹涅茨法则 —支持→ 观点：第一次产业在整个国民收入中的比重同第一次产业劳动力在全部劳动力中所占的比重一样，处于不断下降之中。第二次产业国民收入的相对比重，大体来看是上升的。第三次产业劳动力的相对比重，几乎在所有的国家中均呈上升趋势，但国民收入的相对比重未必与劳动力的相对比重一样同步上升，是略有上升且不是始终如一地上升

霍夫曼工业化过程中的重工业化规律 —支持→ 观点：随着一国工业化的进程，霍夫曼比例呈现出不断下降的趋势。第一阶段：消费品工业占统治地位。资本品工业不发达。第二阶段：资本品工业的发展比消费品工业快，但消费品工业在制造业中所占比重仍比较大。第三阶段：资本品工业继续比消费品工业更快地增长，资本品工业与消费品工业的规模达到大致相当。第四阶段：资本品工业的规模超过消费品工业的规模

产业结构演变的一般趋势

—包含→ 从劳动密集型向资本密集型演变

—包含→ 从原材料加工中心向加工、装配工业中心转变

—包含→ 从传统产业为主导向新型产业为主导转变

（从第一次产业占相对优势，几乎在所有的国家中均呈上升趋势，国民经济中人的比重上升趋势，在制造业中占比比重较小……已经超过消费品工业的净产值，处于主体地位。）

产业结构演变

—包含→ 产业分类

—包含→ 产业结构演变规律与趋势

产业结构演变的动因

需求因素 —支持→ 需求总量的多少会影响产业规模相应着产业规模的大小，消费需求结构的变化会对产业结构直接起着扩张、引起相应的产业结构演进……消费和投资的直接因素，影响产业结构的比例和产业结构也是制约因素

供给因素 —支持→ 自然条件和资源禀赋、人力资源、资本供应状况

科学技术 —支持→ 影响需求结构、影响供给、推动主导产业

国际因素 —支持→ 国际分工和转移、国际市场与贸易、国际金融与投资

制度因素 —支持→ 经济制度、经济体制、经济发展战略、经济政策等

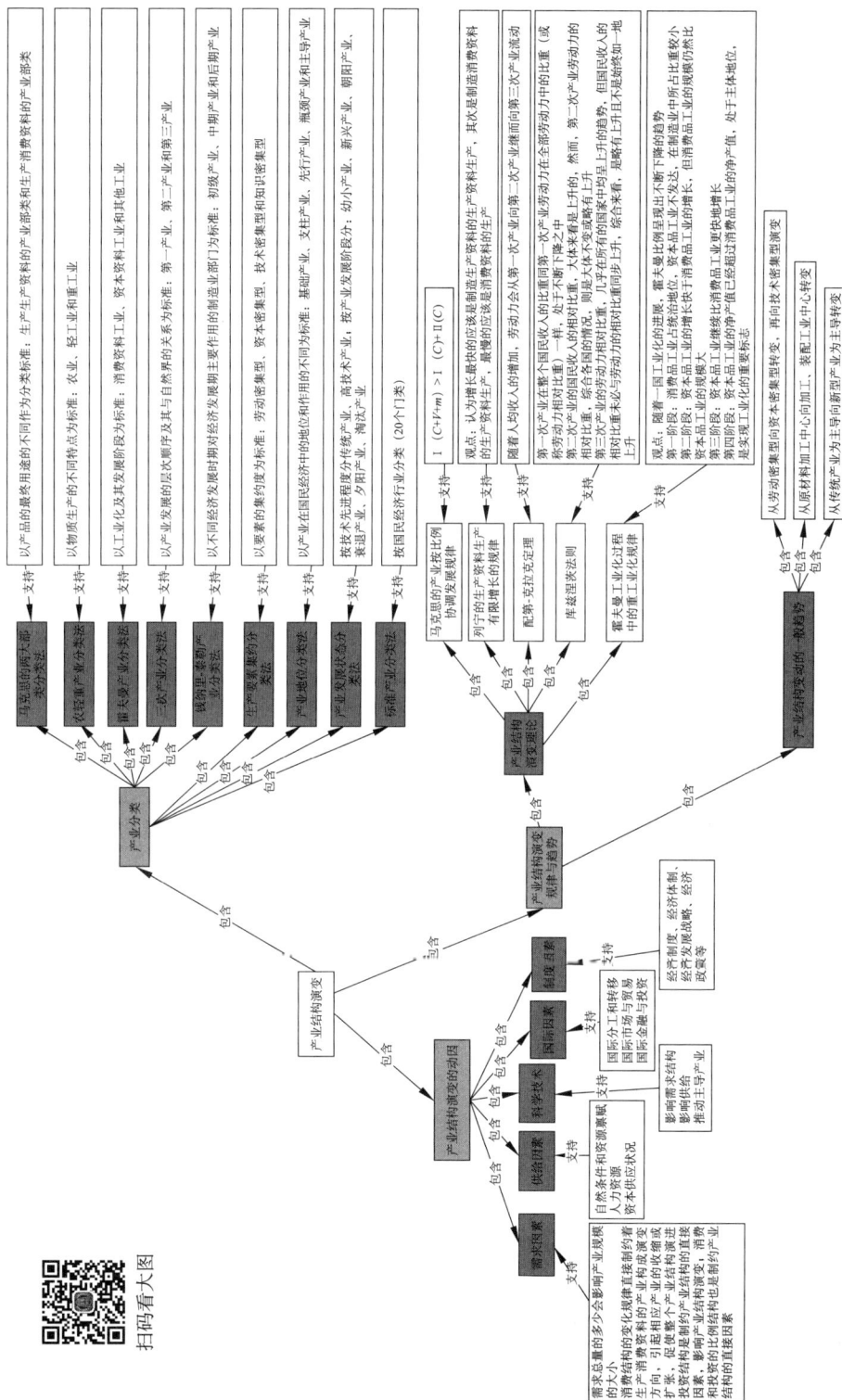

图 3-20　产业经济学知识建模图 2

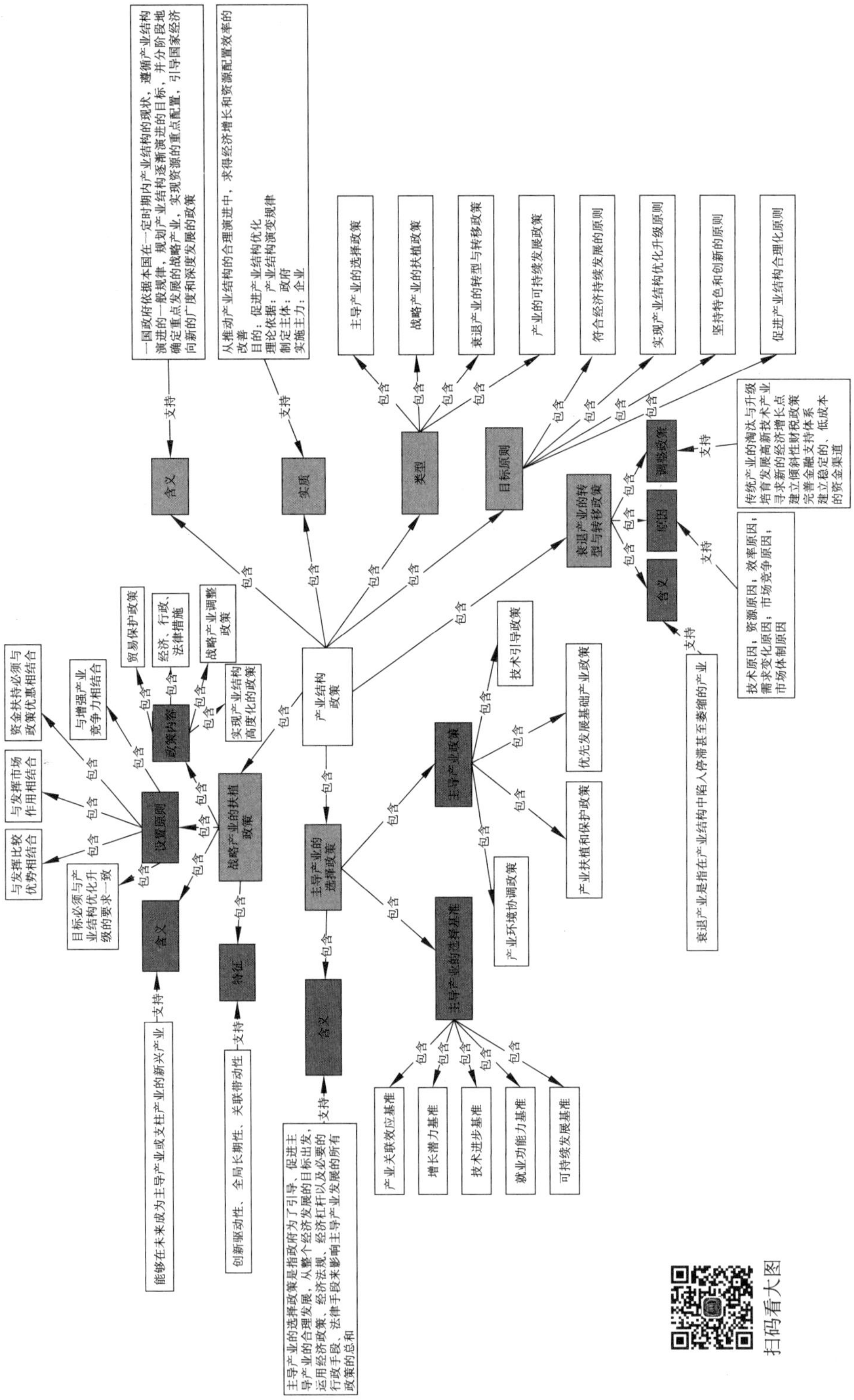

图 3-21 产业经济学知识建模图 3

扫码看大图

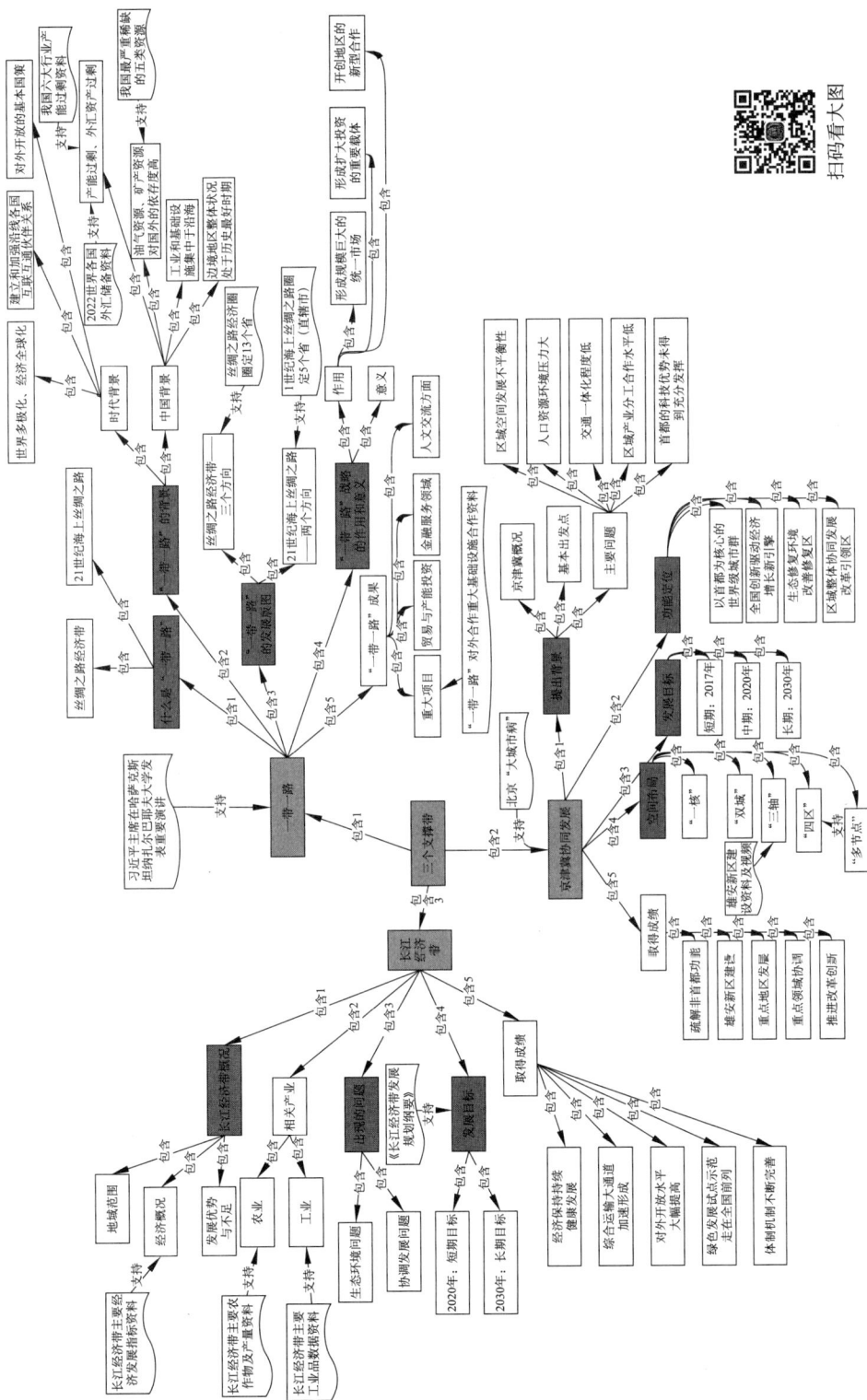

图 3-22　区域经济学知识建模图 1

扫码看大图

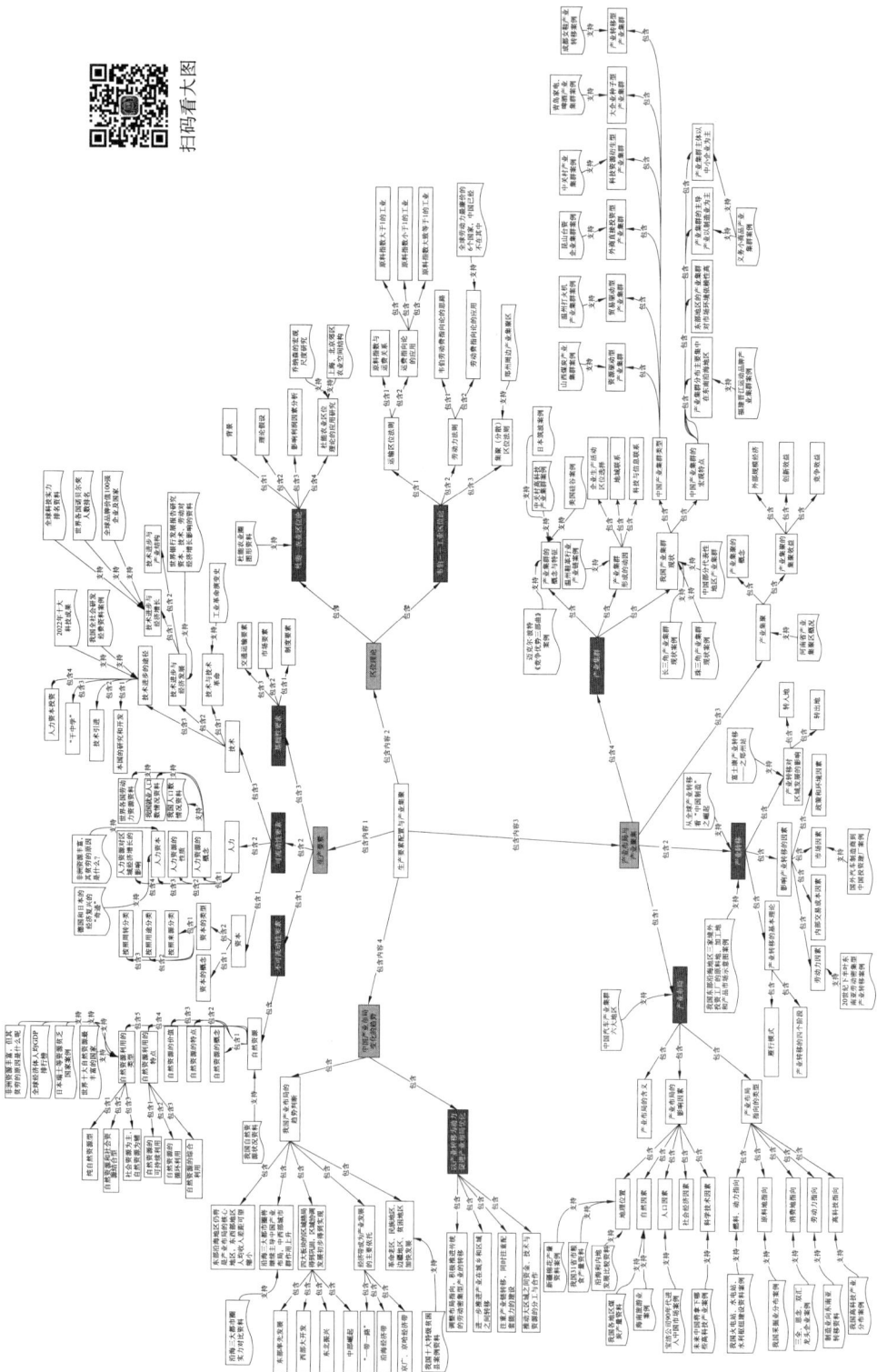

图 3-23　区域经济学知识建模图 2

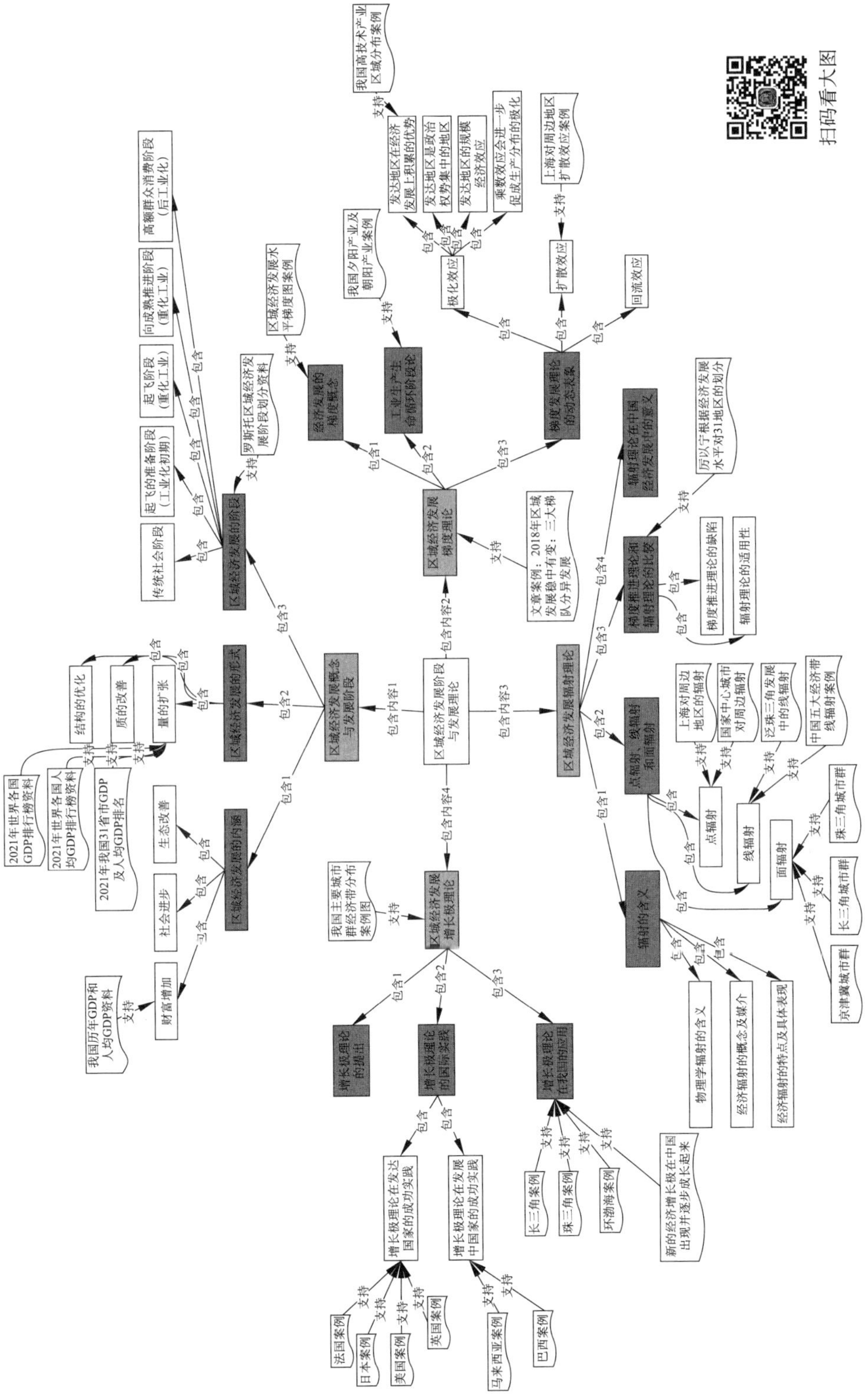

图 3-24　区域经济学知识建模图 3

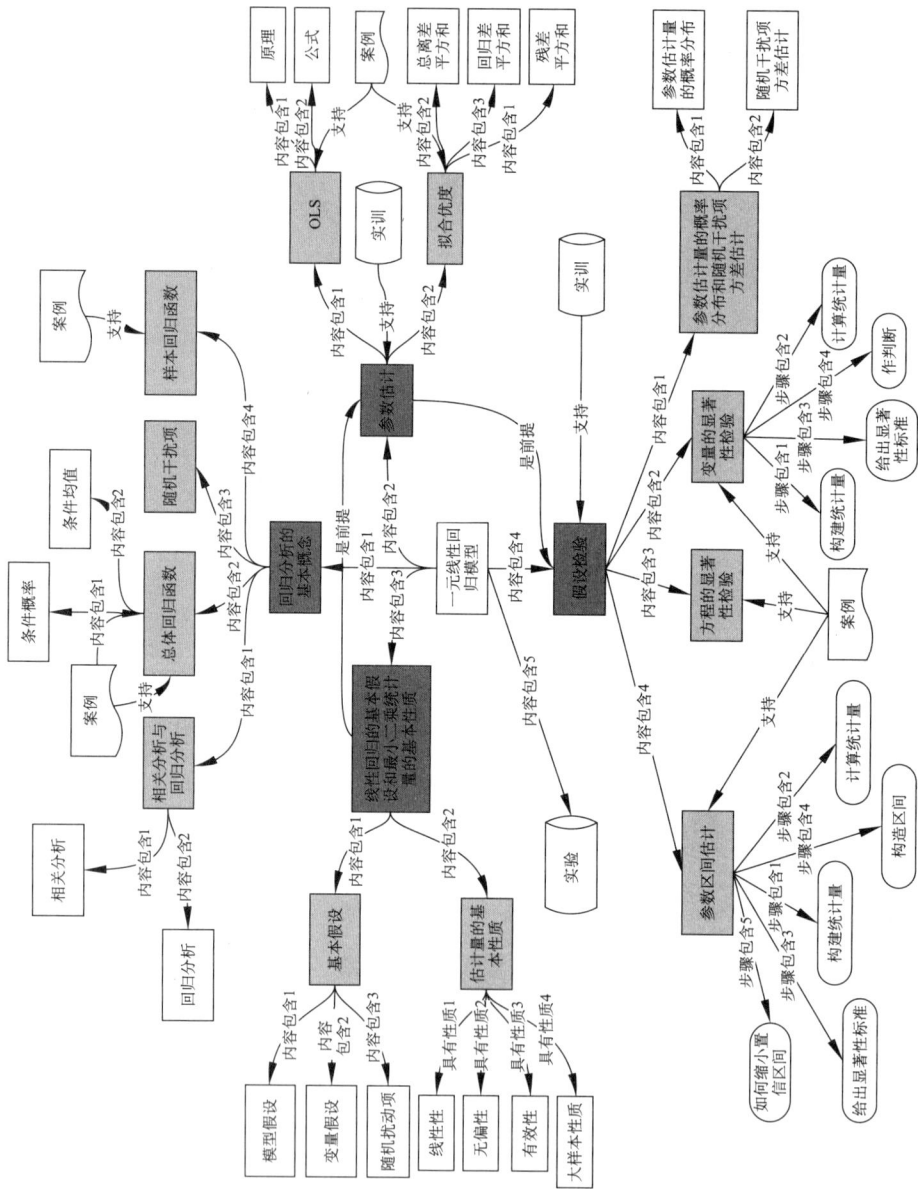

图 3-25 计量经济学知识建模图 1

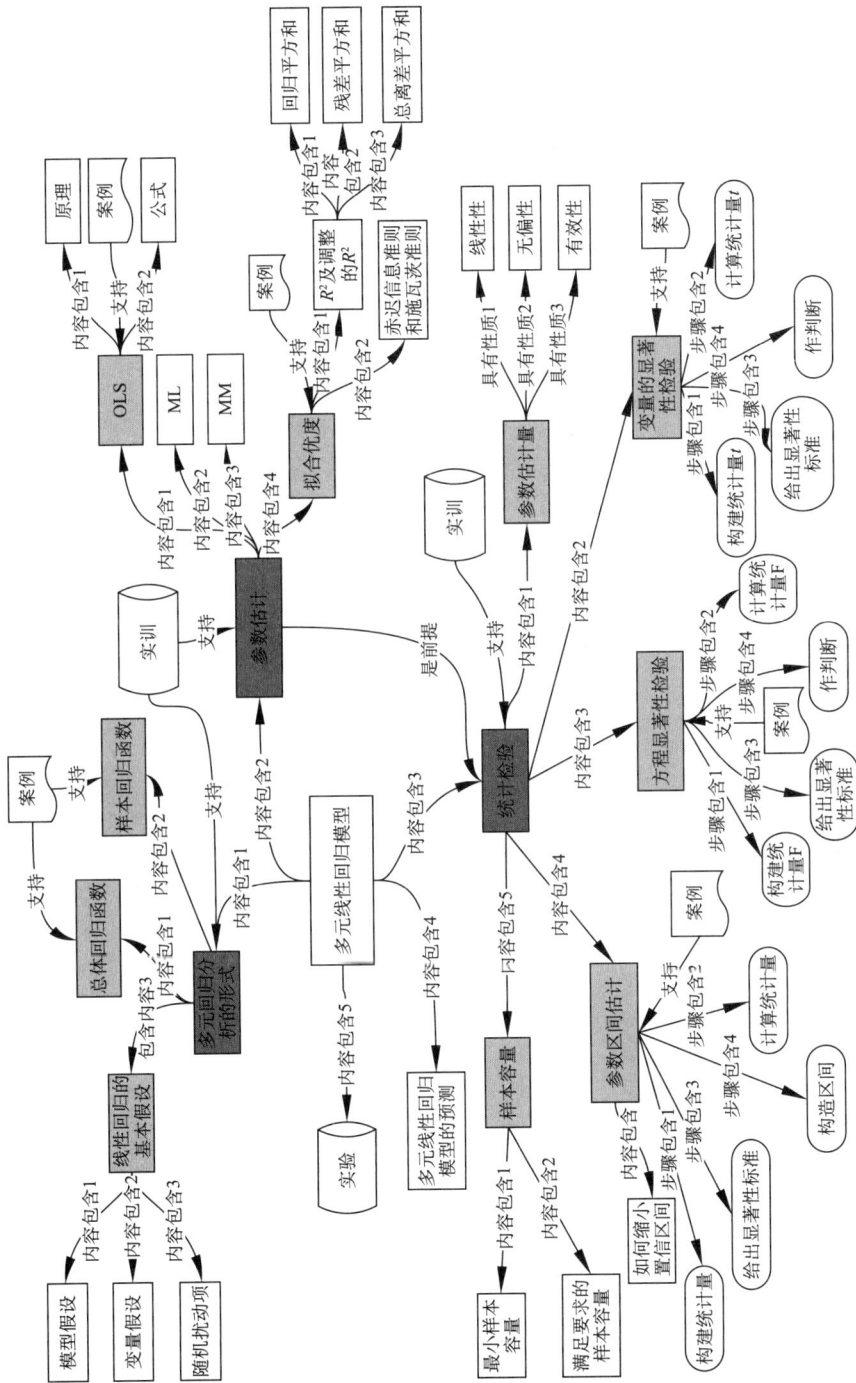

图 3-26　计量经济学知识建模图 2

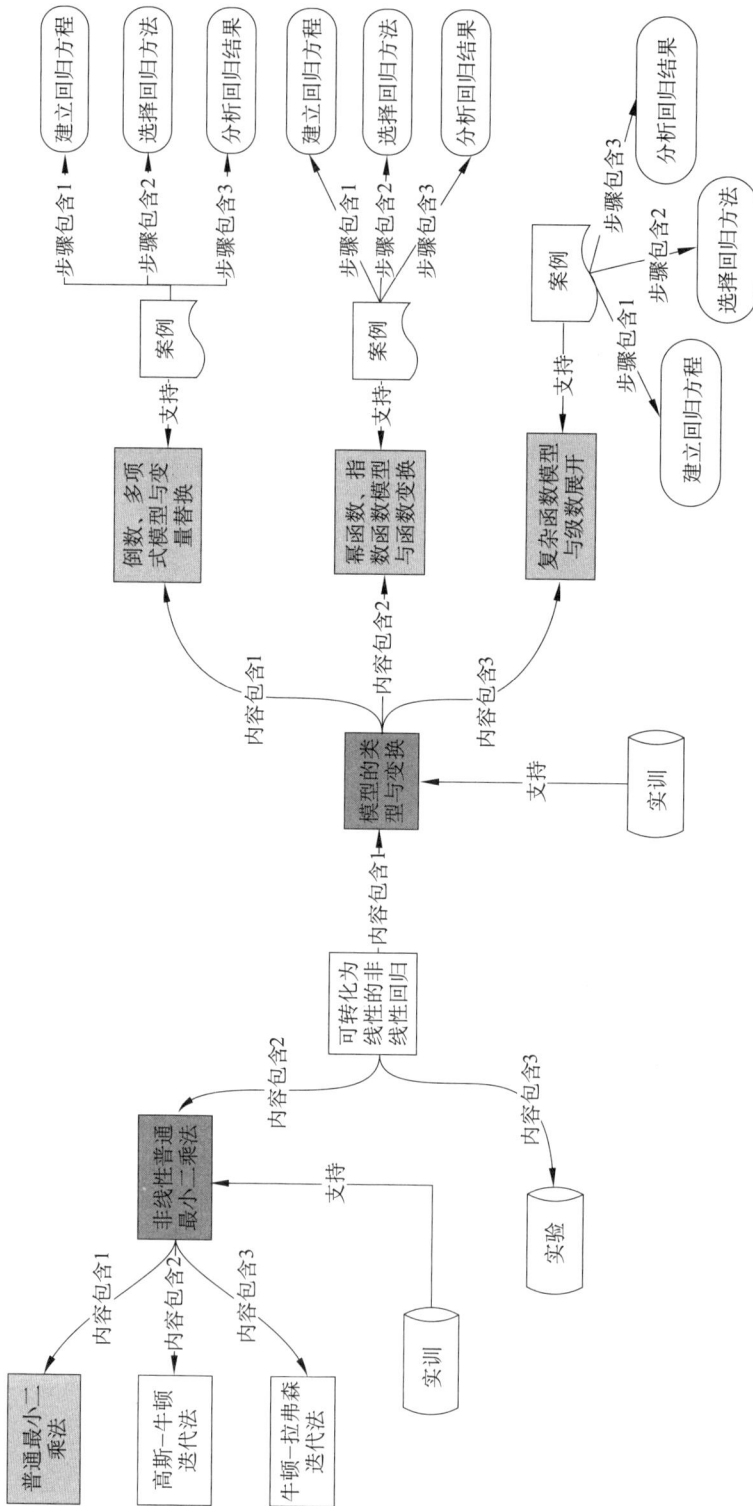

图 3-27 计量经济学知识建模图 3

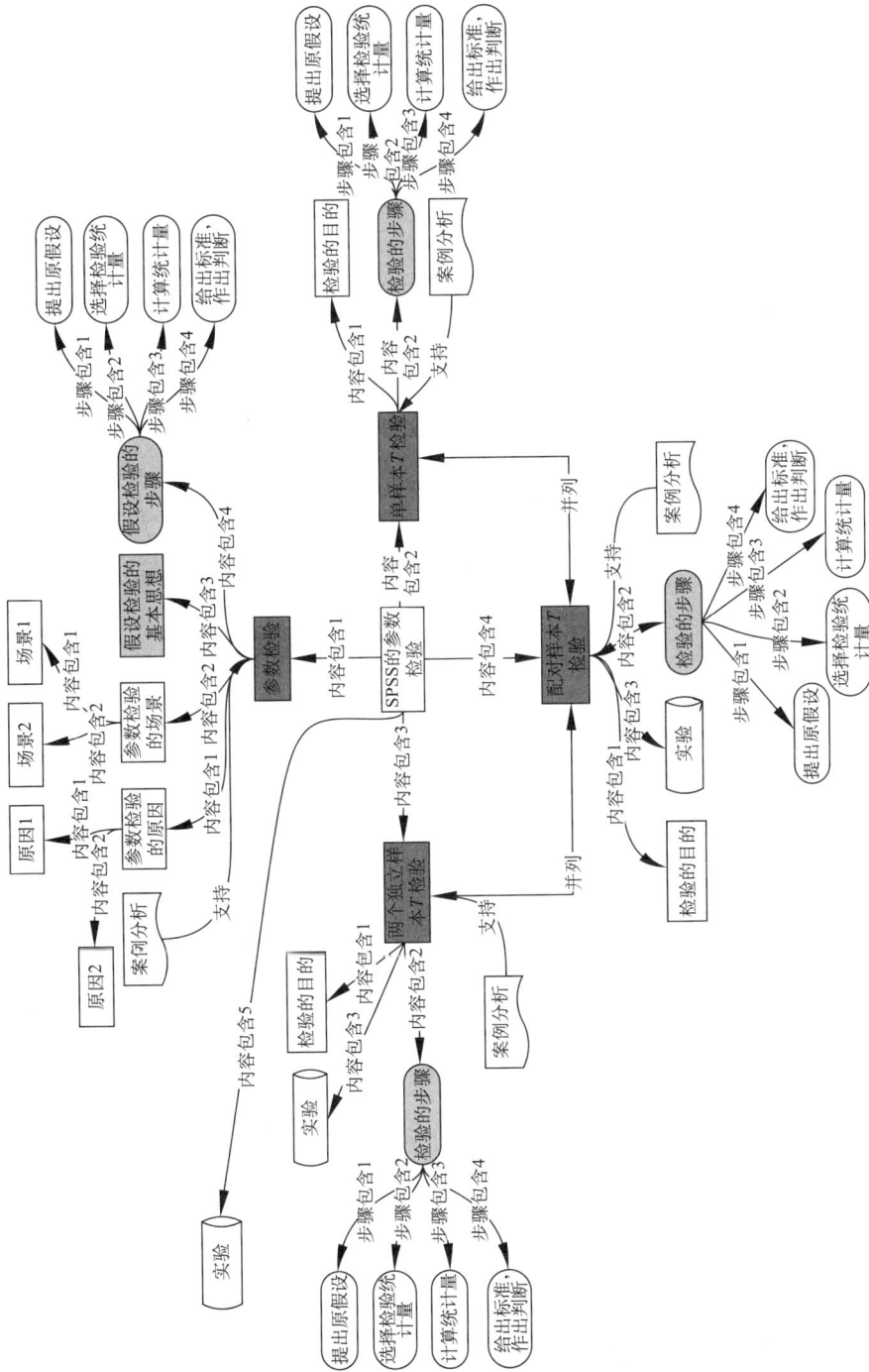

图 3-28 经济统计软件及应用知识建模图 1

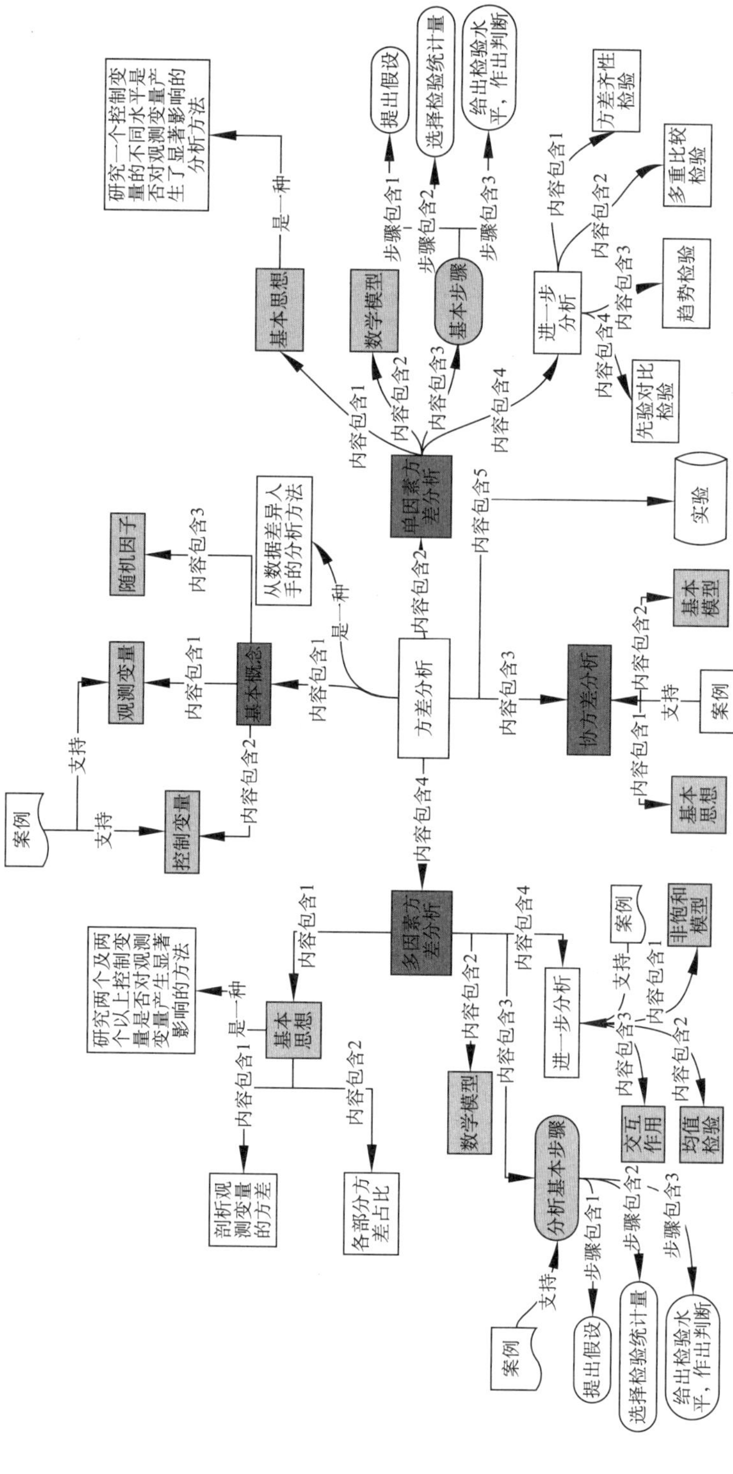

研究一个控制变量的不同水平是否对观测变量产生了显著影响的分析方法

基本思想　是一种

数学模型

基本步骤

内容包含1　提出假设
内容包含2　选择检验统计量
内容包含3　给出检验水平，作出判断

步骤包含1
步骤包含2
步骤包含3

进一步分析

内容包含1　方差齐性检验
内容包含2　多重比较检验
内容包含3　趋势检验
内容包含4　先验对比检验

单因素方差分析

内容包含2
内容包含3
内容包含4
内容包含5　实验

基本概念

观测变量

控制变量

随机因子

内容包含1
内容包含2
内容包含3　从数据差异入手的分析方法　是一种

案例　支持

方差分析　是一种

内容包含1
内容包含2
内容包含3

协方差分析

内容包含1
内容包含2　基本模型
基本思想
案例　支持

内容包含4

多因素方差分析

内容包含1
内容包含2
内容包含3
内容包含4

研究两个及两个以上控制对观测变量是否产生显著影响的方法　是一种

基本思想

内容包含1　剖析观测变量的方差
内容包含2　各部分方差占比

数学模型

分析基本步骤

进一步分析

交互作用
均值检验

内容包含1　非饱和模型
内容包含2
内容包含3　案例　支持

步骤包含1　提出假设
步骤包含2　选择检验统计量
步骤包含3　给出检验水平，作出判断

案例　支持

图 3-29　经济统计软件及应用知识建模图 2

68

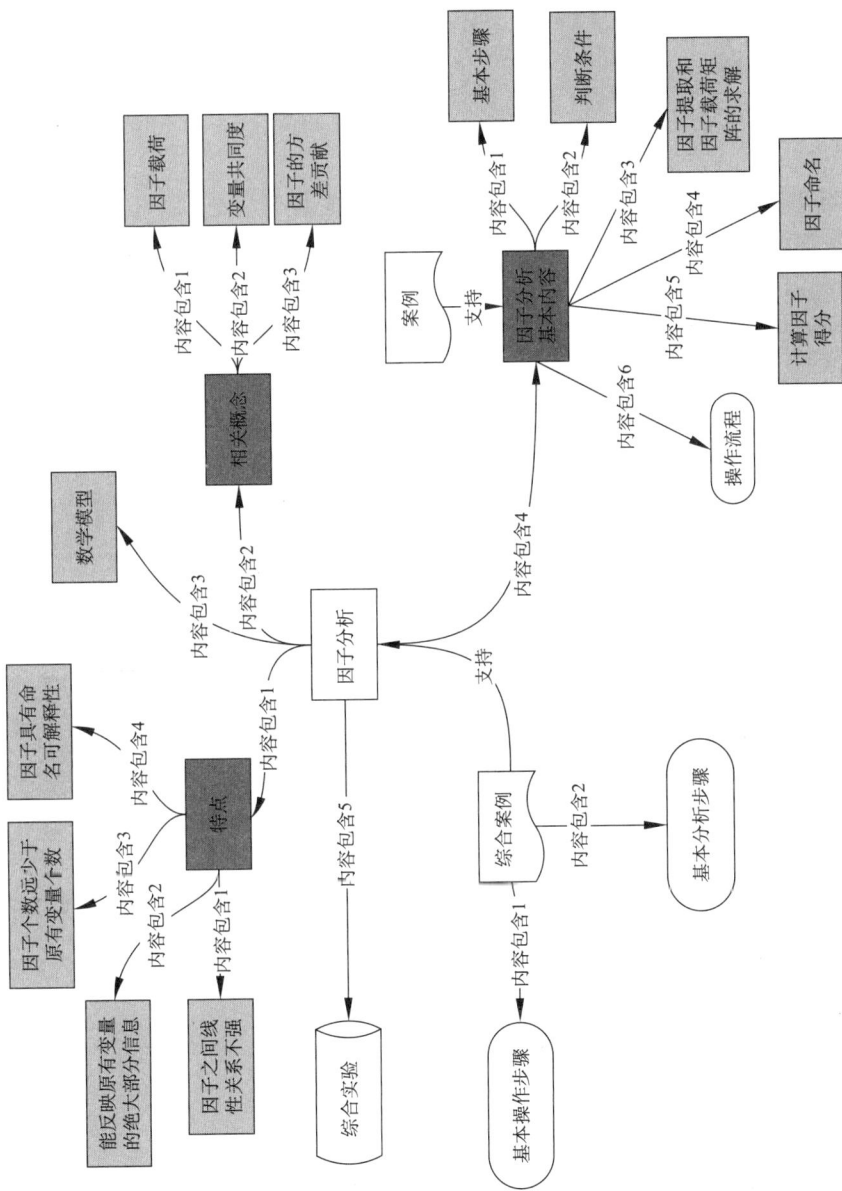

图 3-30 经济统计软件及应用知识建模图 3

第 4 章

基于 OBE 理念的教学设计

20 世纪末,美国教育家 Spady 发表了《成果导向教学管理:以社会学的视角》一文,在文中首次提出了 OBE 理论,即"成果导向教育"。OBE 理论强调以学生为中心,以成果为导向,强调持续的质量改进。根据 OBE 教学理念要求,教师首先要清楚地了解各个专业的毕业生在毕业时应达到的知识能力及技术能力,并根据这些知识能力和技术能力的要求考虑情感目标及素养目标,以设计出合理的教育教学内容,从而促进学生达到预期目标,进而以验证成果为导向的反向教学任务设计。因此,课程设计是达成这一目标的重要部分之一,教师在教学实验中应根据毕业生的能力要求,反向设计教学大纲、教案、讲稿、教学内容等。教师根据 OBE 理念在课堂活动中设计以学生为中心的教学活动,将会显著提升学生的参与度和学习兴趣。

4.1   以项目化教学为核心的教学设计思路

以项目化教学为核心的教学设计思路如图 4-1 所示,教学设计的核心从人才需求调研出发,通过市场对该专业人才需求的调研,梳理出主要岗位,并基于岗位实际情况,列出该岗位的详细任务和能力要求,将其转化为项目化任务。最终,将项目化任务转化为两种类型的课程,一种是在项目化任务中组合形成的一系列项目化教学课程,另一种则是完成项目化任务所需的知识模块,这些知识模块的不同组合形成了一系列的专业基础课。

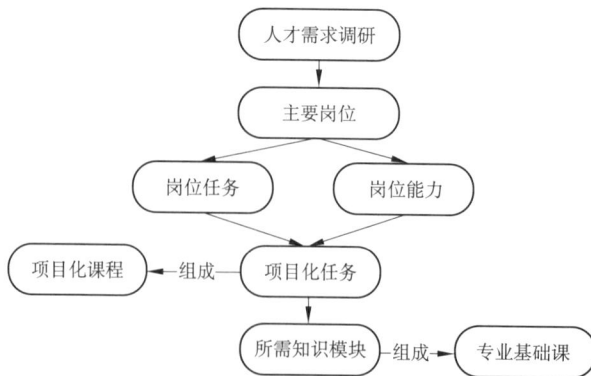

图 4-1   以项目化教学为核心的教学设计思路图

4.2　项目化教学课程教学设计实例

4.2.1　家庭财富管理

1. 课程简介

家庭财富管理课程是通过调研,针对银行理财经理、保险经纪人、理财规划师、证券经纪人等岗位设立的一门项目化教学课程。该课程在金融学、投资学、经济学等专业本科大学三年级开设,课程共计 48 学时,3 学分。该课程的教学内容包括家庭资产梳理、家庭保险规划、家庭投资规划三个专题内容,设计了"理论＋实操"的知识体系,其中家庭资产梳理、家庭投资规划由教师讲解并评价,家庭保险规划由保险行业资深讲师讲授并评价。在本课程中,学生将以自己的家庭作为模拟对象,完成三个专题目标任务:制作家庭资产梳理方案、制作家庭保险规划方案、制作家庭投资规划方案。该课程的评价包括平时任务完成情况评价和期末三个方案评价两个部分。通过本课程的学习,学生能够在银行理财经理、理财规划师、保险规划师、证券经纪人等岗位上完成初级的工作任务,也能够为自己的家庭做好初级的理财规划。

2. 教学设计

家庭财富管理项目化教学课程教学设计如表 4-1 所示。

表 4-1　家庭财富管理项目化教学课程教学设计

2023 年第 1 学期第 8 周

知识建模图:
见图 3-1 家庭财富管理知识建模图 1

	知识点(学习水平)	能力目标	素质目标
学习目标	(1) 理解家庭资产配置方案再平衡与定期再平衡的含义和对家庭资产配置的意义 (2) 能比较家庭资产配置方案不平衡与再平衡的效果,比较不同时间间隔再平衡带来的资产配置方案的效果 (3) 掌握家庭资产配置方案定期再平衡的步骤 (4) 运用家庭资产配置方案定期再平衡的步骤对建仓后的家庭资产配置方案进行再平衡模拟操作 (5) 能根据家庭资产配置再平衡的步骤撰写家庭资产配置方案的再平衡实操方案,并且符合真实或模拟客户的理解能力和水平	(1) 学生具备为客户资产配置方案做再平衡的能力,并且能够撰写符合真实或模拟客户理解能力和水平的家庭资产配置方案的再平衡实操方案 (2) 制作的家庭资产配置再平衡的方案及学生本人的解说过程代表学生作为理财经理的专业素养	在再平衡学习的过程中,培养学生严谨、专业的职业素养,使他们能够从客户的角度出发思考问题

续表

	知识点(学习水平)			
学习先决知识技能	(1) 不同类型资产配置方案的理解、制定 (2) 在天天基金平台上实操各类基金的筛选比较，会选择需要的数据信息 (3) 家庭资产配置方案中各类投资工具的比较、选择及确定			
课上资源	课堂讲授有关内容的PPT；天天基金平台基金数据资料	课下资源	《资产配置从入门到精通》理查德·A.费里，人民邮电出版社；课堂讲授内容相关的PPT	
课上时间	70分钟	课下时间	150分钟	
活动序列	活动目标	时间	学习资源	学习地点
活动1	(1) 理解家庭资产配置方案再平衡与定期再平衡的含义和对家庭资产配置的意义 (2) 能比较家庭资产配置方案不平衡与再平衡的效果 (3) 能比较不同时间间隔下家庭资产配置方案再平衡的效果	课上20分钟	(1) 课堂讲授内容相关的PPT (2) 天天基金平台基金数据资料	课上
活动2	在学生学习了投资工具筛选操作、确定家庭资产配置方案、理解再平衡的基础上，指导学生进行再平衡的实操，通过再平衡实操活动，实现如下目标： (1) 学生理解再平衡是怎么实现"低买高卖"的 (2) 学生学会对家庭资产配置方案进行再平衡的操作 (3) 学生根据家庭资产配置方案再平衡的操作方法完成任务	课上20分钟	(1) 课堂讲授内容相关的PPT (2) 天天基金平台基金数据资料	课上
活动3	学生在学习了家庭资产配置方案再平衡、定期再平衡含义及实操的基础上，进行半年定期再平衡情景模拟实训，通过模拟实训实现以下活动目标： (1) 学生通过实操进一步熟悉天天基金平台基金实操活动 (2) 学生能够根据教师讲授的定期再平衡步骤完成半年定期再平衡实操任务 (3) 学生能够写出半年期或者一年期定期再平衡模拟方案	课上30分钟 课下150分钟	(1) 课堂讲授内容相关的PPT (2) 天天基金平台基金数据资料	课上＋课下

续表

活动 1 知识建模图（课上）：

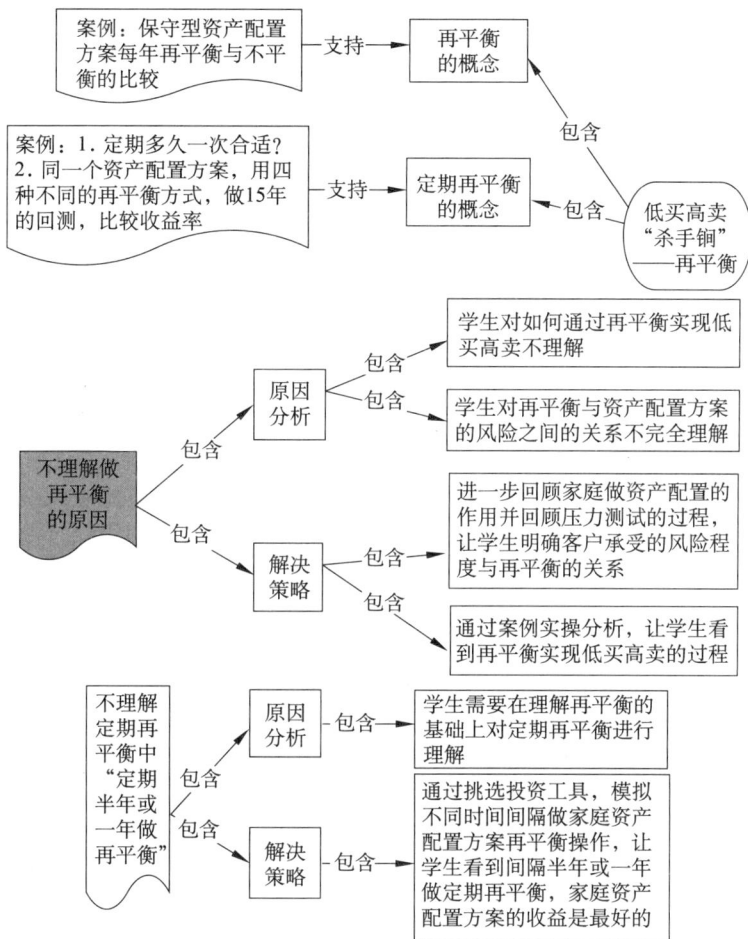

活动目标	（1）理解家庭资产配置方案再平衡与定期再平衡的含义和对家庭资产配置的意义 （2）能比较家庭资产配置方案不平衡与再平衡的效果 （3）能比较不同时间间隔下家庭资产配置方案再平衡的效果

活动任务序列（导入任务描述）：
（1）家庭资产配置方案确定过程的回顾：通过回顾家庭资产梳理→确定家庭资产配置方案→建仓→家庭资产配置方案再平衡的过程，让学生明确当前的任务在家庭资产配置方案确定过程中的位置和作用
（2）重点回顾家庭资产配置方案确定的过程，了解方案的确定与客户的风险承受能力直接相关，为接下来学习资产配置方案再平衡的意义作铺垫

师生交互过程	教师总结上节课的主要内容，引导学生回顾家庭资产配置方案确定的流程，引出家庭资产配置方案的再平衡环节，即本次课的重点任务。学生可能认为建仓结束就完成了家庭资产配置的过程，剩下的交给时间就可以了，但是可能会出现如下问题

续表

师生交互过程	教师问:"资产配置建仓完成后,你是不是每天频繁地去看各类资产的浮动情况?" 学生笑着回答:"是的。" 教师问:"当大家看到资产价格上涨时会感到开心,但如果跌了是不是就不开心了呢?并且开始怀疑自己所确定的资产配置方案是否可行,甚至怀疑老师教的这些操作是骗人的?" 学生偷笑,并且窃窃私语 教师继续引导:"为了避免建仓完成后出现这样的投资情绪问题,并且实现低买高卖,我们需要对家庭资产配置方案做再平衡。那什么是再平衡呢?再平衡的作用是什么?多久做一次再平衡是最有效的?怎么做家庭资产配置方案的再平衡?这些是我们本次课需要解决的重点问题。通过再平衡的学习以及实操过程,首先大家需要理解再平衡的作用,其次大家要学会再平衡的实操过程,最后大家要完成再平衡模拟方案的制作任务,该任务也是将来大家上交的家庭资产配置方案制作的重要环节之一。"

活动任务序列(任务一)

任务一知识组块: 见活动1知识建模图	任务描述	(1) 采用讲授案例、不同家庭资产配置方案分别做不平衡、再平衡的比较的方法,让学生理解再平衡的作用 (2) 采用讲授案例、不同家庭资产配置方案分别做各种时间间隔的再平衡比较的方法,让学生理解不同时间间隔下做再平衡带来的效果不同,达到让学生选择半年期或者一年期做再平衡的学习目的
	任务时长	20分钟
	学习地点	课上
教学方法 (学习方法)	☑讲授　□小组讨论　☑答疑　□实验　☑实训　□自主学习 □其他(请填写)_____	
师生交互过程	(1) 教师对上次课守株待兔式的建仓过程中,学生实操建仓容易出现的问题进行分析,并分别给予解答 (2) 教师课堂导入语结束,引导学生思考,通过回顾家庭资产配置方案制作的过程(家庭资产梳理→确定家庭资产配置方案→建仓→家庭资产配置方案再平衡),让学生明确当前的任务在家庭资产配置方案制作过程中的位置和作用 (3) 教师引入问题:"为什么要做再平衡?"学生可能有多种答案,有的学生在教师的引导下可能明白,对家庭资产配置做再平衡是为了让资产配置方案经过一段时间后,各类资产的比重重新回到最初的比重,符合客户的风险承受能力,这个过程也是为了实现资产的低买高卖。在再平衡的实操过程中给大家具体分析讲解如何实现资产的低买高卖 (4) 教师讲授再平衡的概念,并讲解案例:从2005年7月1日到2019年12月16日共14.46年的时间,使用保守型资产配置方案,投资品和比例完全一致,唯一的区别是其中一个方案每年再平衡一次,另一个则不然。结果是再平衡策略确实能带来更高的收益。这个过程中,学生对数据进行比较 (5) 教师在讲授再平衡的基础上讲授定期再平衡的概念,引导学生思考:"这个'定期'究竟多久合适呢?我们可以随意决定吗?一个月或一年都行?"教师通过案例用数据分析,让学生明白:定期再平衡的时间间隔可是有讲究的,间隔太长,可能会错失高抛低吸的绝佳机会;间隔太短,例如每天或每周再平衡一次,又需要频繁交易,不仅操作麻烦,还会增加手续费	

师生交互 过程	(6) 教师讲解案例:同一个资产配置方案,用四种不同的再平衡方式,到 2019 年 12 月 16 日,差不多 15 年时间,它们的收益率分别如何,并用同样的方法回溯平衡型和激进型方案的数据。讲解过程中,让学生面对数据做描述分析 (7) 教师总结不同资产配置方案数据回测的结论:无论是平衡型配置方案,还是激进型配置方案,每隔半年或一年进行再平衡的收益率更加优秀。空闲时间较多可以选择半年一次,平时比较忙可以选择一年一次
学习资源	课堂讲授相关内容的 PPT,天天基金平台基金数据资料
学习成果及 评价标准	学生理解再平衡的作用、意义,在接下来的家庭资产配置再平衡模拟操作方案确定过程中,能运用再平衡的操作进行再平衡模拟

活动 2 知识建模图(课上):

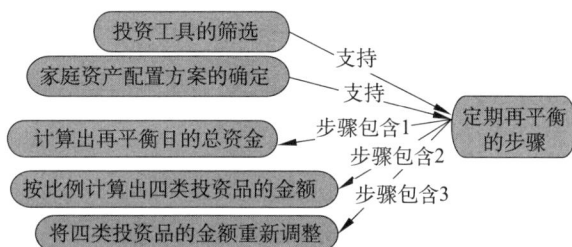

活动目标	在学生学习了投资工具筛选操作、确定家庭资产配置方案、理解再平衡的基础上,指导学生进行再平衡的实操,通过再平衡实操活动,实现如下目标: (1) 学生理解再平衡是怎么实现"低买高卖"的 (2) 学生学会对家庭资产配置方案进行再平衡的操作 (3) 学生根据家庭资产配置方案再平衡的操作方法完成任务

活动任务序列(任务一)

任务一知识组块: 见活动 2 知识建模图	任务描述	采用家庭资产配置方案中投资工具历史数据回测的方法,详细讲解资产配置方案再平衡操作步骤的方式,让学生学会资产配置方案再平衡的操作
	任务时长	20 分钟
	学习地点	课上
教学方法 (学习方法)	☑讲授　□小组讨论　☑答疑　□实验　☑实训　□自主学习　□翻转课堂 □其他(请填写)_____	
师生交互 过程	(1) 教师总结前面学习的再平衡与定期再平衡的概念,学生明确家庭资产配置方案建仓后为什么要做定期再平衡 (2) 教师开始讲授家庭资产配置方案再平衡的操作步骤,开始再平衡操作前,回顾各种资产的投资工具怎么选择,学生回忆并回答前面学习过的内容,教师省去各类资产投资工具选择的过程,直接使用结果进行家庭资产配置方案再平衡操作 (3) 教师以平衡型方案为例,在 2018 年 7 月 2 日将 10 万元按照平衡型方案的比例,分别买入图中的四种投资品,学生看表中各类资产的买入金额	

续表

师生交互 过程	（4）教师讲解：当时间来到一年后的 2019 年 11 月 1 日，到了需要再平衡的时候，学生观察表中再平衡前金额 （5）教师讲解再平衡的第一步：计算出再平衡日的总资金，学生观察表中总金额的数据 （6）教师讲解再平衡的第二步：按比例计算出四类投资品的金额，学生观察表中各类资产再平衡前与再平衡后的金额，并进行比较分析 （7）教师讲解再平衡的第三步：将四类投资品的金额重新调整，学生观察表中数据，计算每类资产需要调整的金额，并进行买入卖出 （8）教师回到第三步表中的数据，引导学生分析再平衡的结果，实现各类资产高卖低买，获得收益，学生进行分析并理解
学习资源	课堂讲授相关内容的 PPT；天天基金平台基金数据资料
学习成果及 评价标准	（1）学生理解、熟悉并学会了定期再平衡的三步操作过程，在接下来的再平衡模拟操作中进行练习并以再平衡方案的方式展现。该部分的内容将出现在本课程最后的家庭资产配置方案中，如果没有该再平衡的模拟过程或者学生分析错误，将扣除相应的分数 （2）学生理解再平衡过程中，实现家庭资产配置的"低买高卖"的方法，理解家庭资产配置定期再平衡操作的必要性和重要性

活动 3 知识建模图（课上＋课下）：

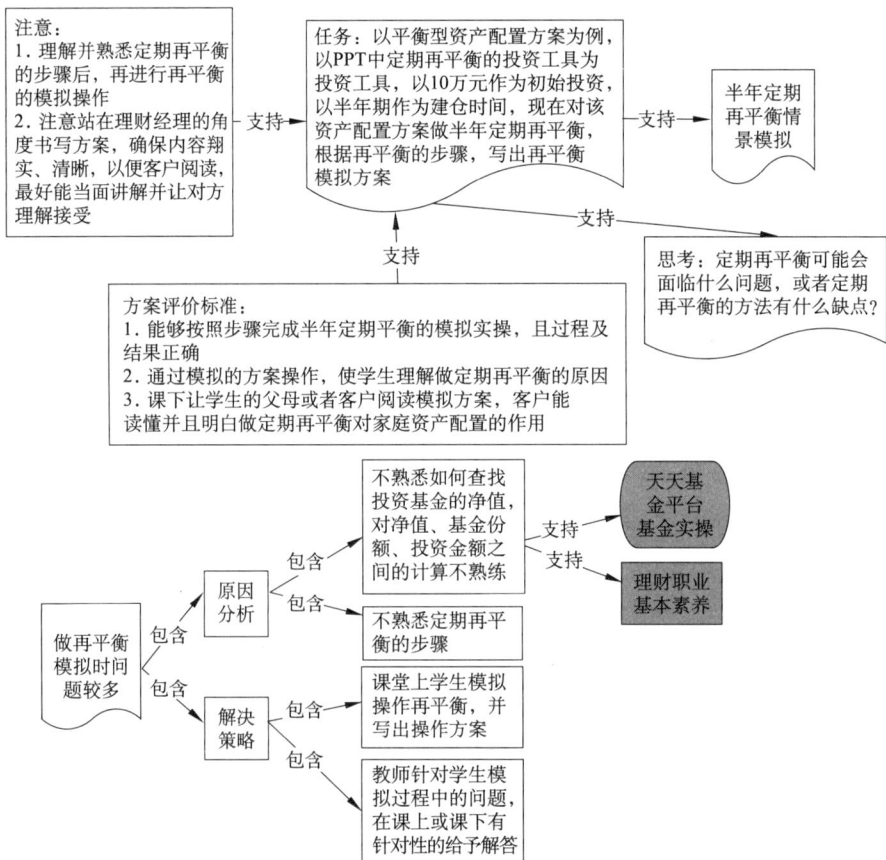

活动目标	学生在学习了家庭资产配置方案再平衡、定期再平衡含义及实操的基础上,进行半年定期再平衡情景模拟实训,通过模拟实训实现以下活动目标: (1) 学生通过实操进一步熟悉天天基金平台基金实操活动 (2) 学生能够根据教师讲授的定期再平衡步骤完成半年定期再平衡实操任务 (3) 学生能够写出半年期或者一年期定期再平衡模拟方案

活动任务序列(任务一)

任务一知识组块: 见活动 3 知识建模图	任务描述	教师给学生布置半年定期再平衡情景模拟的任务:以平衡型资产配置方案为例,以 PPT 中定期再平衡的投资工具为投资工具、以 10 万元作为初始投资,以半年期作为建仓时间,对该资产配置方案做半年定期再平衡,并根据再平衡的步骤,写出再平衡模拟方案
	任务时长	课上 30 分钟 课下 150 分钟
	学习地点	课上＋课下

教学方法 (学习方法)	□讲授　□小组讨论　□答疑　□实验　☑实训　☑自主学习　□翻转课堂 □其他(请填写)_____

师生交互过程	教师布置家庭资产配置方案半年期再平衡情景模拟任务:以平衡型资产配置方案为例,以 PPT 中定期再平衡的投资工具为投资工具、以 10 万元作为初始投资,以半年期作为建仓时间,对该资产配置方案做半年定期再平衡,并根据再平衡的步骤,写出再平衡模拟方案 学生接受任务,开始进行定期再平衡模拟操作 课上,学生再平衡模拟过程中,某基金某时间点净值的查找、红利的计算、现在各类资产基金的金额计算、再平衡过程中金额的调整等问题咨询教师,教师分别给予解答 教师布置课下任务: (1) 学生写出完整的半年期定期再平衡模拟方案,该方案用于供自己的父母或其他客户阅读,在撰写时,要注意语言表达的清晰性和条理性,要能够详细阐述,要让客户明白并接受再平衡的操作建议 (2) 学生需要熟练掌握定期再平衡的操作,在课堂任务的基础上,继续模拟操作一年期定期再平衡的过程 (3) 思考:定期再平衡可能会面临什么问题,或者定期再平衡的方法有什么缺点? 学生按照要求完成课下任务,并且预习估值再平衡的内容,通过预习估值再平衡的内容完成思考题。在下次课上,教师通过提问的方式检验学生的预习效果
学习资源	课堂讲授内容相关的 PPT;天天基金平台基金数据资料
学习成果及评价标准	学习成果:学生提交半年期及一年期定期再平衡模拟操作方案 评价标准: (1) 能够按照步骤完成半年定期平衡的模拟实操,且过程及结果正确 (2) 通过模拟的方案操作,使学生理解做定期再平衡的原因 (3) 课下让学生的父母或者客户阅读模拟方案,客户能读懂并且明白做定期再平衡对家庭资产配置的作用

3. 实施过程

家庭财富管理课程实施分为三个部分:理论知识学习+实操训练+方案制作与评价。理论知识学习部分,由教师讲授家庭资产梳理和家庭资产配置,由行业导师讲授家庭保险规划;实操训练部分,教师围绕要完成的任务,利用线上资源,手把手带领学生自主实操;方案制作与评价部分,学生要完成家庭现金管理方案、家庭保险规划方案和家庭资产配置方案,并由教师和行业导师进行评价。

4. 教学评价

家庭财富管理课程的评价标准如表 4-2 所示。

表 4-2 家庭财富管理课程评价标准

项目	方案主题	评价指标	分值	合计	评分标准	教师评分	行业专家评分	备注
方案一	家庭现金管理方案	资产配置资金表中的每项内容理解准确,填写正确,并能够根据客户的资产情况、每月收入、每月开销、失业风险保障金、特殊大额开销进行有依据的建议和说明,最后给出客户资产配置的分配结果	20		方案中每项内容需要用文字进行说明,数据之间关系正确、合理,否则每项扣除 2 分	是	否	
方案二	家庭保险规划方案	对客户家庭现在的保障情况进行有效的梳理,并分析客户家庭成员还可能面临的风险,针对这些风险分别给出保障建议,为客户家庭形成最终的保险规划方案。方案具体、分析详细得当、规划科学合理	30	100 分	如果没有对家庭保障现状进行梳理扣除 5 分,如果没有对家庭成员分别进行保险规划扣除 5 分,每个家庭成员人身保险的四个方面都需要进行规划或者说明,少一项扣除 2 分,没有结合家庭资产进行综合分析的扣除 5 分	否	是	
方案三	家庭投资规划方案	能对家庭现有的投资情况进行有效梳理,能结合家庭的风险承受能力、收入情况进行当前投资情况的分析,能为不同家庭选择投资方案,能对方案选择的原因、产品配置比例、调整方法、预期收益等方面进行有效的、清晰的、合理的分析	50		未结合家庭资产梳理的结果做资产配置的扣除 5 分,没有对家庭进行压力测试扣除 5 分,投资工具选择错误或者方法错误扣除 5 分,未进行综合分析扣除 5 分	是	否	

项目	方案主题	评价指标	分值	合计	评分标准	教师评分	行业专家评分	备注
平时成绩	家庭资产梳理	任务一:波动率对家庭投资的影响分析	5	完成一项得5分,最高得分100分	课堂提问,课下学习	是	是	
		任务二:梳理家庭中的可用资产	5		课堂练习完成	是	否	
		任务三:计算失业风险保障金	5		课堂练习完成	是	否	
		任务四:分析家庭中常见的风险,计算意外和风险保障金	5		课堂练习,课下完成	是	否	
		任务五:梳理家庭大额特殊开销	5		课堂练习完成	是	否	
	完成家庭保险规划方案	任务一:梳理家庭所有成员现有的人身保障情况	5		课堂练习,课下完成	否	是	
		任务二:分析客户或学生自己家庭成员可能存在的人身风险	5		课堂练习,课下完成	否	是	
	制作家庭投资规划方案实操	任务一:挑选并比较优质的完全复制型宽基指数基金	5		课堂练习,课下完成	是	否	
		任务二:利用指数温度对宽基指数进行估值	5		课堂练习,课下完成	是	否	
		任务三:选择优质的指数基金制定定投方案	5		课堂练习,课下完成	是	否	
		任务四:设定目标写出简投法指数基金投资策略	5		课堂练习,课下完成	是	否	
		任务五:模拟场内场外指数基金购买	5		课堂练习,课下完成	是	否	
		任务六:筛选黄金 ETF 基金	5		课堂练习,课下完成	是	否	
		任务七:按步骤计算黄金指数温度	5		课堂练习,课下完成	是	否	
		任务八:通过四个指标粗略筛选值得房地产投资的地区	5		课堂练习,课下完成	是	否	

续表

项目	方案主题	评价指标	分值	合计	评分标准	教师评分	行业专家评分	备注
平时成绩	制作家庭投资规划方案实操	任务九:如何找到适合投资的、跟踪 REITS 指数的 QDII 基金	5	完成一项得5分,最高得分100分	课堂练习,课下完成	是	否	
		任务十:各资产配置方案数据回测	5		课堂练习,课下完成	是	否	
		任务十一:用 10 万元做资产配置,使用守株待兔式建仓法进行建仓,写出分析过程及建仓结果	5		课堂练习,课下完成	是	否	
		任务十二:用 10 万元做资产配置,选择投资工具,做估值再平衡	5		课堂练习,课下完成	是	否	
		任务十三:用 10 万元做资产配置,选择投资工具,做建仓未完成情况下的估值再平衡	5		课堂练习,课下完成	是	否	

4.2.2　证券市场金融产品营销

1. 课程简介

证券市场金融产品营销课程根据学校培养高素质应用型创新人才的办学定位,服务于地方经济发展的主要任务,同时具备金融专业知识和营销技能的人才在证券领域极为短缺的现实情况,对接新时代证券行业素养需求,针对金融学、投资学、经济学本科大学三年级学生,确立课程目标:以任务为驱动,引导学生主动学习,通过支部共建、校企合作的方式,达成终身学习能力目标,为高质量就业奠定基础,具体表现为"三个结合"。第一,知识与技能相结合。课程将岗位技能拆分为多个实践模块进行训练,将金融产品营销的理论知识与岗位技能相结合,培养了一批既懂金融又会营销的人才。第二,项目与能力相结合。项目实施过程与沟通技巧、商务礼仪、团队协作、管理服务等综合能力培养相结合。第三,实践与价值相结合。课程实践中结合校企双方支部共建,以社会主义核心价值观为指引,引导学生形成正确的金融观、职业观,让学生终身受益。

2. 教学设计

证券市场金融产品营销项目化教学课程教学设计如表 4-3 所示。

表 4-3　证券市场金融产品营销项目化教学课程教学设计

2023 年第 1 学期第 7、8 周

知识建模图：
见图 3-6 证券市场金融产品营销知识建模图 3

	知识点（学习水平）		能力目标	
学习目标	（1）理解祺顺致远 3 号私募基金相关内容，提取产品的主要信息 （2）理解并掌握环境分析的三种方法 （3）理解并掌握构建消费者图像的方法 （4）理解并掌握优势分析的技巧 （5）掌握并运用推广方案的设计技巧和步骤，以祺顺致远 3 号私募基金为例，撰写推广方案以展示华安证券企业品牌理念与知名度，并推广其对应的基金产品		项目化教学课程以操作为主，本次课的能力目标是： （1）理解祺顺致远 3 号私募基金的投资组合、运作、收益机制 （2）掌握基金产品的推广方案、设计方法及推广技巧 （3）提高文案写作能力，锻炼推广逻辑思维 （4）增强团队协作能力	
学习先决知识技能	知识点（学习水平）			
	（1）基金的基本产品要素 （2）万家颐和基金的企业性质 （3）公募基金和私募基金的含义、特征及资金范围、区别			
课上资源	9 月重点持营公募；ETF 介绍及投资策略概览；通识章节；新用户通用营销流程-单航涛	课下资源	财智成功之路 23 号；东方港湾；华安富业；私募基金	
课上时间	100 分钟	课下时间	140 分钟	
活动序列	活动目标	时　间	学习资源	学习地点
活动 1	理解祺顺致远 3 号私募基金的基金类型、规模等相关知识，提取主要产品信息	课上 20 分钟	祺顺致远 3 号私募基金相关资料；教材	课上
		课下 0 分钟		
活动 2	（1）理解三种环境分析方法："SWOT"分析法、"PEST"分析法、"波特五力"分析模型 （2）记忆并掌握组合运用三种环境分析方法，运用三种方法对祺顺致远 3 号私募基金与华安证券公司进行分析	课上 25 分钟	祺顺致远 3 号私募基金相关资料；天天基金网	课上＋课下
		课下 30 分钟		
活动 3	（1）理解并掌握如何构建消费者图像与优势分析方法 （2）利用消费者图像，寻找同类型竞争产品，确定产品推广方式、途径与人群	课上 25 分钟	第一财经大数据、统计年鉴、知网、天天基金；使用调查问卷、采访、用户访谈等方法；教材	课上＋课下
		课下 50 分钟		

续表

活动序列	活动目标	时　间	学习资源	学习地点
活动4	（1）掌握并运用推广方案的写作技巧和步骤 （2）学生以祺顺致远3号私募基金为例，撰写方案并进行"路演"展示华安证券企业品牌理念，提高知名度，推广其对应的基金产品	课上20分钟 课下60分钟	祺顺致远3号私募基金相关资料；推广方案实例；教材	课上＋课下
活动5	（1）教师针对学生作业中产生的问题进行归纳总结，并提出相应的解决办法 （2）学生进一步改进推广方案	课上10分钟	祺顺致远3号私募基金相关资料；推广方案；教材	课上

活动1知识建模图（课上）：

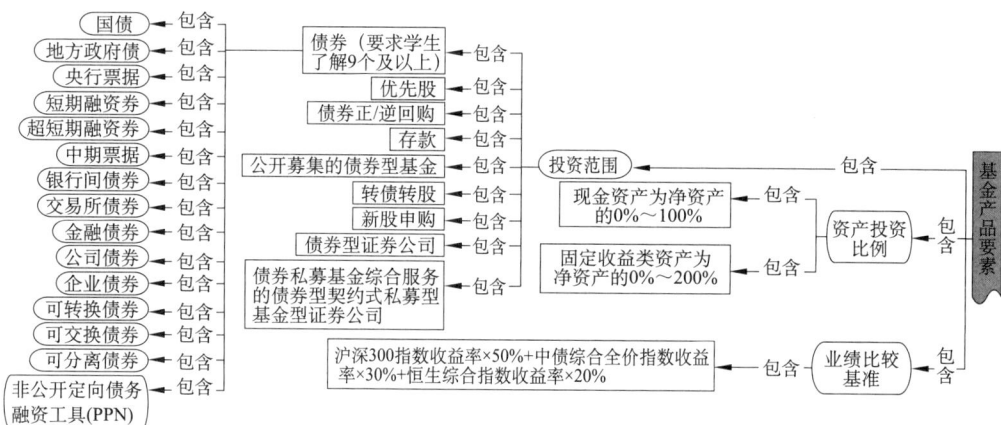

活动目标	理解祺顺致远3号私募基金的基金类型、规模等相关知识，提取主要产品信息

活动任务序列（任务一）

任务一知识组块： 见活动1知识建模图	任务描述	老师应根据祺顺致远3号私募基金，结合教材知识点，引导同学们找出祺顺致远3号私募基金基本产品要素，并从中总结出一般规律，从而让同学们具备面对一般基金产品时能有效提取产品信息的能力
	任务时长	20分钟
	学习地点	课上
师生交互过程	（1）老师应根据祺顺致远3号私募基金提供的有关资料，结合教材知识点，引导同学们找出万家颐和基金产品信息，并从中总结出一般规律，从而让同学们具备面对一般基金产品时能有效提取产品信息的能力 （2）学生聆听老师所讲述的内容，做好笔记，按时完成任务	师生具体行为
		（1）老师：教师结合祺顺致远3号私募基金提供的资料向同学们介绍祺顺致远3号私募基金项目详情，引导同学们提取祺顺致远3号私募基金的类型、规模、费用、投资经历、投资组合、投资范围等相关信息 （2）学生：在听课的过程中应及时做好笔记，积极配合老师，与老师互动，在老师的引导下逐步全面地找出祺顺致远3号私募基金的相关信息

学习资源	华南证券公司所提供的信息;9 月公募基金;通识章节;基金产品的相关基础知识点

学习成果及评价标准	学习收获和具体表现:能跟随老师的引导提炼出祺顺致远 3 号私募基金的主要信息,从中总结出"面对全新的基金产品时准确全面地提取信息"的一般规律 学习成果:以上两个任务按小组形成书面内容上交 评价标准:

祺顺致远 3 号私募基金活动 1——笔记整理归纳评分标准

班级:		实习地点:		打分人:	时间:		成绩:	
评价项目		评价内容		评价标准			分值	各项成绩
基金产品信息的提取;总结一般规律	祺顺致远 3 号私募基金信息提取		基金类型	能列举常见的基金类型(5 分),确定祺顺致远 3 号私募基金的基金类型(5 分)			10	
			基金规模	根据资料归纳出祺顺致远 3 号私募基金的规模			10	
			基金费用	根据资料归纳出祺顺致远 3 号私募基金的管理费用、托管费用、销售服务费用			10	
			基金经理	根据资料确定祺顺致远 3 号私募基金的现任经理			10	
	总结一般规律		基金投资范围	能够列举 5 种基金投资对象(5 分)、能够列举全部基金投资对象(5 分)			10	
			资产投资比例与业绩比较基准	能够准确记录二者数值			10	
			该产品投资方向、所在市场	能在笔记中表达:面对新产品时应该首先确定产品市场和分析市场现状前景			10	
			基金类型	列举一般基金类型			5	
		笔记要求	能够结合所学进行撰写;课上所学知识能在笔记中有所体现	在笔记中体现老师在课上所讲的规律和方法			5	
			重点突出,内容翔实,具有系统性、条理性	分条明晰、正确运用一、二级标题等			5	
			能够体现出团队合作精神	应在笔记第一页写明小组成员及分工			5	
			在归纳总结的过程中能举一些实例	在阐述基金类型等部分时可举些实例			5	
			手写稿字迹工整,电子稿字体优美,排版统一	笔记可以是手写或者电子形式,整体设计美观,内容全面			5	
合　计							100	

续表

活动2知识建模图(课上＋课下):

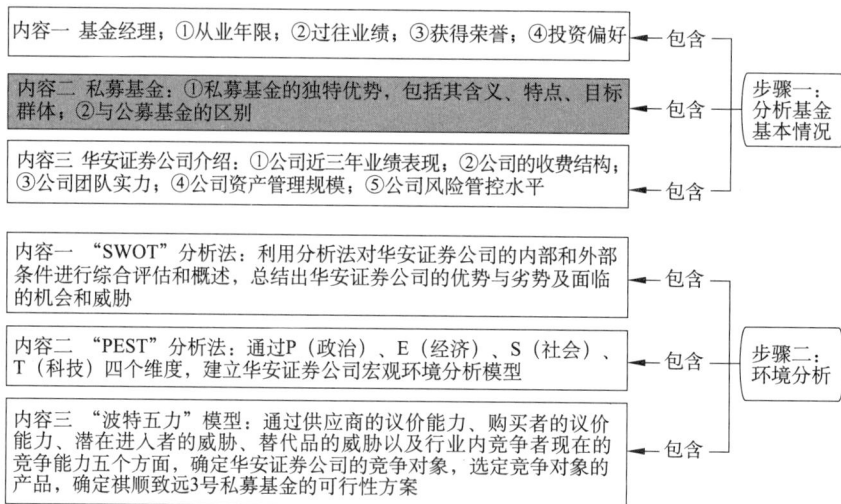

内容一 基金经理:①从业年限;②过往业绩;③获得荣誉;④投资偏好	←包含	
内容二 私募基金:①私募基金的独特优势,包括其含义、特点、目标群体;②与公募基金的区别	←包含	步骤一:分析基金基本情况
内容三 华安证券公司介绍:①公司近三年业绩表现;②公司的收费结构;③公司团队实力;④公司资产管理规模;⑤公司风险管控水平	←包含	

内容一 "SWOT"分析法:利用分析法对华安证券公司的内部和外部条件进行综合评估和概述,总结出华安证券公司的优势与劣势及面临的机会和威胁	←包含	
内容二 "PEST"分析法:通过P(政治)、E(经济)、S(社会)、T(科技)四个维度,建立华安证券公司宏观环境分析模型	←包含	步骤二:环境分析
内容三 "波特五力"模型:通过供应商的议价能力、购买者的议价能力、潜在进入者的威胁、替代品的威胁以及行业内竞争者现在的竞争能力五个方面,确定华安证券公司的竞争对象,选定竞争对象的产品,确定祺顺致远3号私募基金的可行性方案	←包含	

活动目标	(1)理解三种环境分析方法:"SWOT"分析法、"PEST"分析法、"波特五力"分析模型 (2)记忆并掌握组合运用三种环境分析方法,运用三种方法对祺顺致远3号私募基金与华安证券公司进行分析

活动任务序列(任务一)

任务一知识组块: 见活动2知识建模图	任务描述	教师讲解基金经理这一职位的基本特征和优势;讲解私募基金优势和相关特征;介绍华安证券公司;结合实例讲解环境分析的三种方法。学生根据教师讲解,完成基金基本情况和环境分析的文案初稿
	任务时长	55分钟
	学习地点	课上＋课下
师生交互过程		(1)教师通过祺顺致远3号私募基金PPT向学生讲解基金经理这一职位的基本特征和优势;讲解私募基金优势和相关特征;介绍华安证券公司;结合实际案例,讲解环境分析的三种方法,帮助学生理解三种分析法的不同使用场景,并且引导学生组合使用三种分析法;下发课后完成基金基本情况总结和利用三种分析法针对祺顺致远3号私募基金进行环境分析的任务 (2)学生根据教师PPT内容,记录基金的基本情况和三种分析方法,并且结合课堂内容以及笔记,完成老师下发的课后任务
学习资源		新客户通用营销流程-单航涛;私募基金;环境分析法相关慕课视频
学习成果及评价标准		学习收获和具体表现:理解并掌握基金基本情况;记忆并能够运用环境分析法完成祺顺致远3号私募基金的推广方案中的环境分析初稿 学习成果:撰写祺顺致远3号私募基金的推广方案中的基金基本情况和环境分析初稿 评价标准:

续表

祺顺致远 3 号私募基金活动 2——基金基本情况和环境分析评分标准					
班级：	实习地点：		打分人：	时间：	成绩：
评价项目	评 价 内 容		评 价 标 准	分值	各项成绩
学习成果及评价标准	基金基本情况和环境分析	基金基本情况	基金经理	描述从业经历(2 分)、过往业绩(2 分)、获得荣誉(2 分)、投资偏好(3 分)	10	
			私募基金	描述私募基金的独特优势(2 分)、含义(2 分)、特点(3 分)、目标群体(3 分)	10	
			华安证券公司	总结公司近三年业绩表现	10	
				公司收费结构	5	
				公司团队实力(5 分)、公司资产管理规模(5 分)	10	
				分析公司风险管控水平	15	
		环境分析	"SWOT"分析法	能利用分析法对华安证券公司的内部和外部条件进行综合评估和概括,总结出华安证券公司的优势与劣势、面临的机会和威胁	15	
			"PEST"分析法	能够通过 P(政治)、E(经济)、S(社会)、T(科技)四个维度,建立华安证券公司宏观环境分析模型	10	
			"波特五力"模型	能够通过供应商的议价能力、购买者的议价能力、潜在进入者的威胁、替代品的威胁以及行业内竞争者现在的竞争能力五个方面,确定华安证券公司的竞争对象,选定竞争对象的产品,确定祺顺致远 3 号私募基金的可行性方案	10	
			分析法组合	能够运用两个以上分析法,组合分析祺顺致远 3 号私募基金的可行性方案	5	
合　计					100	

续表

活动 3 知识建模图(课上＋课下):

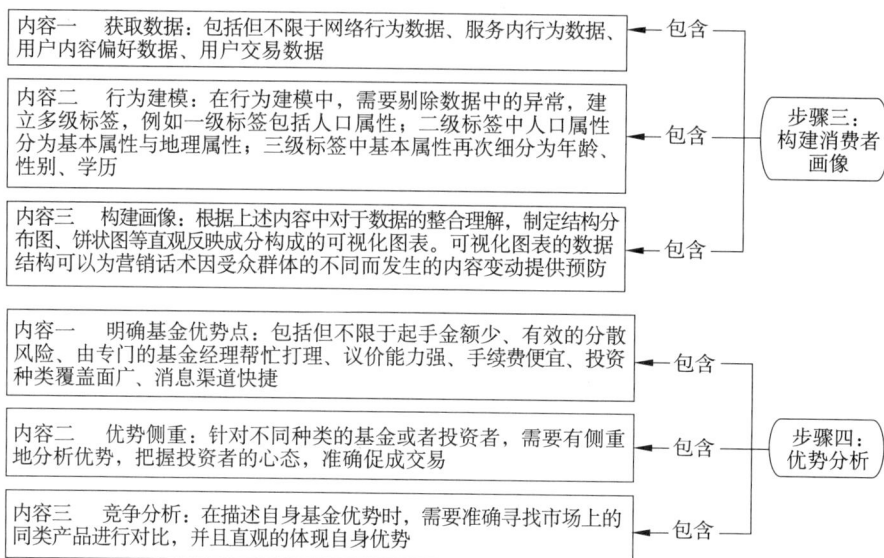

内容一 获取数据:包括但不限于网络行为数据、服务内行为数据、用户内容偏好数据、用户交易数据 ——包含——┐

内容二 行为建模:在行为建模中,需要剔除数据中的异常,建立多级标签,例如一级标签包括人口属性;二级标签中人口属性分为基本属性与地理属性;三级标签中基本属性再次细分为年龄、性别、学历 ——包含—— 步骤三:构建消费者画像

内容三 构建画像:根据上述内容中对于数据的整合理解,制定结构分布图、饼状图等直观反映成分构成的可视化图表。可视化图表的数据结构可以为营销话术因受众群体的不同而发生的内容变动提供预防 ——包含——┘

内容一 明确基金优势点:包括但不限于起手金额少、有效的分散风险、由专门的基金经理帮忙打理、议价能力强、手续费便宜、投资种类覆盖面广、消息渠道快捷 ——包含——┐

内容二 优势侧重:针对不同种类的基金或者投资者,需要有侧重地分析优势,把握投资者的心态,准确促成交易 ——包含—— 步骤四:优势分析

内容三 竞争分析:在描述自身基金优势时,需要准确寻找市场上的同类产品进行对比,并且直观的体现自身优势 ——包含——┘

活动目标	理解并掌握祺顺致远 3 号私募基金的消费者画像构建方法及优势分析方法

活动任务序列(任务一)

任务一知识组块:见活动 3 知识建模图	任务描述	教师课堂结合实例讲解祺顺致远 3 号私募基金的消费者画像构建方法及优势分析方法。学生通过课堂学习,完成课下任务:构建消费者画像以并撰写优势分析初稿
	任务时长	75 分钟
	学习地点	课上＋课下
师生交互过程	(1) 教师通过相关实例讲述祺顺致远 3 号私募基金消费者画像构建方法与优势分析方法,为学生提供获取数据的相关渠道 (2) 通过提问学生对于实例消费者画像的信息获取内容的方式,引导学生理解消费者画像在推广方案设计中的重要性,并且指导学生了解消费者画像与优势分析的关联性 (3) 学生通过课堂学习,理解并掌握消费者画像的构成结构与优势分析,并且完成祺顺致远 3 号私募基费者画像和优势分析的初稿	
学习资源	消费者画像、优势分析教案及实例 PPT;第一财经大数据、统计年鉴、知网、天天基金等数据查询资源	

学习收获和具体表现:理解并掌握消费者画像的构成结构;记忆并且能够制作祺顺致远 3 号私募基金的推广方案中的消费者画像的构成结构初稿

学习成果:撰写祺顺致远 3 号私募基金的推广方案中的消费者画像的构成结构初稿

评价标准:

祺顺致远 3 号私募基金活动 3——消费者画像评分标准

班级:	实习地点:		打分人:	时间:	成绩:	
评价项目	评价内容	评价标准			分值	各项成绩
学习成果及评价标准	消费者画像与优势分析	获取数据	包括但不限于网络行为数据、服务内行为数据、用户内容偏好数据、用户交易数据		10	
			能够准确标明数据来源		5	
			数据时间在 3 年以内		10	
		行为建模	能够建立一至二级标签		5	
			能够建立三级以上的多级标签		10	
			能够剔除数据中的异常		10	
		构建画像	能够制定结构分布图、饼状图等直观反映成分构成的可视化图表		5	
			可视化图表的数据结构可以为营销话术因受众群体的不同而发生的内容变动提供预防		10	
		明确基金优势	能够描述包括但不限于起手金额少、有效地分散风险、由专门的基金经理帮忙打理、议价能力强、手续费便宜、投资种类覆盖面广、消息渠道快捷		10	
		优势侧重	能够针对不同种类的基金或者投资者,做到有侧重地分析优势		5	
			能够把握投资者的心态,准确促成交易达成		5	
		竞争分析	能够准确找到市场上的一种同类产品进行对比,并且直观地体现自身优势		5	
			能够准确找到市场上的两种以上同类产品进行对比,并且直观地体现自身优势		10	
合　计					100	

活动4知识建模图(课上＋课下)：

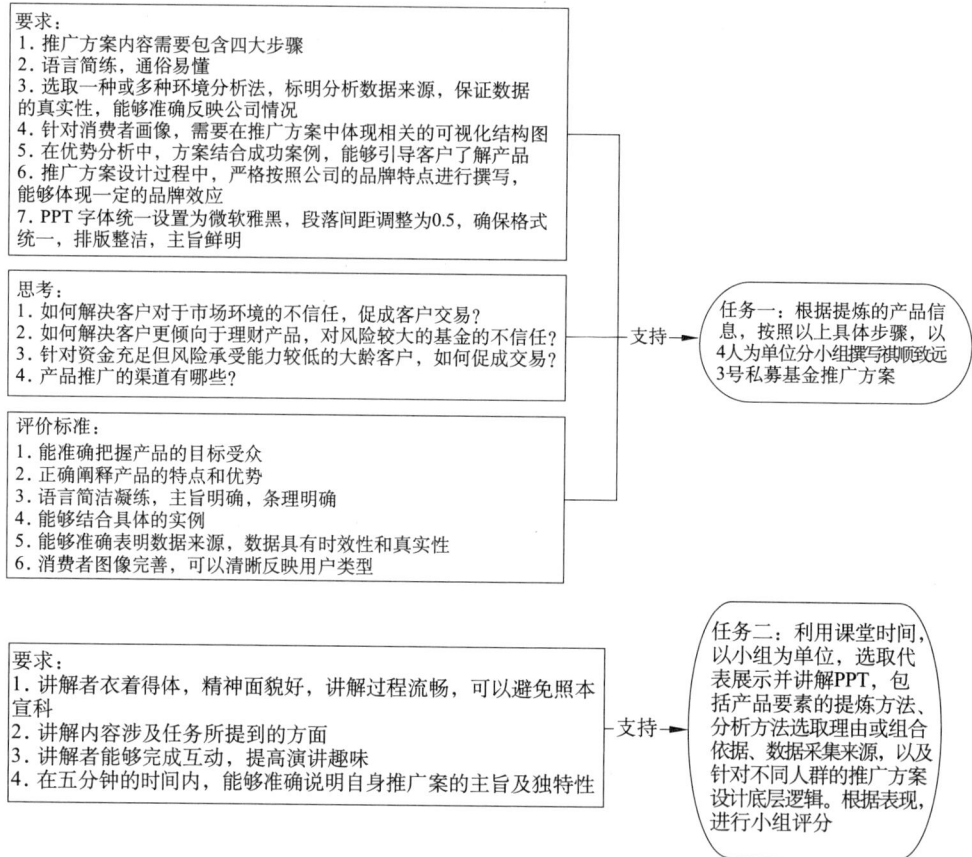

要求：
1. 推广方案内容需要包含四大步骤
2. 语言简练，通俗易懂
3. 选取一种或多种环境分析法，标明分析数据来源，保证数据的真实性，能够准确反映公司情况
4. 针对消费者画像，需要在推广方案中体现相关的可视化结构图
5. 在优势分析中，方案结合成功案例，能够引导客户了解产品
6. 推广方案设计过程中，严格按照公司的品牌特点进行撰写，能够体现一定的品牌效应
7. PPT字体统一设置为微软雅黑，段落间距调整为0.5，确保格式统一，排版整洁，主旨鲜明

思考：
1. 如何解决客户对于市场环境的不信任，促成客户交易？
2. 如何解决客户更倾向于理财产品，对风险较大的基金的不信任？
3. 针对资金充足但风险承受能力较低的大龄客户，如何促成交易？
4. 产品推广的渠道有哪些？

评价标准：
1. 能准确把握产品的目标受众
2. 正确阐释产品的特点和优势
3. 语言简洁凝练，主旨明确，条理明确
4. 能够结合具体的实例
5. 能够准确表明数据来源，数据具有时效性和真实性
6. 消费者画像完善，可以清晰反映用户类型

— 支持 →

任务一：根据提炼的产品信息，按照以上具体步骤，以4人为单位分小组撰写祺顺致远3号私募基金推广方案

要求：
1. 讲解者衣着得体，精神面貌好，讲解过程流畅，可以避免照本宣科
2. 讲解内容涉及任务所提到的方面
3. 讲解者能够完成互动，提高演讲趣味
4. 在五分钟的时间内，能够准确说明自身推广案的主旨及独特性

— 支持 →

任务二：利用课堂时间，以小组为单位，选取代表展示并讲解PPT，包括产品要素的提炼方法、分析方法选取理由或组合依据、数据采集来源，以及针对不同人群的推广方案设计底层逻辑。根据表现，进行小组评分

活动目标	掌握并运用推广方案的写作技巧和步骤；学生以祺顺致远3号私募基金为例，撰写方案并进行"路演"，展示华安证券企业品牌理念，提高知名度，推广其对应的基金产品

活动任务序列(任务一)

任务一知识组块： 见活动4知识建模图	任务描述	教师借助PPT并结合实例向同学们阐述推广方案的写作技巧和步骤；学生以祺顺致远3号私募基金为例，撰写推广方案
	任务时长	60分钟
	学习地点	课下
师生交互过程	(1) 教师借助PPT并结合实例向同学们阐述推广方案的写作技巧和步骤；学生以祺顺致远3号私募基金为例，撰写推广方案；老师结合活动1到活动3的相关知识，讲解推广方案的撰写方法，制定相关的撰写标准并且布置课后问题 (2) 学生的具体行为：根据活动1到活动3的初稿，进行精修或再制作，严格按照教师制定的标准修改，并且思考课后问题	

续表

<table>
<tr><td>学习资源</td><td>活动 1 至活动 3 的压缩包；第一财经大数据、统计年鉴、知网、天天基金等数据查询资源；东方港湾；华安财富；相关课后作业初稿</td></tr>
<tr><td>学习成果及评价标准</td><td>学习成果：根据活动 1 到活动 3 的初稿，进行精修或再制作，严格按照教师制定的标准修改，并且完成课后内容
评价标准：
祺顺致远 3 号私募基金活动 4——撰写祺顺致远 3 号私募基金推广方案评分标准
<table>
<tr><td>班级：</td><td>实习地点：</td><td>打分人：</td><td>时间：</td><td>成绩：</td></tr>
</table>
<table>
<tr><th>评价项目</th><th>评价内容</th><th>评 价 标 准</th><th>分值</th><th>各项成绩</th></tr>
<tr><td rowspan="12">撰写祺顺致远 3 号私募基金推广方案</td><td>方案结构</td><td>方案包含四大步骤</td><td>10</td><td></td></tr>
<tr><td>环境分析</td><td>选取一种或多种环境分析法，标明分析数据来源，保证数据的真实性，能够准确反映公司情况</td><td>10</td><td></td></tr>
<tr><td>消费者画像</td><td>在推广方案中体现相关的可视化结构图</td><td>10</td><td></td></tr>
<tr><td>优势分析</td><td>方案结合成功案例，能够引导客户了解产品</td><td>5</td><td></td></tr>
<tr><td>品牌要求</td><td>严格按照公司的品牌特点进行撰写，能够体现一定的品牌效应</td><td>10</td><td></td></tr>
<tr><td>排版要求</td><td>字体统一设置为微软雅黑，段落间距调整为 1.5，确保格式统一，排版整洁，主旨鲜明</td><td>10</td><td></td></tr>
<tr><td rowspan="6">其他要求</td><td>能准确把握产品的目标受众</td><td>10</td><td></td></tr>
<tr><td>正确阐释产品的特点和优势</td><td>10</td><td></td></tr>
<tr><td>语言简洁凝练，主旨明确，条理明确</td><td>10</td><td></td></tr>
<tr><td>能够结合具体的实例</td><td>5</td><td></td></tr>
<tr><td>能够准确表明数据来源，数据具有时效性和真实性</td><td>5</td><td></td></tr>
<tr><td>消费者图像完善，可以清晰反映用户类型</td><td>5</td><td></td></tr>
<tr><td colspan="3">合　计</td><td>100</td><td></td></tr>
</table>
</td></tr>
</table>

活动任务序列(任务二)

任务二知识组块:		
要求: 1.讲解者衣着得体,精神面貌好,讲解过程流畅,避免照本宣科 2.讲解内容涉及任务所提到的方面 3.讲解者能够完成互动,提高演讲趣味 4.在五分钟的时间内,能够准确说明自身推广案的主旨及独特性　—支持→　任务二:利用课堂时间,以小组为单位,选取代表展示并讲解PPT,包括产品要素的提炼方法、分析方法选取理由或组合依据、数据采集来源,以及针对不同人群的推广方案设计底层逻辑。根据表现,进行小组评分	任务描述	利用课堂时间,以小组为单位,选取代表展示并讲解PPT,包括产品要素的提炼方法、分析方法选取理由或组合依据、数据采集来源及针对不同人群的推广方案设计底层逻辑。根据表现,进行小组评分
	任务时长	20分钟
	学习地点	课上

师生交互过程	(1)教师根据小组顺序,按序安排小组代表进行推广方案的路演,并且分发小组评分表 (2)学生的具体行为:小组代表按序准备演讲,小组其他成员有序落座,认真倾听其他小组代表演讲,评分表填写完成之后,统一交给教师
学习资源	推广方案修改版

学习成果及评价标准

学习成果:修改完毕的推广方案与填写完毕的评价表
评价标准:

祺顺致远 3 号私募基金活动 5——小组路演评分标准

班级:		实习地点:	打分人:	时间:	成绩:
评价项目	评价内容	评 价 标 准		分值	各项成绩
小组路演	外观形象	讲解者衣着得体,精神面貌良好		20	
	讲解体验	讲解过程流畅,避免照本宣科		20	
	讲解内容	包括四大步骤,详略得当		20	
	现场效果	能够完成互动,提高演讲趣味		20	
	时间控制	在五分钟的时间内,能够准确说明推广方案的主旨及独特性		20	
合　　计				100	

续表

活动 5　知识建模图（课上）：

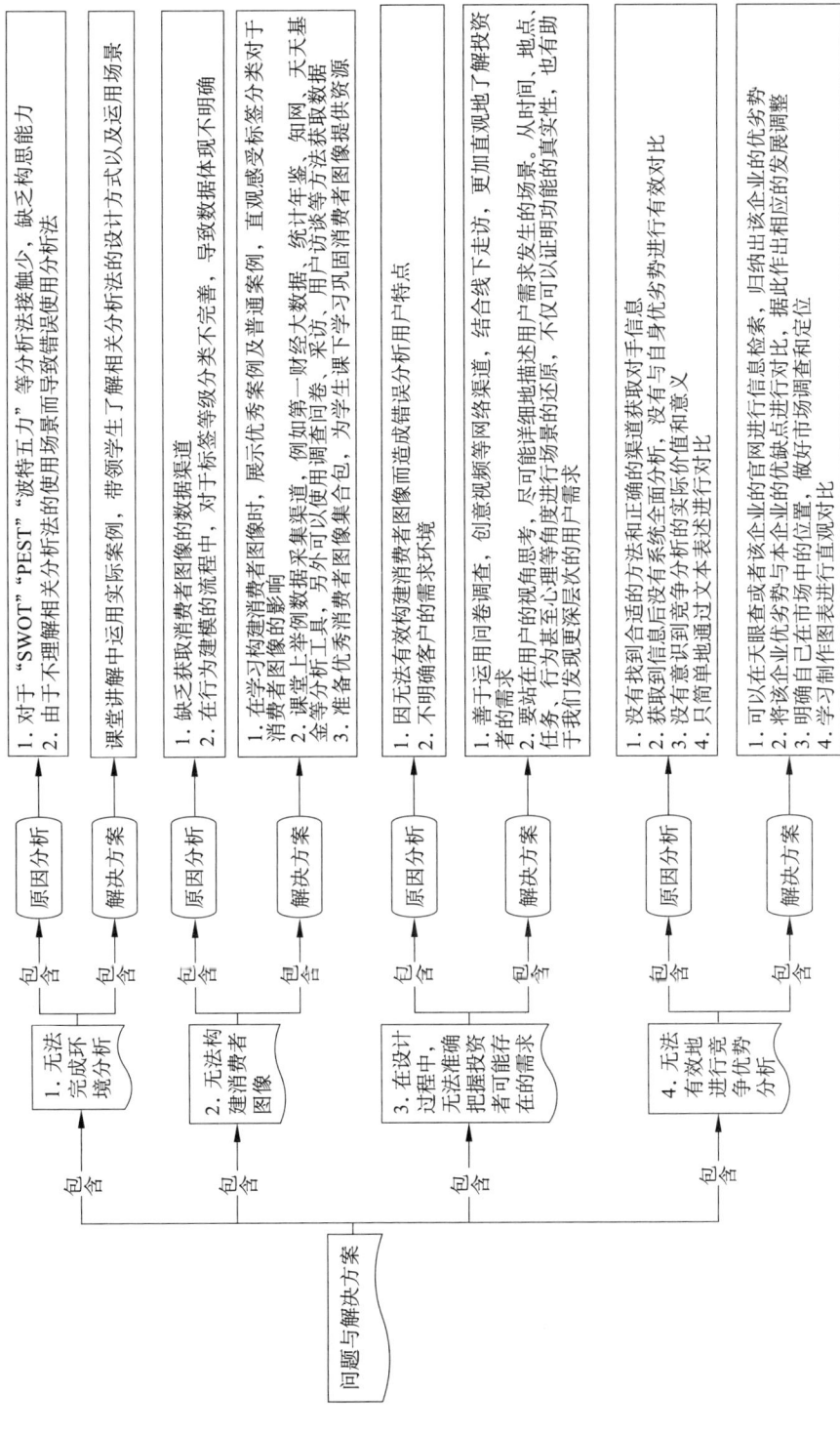

问题与解决方案

包含

1. 无法完成环境分析

　包含 → 原因分析
1. 对于"SWOT""PEST""波特五力"等分析法接触少，缺乏构思能力
2. 由于不理解相关分析法的使用场景而导致使用错误用分析法

　包含 → 解决方案
课堂讲解中运用实际案例，带领学生了解相关分析法的设计方式以及运用场景

2. 无法构建消费者图像

　包含 → 原因分析
1. 缺乏获取消费者图像的数据渠道
2. 在行为建模的流程中，对于标签等分级分类体现不明确，导致数据体现不明确

　包含 → 解决方案
1. 在学习构建消费者图像时，对于标签等分级分类体现不明确，导致数据体现不明确 展示优秀案例及普通案例，例如第一财经大数据，统计年鉴，知网天天基金等分析工具，另外可以使用调查问卷，采访，用户访谈等方法获取数据
2. 课堂上举例数据采集渠道，直观感受标签分类对于消费者构建消费者图像的影响
3. 准备优秀消费者图像集合包，为学生学习下学习巩固消费者图像者提供资源

3. 在设计过程中，无法准确把握投资者可能存在的需求

　包含 → 原因分析
1. 因无法有效构建消费者图像而造成错误分析用户特点
2. 不明确客户的需求环境

　包含 → 解决方案
1. 善于运用问卷调查，创意视频等网络渠道，结合线下走访，更加直观地了解投资者的需求
2. 要站在用户的视角中思考，尽可能详细地描述用户需求发生的场景。从时间、地点、任务、行为甚至心理等深层发现更深层次的用户需求，行为角度进行场景的还原，不仅可以证明功能的真实性，也有助于我们发现更深层次的用户需求

4. 无法有效地进行竞争优势分析

　包含 → 原因分析
1. 没有找到合适的方法和正确的渠道获取对手信息
2. 获取到信息后没有系统全面分析，没有与自身优劣势进行有效对比
3. 没有意识到竞争分析的缺点实际价值和意义
4. 只简单地通过文本表达进行对比

　包含 → 解决方案
1. 可以在天眼查企业或者该企业的官网进行信息检索，归纳出该企业的优势
2. 将该企业优势与本企业的实际缺点进行对比，据此作出相应的发展调整
3. 明确自己在市场中的位置，做好市场调查和定位
4. 学习制作图表进行直观对比

续表

活动目标	教师针对学生作业中产生的问题进行归纳总结,并提出相应的解决方法;学生进一步改进推广方案

活动任务序列(任务一)

任务一知识组块: 见活动5知识建模图	任务描述	针对学生作业中存在的问题进行归纳总结,并提出相应的解决办法;学生进一步完善推广方案
	任务时长	10分钟
	学习地点	课上

师生交互过程	(1) 教师根据学生路演的结果,总结问题并提出相应的解决措施;制定详细的评价标准;在课后进行指导,随时答疑解惑;根据撰写与路演的两项小组总得分选择一份推广方案作为最终定稿 (2) 学生小组团结协作,合理分工,运用课上所学的推广方案撰写步骤和方法进行撰写,遇到问题时及时向老师寻求帮助
学习资源	祺顺致远3号私募基金相关资料;话术撰写相关资料;教材

学习成果:推广方案最终定稿
评价标准:

祺顺致远3号私募基金活动6——撰写祺顺致远3号私募基金推广方案评分标准

班级:		实习地点:	打分人:	时间:		成绩:

评价项目	评价内容	评价标准	分值	各项成绩
撰写祺顺致远3号私募基金推广方案	方案结构	方案包含四大步骤	10	
	环境分析	选取一种或多种环境分析法,标明分析数据来源,保证数据的真实性,能够准确反映公司情况	10	
	消费者画像	在推广方案中体现相关的可视化结构图	10	
	优势分析	方案结合成功案例,能够引导客户了解产品	5	
	品牌要求	严格按照公司的品牌特点进行撰写,能够体现一定的品牌效应	10	
	排版要求	字体统一设置为微软雅黑,段落间距调整为1.5,确保格式统一,排版整洁,主旨鲜明	10	
	其他要求	能准确把握产品的目标受众	10	
		正确阐释产品的特点和优势	10	
		语言简洁凝练,主旨明确,条理明确	10	

(学习成果及评价标准)

续表

		评价项目	评价内容	评价标准	分值	各项成绩
学习成果 及评价标准		撰写祺顺 致远 3 号 私募基金 推广方案	其他要求	能够结合具体的实例	5	
				能够准确表明数据来源，数据具有时 效性和真实性	5	
				消费者图像完善，可以清晰反映用户 类型	5	
		合　计			100	

祺顺致远 3 号私募基金活动 7——小组路演评分标准

班级：		实习地点：		打分人：	时间：		成绩：
评价项目		评价内容	评价标准			分值	各项成绩
小组路演		外观形象	讲解者衣着得体，精神面貌良好			20	
		讲解体验	讲解过程流畅，避免照本宣科			20	
		讲解内容	包括四大步骤，详略得当			20	
		现场效果	能够完成互动，提高演讲趣味			20	
		时间控制	在五分钟的时间内，能够准确说明推 广方案的主旨及独特性			20	
		合　计				100	

3. 实施过程

通过前期对证券企业营销岗位基本技能的调研，该课程对金融学和营销学相关知识交叉融合并进行模块化、项目化设计，完全对标岗位需求，符合逆向教学设计理念，突出学生主体地位，并将创新创业教育融入专业教育的全过程当中。该课程根据技能的难易程度，梳理与之匹配的产品资料，并根据学生学习兴趣和学习方向的不同进行划分，让学生进行有针对性的学习和训练。同时，该课程安排了较高强度的课下任务训练，以成果为导向，保证项目任务完成的同时提高学生课程学习的获得感，目前，其已初步构建金融与营销专业交叉培养创新创业人才的新机制。通过案例教学和启发式教学，该课程在各个金融产品讲授过程中、产品要素提炼过程中及金融产品营销设计和推广过程中驱动学生自我学习、创新学习。此外，该课程加入更多创新创业实践环节，以便培养学生的创新创业意识，具体如下。

（1）岗位认知。该部分由企业专家讲授，目的是让学生了解行业现状，寻找基础理论知识与企业需求的差距，明确课程意义及学习目标，做到有的放矢。该部分的主要内容包括行业现状、人才需求与差距、岗位类型和岗位技能需求等。

（2）金融产品知识。结合企业需要，由校内老师对岗位所需金融产品知识进行系统梳理，针对前期教学薄弱环节和企业用人的实际需求，重点讲解收益凭证、国债逆回购、货币基金、私募基金、公募基金、信托和定制化理财等。

（3）产品营销实训。该部分由学生、校内老师及行业专家共同完成。基础知识主要包括金融营销的作用、金融产品的特点和目标人群、金融产品的市场细分、目标市场选择、市场定位的理论基础、金融产品定价策略以及定价方法的讲授等。营销仿真实训通过企业真实案例再现、市场调研、小组讨论、角色扮演和营销计划书撰写等环节实现。

（4）营销岗位训练。通过顶岗和定岗实操，结合前期的学习，将理论结合实践，对接具体岗位，进一步提升金融营销能力。

4. 教学评价

从实践过程和最终成果两个方面进行三个维度的考核，即学生评价、教师考核和企业考核。具体而言，学生自评和互评（占15%），主要考核学生的团队协作能力、对团队的贡献等；教师评价（占45%），教师依据学生在课堂上的表现、策划方案的制定，以及实践过程的质量分别给出评分；企业导师评价（占40%），企业导师根据学生的营销表现和营销业绩给出评价。

4.2.3 电子商务数据分析

1. 课程简介

电子商务数据分析主要包含市场分析、选品分析、商品分析、用户分析、推广分析和活动分析六大模块。其课程定位是学习用数据洞察商务运营真谛，发掘商业活动的内在价值，培养具有创新创业意识、兼济天下的新商人，助力强国建设。课程采用 OBE-PBL 教学模式，以电商产品数据运营的整个周期为对象，让学生以主动的、实践的、课程之间有机联系的方式学习。基于任务设计"调查研究—搜集处理—分析研判—决策表达—汇报反思"全链条的实践，训练学生的自主学习能力、沟通协调能力、资料搜集整理能力、数据分析能力、文案创新能力、语言表达能力、逻辑思维能力、归纳总结能力、深度思考能力和决策能力，并培养学生创新思维和数据运营应用能力。通过课程实施，训练学生大胆务实、求实创新、遵纪守法的电商运营理念，提升师生项目管理和团队协作的能力，使其成为求真、开拓、具有家国情怀的电商数据运营人才。

2. 教学设计

电子商务数据分析项目化教学课程教学设计如表 4-4 所示。

表 4-4　电子商务数据分析项目化教学课程教学设计

2023—2024 年第 2 学期第 2～4 周

知识建模图：

见图 3-7 电子商务数据分析知识建模图 1

	知识点(学习水平)	能 力 目 标	素质目标
学习目标	(1) 市场规模与趋势分析的内容、方法、步骤(理解、运用) (2) 市场人群分析的内容、方法、步骤(理解、运用) (3) 市场竞争分析的内容、方法、步骤(理解、运用) (4) 市场数据分析报告撰写的结构、要求(理解、运用) (5) A 运动休闲服装电商企业市场数据分析(运用) (6) 小组项目化作业"B 女装电商企业市场数据分析报告"成果 PPT 分享(运用) (7) 电子商务企业市场数据分析中的常见问题及解决策略(理解、运用)	(1) 能够为电商企业运营目标的制定和切入市场时机的选择进行行业市场整体情况分析 (2) 能够提升个人搜集、处理、分析数据和撰写数据分析报告的能力 (3) 培养逻辑思维能力、计算机操作能力、语言表达能力、沟通协作能力、深度思考能力、归纳总结能力和自主学习能力	(1) 培养严谨、大胆、务实的创新精神 (2) 培养规范、细致、认真、实事求是的态度 (3) 树立中国数字经济和数据要素健康发展的意识
学习先决知识技能	知识点(学习水平)		
	赫芬达尔指数(理解、运用);帕累托图(理解、运用);透视表(运用);透视图(运用);Excel 采集数据及数据格式(运用);条件格式(运用)		

课 上 资 源	课 下 资 源
(1) (教具)课件 PPT (2) (教具)市场分析任务工单及评价标准 (3) (教具)A 运动休闲服装电商企业数据源 (4) (作业)A 运动休闲服装电商企业市场规模与趋势分析实训报告,市场竞争度分析实训报告,市场人群分析实训报告,市场集中度分析实训报告,市场搜索关键词分析实训报告 (5) (教具)慕研数据分析事务所"玩具-静态模型类目市场分析报告" (6) (人脉)1 位行业导师的实践指导 (7) (作业)各小组 B 女装电商企业市场数据分析报告 (8) (作业)各小组 B 女装电商企业市场数据分析的 PPT 汇报 (9) (教具)PPT 汇报打分小程序	(1) 教材:《商务数据分析与应用实训教程》,陈海城、甘宏、张雪存,电子工业出版社,2023 年 10 月,pp. 1-48,pp. 188-193 内容:市场分析、数据报告撰写 (2) 参考教材:《商务数据分析与应用》,吕丽珺、杨泳波,电子工业出版社,2022 年 4 月,pp. 1-54 内容:市场分析与应用 (3) 参考教材:《电子商务数据分析(第 2 版)》,杨伟强,人民邮电出版社,2019 年 6 月,pp. 48-68 内容:市场行情分析、行业数据挖掘 (4) 智慧黄科视频: ① 市场趋势分析 ② 市场容量分析 ③ 市场人群分析 ④ 市场竞争分析 (5) CSDN 网站:专业开发者社区—文学会如何做电商数据分析(附运营分析指标框架) (6) 爱博导慕课:叶亚丽-商业数据分析 1-4 Excel 基本知识,视频及测验 (7) 拓展知识: ① 行业分析到底如何做 ② 电子商务数据分析的流程 (8) B 站视频: ① 为什么要学习 Excel ② 如何制作数据分析报告 (9) 网经社:电商访谈、电商快讯 (10) 案例:许昌姑娘"天空树"挖掘假发新市场

续表

课上时间	350 分钟	课下时间	1 000 分钟	
活动序列	活动目标	时　间	学习资源	学习地点
活动 1	市场规模与趋势分析的内容、方法、步骤（理解、运用）	课下 300 分钟 课上 100 分钟	（1）案例：许昌姑娘"天空树"挖掘假发新市场 （2）教材及参考教材中市场分析的内容 （3）智慧黄科视频： ① 市场趋势分析 ② 市场容量分析 （4）CSDN 网站：专业开发者社区——文学会如何做电商数据分析（附运营分析指标框架） （5）拓展知识：电子商务数据分析的流程 （6）B 站视频： 为什么要学习 Excel （7）国家精品慕课：商务数据分析与应用——行业分析 （8）爱博导慕课：叶亚丽-商业数据分析	课下＋课上
活动 2	市场人群分析的内容、方法、步骤（理解、运用）	课下 100 分钟 课上 50 分钟	（1）教材及参考教材 （2）智慧黄科视频：市场人群分析 （3）金山公司 WPS 学堂透视表、透视图 （4）国家精品慕课：商务数据分析与应用——客群分析 （5）爱博导慕课：叶亚丽-商业数据分析 （6）案例：许昌姑娘"天空树"挖掘假发新市场	课下＋课上
活动 3	市场竞争分析的内容、方法、步骤（理解、运用）	课下 200 分钟 课上 100 分钟	（1）教材及参考教材 （2）智慧黄科视频：市场竞争分析 （3）金山公司 WPS 学堂透视表、透视图 （4）拓展知识：行业分析到底如何做 （5）国家精品慕课：商务数据分析与应用——竞争分析 （6）爱博导慕课：叶亚丽-商业数据分析	课下＋课上
活动 4	（1）市场数据分析报告撰写的要求（理解、运用） （2）小组项目化作业"B 女装电商企业市场数据分析报告"成果 PPT 分享（运用） （3）电子商务企业市场数据分析中的常见问题及策略（理解、运用）	课下 400 分钟 课上 100 分钟	（1）教材及参考教材 （2）B 站视频：如何制作数据分析报告 （3）小组 PPT、PPT 汇报打分小程序 （4）国家精品慕课：商务数据分析与应用-数据分析报告 （5）爱博导慕课：叶亚丽-商业数据分析	课下＋课上

续表

活动 1 知识建模图(课下＋课上)：

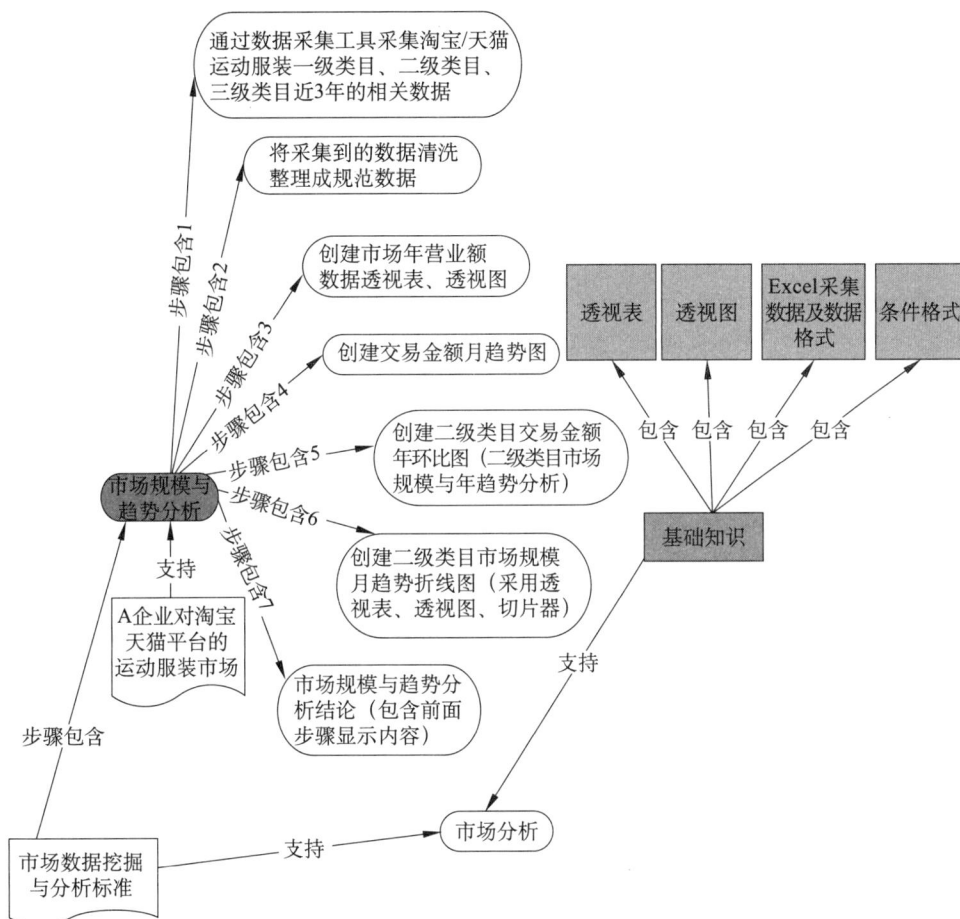

活动目标	市场规模与趋势分析的内容、方法、步骤(理解、运用)

活动任务序列(导入任务描述)：企业 A 想打造自由品牌并开展网络销售,但企业 A 从未涉足过一线的网络销售活动,目前企业 A 想对淘宝和天猫平台的运动服装市场的整体情况进行分析,应该如何做?

师生交互过程	教师讲授:2019 年创立"天空树"假发品牌的许昌姑娘张丹如何在"瑞贝卡"等假发品牌林立的许昌挖掘出假发新市场 小组讨论:"天空树"假发挖掘新市场的启示 学生:各小组讨论结果分享 教师总结:大胆务实＋专业是创新创业者必备的两个条件;电商创业必须懂数据运营,从数据中发现新商机 教师提问:如何理解市场规模、市场容量? 学生:学生根据自己的理解回答 教师提问:对于电商企业来说如何进行市场容量分析? 学生:学生根据自己的理解回答

续表

活动任务序列(任务一)

任务一知识组块: 见活动 1 知识建模图	任务描述	通过课件、教材及参考教材、拓展知识、B 站视频、智慧黄科视频等课前学习,理解市场规模与趋势分析的内容、方法、步骤
	任务时长	300 分钟
	学习地点	课下

教学方法 (学习方法)	□讲授　☑小组讨论　☑答疑　□实验　□实训　☑自主学习 □其他(请填写)_____

师生交互 过程	教师布置课下任务,小组组长组织内部讨论学习,并督促本小组同学完成课下任务。教师在小组组长群、课程微信群里及时答疑解惑。需完成的课下任务如下。 (1) 教材及参考教材中市场分析的内容 (2) 智慧黄科视频: ①市场趋势分析;②市场容量分析 (3) CSDN 网站:专业开发者社区——一文学会如何做电商数据分析(附运营分析指标框架) (4) 拓展知识:电子商务数据分析的流程 (5) B 站视频:为什么要学习 Excel (6) 国家精品慕课:商务数据分析与应用——行业分析 (7) 到网经社、淘宝、阿里巴巴等网络平台调研电商行业发展热点及相关热点领域的国家政策,形成一份调研报告 小组组长督促大家完成相关的项目化课前任务学习

学习资源	CSDN 网站;B 站视频;教材及参考教材;拓展知识;智慧黄科视频

学习成果及 评价标准	学习成果:电商创新创业热点调研分析报告 1 份 评价标准: (1) 逻辑思路清晰,内容翔实,语句通顺,格式规范(90～100 分) (2) 逻辑思路清晰,内容翔实程度一般,语句通顺,格式规范(60～89 分) (3) 无报告(0 分)

备注	学生课下的课前预习、拓展自主学习内容比较丰富。学生反馈拓展学习内容偏多,有一定的学习压力。在今后的课下任务设置中,教师应适当减少课下任务学习类型,调整适量任务

续表

活动任务序列(任务二)		
任务二知识组块： 通过数据采集工具采集淘宝/天猫运动服装一级类目、二级类目、三级类目近3年的相关数据 步骤包含1 步骤包含2 步骤包含3 将采集到的数据清洗整理成规范数据 创建市场年营业额数据透视表、透视图 市场规模与趋势分析 支持 A企业对淘宝天猫平台的运动服装市场分析	任务描述	通过实训、案例分析,掌握电商市场分析的思路和方法,能对需求进行分解、绘制思维导图,能利用 Excel 工具进行市场容量数据统计、分析和可视化,养成认真、负责、诚信的品质
	任务时长	50 分钟
	学习地点	课上
教学方法 (学习方法)	☑讲授　☑小组讨论　□答疑　□实验　☑实训　□自主学习　☑案例分析 □其他(请填写)_____	
师生交互过程	(1) 市场分析认知 案例引入:2019 年创立"天空树"假发品牌的许昌姑娘张丹如何在"瑞贝卡"等假发品牌林立的许昌挖掘出假发新市场 小组讨论:"天空树"假发挖掘新市场的启示 学生:各小组讨论结果分享 教师总结:大胆务实＋专业是创新创业者必备的两个条件;电商创业必须懂数据运营,从数据中发现新商机 小组讨论:根据案例,学生分组讨论市场数据分析要考虑哪些方面,并用百度脑图工具制作脑图 教师评价:点评同学们的脑图,并给出教师的分解思路和脑图,让同学们进行脑图完善 (2) 解读项目市场容量分析 小组讨论:市场容量判定有什么作用? 教师解读:教师对淘宝天猫平台运动服装市场容量进行解读,学生解读其他类目的市场容量数据 (3) 教师演示、学生同步实操 教师演示:Excel 中如何进行运动服装市场容量计算和可视化 学生实训:学生同步进行实操 教师答疑:针对学生在实操中遇到的问题,进行逐一指导	
学习资源	教材;案例;课件	

学习成果及评价标准	学习成果:市场数据分析脑图 评价标准: (1) 脑图包含市场容量、趋势、客群等全部要素,且细化到分析维度(100 分) (2) 脑图包含市场容量、趋势、客群等部分要素,且细化到分析维度(70~99 分) (3) 脑图包含市场容量、趋势、客群等部分要素(60~69 分) (4) 无脑图(0 分)
备注	学生制作脑图的操作不够熟练,课下要加强练习

活动任务序列(任务三)

任务三知识组块:		任务描述	通过实训,能利用 Excel 工具进行市场趋势数据统计、分析和可视化,养成认真、负责、诚信的品质
		任务时长	50 分钟
		学习地点	课上

教学方法(学习方法)	☑讲授　□小组讨论　☑答疑　□实验　☑实训　□自主学习 □其他(请填写)_____
师生交互过程	(1) 解读项目市场趋势分析 小组讨论:讨论市场趋势可视化如何实现 教师解读:教师对淘宝天猫平台运动服装市场趋势分析进行解读,学生解读其他类目的市场趋势分析 (2) 教师演示、学生同步实操 教师演示:Excel 中操作如何进行运动服装市场趋势的数据计算和可视化 学生实训:学生同步进行实操 教师答疑:针对学生在实操中遇到的问题,进行逐一指导 (3) 学生撰写运动服装市场规模(容量)与趋势分析实训报告
学习资源	课件;教材;案例数据源;Excel
学习成果及评价标准	学习成果:运动服装市场规模(容量)与趋势分析实训报告 评价标准: (1) 实训步骤清晰完整,图表清晰规范,结论翔实正确(100 分) (2) 实训步骤完整,图表规范,结论观点正确(70~99 分) (3) 实训步骤、图表比较完整,结论观点正确(60~69 分) (4) 实训步骤、图表比较完整,结论观点不明确(59 分以下) (5) 无报告(0 分)

备注	本次课对市场容量和市场趋势的分析和解读,要求学生具备一定的电子商务运营思维,但学生缺乏实际运营经验,因此数据分析结论需要不断地引导,建议让学生多学习运营方面的课程

活动 2 知识建模图(课上+课下):

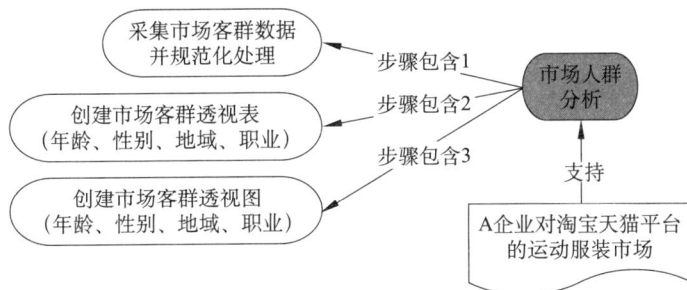

活动目标	市场人群分析的内容、方法、步骤(理解、运用)

活动任务序列(任务一)

任务一知识组块: 见活动 2 知识建模图	任务描述	采用实训和自主学习的方式,初步理解市场人群分析的内容、方法、步骤
	任务时长	100 分钟
	学习地点	课下

教学方法 (学习方法)	☐讲授　☑小组讨论　☐答疑　☐实验　☑实训　☑自主学习 ☐其他(请填写)＿＿＿＿＿＿
师生交互 过程	教师布置课下任务,小组组长组织内部讨论学习,并督促本小组同学完成课下任务。 教师在小组组长群、课程微信群里及时答疑解惑。需完成的课下任务如下。 (1) 教材及参考教材:市场人群分析、客群特征分析 (2) 智慧黄科视频:市场人群分析 (3) 金山公司 WPS 学堂学习制作透视表、透视图 (4) 国家精品慕课:商务数据分析与应用-客群分析 (5) 再读案例,分析"天空树"假发的市场人群有哪些? 小组组长督促大家完成相关的项目化课前任务学习
学习资源	教材及参考教材;智慧黄科视频;WPS 学堂及 Excel 电子书学习;国家精品慕课
学习成果及 评价标准	学习成果:完成智慧黄科后台学习任务 评价标准:通过智慧黄科平台进行考核,完成得 100 分;未完成得 0 分

活动任务序列(任务二)

任务二知识组块: 见活动 2 知识建模图	任务描述	通过实训,能利用 Excel 工具进行市场人群数据统计、分析和可视化;养成认真、负责、诚信的品质
	任务时长	50 分钟
	学习地点	课上

续表

教学方法 (学习方法)	☐讲授　☑小组讨论　☐答疑　☐实验　☑实训　☐自主学习　☑案例分析 ☐其他(请填写)_____
师生交互 过程	(1) 解读项目市场人群分析 小组讨论:市场客群分析有什么作用 教师总结:以"天空树"为例总结市场客群分析对电商企业运营目标的制定和选择切入市场时机的重要作用 教师解读:教师对淘宝天猫平台运动服装市场人群分析进行解读 (2) 教师演示、学生同步实操 教师演示:Excel中如何进行运动服装市场人群数据计算和可视化 学生实训:学生同步进行实操 教师答疑:针对学生在实操中遇到的问题,进行逐一指导 (3) 学生撰写运动服装市场人群分析实训报告
学习资源	课件;教材;案例数据源;Excel
学习成果 及评价标准	学习成果:运动服装市场规模(容量)与趋势分析实训报告 评价标准: (1) 实训步骤清晰完整,图表清晰规范,结论翔实正确(100分) (2) 实训步骤完整,图表规范,结论观点正确(70~99分) (3) 实训步骤、图表比较完整,结论观点正确(60~69分) (4) 实训步骤、图表比较完整,结论观点不明确(59分以下) (5) 无报告(0分)
备注	本次课对市场人群的分析和解读,要求学生具备一定的电子商务运营思维,但学生缺乏实际运营经验,因此数据分析结论需要不断地引导,建议让学生多学习运营方面的课程

活动3 知识建模图(课上):

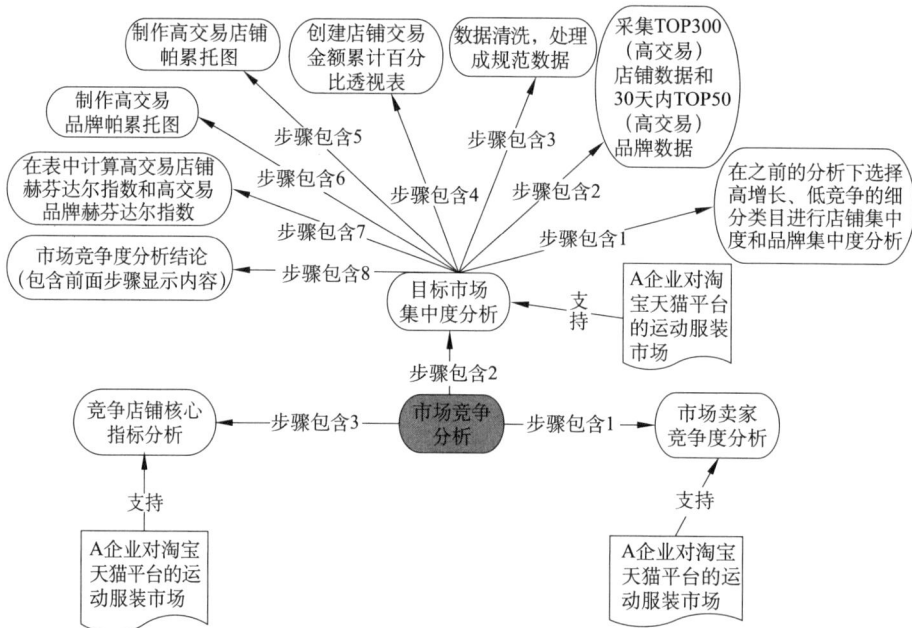

续表

活动目标	市场竞争分析的内容、方法、步骤(理解、运用)		

活动任务序列(任务一)

任务一知识组块: 见活动 3 知识建模图	任务描述	采用实训和自主学习的方式,初步理解市场竞争分析的内容、方法、步骤
	任务时长	200 分钟
	学习地点	课下

教学方法 (学习方法)	□讲授　□小组讨论　☑答疑　□实验　☑实训　☑自主学习 □其他(请填写)_____

师生交互 过程	教师布置课下任务,小组组长组织内部讨论学习,并督促本小组同学完成课下任务。 教师在小组组长群、课程微信群里及时答疑解惑。需完成的课下任务如下。 (1) 教材及参考教材:市场竞争度分析、市场集中度分析、核心竞争指标分析 (2) 智慧黄科视频:市场竞争分析 (3) 国家精品慕课:商务数据分析与应用-客群分析 小组组长督促大家完成相关的项目化课前任务学习 (4) 拓展知识:行业分析到底如何做
学习资源	教材及参考教材;智慧黄科视频;WPS 学堂及 Excel 电子书学习;国家精品慕课
学习成果及 评价标准	学习成果:完成智慧黄科后台学习任务 评价标准:通过智慧黄科平台进行考核,完成得 100 分;未完成得 0 分

活动任务序列(任务二)

任务二知识组块: 市场卖家 竞争度分析 支持 A企业对淘宝 天猫平台的运 动服装市场	任务描述	通过实训,能利用 Excel 工具进行市场竞争度数据统计、分析和可视化;养成认真、负责、诚信的品质
	任务时长	25 分钟
	学习地点	课上

教学方法 (学习方法)	□讲授　☑小组讨论　□答疑　□实验　☑实训　□自主学习　☑案例分析 □其他(请填写)_____

师生交互 过程	(1) 解读项目市场竞争度分析 小组讨论:市场竞争度判定有什么作用 教师解读:教师对淘宝天猫平台运动服装市场竞争度分析进行解读 (2) 教师演示、学生同步实操 教师演示:Excel 中如何进行运动服装市场竞争度数据计算和可视化 学生实训:学生同步进行实操 教师答疑:针对学生在实操中遇到的问题,进行逐一指导
学习资源	课件;教材;案例数据源;Excel

续表

学习成果及评价标准	学习成果:运动服装市场竞争度图及结论 评价标准: (1) 图清晰规范,结论翔实正确(100 分) (2) 图规范,结论观点正确(70～99 分) (3) 图比较完整,结论观点正确(60～69 分) (4) 图比较完整,结论观点不明确(59 分以下) (5) 无报告(0 分)
备注	本次市场竞争度的分析和解读,要求学生具备一定的电子商务运营思维,但学生缺乏实际运营经验,因此数据分析结论需要不断地引导,建议让学生多学习运营方面的课程

活动任务序列(任务三)

任务三知识组块:

任务描述	通过实训,能利用 Excel 工具进行市场集中度数据统计、分析和可视化;培养认真、负责、诚信的品质
任务时长	25 分钟
学习地点	课上

教学方法 (学习方法)	□讲授　☑小组讨论　□答疑　□实验　☑实训　□自主学习　☑案例分析 □其他(请填写)_____
师生交互过程	(1) 解读项目市场集中度分析 小组讨论:市场集中度有什么作用,用什么指数 教师解读:教师对淘宝天猫平台运动服装市场集中度分析进行解读 (2) 教师演示、学生同步实操 教师演示:Excel 中如何进行运动服装市场集中度指数计算 学生实训:学生同步进行实操 教师答疑:针对学生在实操中遇到的问题,进行逐一指导 小组讨论:讨论帕累托图如何实现 教师演示:Excel 中帕累托图的制作 教师答疑:针对学生在实操中遇到的问题,进行逐一指导
学习资源	课件;教材;案例数据源;Excel
学习成果及评价标准	学习成果:运动服装市场集中度指数、帕累托图及结论 评价标准: (1) 指数结果正确,图清晰规范,结论翔实正确(100 分) (2) 指数结果正确,图规范,结论观点正确(70～99 分) (3) 指数结果正确,图比较完整,结论观点正确(60～69 分) (4) 指数结果正确,图比较完整,结论观点不明确(59 分以下) (5) 指数不正确,或无报告(0 分)

续表

备注	本次市场集中度的分析和解读,要求学生具备一定的电子商务运营思维,但学生缺乏实际运营经验,因此数据分析结论需要不断地引导,建议让学生多学习运营方面的课程

活动任务序列(任务四)

任务四知识组块:	任务描述	通过实训,能利用 Excel 工具进行竞争性店铺核心指标数据统计、分析和可视化;培养认真、负责、诚信的品质
竞争店铺核心指标分析 支持 A企业对淘宝天猫平台的运动服装市场	任务时长	50 分钟
	学习地点	课上

教学方法 (学习方法)	□讲授　☑小组讨论　□答疑　□实验　☑实训　□自主学习　☑案例分析 □其他(请填写)_____
师生交互过程	(1) 解读项目竞争店铺核心指标 小组讨论:竞争店铺核心指标分析有哪些? 教师解读:教师对淘宝天猫平台运动服装市场竞争店铺核心指标分析进行解读 (2) 教师演示、学生同步实操 教师演示:Excel 中如何运用 Power Pivot 进行运动服装竞争性店铺的数据计算和可视化 学生实训:学生同步进行实操 教师答疑:针对学生在实操中遇到的问题,进行逐一指导 教师演示:Excel 中如何运用数据透视表进行运动服装店铺中竞品数据计算和可视化 学生实训:学生同步进行实操 教师答疑:针对学生在实操中遇到的问题,进行逐一指导 (3) 学生撰写运动服装市场竞争分析实训报告
学习资源	课件;教材;案例数据源;Excel
学习成果及评价标准	学习成果:运动服装市场竞争分析实训报告 评价标准: (1) 实训步骤清晰完整,图表清晰规范,结论翔实正确(100 分) (2) 实训步骤完整,图表规范,结论观点正确(70~99 分) (3) 实训步骤、图表比较完整,结论观点正确(60~69 分) (4) 实训步骤、图表比较完整,结论观点不明确(59 分以下) (5) 无报告(0 分)
备注	本次竞争店铺核心指标分析和解读,要求学生具备一定的电子商务运营思维,但学生缺乏实际运营经验,因此数据分析结论需要不断地引导,建议让学生多学习运营方面的课程

续表

活动 4　知识建模图（课上）：

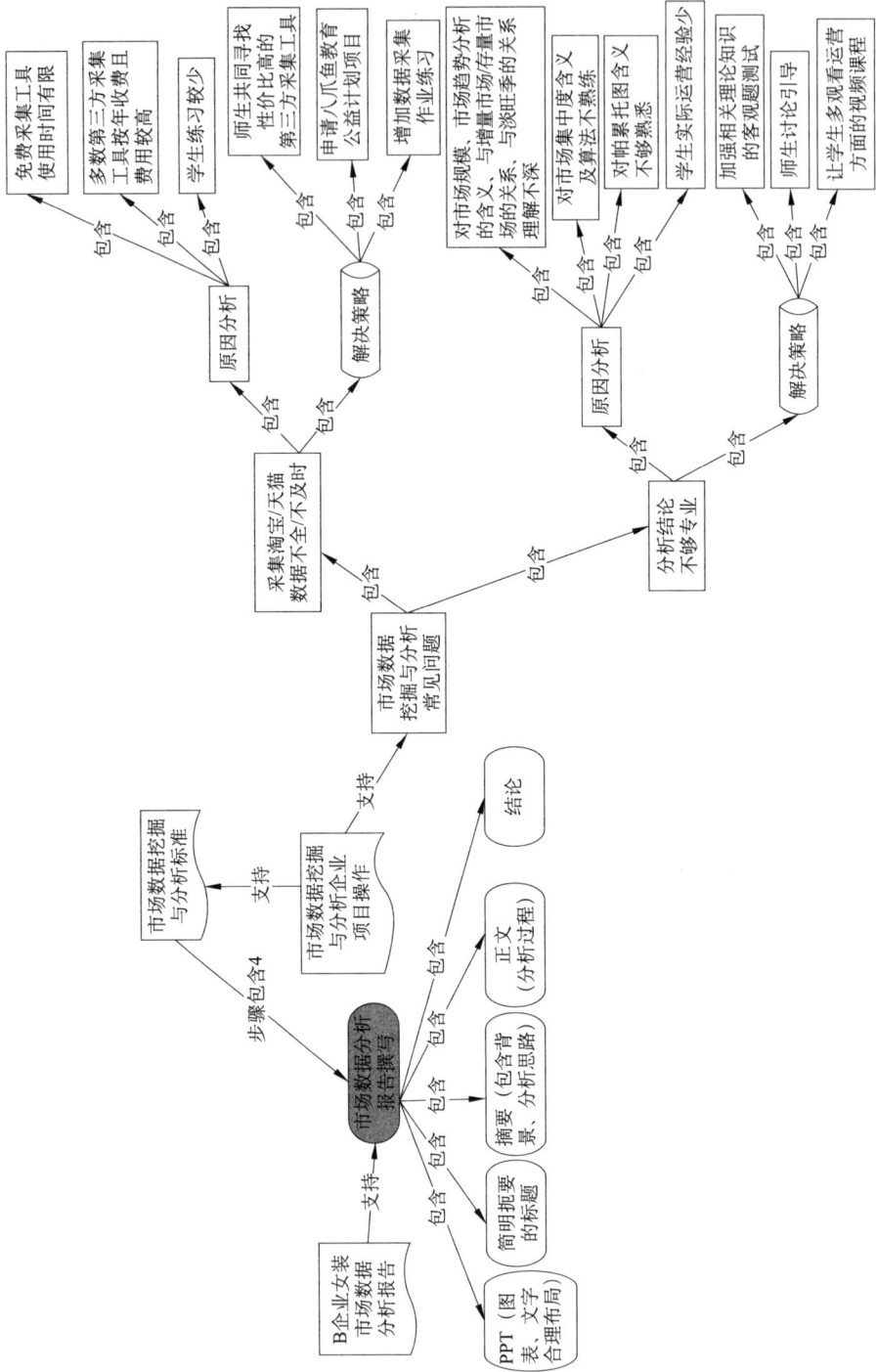

原因分析
- 免费采集工具使用时间有限
- 多数第三方采集工具按年收费费用较高
- 学生练习较少

解决策略
- 师生共同寻找性价比高的第三方采集工具
- 申请人工鱼塘计划项目、公益计划项目
- 增加数据采集作业练习

原因分析
- 对市场规模、与增量市场存量市场的关系理解不深
- 对市场趋势分析的含义、场的关系
- 对帕累托图含义及算法不熟悉
- 学生实际运营经验少

解决策略
- 加强相关理论知识的客观题测试
- 师生讨论引导
- 让学生多观看运营方面的视频课程

采集淘宝/天猫数据不全不及时

市场数据挖掘分析常见问题

分析结论不够专业

市场数据挖掘与分析标准

市场数据挖掘与分析项目操作

市场数据分析报告课写

B企业安装市场数据分析报告

- PPT（图表、文字合理布局）
- 简明扼要的标题
- 摘要（包含背景、分析思路）
- 正文（分析过程）
- 结论

步骤包含4　支持　包含

活动目标	（1）市场数据分析报告撰写的结构、要求（理解、运用） （2）小组项目化作业"B女装电商企业市场数据分析报告"成果 PPT 分享（运用） （3）电子商务企业市场数据分析中的常见问题及策略（理解、运用）

活动任务序列（任务一）

任务一知识组块： 市场数据挖掘与分析企业项目操作	任务描述	采用小组讨论和实训的方式，利用 Excel 工具进行合作企业委托项目——女装市场分析
	任务时长	50 分钟
	学习地点	课上

教学方法 （学习方法）	□讲授 ☑小组讨论 □答疑 □实验 ☑实训 □自主学习 □其他（请填写）＿＿＿＿＿
师生交互 过程	（1）解读项目数据 教师解读：教师对企业委托项目所给女装数据进行解读 小组讨论：该项目的市场分析可分为哪几个方面？怎么实施？ （2）学生分工实操 学生实训：小组学生分别利用 Excel 工具对委托项目中的女装数据按各组计划的模块进行实操 教师答疑：针对学生在实操中遇到的问题，进行逐一指导
学习资源	企业委托项目数据源
学习成果及 评价标准	学习成果：女装市场分析图表及结论 评价标准： （1）图清晰规范，结论翔实正确（100 分） （2）图规范，结论观点正确（70～99 分） （3）图比较完整，结论观点正确（60～69 分） （4）图比较完整，结论观点不明确（59 分以下） （5）无报告（0 分）
备注	本次企业项目数据的分析和解读，要求学生具备一定的电子商务运营思维，但学生缺乏实际运营经验，因此数据分析结论需要不断地引导，建议让学生多学习运营方面的课程

活动任务序列（任务二）

任务二知识组块： B企业女装市场数据分析报告—支持→市场数据分析报告撰写 包含 包含 包含 包含 包含 PPT（图表、文字合理布局） 简明扼要的标题 摘要（包含背景、分析思路） 正文（分析过程） 结论	任务描述	采用自主学习和实训的方式，完成企业委托项目女装市场分析报告
	任务时长	400 分钟
	学习地点	课下

教学方法 (学习方法)	☐讲授 ☐小组讨论 ☐答疑 ☐实验 ☑实训 ☑自主学习 ☐其他(请填写)_____
师生交互过程	学生:自主学习国家精品慕课-数据分析报告、案例-玩具市场分析报告,撰写企业委托项目女装市场分析报告 教师:通过微信群解答各小组提出的问题
学习资源	课件;教材;Excel;国家精品慕课-数据分析报告;案例-玩具市场分析报告
学习成果及评价标准	学习成果:完成企业委托项目女装市场分析报告 评价标准 (1)结构完整,图表清晰规范,结论翔实,建议合理(100分) (2)结构完整,图表规范,结论建议合理(70~99分) (3)结构、图表比较完整,结论观点合理(60~69分) (4)结构、图表比较完整,结论观点不明确(59分以下) (5)无报告(0分)
备注	学生对项目市场分析报告撰写的规范及操作不够明确,数据理解不够深入,需要不断地引导,鼓励学生多加练习、深入分析案例分析报告、多观看运营的课程

活动任务序列(任务三)

任务三知识组块: 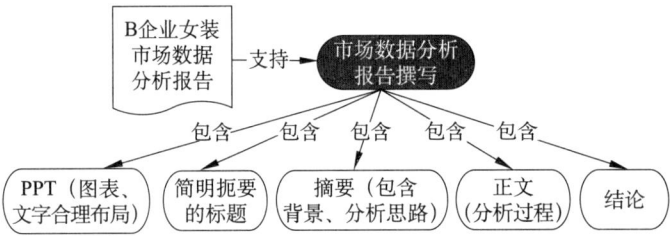	任务描述	采用小组汇报的方式,讨论企业委托项目女装市场分析报告的质量
	任务时长	30分钟
	学习地点	课上

教学方法 (学习方法)	☐讲授 ☑小组讨论 ☐答疑 ☐实验 ☐实训 ☐自主学习 ☑其他(请填写)小组汇报+互评
师生交互过程	教师陈述:抽选3个小组的市场分析报告进行汇报,每组汇报时,其他同学打分,并记录该小组报告的优点和缺点,每个小组汇总后交给老师 学生汇报:各小组依次汇报,其他学生打分并记录 教师提问:教师根据每个小组的汇报,提出疑问 学生解答:学生解答老师的提问
学习资源	女装市场分析报告
学习成果及评价标准	学习成果:汇报女装市场分析报告 小组女装市场分析报告汇报评价标准: (1)汇报内容是否体现项目执行中小组讨论、学习过程、分析依据、分析撰写过程中存在的问题及策略等,25分 (2)报告设计美观新颖性,25分 (3)汇报流畅性,是否准确充分,25分 (4)汇报互动性,是否与台下学生互动(8分/次),满分25分 四项指标总分:90分以上为优秀;70~89分为良好;60~69分为基本合格;59分及以下为不合格

续表

备注	学生准备比较充分,分析思路清晰,讲解流畅,但是讲解学生比较腼腆,互动较少;教师鼓励学生勇敢沟通、展示,并在今后的项目汇报中多加练习

活动任务序列(任务四)

任务四知识组块:

市场数据挖掘与分析常见问题
- 包含 → 采集淘宝/天猫数据不全/不及时
  - 包含 → 原因分析
    - 包含 → 免费采集工具使用时间有限
    - 包含 → 多数第三方采集工具按年收费且费用较高
    - 包含 → 学生练习较少
  - 包含 → 解决策略
    - 包含 → 师生共同寻找性价比高的第三方采集工具
    - 包含 → 申请八爪鱼教育公益计划项目
    - 包含 → 增加数据采集作业练习
- 包含 → 分析结论不够专业
  - 包含 → 原因分析
    - 包含 → 对市场规模、市场趋势分析的含义、与增量市场/存量市场的关系、与淡旺季的关系理解不深
    - 包含 → 对市场集中度含义及算法不熟练
    - 包含 → 对帕累托图含义不够熟悉
    - 包含 → 学生实际运营经验少
  - 包含 → 解决策略
    - 包含 → 加强相关理论知识的客观题测试
    - 包含 → 师生讨论引导
    - 包含 → 让学生多观看运营方面的视频课程

任务描述	采用讲授和答疑的方式,对市场数据分析的常见问题进行讨论解答
任务时长	20 分钟
学习地点	课上

教学方法 (学习方法)	☑讲授　□小组讨论　☑答疑　□实验　□实训　□自主学习　☑其他(请填写)行业导师沟通总结
师生交互过程	教师与每个小组沟通在做整个企业委托项目过程中遇到的具体问题,结合与行业导师沟通的情况,总结学生本次项目市场分析过程中存在的问题及解决策略,并指导学生改进
学习资源	女装市场分析报告、课件;企业导师沟通解答
学习成果及评价标准	学习成果:汇报女装市场分析报告 小组女装市场分析报告汇报评价标准: (1)汇报内容是否体现项目执行中小组讨论、学习过程、分析依据、分析撰写过程中存在的问题及策略等,25 分 (2)报告设计美观新颖性,25 分 (3)汇报流畅性,是否准备充分,25 分 (4)汇报互动性,是否与台下学生互动(5 分/次),满分 25 分

学习成果及评价标准	四项指标总分:90分以上为优秀;70～89分为良好;60～69分为基本合格;59分及以下为不合格
备注	本次主要沟通企业反馈的问题,这些问题主要表现在学生对运营数据的理解上还有待进一步深入。学生态度诚恳,收获良多

3. 实施过程

根据合作企业中该岗位的业务内容,项目教学可以划分为七大模块,涉及13个任务,其中,市场分析、竞争对手分析模块的任务为及时性项目,其他项目为企业的延时性项目,企业方提供项目开展所需的原始数据。

学生分组完成11份电商数据分析报告并进行汇报,企业根据学生的数据分析报告和汇报情况与自身交付市场的报告质量进行对比评分,并反馈问题,教师辅助学生修改并答疑。

4. 教学评价

电子商务数据分析课程内容以带领学生做企业真实任务为主,以组织学生学科竞赛为辅。课程评价体系以成果评价、企业评价和学科竞赛成绩评价为主,占比为75%;以过程评价为辅,占比为25%。其中,过程性评价是完成企业任务的保障,也是项目化教学化学习效果的体现。具体课程评价标准如表4-5所示。

表 4-5 电子商务数据分析课程评价标准

评价模块	评价指标	评价权重	评价内容	评价主体
过程评价(25%)	小组集体研讨参与及小组贡献	10%	根据集体活动参与次数和对小组提供有效建议的数量打分	学生组长学生本人教师
	翻转校园测试和作业(包含学科竞赛题目和阿里数据分析能力资格证考试题目)	10%	根据学科竞赛和资格证书等考试题目答案打分,包含客观题和实践操作题	网络平台教师
	项目化教学总结	5%	根据质量、总结字数、总结的拓展延伸、格式等给予优秀、良好、合格、不合格等级的评价	教师
结果评价(75%)	企业任务的11个子任务+2个综合任务交付质量	45%	(1)学生成果里必须围绕企业指定的数据和要素 (2)学生成果与合作企业分析过程、结果和报告的接近程度 (3)学生成果对合作企业分析过程、结果和报告的超越度 依据以上标准,给予优秀、良好、合格、不合格等级的评价	合作企业

续表

评价模块	评价指标	评价权重	评价内容	评价主体
结果 评价 （75%）	企业任务的11个子任务＋2个综合任务交付格式规范性及交付效率	15%	（1）合作企业规定的文本格式符合度 （2）汇报内容、汇报重点、汇报时长等 （3）作品交付时间 依据以上标准，给予优秀、良好、合格、不合格等级的评价	合作企业 教师
	电子商务数据分析相关学科竞赛	15%	（1）国家级 （2）省级 （3）市级 （4）校级 依据以上标准，给予优秀、良好、合格、不合格等级的评价	学科竞赛
综合评价结果：90分及以上为优秀；70～89分为良好；60～69分为合格；59分及以下为不合格				

4.3　专业基础课程教学设计实例

4.3.1　政治经济学

1. 课程简介

政治经济学是经济学类专业的一门基础课程，它通过运用马克思主义政治经济学基本原理和方法论，以科学的经济分析方法，在极其复杂的国内外经济形势，纷繁多样的经济现象中，让学生认识经济运动过程，把握社会经济发展规律，提高驾驭社会主义市场经济能力，从而更好地解答我国经济发展的理论和实践问题。该课程在"经济学大厦"中处于"母学"地位，被称为"经济学中的经济学"，是其他经济学课程的支撑性学科，能为西方经济学、产业经济学和区域经济学等课程提供最基本的理论和方法支撑。

政治经济学是某些学校部分经济学专业硕士招生考试的必考科目，重点支撑升学的项目化教学课程经济学综合。同时，该课程还为经济类多个项目化教学课程提供了基本的理论支撑、经济分析方法和经济思维方式。该课程的改革是升学类项目化教学经济学综合课程的组成部分，课程中的劳动价值理论、资本循环和周转理论、平均利润理论、商业资本理论及地租理论等都是重要的考研内容。

本课程坚持辩证唯物主义与历史唯物主义，这为学生学习项目化教学课程奠定了世界观与方法论基础，旨在提升学生运用马克思主义立场、观点和方法来分析与解决社会经济实际问题的能力。同时，该课程中的商品理论与资本循环和周转理论支撑了项目化教学课程证券投资分析、金融产品市场营销、电子商务数据分析；货币理论支撑项目化教学课程金融产品市场营销和家庭财富管理;资本生产理论支撑项目化教学课程家庭财富管理和电子商务数据分析;资本积累和再生产理论及资本的分割理论支撑项目化教学课程证券投资分析和家庭财富管理;平均利润理论支撑项目化教学课程证券投资分析和电子商务数据分析。其中,商品理论、货币理论、资本循环和周转理论、资本的分割理论支撑课程金融产品市场营销的营销选择和营销策划及方案推广的任务;资本的生产理论、资本积累和再生产理论、平均利润理论、资本分割理论支撑课程证券投资分析中经济基本面分析、行业分析、构建投资组合的任务;货币理论、资本的生产理论、资本积累和再生产理论、资本分割理论支撑课程家庭财富管理中的家庭财产梳理和制作家庭投资规划方案的任务;商品理论、资本循环和周转理论、平均利润理论支撑课程电子商务数据分析中产品分析、选品分析、推广分析和撰写行业研究报告的任务。

2. 教学设计

政治经济学专业基础课教学设计如表 4-6 和表 4-7 所示。

表 4-6　政治经济学专业基础课教学设计 1

2023—2024 年第 1 学期第 2~3 周

知识建模图:
见图 3-11 政治经济学知识建模图 2

	知识点(学习水平)		素质目标
学习目标	自然经济的特征(理解);商品经济产生的条件(理解);商品经济的特征(理解、运用);商品的含义(理解、运用);使用价值的概念及特征(理解);价值的概念及特征(理解);价值和交换价值的关系(理解);价值和使用价值的关系(理解、运用);具体劳动的含义及特征(理解);抽象劳动的含义及特征(理解);劳动二重性与商品二因素的关系(理解);劳动二重性理论的意义(理解);社会必要劳动时间的概念(理解);劳动生产率与商品价值量、价值总量、使用价值量的关系(理解、运用);提高劳动生产率的方法及意义(理解、运用)		(1) 培养勤劳节俭、自立自强的价值观 (2) 树立商品质量意识 (3) 树立珍惜时间、提高效率的意识
学习先行知识技能	知识点(学习水平)		
	无		
课上资源	(1) 教材:《马克思主义政治经济学概论(第二版)》,《马克思主义政治经济学概论》编写组,人民出版社,2021 (2) 课件:商品理论	课下资源	(1) 电视剧:《大清徽商》《青春之城》 (2) 黄梅戏:《天仙配》 (3) 小品:《疯狂造假团》 (4) 视频:商品经济;商品二因素;劳动二重性和商品价值量的决定 (5) 案例:企业提高劳动生产率案例;商品造假案例

续表

课上时间	200 分钟	课下时间	430 分钟	
活动序列	活动目标	时　间	学　习　资　源	学习地点
活动 1	自然经济的特征（理解）；商品经济产生的条件（理解）；商品经济的特征（理解、运用）	课上 30 分钟	（1）教材：《马克思主义政治经济学概论（第二版）》 （2）课件：商品理论	课上＋课下
		课下 230 分钟	（1）电视剧：《大清徽商》《青春之城》 （2）黄梅戏：《天仙配》 （3）视频：商品经济	
活动 2	商品的含义（理解、运用）；使用价值的概念及特征（理解）；价值的概念及特征（理解）；价值和交换价值的关系（理解）；价值和使用价值的关系（理解、运用）	课上 50 分钟	（1）教材：《马克思主义政治经济学概论（第二版）》 （2）课件：商品理论	课上＋课下
		课下 80 分钟	（1）小品：《疯狂造假团》 （2）案例：商品造假案例 （3）视频：商品二因素	
活动 3	具体劳动的含义及特征（理解）；抽象劳动的含义及特征（理解）；劳动二重性与商品二因素的关系（理解）；劳动二重性理论的意义（理解）	课上 20 分钟	（1）教材：《马克思主义政治经济学概论（第二版）》 （2）课件：商品理论 （3）视频：劳动二重性	课上＋课下
		课下 20 分钟		
活动 4	社会必要劳动时间的含义（理解）；劳动生产率与商品价值量、价值总量、使用价值量的关系（理解、运用）；提高劳动生产率的方法及意义（理解、运用）	课上 100 分钟	（1）教材：《马克思主义政治经济学概论（第二版）》 （2）课件：商品理论	课上＋课下
		课下 100 分钟	（1）视频：商品价值量的决定 （2）案例：企业提高劳动生产率案例	

活动 1 知识建模图（课上＋课下）：

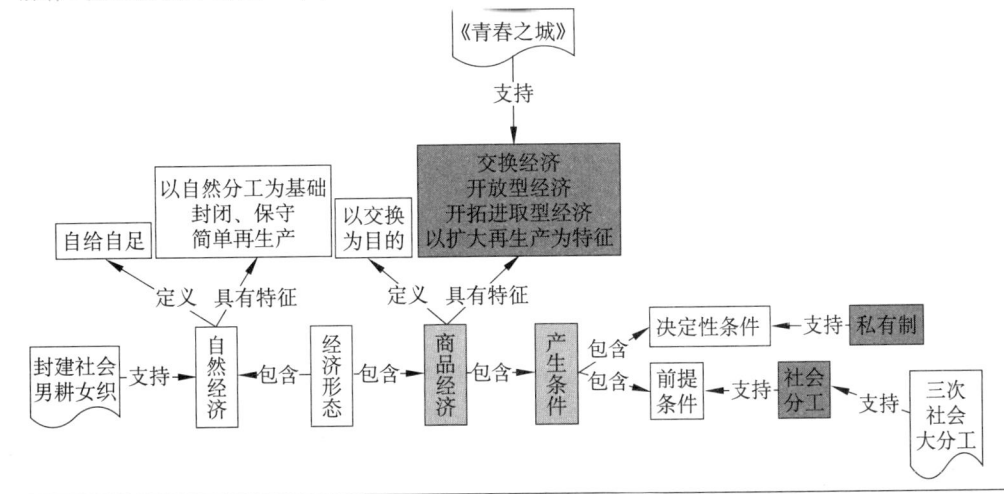

右上角：续表

活动目标	自然经济的特征(理解);商品经济产生的条件(理解);商品经济的特征(理解、运用)

活动任务序列(任务一)

任务一知识组块： 见活动1知识建模图	任务描述	观看教学视频,参考教材内容,思考并回答预习思考题
	任务时长	50分钟
	学习地点	课下

教学方法 (学习方法)	□讲授　□小组讨论　□答疑　□实验　□实训　☑自主学习 □其他(请填写)_____
师生交互 过程	教师:在学习中心发布学习视频,设置完成时间,并提醒学生在规定的时间内完成,并在下次上课时反馈观看情况;要求学生根据预习的情况,思考预习思考题 学生:按照要求观看视频,并回答预习思考题
学习资源	(1) 教材:《马克思主义政治经济学概论(第二版)》 (2) 课件:商品理论,商品理论预习思考题 (3) 视频:自然经济和商品经济
学习成果及 评价标准	(1) 视频观看情况:查看视频观看情况并反馈,计入平时成绩中的课前准备分 (2) 预习思考题回答情况:根据上课提问检查学生的回答情况并讲解

活动任务序列(任务二)

任务二知识组块：	任务描述	观看电视剧《大清徽商》和黄梅戏《天仙配》,查找关于自然经济的经典片段及唱词
	任务时长	150分钟
	学习地点	课下

教学方法 (学习方法)	□讲授　□小组讨论　□答疑　□实验　□实训　☑自主学习 □其他(请填写)_____
师生交互 过程	教师:下达任务传至学习中心 学生:下载任务并完成任务
学习资源	电视剧:《大清徽商》;黄梅戏:《天仙配》
学习成果及 评价标准	能找出我国自然分工情况下自然经济的特征体现,并根据讨论情况将学生划分为A、B、C三个等级

活动任务序列(任务三)

任务三知识组块： 		任务描述	通过我国封建社会的经济状况分析自然经济的特征
		任务时长	10 分钟
		学习地点	课上

教学方法 (学习方法)	☑讲授　☑小组讨论　☑答疑　□实验　□实训　□自主学习 □其他(请填写)
师生交互 过程	教师:让学生分析哪出戏里体现了封建社会的分工,给出提示"你耕地来我织布,你挑水来我浇园"让学生猜,并找学生唱出来,提高学生的兴趣;教师分析封建社会的分工是怎样的,由此引出自然经济 学生:根据老师的提示进行分析,并选出代表演唱,同时根据戏词分析自然分工 教师:让学生分析俗语所说的"靠山吃山,靠水吃水"指的是什么样的分工 学生:思考并回答 教师:分析封建社会及中国现存的小农经济的情况,讲述自然经济的含义,让学生根据封建社会封建作坊及学徒的情况和家族手艺的传承情况讨论分析自然经济的特征 学生:讨论总结并回答 教师陈述:"通过上面的分析,我们了解了自然分工的含义和类型,并根据封建社会的发展知道了自然经济的特征。"
学习资源	(1)教材:《马克思主义政治经济学概论(第二版)》 (2)课件:商品理论
学习成果及 评价标准	能找出自然分工体现在哪,并根据讨论情况将学生划分为 A、B、C 三个等级

活动任务序列(任务四)

任务四知识组块： 	任务描述	分析商品经济的特征
	任务时长	30 分钟
	学习地点	课下

续表

教学方法 （学习方法）	☐讲授　☐小组讨论　☐答疑　☐实验　☐实训　☑自主学习 ☐其他（请填写）_____
师生交互 过程	教师：下达任务传至学习中心 学生：下载任务并完成任务
学习资源	电视剧：《青春之城》
学习成果及 评价标准	能进行商品经济的特征分析，并根据讨论情况将学生划分为 A、B、C 三个等级

活动任务序列（任务五）

任务五知识组块：

任务描述	根据现实经济，通过自然经济的特征对比分析商品经济的特征
任务时长	10 分钟
学习地点	课上

教学方法 （学习方法）	☑讲授　☑小组讨论　☑答疑　☐实验　☐实训　☐自主学习 ☐其他（请填写）_____
师生交互 过程	教师：讲述商品经济的含义，让学生对比自然经济的特征，根据课下所看的反映商品经济的《青春之城》讨论分析商品经济的特征有哪些 学生：对应自然经济，回答商品经济的特征 教师：让学生结合现在的经济区域一体化和经济全球化分析商品经济为什么是开放型经济；让学生结合现在企业的竞争现象分析商品经济为什么是开拓进取型经济；让学生结合企业竞争所依赖的因素，来分析商品经济为什么以扩大再生产为特征 学生：查阅资料，小组讨论根据现实例子分析并回答 教师陈述："通过上面的分析，我们明确了商品经济的特征，从而能进一步明确商品经济条件下企业的经济行为，即为什么要竞争和为什么要扩大规模。"
学习资源	(1) 教材：《马克思主义政治经济学概论（第二版）》 (2) 课件：商品理论
学习成果及 评价标准	能明确商品经济的特征（含标准答案）

活动任务序列（任务六）

任务六知识组块：

任务描述	根据人类生活的需求，分析社会分工的发展
任务时长	10 分钟
学习地点	课上

教学方法 (学习方法)	☑讲授　☑小组讨论　☑答疑　□实验　□实训　□自主学习 □其他(请填写)_____
师生交互 过程	教师:讲述商品经济产生的条件,让学生讨论分析有了社会分工是不是一定就有商品经济学,据此判断哪些条件是商品经济产生的必要条件,哪些是决定条件 学生:根据经济发展的情况分析,特别是计划经济的情况,来判断社会分工对商品经济的作用 教师:让学生通过人类的需求分析三次社会大分工的顺序为什么先是畜牧业,接着是手工业,最后才是商人阶层的出现 学生:通过人类最基本的需求——吃、穿、挣钱,来分析社会分工的变化 教师陈述:"通过上面的分析,我们明确了商品经济产生的条件,为后续商品经济的基本规律——价值规律的理解打下了基础。"
学习资源	(1) 教材:《马克思主义政治经济学概论(第二版)》 (2) 课件:商品理论
学习成果及 评价标准	根据课堂测试的答案计算总分

活动 2 知识建模图(课上＋课下):

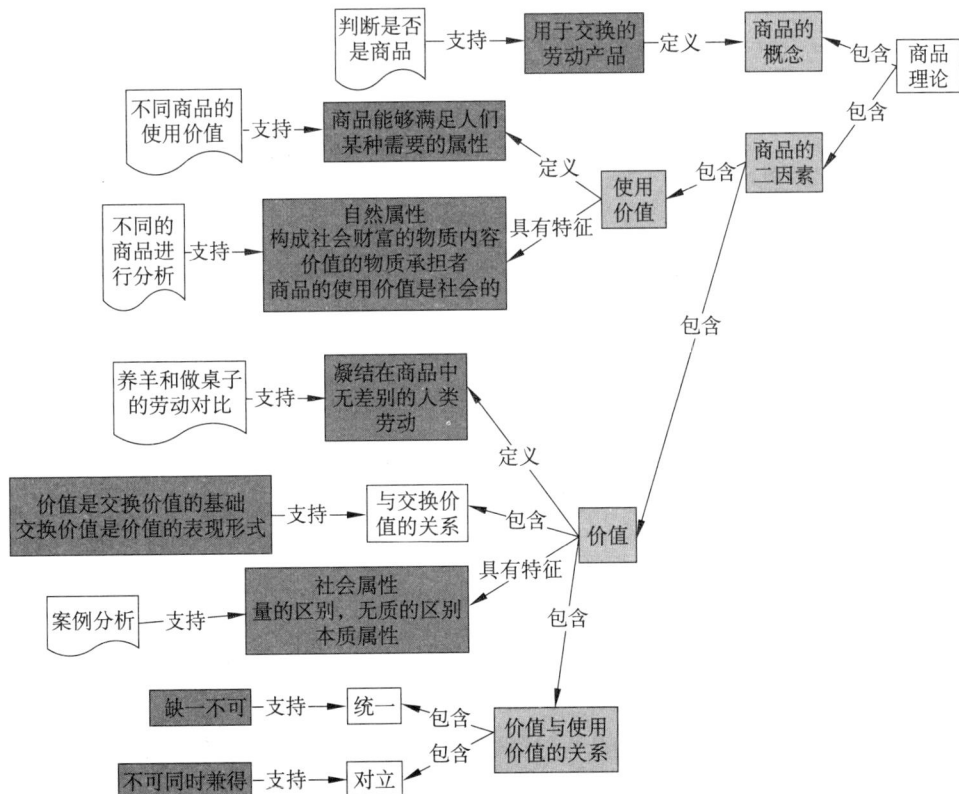

续表

活动目标	商品的含义(理解、运用);使用价值的概念及特征(理解);价值的概念及特征(理解);价值和交换价值的关系(理解);价值和使用价值的关系(理解、运用)

活动任务序列(任务一)

任务一知识组块: 见活动2知识建模图	任务描述	观看教学视频,参考教材内容,思考并回答预习思考题
	任务时长	50分钟
	学习地点	课下

教学方法 (学习方法)	□讲授 ☑小组讨论 □答疑 □实验 □实训 ☑自主学习 □其他(请填写)_____
师生交互 过程	教师:在学习中心发布学习视频,设置完成时间,提醒学生在规定的时间内完成,并在下次上课时反馈观看情况;要求学生根据预习的情况,思考预习思考题 学生:按照要求观看视频,并回答预习思考题
学习资源	(1)教材:《马克思主义政治经济学概论(第二版)》 (2)课件:商品理论 (3)视频:商品二因素
学习成果及 评价标准	(1)视频观看情况:查看视频观看情况并反馈,计入平时成绩中的课前准备分 (2)预习思考题回答情况:根据上课提问检查学生的回答情况并讲解

活动任务序列(任务二)

任务二知识组块: 见活动2知识建模图	任务描述	学会判断一个物品是不是商品
	任务时长	15分钟
	学习地点	课上

教学方法 (学习方法)	☑讲授 □小组讨论 ☑答疑 □实验 □实训 □自主学习 □其他(请填写)_____
师生交互 过程	教师:讲述商品的含义,让学生对物品、劳动产品、商品的范围进行划分 学生:根据商品的含义分析出物品包含劳动产品,劳动产品包含商品 教师:给出不同的物品,让学生判断是否是商品,并根据判断的情况,总结出物品是否是商品的判断标准 学生:判断并总结判断标准 教师陈述:"通过对商品的判断,我们能了解什么是商品,什么不是商品,为后续的学习打下良好的基础。"
学习资源	(1)教材:《马克思主义政治经济学概论(第二版)》 (2)课件:商品理论
学习成果及 评价标准	学生能快速判断一个物品是不是商品

续表

活动任务序列(任务三)		
任务三知识组块： 	任务描述	明确商品的使用价值及其特征
	任务时长	15 分钟
	学习地点	课上

教学方法 (学习方法)	☑讲授　☑小组讨论　☑答疑　□实验　□实训　□自主学习 □其他(请填写)_____
师生交互 过程	教师：拿出一个商品，让学生分析其用途，根据学生的回答，讲述使用价值的概念，并说明为什么在一切社会中，构成社会财富的物质内容都是使用价值 学生：根据常识分析商品的用途，讨论分析为什么使用价值是构成社会财富的物质内容 教师：分析使用价值的特征，让学生把握为何使用价值是商品的自然属性，是永恒的范畴，是社会的使用价值 学生：讨论分析为什么使用价值是物品本身所固有的，并且是任何社会都需要的，但商品的使用价值却是为了满足他人的需求而生产的 教师：给出效用的概念，让学生分析效用和使用价值的区别 学生：查阅资料，分析效用和使用价值的区别 教师陈述："通过上面的分析，我们了解了使用价值的概念，并且分析了其特征，特别是明确了使用价值和效用的区别，为后续的效用价值论的评析打下基础。"
学习资源	(1) 教材：《马克思主义政治经济学概论(第二版)》 (2) 课件：商品理论
学习成果及 评价标准	所有课堂测试按百分制计算后计入平时成绩

活动任务序列(任务四)		
任务四知识组块： 	任务描述	分析价值的含义、特征及与交换价值的关系
	任务时长	15 分钟
	学习地点	课上

续表

教学方法 (学习方法)	☑讲授 ☑小组讨论 ☑答疑 □实验 □实训 □自主学习 □其他(请填写)_____
师生交互 过程	教师:随手拿出两个不同的商品,让学生分析二者交换的比例关系大概是多少,以及这个比例关系是由什么决定的 学生:根据老师拿出的商品判断分析交换的比例,并说出判断的依据 教师:给出交换价值的概念,让学生分析交换价值和价值的关系 学生:根据如何决定商品交换的比例关系及比例大小来分析 教师:提出问题,判断分析为什么只有商品才具有价值,而其他的物品没有价值,同时判断是不是全部有价格的物品都具有价值 学生:小组讨论并总结价值的特征 教师总结:"价值是交换价值的基础,交换价值是价值的表现形式,价值是商品的本质属性,是商品的社会属性,反映了人与人之间的关系。"
学习资源	(1)教材:《马克思主义政治经济学概论(第二版)》 (2)课件:商品理论
学习成果及 评价标准	所有课堂测试按百分制计算后计入平时成绩

活动任务序列(任务五)

任务五知识组块:		任务描述	利用矛盾分析法分析商品二因素之间的关系
		任务时长	5分钟
		学习地点	课上

教学方法 (学习方法)	☑讲授 ☑小组讨论 ☑答疑 □实验 □实训 □自主学习 □其他(请填写)_____
师生交互 过程	教师:利用矛盾分析法说明商品是一个矛盾的统一体,再让学生根据买卖商品的实际情况分析,消费者买是想获得什么,要支付什么,生产者卖是想获得什么,要付出什么,并据此让学生总结二因素之间的关系 学生:根据老师的讲解,结合现实经济情况,分析商品二因素是如何对立统一的
学习资源	(1)教材:《马克思主义政治经济学概论(第二版)》 (2)课件:商品理论
学习成果及 评价标准	所有课堂测试按百分制计算后计入平时成绩

活动任务序列(任务六)

任务六知识组块:		任务描述	分析商品质量安全问题
		任务时长	30分钟
		学习地点	课下

教学方法 （学习方法）	☑讲授　☑小组讨论　☑答疑　□实验　□实训　☑自主学习 □其他（请填写）_____	
师生交互 过程	（1）教师：下达任务传至学习中心 （2）学生：下载任务并完成任务	
学习资源	小品《疯狂造假团》；案例：商品造假案例	
学习成果及 评价标准	所有课堂测试按百分制计算后计入平时成绩	

活动 3 知识建模图（课上＋课下）：

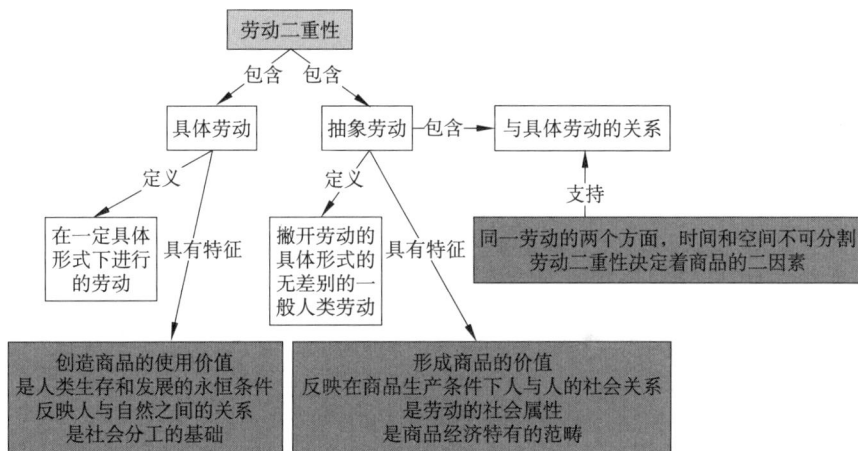

活动目标	具体劳动的含义及特征（理解）；抽象劳动的含义及特征（理解）；劳动二重性与商品 二因素之间的关系（理解）；劳动二重性理论的意义（理解）

活动任务序列（任务一）

任务一知识组块： 见活动 3 知识建模图	任务描述	观看教学视频，参考教材内容，思考并回答预习 思考题
	任务时长	20 分钟
	学习地点	课下

教学方法 （学习方法）	□讲授　□小组讨论　□答疑　□实验　□实训　☑自主学习 □其他（请填写）_____
师生交互 过程	教师：在学习中心发布学习视频，设置完成时间，提醒学生在规定的时间内完成，并 在下次上课时反馈观看情况；要求学生根据预习的情况，思考预习思考题 学生：按照要求观看视频，并回答预习思考题
学习资源	（1）教材：《马克思主义政治经济学概论（第二版）》 （2）课件：商品理论 （3）视频：劳动二重性

学习成果及评价标准	(1) 视频观看情况:查看视频观看情况并反馈,计入平时成绩中的课前准备分 (2) 预习思考题回答情况:根据上课提问检查学生的回答情况并讲解

活动任务序列(任务二)

任务二知识组块: 	任务描述	明确具体劳动的含义及特征
	任务时长	10分钟
	学习地点	课上

教学方法 (学习方法)	☑讲授　☑小组讨论　☑答疑　□实验　□实训　□自主学习 □其他(请填写)＿＿＿＿＿
师生交互过程	教师:安排两名学生分别做不同的事情,让其他学生分析这两件事情的不同及其不同的原因 学生:观看表演,分析存在哪些不同及其不同的原因 教师陈述:"通过上面的分析,我们能了解具体劳动的概念及其特征。"
学习资源	(1) 教材:《马克思主义政治经济学概论(第二版)》 (2) 课件:商品理论
学习成果及评价标准	无

活动任务序列(任务三)

任务三知识组块: 	任务描述	理解抽象劳动的含义、特征及与具体劳动的关系
	任务时长	10分钟
	学习地点	课上

教学方法 (学习方法)	☑讲授　☑小组讨论　☑答疑　□实验　□实训　□自主学习 □其他(请填写)_____
师生交互 过程	教师:根据前面学生的表演,分析其相同点,并再举生产不同商品的例子来分析其相同点 学生:通过观察及举出的例子分析其相同点 教师:小组讨论分析劳动二重性和商品二因素之间的关系 学生:通过讨论辨别什么是劳动形成使用价值,什么是劳动创造价值,谁是唯一源泉,谁是重要的源泉,从而得出劳动二重性和商品二因素之间的关系 教师陈述:"通过上述的分析,我们明确了劳动二重性的概念及与商品二因素之间的关系,同时更清楚它的重要意义。"
学习资源	(1) 教材:《马克思主义政治经济学概论(第二版)》 (2) 课件:商品理论
学习成果及 评价标准	能分析出劳动二重性和商品二因素之间的关系,并根据讨论情况计入课堂表现,将学生划分为 A、B、C 三个等级

活动 4 知识建模图(课上＋课下):

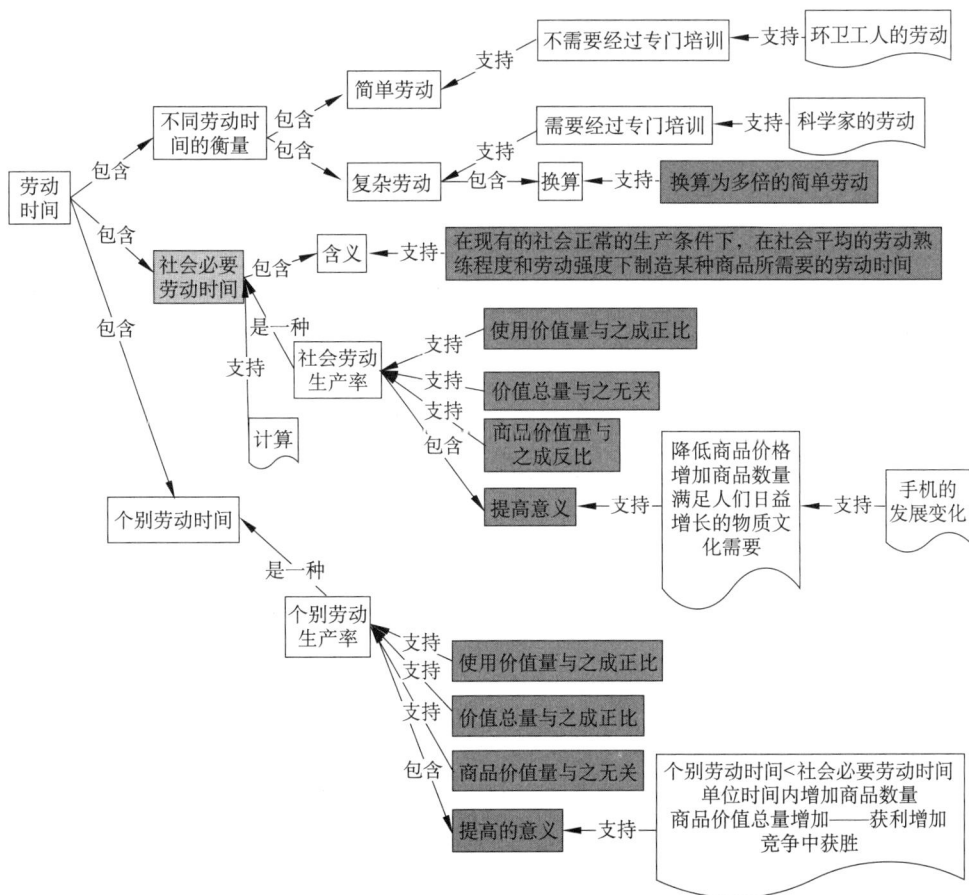

续表

活动目标	社会必要劳动时间的概念(理解);劳动生产率与商品价值量、价值总量、使用价值量的关系(理解、运用);提高劳动生产率的方法及意义(理解、运用)		

活动任务序列(任务一)

任务一知识组块: 见活动4知识建模图		任务描述	观看教学视频,参考教材内容,思考并回答预习思考题
		任务时长	50分钟
		学习地点	课下

教学方法 (学习方法)	☐讲授　☐小组讨论　☐答疑　☐实验　☐实训　☑自主学习 ☐其他(请填写)_____
师生交互 过程	教师:在学习中心发布学习视频,设置完成时间,提醒学生在规定的时间内完成,并在下次上课时反馈观看情况;要求学生根据预习的情况,思考预习思考题 学生:按照要求观看视频,并回答预习思考题
学习资源	(1)教材:《马克思主义政治经济学概论(第二版)》 (2)课件:商品理论 (3)视频:商品价值量的决定
学习成果及 评价标准	(1)视频观看情况:查看视频观看情况并反馈,计入平时成绩中的课前准备分 (2)预习思考题回答情况:根据上课提问检查学生的回答情况并讲解

活动任务序列(任务二)

任务二知识组块: 		任务描述	分析价值的决定因素
		任务时长	20分钟
		学习地点	课上

教学方法 (学习方法)	☑讲授　☑小组讨论　☑答疑　☐实验　☐实训　☐自主学习 ☐其他(请填写)_____
师生交互 过程	教师:先让学生理解为什么商品的价值量是由劳动时间来决定的,然后根据思考题"既然商品的价值由生产商品所耗费的劳动量来决定,那么一个人越懒,越不熟练,他生产的商品就越有价值,因为他制造商品需要花费的时间更多。这种说法是否正确?"来分析劳动时间的分类及其决定因素 学生:讨论分析劳动时间与商品价值量的关系,引出个别劳动时间和社会必要劳动时间 教师:根据每个生产者制造同一辆自行车所需时间的不同让学生分析个别劳动时间的长短对生产者的意义 学生:根据商品价值量的决定因素进行回答 教师:让学生讨论分析"既然商品的价值由生产商品所耗费的劳动量来决定,那么一个人越懒,越不熟练,他生产的商品就越有价值,因为他制造商品需要花费的时间越多。"这种说法正确吗? 学生:根据个别劳动时间和社会必要劳动时间的关系进行判断 教师陈述:"通过上面的分析,我们能把握劳动时间和价值量的关系,劳动生产率与劳动时间的关系。"

续表

学习资源	(1) 教材:《马克思主义政治经济学概论(第二版)》 (2) 课件:商品理论
学习成果及 评价标准	能根据个别时间和社会必要劳动时间的大小判断生产者是盈利还是亏损,并根据讨论情况计入课堂表现,划分为 A、B、C 三个等级

活动任务序列(任务三)

任务三知识组块:	任务描述	通过对比分析简单劳动和复杂劳动的相对性
	任务时长	10 分钟
	学习地点	课上

教学方法 (学习方法)	☑讲授　☑小组讨论　☑答疑　□实验　□实训　□自主学习 □其他(请填写)_____
师生交互 过程	教师:同一个可能商品的价值由社会必要劳动时间决定,为什么不同的商品即使劳动时间相同,工资却不同,如环卫工人劳动一个月工资为 3000 元,而一个企业管理员劳动一个月工资为 10000 元,请学生讨论并说明理由。(提示:劳动的复杂程度不同) 学生:可以从环卫工人的劳动比较简单,不需要培训,而企业管理员的劳动比较复杂,需要专门学习来进行分析 教师提问:复杂劳动和简单劳动是不是绝对的? 学生:可以从不同国家或不同的历史时期进行分析 教师总结:"简单劳动和复杂劳动是相对的,同时复杂劳动要换算为简单劳动。"
学习资源	(1) 教材:《马克思主义政治经济学概论(第二版)》 (2) 课件:商品理论
学习成果及 评价标准	无

活动任务序列(任务四)

任务四知识组块:	任务描述	理解社会必要劳动时间的含义
	任务时长	15 分钟
	学习地点	课上

教学方法 (学习方法)	☑讲授　☑小组讨论　☑答疑　□实验　□实训　□自主学习 □其他(请填写)_____

师生交互过程	教师:讲解社会必要劳动时间的含义,特别强调要在现有的和正常的社会生产条件下,并分析什么是现有的社会正常生产条件,举出实例让学生计算并分析社会必要劳动时间 学生:看书、讨论、计算社会必要劳动时间 教师总结:"对于社会必要劳动时间,我们必须明确是在现有的和正常的生产条件下,在计算时一定要排除掉最好条件和最差条件的企业的生产时间。"
学习资源	(1) 教材:《马克思主义政治经济学概论(第二版)》 (2) 课件:商品理论
学习成果及评价标准	所有课堂测试按百分制计算后计入平时成绩

活动任务序列(任务五)

任务五知识组块:

	任务描述	通过学习劳动生产率对劳动时间的影响,分析如何提高劳动生产率
	任务时长	15分钟
	学习地点	课上

教学方法(学习方法)	☑讲授　☑小组讨论　☑答疑　□实验　□实训　□自主学习 □其他(请填写)_____
师生交互过程	教师:首先分析哪些因素决定着劳动生产率的高低,再让学生根据现实经济情况分析提高个别劳动生产率对企业的竞争具有什么意义,提高社会劳动生产率对社会具有什么意义 学生:调查现实,从两个方面对提高劳动生产率的意义进行回答 教师陈述:"通过上述分析,我们了解了企业及社会应该如何提高劳动生产率,明确了企业提高劳动生产率可以降低个别劳动时间,降低商品的个别价值,从而在竞争中取胜;社会劳动生产率提高则可以通过增加商品总量,降低商品价格,满足人们日益增长的物质文化的需要来实现。"
学习资源	(1) 教材:《马克思主义政治经济学概论(第二版)》 (2) 课件:商品理论
学习成果及评价标准	能分析企业如何提高劳动生产率,并根据讨论情况计入课堂表现,划分为 A、B、C 三个等级

活动任务序列(任务六)

任务六知识组块： 社会劳动生产率 → 支持 → 使用价值量与之成正比 社会劳动生产率 → 支持 → 价值总量与之无关 社会劳动生产率 → 支持 → 商品价值量与之成反比 个别劳动生产率 → 支持 → 使用价值量与之成正比 个别劳动生产率 → 支持 → 价值总量与之成正比 个别劳动生产率 → 支持 → 商品价值量与之无关	任务描述	分析劳动时间和劳动生产率与商品价值、价值总量、使用价值量之间的关系,分析提高个别和社会劳动生产率的意义
	任务时长	20分钟
	学习地点	课上

教学方法 (学习方法)	☑讲授　☑小组讨论　☑答疑　□实验　□实训　□自主学习 □其他(请填写)_____
师生交互过程	教师:让学生讨论并分析劳动时间和劳动生产率与商品价值量、价值总量、使用价值量之间的关系 学生:讨论分析其关系,并画出相互关系图 教师总结:"通过分析,我们明确了社会必要劳动时间与单位商品价值量成正比,与价值总量无关,与使用价值量成反比,与社会劳动生产率成反比;个别劳动时间与个别劳动生产率成反比,与单位商品价值量无关,与使用价值量成反比,与价值总量成反比。"
学习资源	(1) 教材:《马克思主义政治经济学概论(第二版)》 (2) 课件:商品理论
学习成果及评价标准	所有课堂测试按百分制计算后计入平时成绩

活动任务序列(任务七)

任务七知识组块： 社会劳动生产率 → 支持 → 使用价值量与之成正比 社会劳动生产率 → 支持 → 价值总量与之无关 社会劳动生产率 → 支持 → 商品价值量与之成反比 个别劳动生产率 → 支持 → 使用价值量与之成正比 个别劳动生产率 → 支持 → 价值总量与之成正比 个别劳动生产率 → 支持 → 商品价值量与之无关	任务描述	通过习题理解劳动时间和劳动生产率与商品价值量、价值总量、使用价值量之间的关系
	任务时长	20分钟
	学习地点	课上

教学方法 (学习方法)	☑讲授　☑小组讨论　☑答疑　□实验　□实训　□自主学习 □其他(请填写)_____

续表

师生交互过程	教师:给出劳动时间与商品价值量的习题,让学生做题并进行分析 学生:做题并讲解做题思路
学习资源	课件;文本;图片等
学习成果及评价标准	所有课堂测试按百分制计算后计入平时成绩

活动任务序列(任务八)

任务八知识组块:

任务描述	查阅资料,调查并分析企业提高劳动生产率的方法	
任务时长	50分钟	
学习地点	课下	

教学方法 (学习方法)	□讲授 □小组讨论 □答疑 □实验 □实训 ☑自主学习 □其他(请填写)_____
师生交互过程	教师:下达任务传至学习中心 学生:下载任务并完成任务
学习资源	自行查找相关案例
学习成果及评价标准	总结出企业提高劳动生产率的方法

表 4-7 政治经济学专业基础课教学设计 2

第 1 学期第 4 周

知识建模图:
见图 3-12 政治经济学知识建模图 3

	知识点(学习水平)	素质目标
学习目标	货币的产生过程(理解);相对价值形式与等价形式含义及关系(理解、运用);每种价值形式的优缺点(理解);货币的本质(理解);价值尺度的含义(理解);流通手段的使用场景(理解、运用);派生职能(理解、运用);货币流通规律的含义(理解);货币流通的影响因素(理解);商品流通中需要的货币量(运用)	(1)树立正确的金钱观 (2)建立信用意识

学习先行知识技能	知识点（学习水平）			
	无			
课上资源	（1）教具：课件-货币理论 （2）作业：智慧黄科测试 （3）教具：课件-货币理论思考题	课下资源	（1）慕课：江西财经大学——马克思主义政治经济学——第二讲商品理论 （2）教材：《马克思主义政治经济学概论（第二版）》，《马克思主义政治经济学概论》编写组，人民出版社，2021 （3）视频：央视纪录片——货币；神奇的货币；货币贬值之谜；世界金融史——德国超级通货膨胀 （4）案例：津巴布韦的通货膨胀	
课上时间	100 分钟	课下时间	300 分钟	

活动序列	活动目标	时　间	学习资源	学习地点
活动 1	货币的产生过程（理解）；相对价值形式与等价形式含义及关系（理解、运用）；每种价值形式的优缺点（理解）；货币的本质（理解）	课上 30 分钟 课下 100 分钟	（1）慕课：江西财经大学——马克思主义政治经济学——第三讲货币理论 （2）教材：《政治经济学》，马工程系列教材，高等教育出版社，pp.53-58 （3）视频：央视纪录片-货币	课上＋课下
活动 2	价值尺度的含义（理解）；流通手段的使用场景（理解、运用）；派生职能（理解、运用）	课上 20 分钟 课下 100 分钟	（1）慕课：江西财经大学——马克思主义政治经济学——第三讲货币理论 （2）教材：《政治经济学》，马工程系列教材，高等教育出版社，pp.58-62 （3）视频：央视纪录片——货币；神奇的货币	课上＋课下
活动 3	货币流通规律的含义（理解）；货币流通的影响因素（理解）；商品流通中需要的货币量（运用）	课上 50 分钟 课下 100 分钟	（1）慕课：江西财经大学——马克思主义政治经济学——第三讲货币理论 （2）教材：《政治经济学》，马工程系列教材，高等教育出版社，pp.65-69 页 （3）央视纪录片：货币贬值之谜 （4）视频：世界金融史——德国超级通货膨胀 （5）案例：津巴布韦的通货膨胀	课上＋课下

续表

活动 1 知识建模图（课上＋课下）：

货币的产生与发展 —包含→ 简单价值形式、扩大价值形式、一般价值形式、货币价值形式

简单价值形式
- 产生 —支持→ 原始社会末期商品交换的情况（是前提）
- 含义 —支持→ 一种商品的价值偶然地表现在另一种商品上（定义）
- 公式 —支持→ 1只羊＝2把斧子（组成）
- 具有属性：相对价值形式、等价形式
  - 相对价值形式 —支持→ 价值被表现的商品，主动（包含）
  - 等价形式 —支持→ 表现价值的商品，被动（包含）
  - 与相对价值形式的关系：
    - 对立（包含）—支持→ 在同一价值形式中，一种商品不能同时处于相对价值形式和等价形式上
    - 统一（包含）—支持→ 二者相互依存，缺一不可，缺少任何一方都构不成价值形式
- 缺陷 —支持→ 无差别的人类劳动没有充分体现

扩大价值形式
- 含义（定义）—支持→ 一种商品的价值表现在其他一系列商品上
- 公式（组成）—支持→ 10条鱼＝1担米＝1只羊＝1匹布＝2把斧子＝……
- 具有属性：优缺点
  - 优点（包含）—支持→ 体现了价值是无差别人类劳动的凝结
  - 缺点（包含）—支持→ 无统一的等价物

一般价值形式
- 含义及公式（定义）—支持→ 一切商品的价值都表现在某种特殊商品上
- 公式（组成）—支持→ 10条鱼＝1担米＝1只羊＝1匹布＝2把斧子＝……
- 具有属性：优缺点
  - 优点（包含）—支持→ 促进了商品交换的发展
  - 缺点（包含）—支持→ 一般等价物不固定

货币价值形式
- 货币的本质（包含）—支持→ 固定充当一般等价物的特殊商品
- 纸币的产生（包含）—支持→ 货币天然是金银，金银天然不是货币

续表

活动目标	货币的产生过程(理解),相对价值形式与等价形式含义及关系(理解),每种价值形式的优缺点(理解),货币的本质(理解)

活动任务序列(任务一)

任务一知识组块: 见活动 1 知识建模图	任务描述	观看教学视频,参考教材内容,思考并回答预习思考题
	任务时长	30 分钟
	学习地点	课下

教学方法 (学习方法)	□讲授　□小组讨论　□答疑　□实验　□实训　☑自主学习 □其他(请填写)_____

师生交互 过程	教师:在智慧黄科学习中心发布学习视频,设置完成时间,提醒学生在规定的时间内完成,并在下次上课时反馈观看情况 (1) 结合预习思考题,学习智慧黄科视频(价值形式),15 分钟 (2) 预习教材《政治经济学》,马工程系列教材,高等教育出版社,pp.53-58,并思考预习思考题,15 分钟 学生:按照要求观看视频,并回答预习思考题

学习资源	(1) 慕课:江西财经大学——马克思主义政治经济学——价值形式 (2) 马工程教材《政治经济学》,高等教育出版社,pp.53-58 (3) 教具:课件——货币理论思考题

学习成果及 评价标准	学习成果:视频(价值形式)观看情况 评价标准:根据智慧黄科后台数据,完成 10 分,未完成 0 分

活动任务序列(任务二)

任务二知识组块:

任务描述	通过相对价值形式和等价形式的分析,了解等价形式的特征
任务时长	15 分钟
学习地点	课上

教学方法 (学习方法)	☑讲授　☑小组讨论　☑答疑　□实验　□实训　□自主学习 □其他(请填写)_____

师生交互过程	教师:让学生先从总体上理解价值形式发展的四个阶段,并通过略读找出每一个价值形式存在的问题 学生:快速阅读教材,从总体上把理解价值形式发展的四个阶段,并回答每个阶段存在的问题 教师:情景再现,让学生模拟回到原始社会末期,分析当时商品交换的情况 学生:回答商品交换从什么时候开始,交换是不是经常发生,偶然交换又存在哪些问题 教师:让学生分析简单价值形式的公式(1 只羊＝2 把斧子),等式左右两端商品的情况如何 学生:通过讨论,辨析等式左右两端分别处于什么地位,即谁主动、谁被动。 教师:小组讨论分析"1 只羊"是不是一个简单价值形式,"1 只羊＝2 把斧子"是不是一个简单价值形式 学生:根据相对价值形式和等价形式的关系判断老师给出的问题,并说明理由 教师陈述:"通过上述分析,我们了解了商品交换初期的情况,理解了价值形式左右两端商品的情况。"
学习资源	(1) 慕课:江西财经大学——马克思主义政治经济学——价值形式 (2) 教材:《政治经济学》,马工程系列教材,高等教育出版社,pp.53-58 (3) 教具:课件——货币理论思考题
学习成果及评价标准	学习成果:课堂讨论-判断是不是简单价值形式 评价标准:根据讨论情况划分为 A、B、C 三个等级,A:回答准确,语句通顺 8～10 分;B:回答基本准确,语句较通顺 5～7 分;C:回答不是太准确,语句不通顺 1～4 分

活动任务序列(任务三)

任务三知识组块:

任务描述	通过价值形式的发展变化,说明货币产生的过程
任务时长	10 分钟
学习地点	课上

教学方法(学习方法)	☑讲授　☑小组讨论　☑答疑　□实验　□实训　□自主学习 □其他(请填写)_____

续表

师生交互 过程	教师:让学生通过商品物物交换的游戏,回答物物交换的困难,一步一步分析出货币的产生。同时,思考扩大的或总和的价值形式在交换中存在哪些困难? 一般价值形式存在什么问题? 它又解决了扩大的价值形式的哪些问题? 学生:通过游戏分析出扩大的价值形式的缺陷,一般价值形式的优点和缺陷,以及金银的优点等 教师:分析一般价值形式为什么有了质的飞跃,都有哪些东西充当过一般等价物,这些等价物存在哪些缺陷 学生:通过对一般价值形式的优点分析,了解到它对交换有哪些益处,据此回答为什么是质的飞跃。通过查阅资料回答哪些物品曾充当过一般等价物,根据这些等价物在交换过程中的情况回答其缺陷 教师陈述:"通过上述分析,我们了解了货币的产生并不神秘,而是商品交换发展的产物。"
学习资源	(1) 慕课:江西财经大学——马克思主义政治经济学——价值形式 (2) 教材:《政治经济学》,马工程系列教材,高等教育出版社,pp.53-58 教具:课件——货币理论思考题
学习成果及 评价标准	(1) 课堂讨论:每种价值形式的优缺点 (2) 评价标准:根据讨论情况划分为 A、B、C 三个等级,A:回答准确,语句通顺 8～10 分;B:回答基本准确,语句较通顺 5～7 分;C:回答不是太准确,语句不通顺 1～4 分

活动任务序列(任务四)

任务四知识组块:		任务描述	通过货币的产生,理解货币的本质
货币价值形式 —包含→ 货币的本质 —支持→ 固定充当一般等价物的特殊商品 —支持→ 货币天然是金银金银天然不是货币 货币的本质 —包含→ 纸币的产生		任务时长	5 分钟
		学习地点	课上

教学方法 (学习方法)	☑讲授　☑小组讨论　☑答疑　□实验　□实训　□自主学习 □其他(请填写)_____
师生交互 过程	教师:总结货币的产生过程,分析货币的本质 学生:通过价值形式的发展变化分析货币的产生,掌握货币的本质 教师:讨论分析经济现象"劣币逐良币",分析纸币的产生原因,让学生讨论为什么会出现劣币逐良币的现象 学生:讨论并回答劣币如何逐良币 教师:通过图片分析人民币的变化过程,让学生分析人民币的情况以及人民币的职能(纸币的职能) 学生:根据人民币的变化,了解人民币 教师陈述:"通过货币的产生,我们明确了货币的本质;通过'劣币逐良币'现象的分析,我们清楚了纸币为什么能够代替贵金属货币在市场中流通。"
学习资源	(1) 慕课:江西财经大学——马克思主义政治经济学——价值形式 (2) 教材:《政治经济学》,马工程系列教材,高等教育出版社,pp.53-58 (3) 教具:课件——货币理论思考题

学习成果及评价标准	学习成果:课堂讨论-金银天然不是货币,但货币天然是金银 评价标准:根据讨论情况划分为 A、B、C 三个等级,A:回答准确,语句通顺 8～10 分; B:回答基本准确,语句较通顺 5～7 分;C:回答不是太准确,语句不通顺 1～4 分

活动任务序列(任务五)

任务五知识组块:		任务描述	通过观看视频分析货币的产生过程及货币的职能
		任务时长	70 分钟
		学习地点	课下

教学方法 (学习方法)	□讲授　□小组讨论　□答疑　□实验　□实训　☑自主学习 □其他(请填写)＿＿＿＿＿
师生交互过程	教师:布置任务上传学习中心 学生:领取任务
学习资源	视频:央视纪录片-货币、神奇的货币
学习成果及评价标准	学习成果:课堂作业 评价标准:根据回答情况给分。回答准确,语句通顺 8～10 分;回答基本准确,语句较通顺 5～7 分;回答不是太准确,语句不通顺 1～4 分

活动 2 知识建模图(课上＋课下):

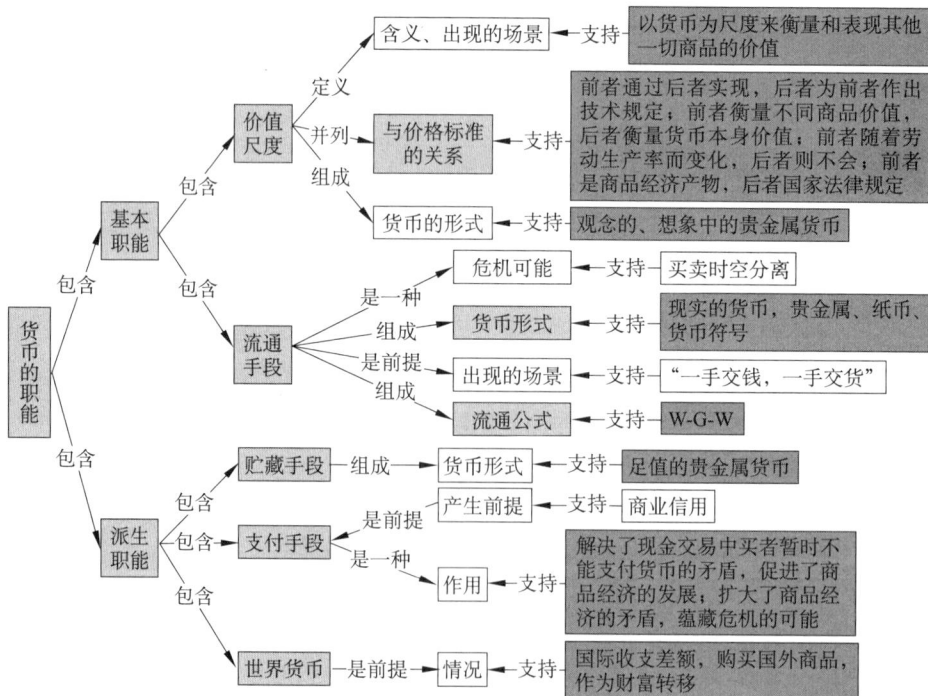

续表

活动目标	价值尺度的含义(理解),流通手段的使用场景(理解、运用),派生职能(理解、运用)

活动任务序列(任务一)

任务一知识组块: 见活动 2 知识建模图	任务描述	观看教学视频,参考教材内容,思考并回答预习思考题
	任务时长	50 分钟
	学习地点	课下

教学方法 (学习方法)	□讲授　□小组讨论　□答疑　□实验　□实训　☑自主学习 □其他(请填写)_____

师生交互 过程	教师:在智慧黄科学习中心发布学习视频,设置完成时间,提醒学生在规定的时间内完成,并在下次上课时反馈观看情况 (1)结合预习思考题,学习智慧黄科视频(货币的本质和职能),15 分钟 (2)预习马工程教材《政治经济学》,高等教育出版社,pp.70-75,并思考预习思考题,35 分钟 学生:按照要求观看视频,并回答预习思考题

学习资源	(1)慕课:江西财经大学——马克思主义政治经济学——货币的本质和职能 (2)教材:《政治经济学》,马工程系列教材,高等教育出版社,pp.58-62 (3)课件:货币理论,货币理论预习思考题

学习成果及 评价标准	学习成果:视频(自然经济和商品经济)观看情况 评价标准:根据智慧黄科后台数据,完成 10 分,未完成 0 分

活动任务序列(任务二)

任务二知识组块:		任务描述	分析价值尺度与价格标准的关系,明确什么形式的货币在什么时候可以充当价值尺度
		任务时长	10 分钟
		学习地点	课上

教学方法 (学习方法)	☑讲授　☑小组讨论　☑答疑　□实验　□实训　□自主学习 □其他(请填写)_____

续表

师生交互过程	教师:播放歌曲《钱》,根据社会实际情况,让学生讨论分析如何正确地看待金钱,怎样树立正确的金钱观 学生:听歌,并回答自己如何看待金钱 教师:让学生想象自己进入超市或者打开购物网站第一眼看到的东西,商品上标明的金额说明了什么,回答价格和价值的关系 学生:想象自己进入超市,或者打开购物网站的场景,并回答问题 教师:让学生思考人民币的单位及其等分是什么,并讨论分析价值尺度和价格标准的关系 学生:根据常识回答人民币的单位及等分是什么,讨论回答价值尺度和价格标准的关系 教师陈述:"通过上述分析,同学们要树立正确的金钱观,了解货币的价值尺度职能并且明确价值尺度和价格标准的区别。"
学习资源	(1)慕课:江西财经大学——马克思主义政治经济学——货币的本质和职能 (2)教材:《政治经济学》,高等教育出版社,pp.58-62 (2)课件:货币理论,货币理论预习思考题
学习成果及评价标准	学习成果:课堂讨论-分析价格标准与价值尺度的区别 评价标准:根据讨论情况划分为A、B、C三个等级,A:回答准确,语句通顺8~10分;B:回答基本准确,语句较通顺5~7分;C:回答不是太准确,语句不通顺1~4分

活动任务序列(任务三)

任务三知识组块:		
	任务描述	分析货币什么时候开始承担流通手段的职能,并分析流通手段职能出现后,为什么产生了商业危机的可能
	任务时长	5分钟
	学习地点	课上
教学方法 (学习方法)	☑讲授 ☑小组讨论 ☑答疑 □实验 □实训 □自主学习 □其他(请填写)_____	
师生交互过程	教师:让学生通过回忆购物场景或者举行小型买卖活动,明确货币的职能,了解承担职能的是什么货币 学生:通过活动,回答货币的职能和承担职能的是什么货币 教师:让学生思考货币承担一般等价物职能后商品的流通情况,分析为什么可能出现危机 学生:根据商品流通公式和买卖时空分离的概念来进行分析 教师陈述:"通过上述分析,我们了解了货币承担流通手段职能以后的利与弊。"	
学习资源	(1)慕课:江西财经大学——马克思主义政治经济学——货币的本质和职能 (2)教材:《政治经济学》,马工程系列教材,高等教育出版社,pp.58-62 (3)课件:货币理论,货币理论预习思考题	

续表

学习成果及 评价标准	学习成果:课堂测试题 评价标准:根据测试题答案给分

活动任务序列(任务四)

任务四知识组块:		
	任务描述	分析货币的派生职能分别有哪些,以及在什么情况下承担这样的职能
	任务时长	5 分钟
	学习地点	课上

教学方法 (学习方法)	☑讲授　☑小组讨论　☑答疑　□实验　□实训　□自主学习 □其他(请填写)_____

师生交互 过程	教师:讲述贮藏手段的职能,让学生分析把纸币藏起来是否起到贮藏的职能 学生:根据纸币的产生情况分析其不具有贮藏手段的职能 教师:讲述货币在什么情况下承担支付手段的职能,让学生根据美国 2007 年次贷危机的爆发分析支付手段职能的产生为什么加大了危机的可能 学生:根据查阅的美国次贷危机的情况,回答问题 教师:让学生分析在中国对国外的经济援助、购买国外的商品等场景中,都是什么样的货币在承担职能 学生:根据场景分析出什么样的货币能允当世界货币 教师总结:"纸币在市场中流通过多容易引起通货膨胀,不具有贮藏手段的职能。对于支付手段,我们应该明确钱物价值不同时,容易产生债务链;而一般情况下只有贵金属才是世界货币,但随着世界经济的发展,一些国家的纸币在一定程度上也能充当世界货币的某些职能。"

学习资源	(1) 慕课:江西财经大学——马克思主义政治经济学——货币的本质和职能 (2) 教材:《政治经济学》,马工程系列教材,高等教育出版社,pp. 58-62 (3) 课件:货币理论,货币理论预习思考题

学习成果及 评价标准	学习成果:论述题——分析货币产生的过程,说明货币的职能并说说如何树立正确的金钱观 评价标准:根据论述情况给分。回答准确,语句通顺 8～10 分;回答基本准确,语句较通顺 5～7 分;回答不是太准确,语句不通顺 1～4 分

活动任务序列(任务五)

任务五知识组块： 	任务描述	查询并分析美国次贷危机爆发的原因
	任务时长	50分钟
	学习地点	课下

教学方法 (学习方法)	□讲授 □小组讨论 □答疑 □实验 □实训 ☑自主学习 □其他(请填写)_____
师生交互 过程	教师:在智慧黄科学习中心发布学习任务和查询任务,提醒学生在规定的时间内完成,并在下次上课时反馈观看情况 (1)观看视频(美国次贷危机),15分钟 (2)查询美国次贷危机爆发的整个过程 (3)根据视频及查询内容分析讨论题 学生:按照要求观看视频,并回答预习思考题
学习资源	视频:美国次贷危机
学习成果及 评价标准	学习成果:课堂讨论题——货币充当支付手段时,为什么加大了商业危机的可能 评价标准:根据讨论情况划分为A、B、C三个等级,A:回答准确,语句通顺8～10分; B:回答基本准确,语句较通顺5～7分;C:回答不是太准确,语句不通顺1～4分

活动3 知识建模图(课上＋课下):

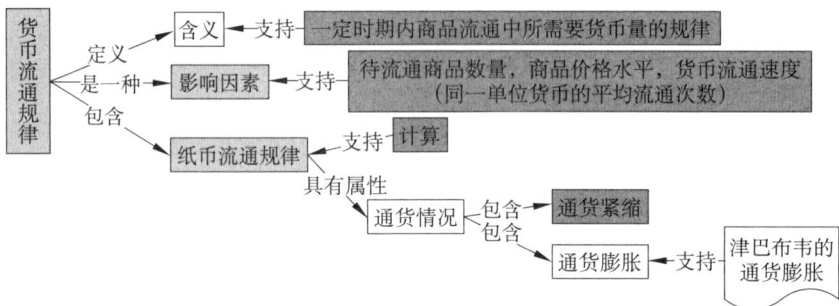

活动目标	货币流通规律的含义(理解),货币流通的影响因素(理解),商品流通中需要的货币量(运用)

活动任务序列(任务一)

任务一知识组块： 	任务描述	通过经济情况分析市场中货币流通量的影响因素
	任务时长	20分钟
	学习地点	课上

教学方法 (学习方法)	☑讲授　☑小组讨论　☑答疑　□实验　□实训　□自主学习 □其他(请填写)_____
师生交互 过程	教师:分析货币流通规律的含义,让学生讨论影响货币流通量的因素 学生:讨论分析市场中有哪些因素影响货币的流通量,并分析是如何影响的
学习资源	(1) 慕课:江西财经大学——马克思主义政治经济学——货币流通规律 (2) 教材:《政治经济学》,马工程系列教材,高等教育出版社,pp.65-69 (3) 课件:货币理论,货币理论预习思考题
学习成果及 评价标准	学习成果:课堂测试题 评价标准:根据测试题答案进行评分

活动任务序列(任务二)

任务二知识组块: 		任务描述	分析通货膨胀的现象、类型及危害
		任务时长	15 分钟
		学习地点	课上

教学方法 (学习方法)	☑讲授　☑小组讨论　☑答疑　□实验　□实训　□自主学习 □其他(请填写)_____
师生交互 过程	教师:讲述通货膨胀的含义和类型 学生:重点理解通货膨胀的含义 教师:通过课下查询的通货膨胀的案例,让学生分析通货膨胀带来的影响 学生:讨论分析通货膨胀带来的影响 教师总结:"通货膨胀的产生有不同的原因,但在我们政治经济学中,主要是从纸币的发行量和实际生活中需要的金属货币量来对比分析的。不同阶段的通货膨胀有不同的影响,虽然也有积极的影响,但更重要的还是负面影响,所以国家要采取一定的经济政策进行调整。而通货紧缩是与通货膨胀不同的经济现象,大家可以自行学习并对其进行分析。"
学习资源	(1) 慕课:江西财经大学——马克思主义政治经济学——货币流通规律 (2) 教材:《政治经济学》,马工程系列教材,高等教育出版社,pp.65-69 (3) 课件:货币理论,货币理论预习思考题
学习成果及 评价标准	学习成果:课堂讨论-通货膨胀的表现 评价标准:根据讨论情况划分为 A、B、C 三个等级,A:回答准确,语句通顺 8～10 分; B:回答基本准确,语句较通顺 5～7 分;C:回答不是太准确,语句不通顺 1～4 分

活动任务序列(任务三)

任务三知识组块: 	任务描述	通过货币流通规律计算市场中需要的货币量
	任务时长	15 分钟
	学习地点	课上

教学方法 (学习方法)	☑讲授　□小组讨论　☑答疑　□实验　□实训　□自主学习 □其他(请填写)_____
师生交互 过程	教师:给出货币需要量、通货膨胀率、纸币贬值率的计算公式,并附上相关习题让学生完成 学生:根据公式及所学内容完成习题并分析
学习资源	(1) 慕课:江西财经大学——马克思主义政治经济学——货币流通规律 (2) 教材:《政治经济学》,马工程系列教材,高等教育出版社,pp.65-69 (3) 课件:货币理论,货币理论预习思考题
学习成果及 评价标准	学习成果:计算题 评价标准:根据计算题答案进行评分。公式正确,数据代入正确,结果正确给10分; 公式正确,数据代入正确,结果错误给8分;公式正确,数据代入错误,结果错误给 2分;都不正确给0分

活动任务序列(任务四)

任务描述	查询国内外通货膨胀和通货紧缩的案例并分析原因
任务时长	100分钟
学习地点	课下

教学方法 (学习方法)	□讲授　□小组讨论　□答疑　□实验　□实训　☑自主学习 □其他(请填写)_____
师生交互 过程	教师:布置任务上传至学习中心 学生:下载任务并完成任务
学习资源	(1) 央视纪录片:货币贬值之谜 (2) 视频:世界金融史——德国超级通货膨胀 (3) 案例:津巴布韦的通货膨胀
学习成果及 评价标准	学习成果:分析案例 评价标准:根据分析情况划分为A、B、C三个等级,A:回答准确,语句通顺8~10分; B:回答基本准确,语句较通顺5~7分;C:回答不是太准确,语句不通顺1~4分

3. 实施过程

本课程拟采用"线上＋线下"的混合教学模式。课堂上采用"理论＋讨论"的教学方法,课下利用慕课、教师录制的视频、习题库、案例库等进行自主学习,结合线下面授、答疑、讲解、案例分析等活动进行深层次的进阶学习。具体体现为以下四点。

(1) 课前准备。教师通过教学平台提前发布教学任务清单和教学内容,向学生下达复习、预习、学习、练习以及实践等学习任务,并结合教学实际推送学习资源。学生结合教师发布的教学任务清单和建立的教学资源库,按要求完成复习、预习、自习、练习以及实践等学习任务,形成知识思维导图、预习笔记等,并以照片或文档等形式上传至教学平台,形成预习反馈。

(2)课中实施。教师应结合教学安排,立足当前的社会经济发展实际,通过直观的案例进行课前导入,以问题为指引,引导学生开展主题讨论、辩论等课堂教学;针对教学任务中的重点、难点,以及学生的疑惑点,结合现实进行精讲;全程鼓励学生利用政治经济学理论、知识与方法,针对社会经济发展中的一些实际问题,开展课堂深度讨论;引导学生开展课堂秀、知识分享、情景模拟、学习心得汇报等;对学生课堂内外的作业、课堂讨论、课堂秀、知识分享、情景模拟、学习心得等进行及时评价,并开展教学反思。学生应主动向教师反馈复习、预习、学习、练习以及实践中遇到的问题与困惑,认真听取并理解教师对教学重点、难点以及学生反馈问题与困惑的解答;根据教学安排,认真开展师生、生生间的互动与讨论;及时完成课堂练习作业,展示学习成果;做好教学反馈等。

(3)课后提升。教师在把握世情、国情、省情的基础上,立足新技术、新经济、新商业的最新业态,面向行业、产业、企业的实际发展动态,引导学生将学习的理论与实践进行深度结合,让理论经受实践检验,让理论指导实践,提升政治经济学理论与实践之间的黏性,如引导、指导学生组队开展学术研究、社会实践,组队参加学科竞赛、"互联网+"大学生创新创业大赛、"挑战杯"全国大学生系列科技学术竞赛、大学生创新创业训练计划项目等,促进理论与实践相结合,学习与应用相结合;学生则需要在教师的引导、指导下,应用政治经济学学科知识、理论及方法,开展各类科研、竞赛、实践等活动。

(4)课终评价。教师依托教学管理系统,将课堂作业、课堂练习、课后作业、阶段性测验、期末测验、平时出勤、课堂互动、社会实践等全部纳入考核体系,实现课前、课中、课后全过程,课上、课下全方位,教师评、学生互评多主体参与,线下、线上相结合,考核记录数字化的综合性评价体系,提升考核的多样性、科学性、公正性;学生则需要根据考核结果,及时吸取经验,整改不足。

4. 教学评价

政治经济学课程的教学评价标准如表 4-8 所示。

表 4-8　政治经济学课程评价标准

成绩构成	学习状态	考核内容	考 核 标 准
平时成绩 (60%)	态度 (5%)	课堂出勤 (0)	上课全勤且认真听课,学习态度良好,计 90~100 分;病假不扣分;事假(≥3 次)视为旷课 1 次,每次扣 10 分;迟到或早退每次扣 5 分;无故旷课 3 次以上(含 3 次),或迟到、早退累计扣分达 80 分及以上,取消期末考试资格

续表

成绩构成	学习状态	考核内容	考核标准
平时成绩 （60%）	投入性 （35%）	态度 （5%） 线上自学 （5%）	课前或课后，由学生自主完成（预习或复习）教师在教学管理系统中上传的教学资源；教师根据学生学习的时长、提交的学习心得等评价成绩
		课题汇报 （个人或小组） （10%）	课前或课后，学生结合当次课或上次课所授知识，结合实际分享自己的学习、思考心得；或建立学习小组，针对某个知识点、专题进行学习，课上汇报学习心得。成绩由教师协同他组学生根据参考答案或评分标准评阅而得
		线上讨论 （5%）	学生参与课上教师发布的主题讨论。教师根据学生发表讨论数量、回复讨论数量、回复话题个数、获赞数，以及讨论发帖的质量综合评定成绩
		课堂互动 （5%）	成绩由教师根据学生的参与频次，以及问题回答质量综合评定
		知识整合 （5%）	学生从宏观视角，系统性地绘制所学理论的知识体系、逻辑框架图，成绩由教师根据内容评阅而得
		知识运用 （10%）	教师结合现实需求，依据所授知识出题或划定范围，由学生自拟题目和设计方案，开展经典阅读、科学研究、社会调查，并提交阅读报告、论文或调查报告等。成绩由教师根据参考答案或评分标准评阅而得
	产出结果 （20%）	随堂练习 （10%）	借助翻转校园，根据课上讲授的知识点，开展随堂练习。最终成绩取学生个人所有作业成绩的平均值
		阶段测试 （10%）	课程每一部分结束时，借助问卷星进行阶段性测试，共3次。最终成绩取3次成绩的平均值
期末成绩 （40%）	—	期末考试 （40%）	按学校的有关规定，期末考试以闭卷形式在线下进行，成绩由教师根据参考答案或评分标准评阅而得

4.3.2 微观经济学

1. 课程简介

微观经济学是西方经济学的重要组成部分，是经济管理类本科专业的专业基础课程。课程目的是向学生介绍现代经济学的基本概念、基本框架和分析逻辑，培养学生对现实世界经济行为和经济现象的观察和分析能力。"微观经济学"课程把分析个体经济单位的经济行为作为基础，研究现代经济社会的市场机制运行规律及其在经济资源配置中的作用。价格理论是其核心理论，主要内容包括均衡价格理论、消费者行为理论、生产者行为理论、市场结构理论、要素市场理论、一般均衡理论、福利经济学以及微观经济政策等。通过本课程的学习，学生能在掌握经济学基本概念、基本原理、基本规律和分析方法的基础上,揭示企业、消费者行为和经济现象的内在规律,培养和提高其理论联系实际和解决实际问题的能力,并为经济管理类专业学生的后续课程打下扎实的基础。

2. 教学设计

微观经济学专业基础课教学设计如表 4-9 和表 4-10 所示。

表 4-9　微观经济学专业基础课教学设计 1

2024 年第 2 学期第 7 周

知识建模图:
见图 3-13 微观经济学知识建模图 1

	知识点(学习水平)			素质目标
学习目标	机会成本(记忆、理解、运用);显性成本(理解、运用);隐性成本(理解、运用);经济成本(理解、运用);会计成本(理解、运用);经济利润(理解、运用);会计利润(理解、运用);正常利润(记忆、理解、运用);总不变成本(理解、运用);总可变成本(理解、运用);总成本(理解、运用);平均不变成本(理解、运用);平均可变成本(理解、运用);平均成本(理解、运用);边际成本(理解、运用);MC 与 MP 的关系(理解、运用);AVC 与 AP 的关系(理解、运用)			无
学习先决知识技能	知识点(学习水平)			
	无			
课上资源	课件;文档;教材		课下资源	课件;文档;教材;教学视频
课上时间	140 分钟		课下时间	170 分钟
活动序列	活动目标	时　间	学 习 资 源	学习地点
活动 1	机会成本(记忆、理解、运用);显性成本(理解、运用);隐性成本(理解、运用);经济成本(理解、运用);会计成本(理解、运用);经济利润(理解、运用);会计利润(理解、运用);正常利润(记忆、理解、运用)	课下 60 分钟	(1) 课件:3-2 成本理论 (2) 文档:第 3 章知识点练习整理;第 3 章自学问题清单 (3) 教材:《西方经济学(上册)》,马工程系列教材,高等教育出版社,pp. 169-171 (4) 教学视频:3-7 成本的概念	课下
		课上 40 分钟	(1) 课件:3-2 成本理论 (2) 文档:第 3 章知识点练习整理 (3) 教材:《西方经济学(上册)》,pp. 169-171	课上

续表

活动序列	活动目标	时　间	学习资源	学习地点
活动2	总不变成本(理解、运用);总可变成本(理解、运用);总成本(理解、运用);平均不变成本(理解、运用);平均可变成本(理解、运用);平均成本(理解、运用);边际成本(理解、运用)	课下80分钟	(1) 课件:3-2成本理论 (2) 文档:第3章知识点练习整理;第3章自学问题清单 (3) 教材:《西方经济学(上册)》,马工程系列教材,高等教育出版社,pp. 171-175 (4) 教学视频:3-8短期成本曲线	课下
		课上85分钟	(1) 课件:3-2成本理论 (2) 文档:第3章知识点练习整理 (3) 教材:《西方经济学(上册)》,马工程系列教材,高等教育出版社,pp. 171-175	课上
活动3	MC与MP的关系(理解、运用);AVC与AP的关系(理解、运用)	课下30分钟	(1) 课件:3-2成本理论 (2) 文档:第3章知识点练习整理;第3章自学问题清单 (3) 教材:《西方经济学(上册)》,马工程系列教材,高等教育出版社,pp. 175-178	课下
		课上15分钟	(1) 课件:3-2成本理论 (2) 文档:第3章知识点练习整理 (3) 教材:《西方经济学(上册)》,马工程系列教材,高等教育出版社,pp. 175-178	课上

活动1知识建模图(课下):

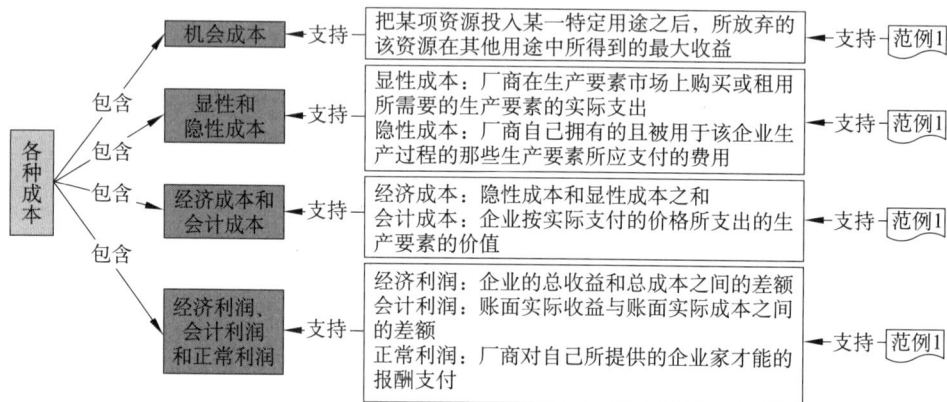

活动目标	机会成本(记忆、理解、运用);显成本(理解、运用);隐成本(理解、运用);经济成本(理解、运用);会计成本(理解、运用);经济利润(理解、运用);会计利润(理解、运用);正常利润(记忆、理解、运用)
活动任务序列(导入任务描述):通过自学初步掌握各种成本的概念	

师生交互过程	无

活动任务序列(任务一)

任务一知识组块: 见活动 1 知识建模图	任务描述	采用观看视频、学习教材中相应内容、撰写预习笔记、完成练习题的教学策略与方法,使学生达到能够记忆、理解与掌握显性成本和隐性成本、经济成本和会计成本、经济利润和会计利润、机会成本和正常利润的学习结果
	任务时长	60 分钟
	学习地点	课下

教学方法 (学习方法)	□讲授　□小组讨论　□答疑　□实验　□实训　☑自主学习　□翻转课堂 ☑其他(请填写)练习法、笔记法
师生交互过程	教师:发布教学视频(3-7 成本的概念),下发对应的课前自学清单以及知识点练习整理,并提出以下要求。 (1) 在规定时间内完成教学视频的观看 (2) 对照课前自学清单,结合教学视频和教材,回答自学清单中提出的问题并以预习笔记形式拍照后上传到学习中心的讨论区 (3) 完成知识点练习整理中对应的习题 学生:按照教师要求完成上述内容
学习资源	(1) 课件:3-2 成本理论 (2) 文档:第 3 章知识点练习整理;第 3 章自学问题清单 (3) 教材:《西方经济学(上册)》,马工程系列教材,高等教育出版社,pp.169-171 (4) 教学视频:3-7 成本的概念
学习成果及评价标准	学习成果 1:教学视频学习情况 评分标准:在平时成绩中占 15 分,每次课及时完成得 1 分,未完成 0 分 学习成果 2:预习笔记 评分标准:在平时成绩中占 15 分,每次课评为优秀得 1 分,其他得 0.6 分,未完成 0 分 学习成果 3:知识点练习整理 评分标准:在平时成绩中占 15 分,得分率 90% 以上每次得 2 分,得分率在 80%~90%(不含 90%)得 1.5 分,其他得 1 分,未完成 0 分

活动 1 知识建模图(课上):

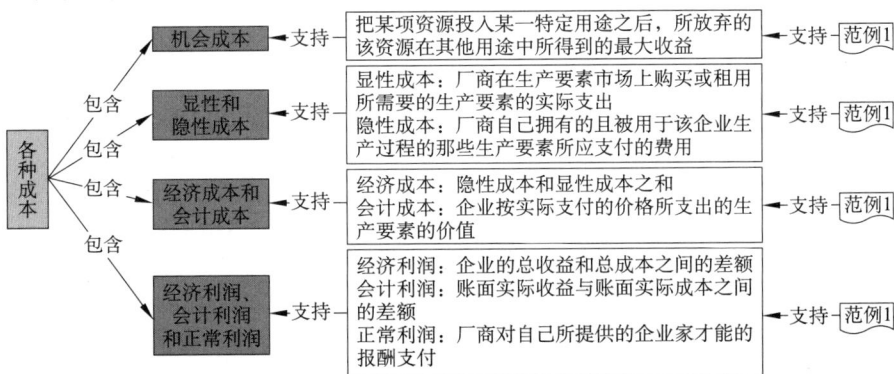

续表

活动目标	机会成本(记忆、理解、运用);显性成本(理解、运用);隐性成本(理解、运用);经济成本(理解、运用);会计成本(理解、运用);经济利润(理解、运用);会计利润(理解、运用);正常利润(记忆、理解、运用)

活动任务序列(导入任务描述):通过提问引出本章的学习内容——成本

师生交互过程	教师设疑提问:"厂商最关注的问题什么?" 学生思考并回答:"是否挣钱。" 教师继续设疑并提问:"既然考虑的是挣钱,那么哪些因素会影响其利润?" 学生思考并回答:"成本。" 教师总结:"没错,是成本。我们在上一章关注了投入量和产出量之间的关系,那么本章我们就围绕成本展开学习。实际上,这两者之间有着密切的联系,在学习中我们将体会到这一点。"

活动任务序列(任务一)

任务一知识组块:		
	任务描述	采用讲授、提问、案例分析的教学策略与方法,使学生达到能够理解和掌握机会成本、显性成本和隐性成本、经济成本和会计成本的学习结果
	任务时长	20分钟
	学习地点	课上

教学方法(学习方法)	☑讲授　□小组讨论　□答疑　□实验　□实训　□自主学习　□翻转课堂 ☑案例分析　☑其他(请填写)提问

师生交互过程	教师提问:"什么是机会成本?"(在学生集体回答之后,教师对个别学生进行提问,学生给出答案并说明如何计算。参考答案:把某项资源投入某一特定用途之后,所放弃的该资源在其他用途中所得到的最大收益。) 教师提问:"什么是会计成本?"(在学生集体回答之后,教师对个别学生进行提问,并做好记录。) 学生回答:"企业按实际支付的价格所支出的生产要素的价值。" 教师给出案例:小A的蛋糕店。小A原来在某政府部门上班,月工资5000元。因为厌倦了朝九晚五的上班生活,于是决定辞职自己开一家蛋糕店。在经过一番考察后,小A终于在市区繁华地段租到了一间10平方米的店铺,租金为每年5万元,还花了5000元对店铺进行了精美的装修。除此之外,小A买烤箱、打蛋机等工具和材料一共花了8万元,雇用了1名糕点师傅,月工资是4000元。 教师提问:"小A开蛋糕店的总成本是多少?"(在学生集体回答后,进行个别提问,学生给出答案并说明如何计算。参考答案18.3万元) 教师继续设疑:"这个成本是会计成本吗?"

续表

师生交互过程	学生思考后回答:"是的。" 教师提问:"什么是隐性成本? 案例中的隐性成本是多少?"(在学生集体回答后,进行个别提问,学生给出答案并说明原因。参考答案:厂商自己拥有的且被用于该企业生产过程的那些生产要素所应支付的费用,隐性成本是 6 万元。) 教师提问:"什么是显性成本? 案例中的显性成本是多少?"(在学生集体回答后,进行个别提问,学生给出答案并说明原因。参考答案:厂商在生产要素市场上购买或租用所需要的生产要素的实际支出,显性成本是 18.3 万元。) 教师设疑:"为什么显性成本和会计成本一样?" 学生思考后回答:"因为两者计算的都是实际的支出。" 教师提问:"案例中的经济成本是多少? 经济成本和会计成本有何区别?"(单人提问) 学生回答:"24.3 万元。经济成本包含显性成本和隐性成本,会计成本只包含显性成本。"
学习资源	(1) 课件:3-2 成本理论 (2) 文档:第 3 章知识点练习整理 (3) 教材:《西方经济学(上册)》,马工程系列教材,高等教育出版社,pp. 169-171
学习成果及评价标准	学习成果:学生回答问题的表现 评价标准:在平时成绩中占 5 分。根据回答问题的准确性和逻辑性,划分为 A、B、C 三个等级。A 级得 2 分,B 级得 1 分,C 级不得分

活动任务序列(任务二)

任务二知识组块: 		任务描述	采用讲授、提问、案例分析、归纳的教学策略与方法,使学生达到能够记忆、理解和掌握经济利润、会计利润和正常利润的学习结果
		任务时长	10 分钟
		学习地点	课上
教学方法 (学习方法)	☑讲授　□小组讨论　□答疑　□实验　□实训　□自主学习　□翻转课堂 ☑案例分析　☑其他(请填写)提问和归纳		
师生交互过程	教师提问:"什么是经济利润? 什么是会计利润?"(单人提问) 学生回答:"经济利润是企业的总收益和总成本之间的差额,而会计利润则是账面实际收益与账面实际成本之间的差额。" 教师提问:"这两个利润,哪一个更大? 为什么?"(单人提问) 学生回答:"会计利润大,因为会计利润减的成本少。" 教师进行总结:"经济利润＝总收益－经济成本＝总收益－显性成本－隐性成本;会计利润＝总收益－显性成本。可见,经济利润要比会计利润低,它可以为正数、负数或零。"		

师生交互过程	教师提问:"通过一年的经营,小 A 的年销售收入为 20 万元,小 A 的经济利润是多少? 会计利润是多少?"(单人提问) 学生思考并回答 教师提问:"什么是正常利润?"(单人提问) 学生回答:"厂商对自己所提供的企业家才能的报酬支付。" 教师提问:"案例中的正常利润是多少?"(单人提问) 学生思考并回答:"5 万元。" 教师提问:"正常利润是利润吗? 为什么?"(集体提问) 学生集体回答:"正常利润不是利润,是隐性成本的一个组成部分。" 教师设疑:"当厂商的经济利润为零时,厂商得到了全部的正常利润吗?" 学生回答,或者不理解 教师进行讲授说明:"由于厂商的经济利润等于总收益减去总成本,所以,当厂商的经济利润为零时,厂商仍然得到了全部的正常利润。"
学习资源	(1) 课件:3-2 成本理论 (2) 文档:第 3 章知识点练习整理 (3) 教材:《西方经济学(上册)》,马工程系列教材,高等教育出版社,p. 171
学习成果及评价标准	学习成果:学生回答问题的表现 评价标准:在平时成绩中占 5 分。根据回答问题的准确性和逻辑性,划分为 A、B、C 三个等级。A 级得 2 分,B 级得 1 分,C 级不得分

活动任务序列(任务三)

任务三知识组块: 见活动 1 知识建模图		
	任务描述	采用线上测试和线下测试的教学策略与方法,使学生达到能够记忆、理解与掌握显性成本和隐性成本、经济成本和会计成本、经济利润和会计利润、机会成本和正常利润的学习结果
	任务时长	10 分钟
	学习地点	课上
教学方法 (学习方法)	□讲授　□小组讨论　☑答疑　□实验　□实训　□自主学习　□翻转课堂 ☑其他(请填写)线上和线下测试	
师生交互过程	教师:发布本知识点的线上测试题(5 分钟,也可根据学生完成情况提前结束) 学生:完成线上测试 教师:根据每道题的得分情况选择性进行答疑 教师:让学生完成成本理论知识点梳理中的练习题 学生:完成测试 教师提问(单人)并进行解答	
学习资源	教材:《西方经济学(上册)》,马工程系列教材,高等教育出版社,pp. 169-171	
学习成果及评价标准	学习成果:线上测试 评价标准:在平时成绩中占 25 分,根据实际得分除以总分,再乘 25 来计算	

续表

活动 2 知识建模图（课下）：

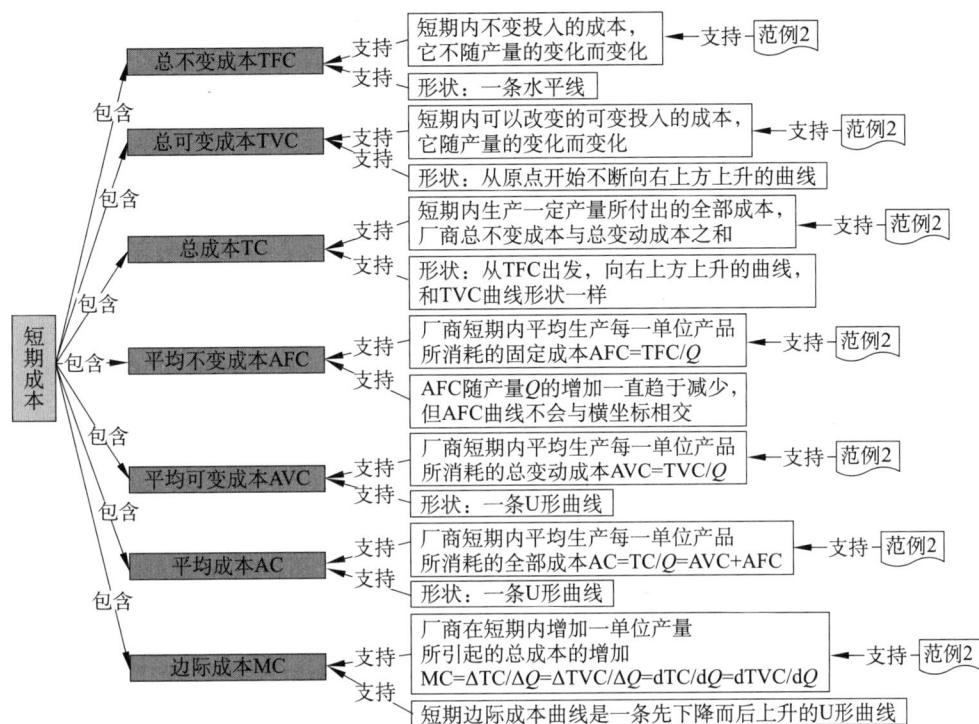

活动目标	总不变成本（理解、运用）；总可变成本（理解、运用）；总成本（理解、运用）平均不变成本（理解、运用）；平均可变成本（理解、运用）；平均成本（理解、运用）；边际成本（理解、运用）

活动任务序列（导入任务描述）：通过自学初步掌握短期成本中的各种成本

师生交互过程	无

活动任务序列（任务一）

任务一知识组块：见活动 2 知识建模图	任务描述	采用观看视频、学习教材中相应内容、记预习笔记、完成练习题的教学策略与方法，使学生达到能够初步理解和掌握短期的 7 条成本曲线的学习结果
	任务时长	80 分钟
	学习地点	课下

教学方法（学习方法）	□讲授　□小组讨论　□答疑　□实验　□实训　☑自主学习　□翻转课堂 ☑其他（请填写）练习法，笔记法

续表

师生交互过程	教师：发布教学视频 4-8 短期成本曲线，并提出以下要求。 (1) 在规定时间内完成教学视频的观看 (2) 对照课前自学问题清单，完成预习笔记并上传到学习中心 (3) 完成知识点练习整理中对应的习题 学生：按照教师要求完成上述内容
学习资源	(1) 课件：3-2 成本理论 (2) 文档：第 3 章知识点练习整理；第 3 章自学问题清单 (3) 教材：《西方经济学(上册)》，马工程系列教材，高等教育出版社，pp.171-175 (4) 教学视频：4-8 短期成本曲线
学习成果及评价标准	学习成果 1：教学视频学习情况 评分标准：在平时成绩中占 15 分，每次课及时完成得 1 分，未完成 0 分 学习成果 2：预习笔记 评分标准：在平时成绩中占 15 分，每次课评为优秀得 1 分，其他得 0.6 分，未完成 0 分 学习成果 3：知识点练习整理 评分标准：在平时成绩中占 15 分，得分率 90% 以上每次得 2 分，得分率在 80%～90%(不含 90%)得 1.5 分，其他得 1 分，未完成 0 分

活动 2 知识建模图(课上)：
见活动 2 知识建模图(课下)

活动目标	总不变成本(理解、运用)；总可变成本(理解、运用)；总成本(理解、运用)；平均不变成本(理解、运用)；平均可变成本(理解、运用)；平均成本(理解、运用)；边际成本(理解、运用)

活动任务序列(导入任务描述)：通过对长短期划分标准的回忆引出短期成本

师生交互过程	教师提问："哪位同学还记得长期和短期的划分标准？" 学生主动回答："按照是否有要素不变来划分。" 教师继续提问："为什么要区分长短期呢？" 学生可能回答不出来 教师解释："这是因为长期和短期企业能做出的选择是不同的，同样，成本也分为短期成本和长期成本，今天我们要学习的就是短期成本。"

活动任务序列(任务一)

任务一知识组块： 见活动 2 知识建模图	任务描述	采用讲授、提问、习题演示、答疑的教学策略与方法，使学生达到能够理解和掌握短期的 7 个成本的概念和形状的学习结果
	任务时长	25 分钟
	学习地点	课上

教学方法 (学习方法)	☑讲授 □小组讨论 ☑答疑 □实验 □实训 □自主学习 □翻转课堂 ☑其他(请填写)<u>提问、习题演示</u>

师生交互过程	教师提问："短期中有几个成本？分别是什么？"（单人提问） 学生回答："7 个，分别是总不变成本、总可变成本、总成本、平均不变成本、平均可变成本、平均成本、边际成本。" 教师提问："谁能准确地说出它们各自的英文缩写？"（集体回答或单人回答） 学生回答："总不变成本 TFC、总可变成本 TVC、总成本 TC、平均不变成本 AFC、平均可变成本 AVC、平均成本 AC、边际成本 MC。" 教师设疑："若是将上述 7 个成本分为三组的话，大家认为应该如何分呢？" 学生可能回答："三个总量，三个平均量，一个边际量。" 教师提问："总不变成本 TFC、总可变成本 TVC、总成本 TC 有何关系？" 学生可能回答："TFC＋TVC＝TC。" 教师提问："平均不变成本 AFC、平均可变成本 AVC、平均成本 AC 有何关系？" 学生可能回答："AFC＋AVC＝AC。" 教师给出一个表格，通过提问的方式让学生完成填空 教师："假定某企业的短期成本函数为 $TC=Q^3-10Q^2+17Q+66$，请同学们分别写出函数 TVC、TFC、AC、AVC、AFC、MC。" 学生拿出练习本进行练习，教师一边巡视一边查看学生的完成情况，待学生基本完成之后，进行提问和讲解 教师继续布置练习："结合上题，画出 7 条成本曲线。" 学生拿出练习本继续画图，教师一边巡视一边查看学生的完成情况，待学生基本完成之后，进行提问和讲解（提问 7 条成本曲线都是什么形状）
学习资源	(1) 课件：3-2 成本理论 (2) 文档：第 3 章知识点练习整理 (3) 教材：《西方经济学（上册）》，马工程系列教材，高等教育出版社，pp. 171-175
学习成果及评价标准	学习成果：学生回答问题的表现 评价标准：在平时成绩中占 5 分。根据回答问题的准确性和逻辑性，划分为 A、B、C 三个等级。A 级得 2 分，B 级得 1 分，C 级不得分

活动任务序列（任务二）

任务二知识组块： 见活动 2 知识建模图	任务描述	采用测试、答疑和提问的教学策略与方法，使学生达到理解和掌握短期 7 个成本的概念和形状的学习结果
	任务时长	20 分钟
	学习地点	课上
教学方法（学习方法）	□讲授　□小组讨论　☑答疑　□实验　□实训　□自主学习　□翻转课堂 ☑其他（请填写）测试和提问	
师生交互过程	教师：发布本知识点的线上测试题（5 分钟，也可根据学生完成情况提前结束） 学生：完成线上测试 教师：根据每道题的得分情况选择性进行答疑 教师：让学生完成知识点梳理中的练习题 学生：完成练习题 教师：逐一提问并解答	

续表

学习资源	教材:《西方经济学(上册)》,马工程系列教材,高等教育出版社,pp.171-175
学习成果及评价标准	学习成果:线上测试 评价标准:在平时成绩中占 25 分,根据实际得分除以总分,再乘 25 来计算

活动任务序列(任务三)

任务三知识组块: 见活动 2 知识建模图	任务描述	采用讲授、提问的教学策略与方法,使学生达到能够理解和掌握 7 条成本曲线之间关系的学习结果
	任务时长	25 分钟
	学习地点	课上
教学方法 (学习方法)	☑讲授 □小组讨论 □答疑 □实验 □实训 □自主学习 □翻转课堂 ☑其他(请填写)提问	
师生交互过程	教师:"结合上题分析,TC 曲线与 TVC 曲线是什么关系?" 学生思考后回答:"TC 曲线与 TVC 曲线形状完全一样,TVC 曲线向上平移 TFC 个单位得到 TC 曲线。" 教师:"大家还记得 TP 曲线与 AP 曲线有什么关系吗?" 学生回忆并回答 教师继续提问:"用同样的思路,TC 与 AC、TFC 与 AFC、TVC 与 AVC 分别是什么关系呢?" 教师根据学生的回答情况画图分析并总结:"TC 曲线上任一点与原点连线的斜率就是 AC;TVC 曲线上任一点与原点连线的斜率就是 AVC;TFC 曲线上任一点与原点连线的斜率就是 AFC。" 教师:"我们继续回忆,TP 与 MP 是什么关系?" 学生回忆并回答 教师提问:"TC 与 MC、TVC 与 MC 分别是什么关系呢?"(单人提问) 学生回答:"TC 曲线、TVC 曲线上任一点的斜率就是 MC。" 教师:"继续回忆,AP 与 MP 是什么关系?" 学生回忆并回答 教师提问:"AC 与 MC、AVC 与 MC 分别是什么关系呢?"(单人提问) 学生回答:"SMC>SAC,SAC 上升;SMC=SAC,SAC 达到最小值;SMC<SAC,SAC 下降;SMC>AVC,AVC 上升;SMC=AVC,AVC 达到最小值;SMC<AVC,AVC 下降。" 教师:"最后一个问题,我们所画的 TC 和 TVC 曲线有拐点吗? 有的话,与 MC 有何关系?" 思考后,教师随机挑选学生回答:"TC 曲线、TVC 曲线的拐点对应于 MC 曲线的最低点。"
学习资源	教材:《西方经济学(上册)》,马工程系列教材,高等教育出版社,pp.171-175
学习成果及评价标准	学习成果:学生回答问题的表现 评价标准:在平时成绩中占 5 分。根据回答问题的准确性和逻辑性,划分为 A、B、C 三个等级。A 级得 2 分,B 级得 1 分,C 级不得分

活动任务序列(任务四)

任务四知识组块: 见活动 2 知识建模图	任务描述	采用测试提问和答疑的教学策略与方法,使学生达到能够理解和掌握 7 条成本曲线之间关系的学习结果
	任务时长	15 分钟
	学习地点	课上

教学方法 (学习方法)	□讲授　□小组讨论　☑答疑　□实验　□实训　□自主学习　□翻转课堂 ☑其他(请填写)测试和提问
师生交互 过程	教师:发布线上测试题(5 分钟,也可根据学生完成情况提前结束) 学生:完成线上测试 教师:根据每道题的得分情况选择性进行答疑 教师:让学生完成知识点梳理中的练习题 学生:完成练习题 教师:逐一提问并解答
学习资源	教材:《西方经济学(上册)》,pp. 171-175
学习成果及 评价标准	学习成果 1:线上测试 评价标准:在平时成绩中占 25 分,根据实际得分除以总分,再乘 25 来计算 学习成果 2:学生回答问题的表现 评价标准:在平时成绩中占 5 分。根据回答问题的准确性和逻辑性,划分为 A、B、C 三个等级。A 级得 2 分,B 级得 1 分,C 级不得分

活动 3 知识建模图(课下):

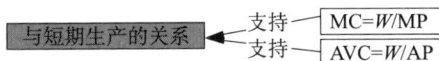

活动目标	MC 与 MP 的关系(理解、运用);AVC 与 AP 的关系(理解、运用)
活动任务序列(导入任务描述):通过自学初步掌握短期生产和短期成本的关系	
师生交互 过程	无

活动任务序列(任务一)

任务一知识组块: 	任务描述	采用学习教材中相应内容、撰写预习笔记的教学策略与方法,使学生达到能够初步理解和掌握短期生产和成本关系的学习结果
	任务时长	30 分钟
	学习地点	课下

教学方法 (学习方法)	□讲授　□小组讨论　□答疑　□实验　□实训　☑自主学习　□翻转课堂 ☑其他(请填写)练习法、笔记法

续表

师生交互过程	教师:让学生自学教材中对应内容,完成对应的课前自学问题清单以及知识点练习整理,并要求学生对照课前自学问题清单,完成预习笔记并上传到学习中心的讨论区 学生:按照教师要求完成上述内容
学习资源	(1) 课件:3-2 成本理论 (2) 文档:第 3 章知识点练习整理;第 3 章自学问题清单 (3) 教材:《西方经济学(上册)》,马工程系列教材,高等教育出版社,pp. 175-178
学习成果及评价标准	学习成果1:预习笔记 评分标准:在平时成绩中占 15 分,每次课评为优秀得 1 分,其他得 0.6 分,未完成0 分 学习成果 2:知识点练习整理 评分标准:在平时成绩中占 15 分,得分率 90% 以上每次得 2 分,得分率在 80%～90%(不含 90%)得 1.5 分,其他得 1 分,未完成 0 分

活动 3 知识建模图(课上):

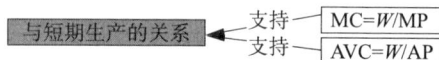

与短期生产的关系 — 支持 → $MC=W/MP$
与短期生产的关系 — 支持 → $AVC=W/AP$

活动目标	MC 与 MP 的关系(理解、运用);AVC 与 AP 的关系(理解、运用)

活动任务序列(导入任务描述):通过此前学习中发现的相似点引出短期生产和成本的关系

师生交互过程	教师:我们一直说生产和成本是有直接关系的,是企业同一个事物的两个角度,从刚才的学习中,我们已经发现了很多相似点,但它们的直接关系还没能体现出来,接下来,我们将深入探讨两者之间的具体关系。

活动任务序列(任务一)

任务一知识组块: 见活动 3 知识建模图	任务描述	采用习题、答疑、提问的教学策略与方法,使学生达到能够理解和掌握短期生产和成本关系的学习结果
	任务时长	15 分钟
	学习地点	课上

教学方法(学习方法)	☐讲授 ☐小组讨论 ☑答疑 ☐实验 ☐实训 ☐自主学习 ☐翻转课堂 ☑其他(请填写)习题演练

师生交互过程	教师发布线上测试,学生在规定时间内完成 教师根据每道题的得分情况选择性答疑 教师提出问题:"当 MP 上升时,TC 曲线和 TVC 曲线如何变动?""当 MP 下降时,TC曲线和 TVC 曲线如何变动?"(单人提问) 学生回答:"MPL 上升时,MC 下降,TC 曲线和 TVC 曲线以递减的速度上升;MPL下降时,MC 上升,TC 曲线和 TVC 曲线以递增的速度上升。" 教师:让学生完成知识点梳理中的练习题 学生:完成练习题 教师:逐一提问并解答

续表

学习资源	(1) 课件:3-2 成本理论 (2) 文档:第 3 章知识点练习整理 (3) 教材:《西方经济学(上册)》,马工程系列教材,高等教育出版社,pp. 175-178
学习成果及 评价标准	学习成果 1:学生回答问题的表现 评价标准:在平时成绩中占 5 分。根据回答问题的准确性和逻辑性,分为 A、B、C 三个等级。A 级得 2 分,B 级得 1 分,C 级不得分 学习成果 2:线上测试 评价标准:在平时成绩中占 25 分,根据实际得分除以总分,再乘 25 来计算

表 4-10　微观经济学专业基础课教学设计 2

2024 年第 2 学期第 7 周(接上次 110 分钟)

知识建模图:

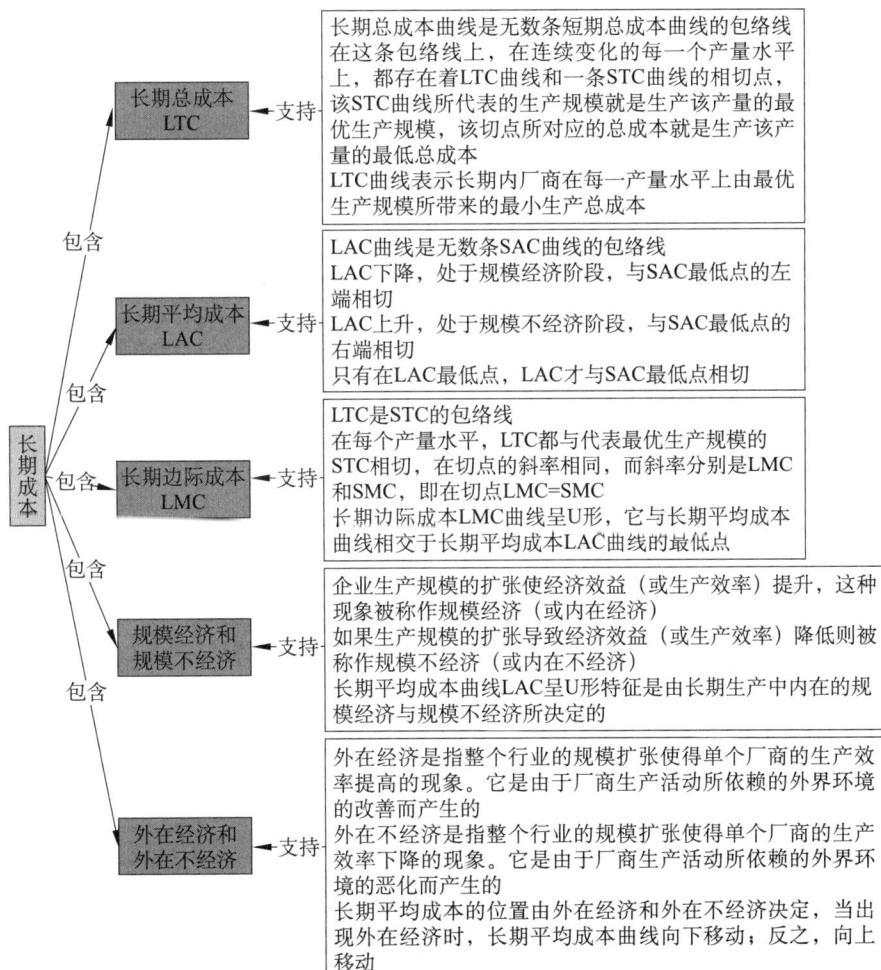

长期总成本 LTC ←支持— 长期总成本曲线是无数条短期总成本曲线的包络线在这条包络线上,在连续变化的每一个产量水平上,都存在着LTC曲线和一条STC曲线的相切点,该STC曲线所代表的生产规模就是生产该产量的最优生产规模,该切点所对应的总成本就是生产该产量的最低总成本 LTC曲线表示长期内厂商在每一产量水平上由最优生产规模所带来的最小生产总成本

长期平均成本 LAC ←支持— LAC曲线是无数条SAC曲线的包络线 LAC下降,处于规模经济阶段,与SAC最低点的左端相切 LAC上升,处于规模不经济阶段,与SAC最低点的右端相切 只有在LAC最低点,LAC才与SAC最低点相切

长期边际成本 LMC ←支持— LTC是STC的包络线 在每个产量水平,LTC都与代表最优生产规模的STC相切,在切点的斜率相同,而斜率分别是LMC和SMC,即在切点LMC=SMC 长期边际成本LMC曲线呈U形,它与长期平均成本曲线相交于长期平均成本LAC曲线的最低点

规模经济和规模不经济 ←支持— 企业生产规模的扩张使经济效益(或生产效率)提升,这种现象被称作规模经济(或内在经济) 如果生产规模的扩张导致经济效益(或生产效率)降低则被称作规模不经济(或内在不经济) 长期平均成本曲线LAC呈U形特征是由长期生产中内在的规模经济与规模不经济所决定的

外在经济和外在不经济 ←支持— 外在经济是指整个行业的规模扩张使得单个厂商的生产效率提高的现象。它是由于厂商生产活动所依赖的外界环境的改善而产生的 外在不经济是指整个行业的规模扩张使得单个厂商的生产效率下降的现象。它是由于厂商生产活动所依赖的外界环境的恶化而产生的 长期平均成本的位置由外在经济和外在不经济决定,当出现外在经济时,长期平均成本曲线向下移动;反之,向上移动

长期成本 —包含→

续表

知识点(学习水平)			素质目标
学习目标	长期总成本含义(理解、运用);长期总成本曲线推导(理解);长期平均成本含义(理解、运用);长期平均曲线推导(理解);长期边际成本含义(理解、运用);长期边际成本曲线推导(理解);规模经济和规模不经济的含义(记忆、理解);规模经济和规模不经济的原因(运用);外在经济和外在不经济的含义(理解)		无

学习先决知识技能	知识点(学习水平)
	无

课上资源	课件;文档;教材	课下资源	课件;文档;教材;教学视频
课上时间	110 分钟	课下时间	270 分钟

活动序列	活动目标	时 间	学习资源	学习地点
活动 1	长期总成本含义(理解、运用);长期总成本曲线推导(理解)	课下 30 分钟	(1) 课件:3-2 成本理论 (2) 文档:第 3 章知识点练习整理;第 3 章自学问题清单 (3) 教材:《西方经济学(上册)》,马工程系列教材,高等教育出版社,pp. 178-180 (4) 教学视频:4-9 长期成本曲线	课下
		课上 15 分钟	(1) 课件:3-2 成本理论 (2) 文档:第 3 章知识点练习整理 (3) 教材:《西方经济学(上册)》,马工程系列教材,高等教育出版社,pp. 178-180	课上
活动 2	长期平均成本含义(理解、运用);长期平均曲线推导(理解);规模经济和规模不经济的含义(记忆、理解);规模经济和规模不经济的原因(运用);外在经济和外在不经济的含义(理解)	课下 60 分钟	(1) 课件:3-2 成本理论 (2) 文档:第 3 章知识点练习整理;第 3 章自学问题清单 (3) 教材:《西方经济学(上册)》,马工程系列教材,高等教育出版社,pp. 180-184 (4) 教学视频:4-9 长期成本曲线	课下
		课上 17 分钟	(1) 课件:3-2 成本理论 (2) 文档:第 3 章知识点练习整理 (3) 教材:《西方经济学(上册)》,马工程系列教材,高等教育出版社,pp. 180-184	课上

续表

活动序列	活动目标	时　间	学　习　资　源	学习地点
活动 3	长期边际成本含义(理解、运用);长期边际成本曲线推导(理解)	课下 30 分钟	(1) 课件:3-2 成本理论 (2) 文档:第 3 章知识点练习整理;第 3 章自学问题清单 (3) 教材:《西方经济学(上册)》,马工程系列教材,高等教育出版社,pp. 185-186 (4) 教学视频:4-9 长期成本曲线	课下
		课上 8 分钟	(1) 课件:3-2 成本理论 (2) 文档:第 3 章知识点练习整理 (3) 教材:《西方经济学(上册)》,马工程系列教材,高等教育出版社,pp. 185-186	课上
活动 4	长期总成本含义(理解、运用);长期总成本曲线推导(理解);长期平均成本含义(理解、运用);长期平均曲线推导(理解);长期边际成本含义(理解、运用);长期边际成本曲线推导(理解);规模经济和规模不经济的含义(记忆、理解);规模经济和规模不经济的原因(运用);外在经济和外在不经济的含义(理解)	课下 0 分钟	无	无
		课上 20 分钟	教材:《西方经济学(上册)》,马工程系列教材,高等教育出版社,pp. 169-186	课上
活动 5	长期总成本含义(理解、运用);长期总成本曲线推导(理解);长期平均成本含义(理解、运用);长期平均曲线推导(理解);长期边际成本含义(理解、运用);长期边际成本曲线推导(理解);规模经济和规模不经济的含义(记忆、理解);规模经济和规模不经济的原因(运用);外在经济和外在不经济的含义(理解)	课下 150 分钟	(1) 文档:成本理论试卷 (2) 教材:《西方经济学(上册)》,马工程系列教材,高等教育出版社,pp. 169-186	课下
		课上 50 分钟	文档:成本理论试卷	课上

活动1知识建模图(课下):

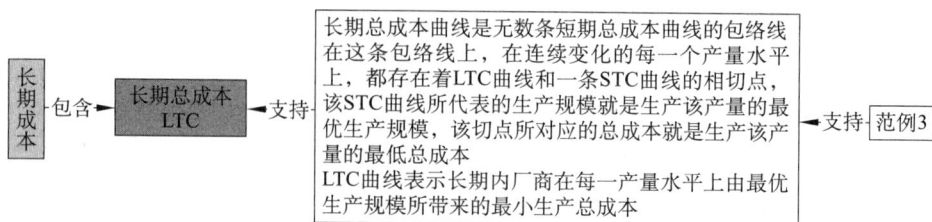

长期总成本曲线是无数条短期总成本曲线的包络线
在这条包络线上，在连续变化的每一个产量水平
上，都存在着LTC曲线和一条STC曲线的相切点，
该STC曲线所代表的生产规模就是生产该产量的最
优生产规模，该切点所对应的总成本就是生产该产
量的最低总成本
LTC曲线表示长期内厂商在每一产量水平上由最优
生产规模所带来的最小生产总成本

活动目标	长期总成本含义(理解、运用);长期总成本曲线推导(理解)
活动任务序列(导入任务描述):通过自学,初步理解长期总成本曲线	
师生交互过程	无

活动任务序列(任务一)

任务一知识组块: 见活动1知识建模图	任务描述	采用观看视频、学习教材中相应内容、撰写预习笔记的教学策略与方法,使学生达到能够初步理解长期总成本的含义和推导、运用长期总成本曲线的含义分析问题的学习结果
	任务时长	30分钟
	学习地点	课下

教学方法 (学习方法)	□讲授 □小组讨论 □答疑 □实验 □实训 ☑自主学习 □翻转课堂 ☑其他(请填写)练习法,笔记法
师生交互过程	教师:发布教学视频,同时下发对应的课前自学问题清单和知识点练习整理,并提出以下要求 (1)在规定时间内完成教学视频的观看 (2)对照课前自学问题清单,完成预习笔记并上传到学习中心 (3)尝试完成知识点练习整理中对应的习题 学生:按照教师要求完成上述内容
学习资源	(1)课件:3-2成本理论 (2)文档:第3章知识点练习整理;第3章自学问题清单 (3)教材:《西方经济学(上册)》,马工程系列教材,高等教育出版社,pp.178-180 (4)教学视频:4-9长期成本曲线
学习成果及评价标准	学习成果1:教学视频学习情况 评分标准:在平时成绩中占15分,每次课及时完成得1分,未完成0分 学习成果2:预习笔记 评分标准:在平时成绩中占15分,每次课评为优秀得1分,其他得0.6分,未完成0分

长期成本 —包含→ 长期总成本LTC —支持→

—支持→ 范例3

活动1知识建模图(课上)

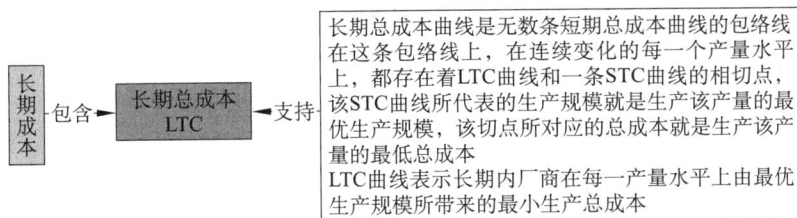

长期成本 —包含→ 长期总成本 LTC ←支持— 长期总成本曲线是无数条短期总成本曲线的包络线。在这条包络线上，在连续变化的每一个产量水平上，都存在着LTC曲线和一条STC曲线的相切点，该STC曲线所代表的生产规模就是生产该产量的最优生产规模，该切点所对应的总成本就是生产该产量的最低总成本

LTC曲线表示长期内厂商在每一产量水平上由最优生产规模所带来的最小生产总成本

活动目标	长期总成本含义(理解、运用);长期总成本曲线推导(理解)
活动任务序列(导入任务描述):通过提问引出本章的学习内容——成本	
师生交互过程	教师:前面我们学过了短期成本,今天就来看长期成本。实际上,长期成本曲线可以从短期成本中推导出来

活动任务序列(任务一)

任务一知识组块: 见活动1知识建模图	任务描述	采用讲授、提问、图示、练习的教学策略与方法,使学生达到能够理解长期总成本的含义和推导、运用长期总成本曲线的含义来分析问题的学习结果
	任务时长	15分钟
	学习地点	课上

教学方法 (学习方法)	☑讲授 □小组讨论 □答疑 □实验 □实训 □自主学习 □翻转课堂 □其他(请填写)图示、练习
师生交互过程	教师设疑:"短期有7条成本线,那长期呢?" 学生可能回答:"3条,分别是总成本、平均成本和边际成本。" 教师继续追问:"为什么?" 学生可能回答:"长期内,厂商的所有要素都可变,因此所有的成本也都是可变的,没有不变成本。" 教师提问:"长期总成本和短期总成本有何关系?哪个大?" 学生可能回答:"不清楚。" 教师回答:"我们从定义入手,就能回答出这个问题了。长期总成本(LTC)是指厂商在长期生产一定数量的产品所支付的最低总成本。为什么能在每个产量上找到最低成本,是因为长期所有要素可变,在追求利润最大化的驱使下,厂商就要在每个产量上都选择最低成本进行生产。" 教师展示课件中的练习题,采取单人提问的方式进行考查,并根据答题情况决定是否通过图示法讲解如何从短期总成本曲线推导长期总成本曲线(这部分比较难,学生自学时未必能看懂,一般都要在课上再次讲解)
学习资源	(1)课件:3-2 成本理论 (2)文档:第3章知识点练习整理 (3)教材:《西方经济学(上册)》,马工程系列教材,高等教育出版社,pp.178-180

续表

学习成果及评价标准	学习成果:学生回答问题的表现 评价标准:在平时成绩中占 5 分。根据回答问题的准确性和逻辑性,分为 A、B、C 三个等级。A 级得 2 分,B 级得 1 分,C 级不得分

活动 2 知识建模图(课下):

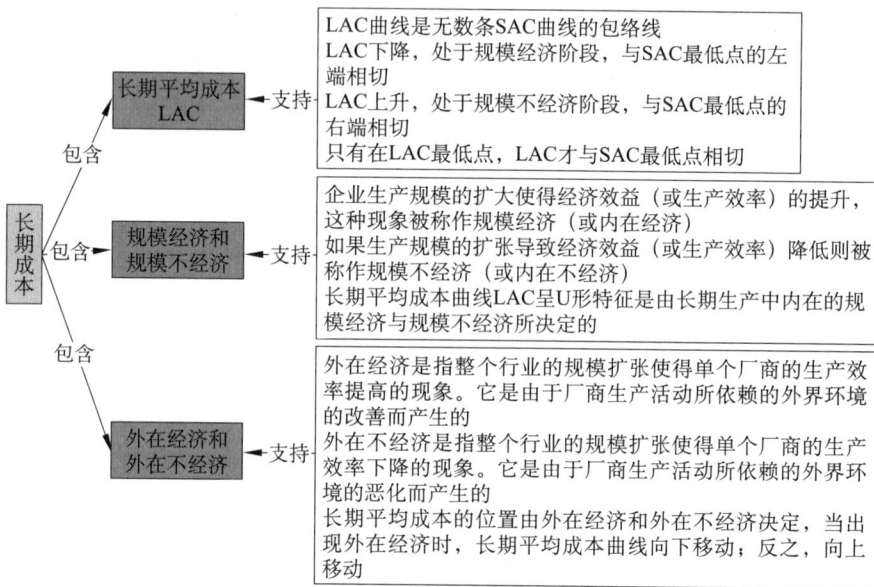

长期成本	长期平均成本 LAC →支持	LAC曲线是无数条SAC曲线的包络线 LAC下降,处于规模经济阶段,与SAC最低点的左端相切 LAC上升,处于规模不经济阶段,与SAC最低点的右端相切 只有在LAC最低点,LAC才与SAC最低点相切
	规模经济和规模不经济 →支持	企业生产规模的扩大使得经济效益(或生产效率)的提升,这种现象被称作规模经济(或内在经济) 如果生产规模的扩张导致经济效益(或生产效率)降低则被称作规模不经济(或内在不经济) 长期平均成本曲线LAC呈U形特征是由长期生产中内在的规模经济与规模不经济所决定的
	外在经济和外在不经济 →支持	外在经济是指整个行业的规模扩张使得单个厂商的生产效率提高的现象。它是由于厂商生产活动所依赖的外界环境的改善而产生的 外在不经济是指整个行业的规模扩张使得单个厂商的生产效率下降的现象。它是由于厂商生产活动所依赖的外界环境的恶化而产生的 长期平均成本的位置由外在经济和外在不经济决定,当出现外在经济时,长期平均成本曲线向下移动;反之,向上移动

活动目标	长期平均成本含义(理解、运用);长期平均成本曲线推导(理解);规模经济和规模不经济的含义(记忆、理解);规模经济和规模不经济的原因(运用);外在经济和外在不经济的含义(理解)

活动任务序列(导入任务描述):通过自学,初步理解长期平均成本曲线以及其呈 U 形的原因

师生交互过程	无

活动任务序列(任务一)

任务一知识组块: 见活动 2 知识建模图	任务描述	采用观看视频、学习教材中相应内容、撰写预习笔记、完成练习题的教学策略与方法,使学生达到能够初步理解长期平均成本的含义和其曲线为何呈 U 形的学习结果
	任务时长	60 分钟
	学习地点	课下
教学方法 (学习方法)	□讲授 □小组讨论 □答疑 □实验 □实训 ☑自主学习 □翻转课堂 ☑其他(请填写)<u>练习法,笔记法</u>	

师生交互过程	教师:发布教学视频,同时下发对应的课前自学问题清单以及知识点练习整理,并提出以下要求。 (1)在规定时间内完成教学视频的观看 (2)对照课前自学问题清单,完成预习笔记并上传到学习中心 (3)尝试完成知识点练习整理中对应的习题 学生:按照教师要求完成上述内容
学习资源	(1)课件:3-2 成本理论 (2)文档:第 3 章知识点练习整理;第 3 章自学问题清单 (3)教材:《西方经济学(上册)》,马工程系列教材,高等教育出版社,pp. 180-184 (4)教学视频:4-9 长期成本曲线
学习成果及评价标准	学习成果 1:教学视频学习情况 评分标准:在平时成绩中占 15 分,每次课及时完成得 1 分,未完成 0 分 学习成果 2:预习笔记 评分标准:在平时成绩中占 15 分,每次课评为优秀得 1 分,其他得 0.6 分,未完成 0 分

活动 2 知识建模图(课上):
见活动 2 知识建模图(课下)

活动目标	长期平均成本含义(理解、运用);长期平均成本曲线推导(理解);规模经济和规模不经济的含义(记忆、理解);规模经济和规模不经济的原因(运用);外在经济和外在不经济的含义(理解)

活动任务序列(导入任务描述):无

师生交互过程	教师直接引入长期平均成本

活动任务序列(任务一)

任务一知识组块:

	任务描述	采用讲授、提问、图示的教学策略与方法,使学生达到能够理解长期平均成本的含义和推导、运用长期平均成本曲线的含义来分析问题的学习结果
	任务时长	10 分钟
	学习地点	教室

教学方法(学习方法)	☑讲授　□小组讨论　□答疑　□实验　□实训　□自主学习　□翻转课堂 ☑其他(请填写)提问、图示

师生交互过程	教师问："当 LTC 与 STC1 相切于产量 Q1 时，LAC 是该产量的最低平均成本吗？"（单人提问） 学生回答："是的。" 教师问："此时 LAC 与 SAC1 是什么关系？相切还是相交？"（单人提问） 学生可能回答："相切或者相交。" 教师纠正："相切，为什么呢？结合图形给学生详细讲解。"（如何从短期平均成本推导长期平均成本是难点）
学习资源	(1) 课件：3-2 成本理论 (2) 文档：第 3 章知识点练习整理 (3) 教材：《西方经济学（上册）》，马工程系列教材，高等教育出版社，pp. 180-182
学习成果及评价标准	学习成果：学生回答问题的表现 评价标准：在平时成绩中占 5 分。根据回答问题的准确性和逻辑性，分为 A、B、C 三个等级。A 级得 2 分，B 级得 1 分，C 级不得分

活动任务序列（任务二）

任务二知识组块：		任务描述	采用讲授和提问的教学策略与方法，使学生达到能够运用规模经济和规模不经济以及外在经济和外在不经济的含义解释 LAC 曲线形状和位置的学习结果
		任务时长	7 分钟
		学习地点	课上
教学方法（学习方法）	☑讲授　□小组讨论　□答疑　□实验　□实训　□自主学习　□翻转课堂 ☑其他（请填写）提问		
师生交互过程	教师："为什么长期平均成本曲线呈 U 形？"（单人提问） 学生："规模经济和规模不经济。" 教师："那规模经济与规模不经济的原因分别是什么？" 学生可能回答不出来 教师讲解：规模经济的原因：①规模扩大可以使用更先进的技术；②规模扩大有利于实行专业化分工；③规模扩大可以提高管理效率；④规模扩大有利于对副产品进行综合利用；⑤在生产要素的购买与产品的销售方面也会更加有利 规模不经济的原因：①企业内部合理分工被破坏，生产难以协调；②管理阶层的增加；③产品销售规模庞大、环节加长；④获得企业决策的各种信息困难 教师提问："外在经济和外在不经济对长期平均成本曲线有何影响？"（单人提问） 学生可能回答："影响长期平均成本曲线的位置。" 教师最后总结："规模经济和规模不经济决定了长期平均成本曲线的形状，而外在经济和外在不经济则决定了长期平均成本曲线的位置。更具体地说，存在规模经济时，长期平均成本曲线向右下方倾斜，存在规模不经济时，长期平均成本曲线向右上方倾斜。外在经济使得长期平均成本曲线向下移，外在不经济使得长期平均成本曲线向上移。"		

续表

学习资源	教材:《西方经济学(上册)》,马工程系列教材,高等教育出版社,pp. 182-184
学习成果及评价标准	学习成果:学生回答问题的表现 评价标准:在平时成绩中占 5 分。根据回答问题的准确性和逻辑性,分为 A、B、C 三个等级。A 级得 2 分,B 级得 1 分,C 级不得分

活动 3 知识建模图(课下):

长期边际成本 LMC ←支持— LTC是STC的包络线
在每个产量水平,LTC都与代表最优生产规模的STC相切,在切点的斜率相同,而斜率分别是LMC和SMC,即在切点LMC=SMC
长期边际成本LMC曲线呈U形,它与长期平均成本曲线相交于长期平均成本LAC曲线的最低点

活动目标	长期边际成本含义(理解、运用);长期边际成本曲线推导(理解)
活动任务序列(导入任务描述):无	
师生交互过程	—

活动任务序列(任务一)

任务一知识组块: 见活动 3 知识建模图	任务描述	采用观看视频、学习教材中相应内容、撰写预习笔记、完成练习题的教学策略与方法,使学生达到能够初步理解长期边际成本的含义和推导其曲线的学习结果
	任务时长	30 分钟
	学习地点	课下

教学方法 (学习方法)	□讲授 □小组讨论 □答疑 □实验 □实训 ☑自主学习 □翻转课堂 ☑其他(请填写)练习法,笔记法
师生交互过程	教师:发布教学视频,同时下发对应的课前自学问题清单以及知识点练习整理,并提出以下要求。 (1) 在规定时间内完成教学视频的观看 (2) 对照课前自学问题清单,完成预习笔记并上传到学习中心 学生:按照教师要求完成上述内容
学习资源	(1) 课件:3-2 成本理论 (2) 文档:第 3 章知识点练习整理;第 3 章自学问题清单 (3) 教材:《西方经济学(上册)》,马工程系列教材,高等教育出版社,pp. 185-186 (4) 教学视频:4-9 长期成本曲线
学习成果及评价标准	学习成果 1:教学视频学习情况 评分标准:在平时成绩中占 15 分,每次课及时完成得 1 分,未完成 0 分 学习成果 2:预习笔记 评分标准:在平时成绩中占 15 分,每次课评为优秀得 1 分,其他得 0.6 分,未完成 0 分

活动 3 知识建模图（课上）

长期边际成本 LMC	支持	LTC是STC的包络线 在每个产量水平，LTC都与代表最优生产规模的STC相切，在切点的斜率相同，而斜率分别是LMC和SMC，即在切点LMC=SMC 长期边际成本LMC曲线呈U形，它与长期平均成本曲线相交于长期平均成本LAC曲线的最低点

活动目标	长期边际成本含义（理解、运用）；长期边际成本曲线推导（理解）
活动任务序列（导入任务描述）：无	
师生交互过程	教师直接引入长期边际成本

活动任务序列（任务一）

任务一知识组块：见活动3知识建模图	任务描述	采用讲授、提问、图示的教学策略与方法，使学生达到能够理解长期边际成本的含义和推导、运用长期边际成本曲线的含义来分析问题的学习结果
	任务时长	8分钟
	学习地点	课上

教学方法（学习方法）	☑讲授 □小组讨论 ☑答疑 □实验 □实训 □自主学习 □翻转课堂 ☑其他（请填写）提问、图示
师生交互过程	教师提出问题："长期边际成本曲线也是无数条短期边际成本曲线的包络线吗？"（集体提问） 学生们可能回答："是。" 教师纠正："不是。"然后结合此前的成本曲线作图演示分析如何从短期边际成本曲线找出长期边际成本曲线（这部分也要详细讲，因为学生在自学时可能并没有看太懂） 教师总结："LTC是无数STC的包络线，在每个产量水平上，LTC都与代表最优生产规模的STC相切，切点处斜率相同，而斜率分别是LMC和SMC，即在切点处LMC=SMC。"
学习资源	(1) 课件：3-2 成本理论 (2) 文档：第3章知识点练习整理 (3) 教材：《西方经济学（上册）》，马工程系列教材，高等教育出版社，pp. 185-186
学习成果及评价标准	学习成果：学生回答问题的表现 评价标准：在平时成绩中占5分。根据回答问题的准确性和逻辑性，分为A、B、C三个等级。A级得2分，B级得1分，C级不得分

活动 4 知识建模图(课上):

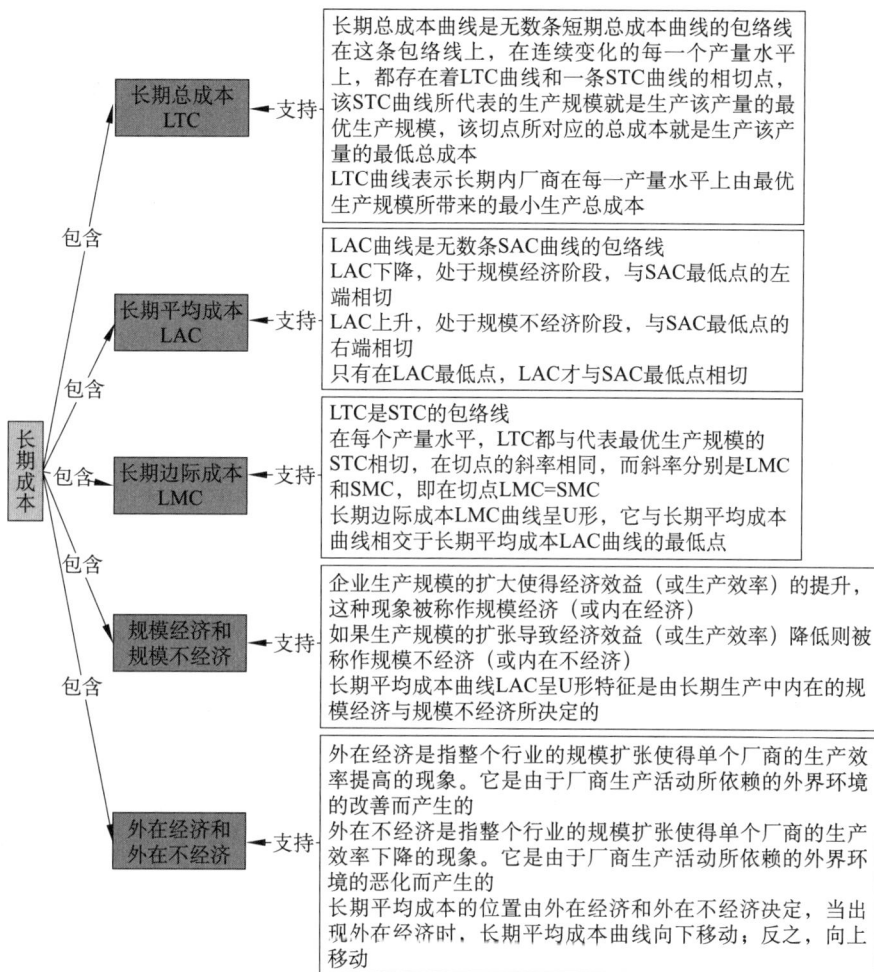

长期总成本 LTC	支持	长期总成本曲线是无数条短期总成本曲线的包络线 在这条包络线上,在连续变化的每一个产量水平上,都存在着LTC曲线和一条STC曲线的相切点,该STC曲线所代表的生产规模就是生产该产量的最优生产规模,该切点所对应的总成本就是生产该产量的最低总成本 LTC曲线表示长期内厂商在每一产量水平上由最优生产规模所带来的最小生产总成本
长期平均成本 LAC	支持	LAC曲线是无数条SAC曲线的包络线 LAC下降,处于规模经济阶段,与SAC最低点的左端相切 LAC上升,处于规模不经济阶段,与SAC最低点的右端相切 只有在LAC最低点,LAC才与SAC最低点相切
长期边际成本 LMC	支持	LTC是STC的包络线 在每个产量水平,LTC都与代表最优生产规模的STC相切,在切点的斜率相同,而斜率分别是LMC和SMC,即在切点LMC=SMC 长期边际成本LMC曲线呈U形,它与长期平均成本曲线相交于长期平均成本LAC曲线的最低点
规模经济和 规模不经济	支持	企业生产规模的扩大使得经济效益(或生产效率)的提升,这种现象被称作规模经济(或内在经济) 如果生产规模的扩张导致经济效益(或生产效率)降低则被称作规模不经济(或内在不经济) 长期平均成本曲线LAC呈U形特征是由长期生产中内在的规模经济与规模不经济所决定的
外在经济和 外在不经济	支持	外在经济是指整个行业的规模扩张使得单个厂商的生产效率提高的现象。它是由于厂商生产活动所依赖的外界环境的改善而产生的 外在不经济是指整个行业的规模扩张使得单个厂商的生产效率下降的现象。它是由于厂商生产活动所依赖的外界环境的恶化而产生的 长期平均成本的位置由外在经济和外在不经济决定,当出现外在经济时,长期平均成本曲线向下移动;反之,向上移动

左侧:长期成本 —— 包含 —— 各项

活动目标	长期总成本含义(理解、运用);长期总成本曲线推导(理解);长期平均成本含义(理解、运用);长期平均曲线推导(理解);长期边际成本含义(理解、运用);长期边际成本曲线推导(理解);规模经济和规模不经济的含义(记忆、理解);规模经济和规模不经济的原因(运用);外在经济和外在不经济的含义(理解)
活动任务序列(导入任务描述):无	
师生交互 过程	无

续表

<table>
<tr><td colspan="4" align="center">活动任务序列(任务一)</td></tr>
<tr><td rowspan="3">任务一知识组块:
见活动 4 知识建模图</td><td>任务描述</td><td colspan="2">采用线上测试和答疑的教学策略与方法,使学生达到能够理解三条长期成本曲线的学习结果</td></tr>
<tr><td>任务时长</td><td colspan="2" align="center">20 分钟</td></tr>
<tr><td>学习地点</td><td colspan="2" align="center">课上</td></tr>
<tr><td>教学方法
(学习方法)</td><td colspan="3">□讲授 □小组讨论 ☑答疑 □实验 □实训 □自主学习 □翻转课堂
□其他(请填写)<u>线上测试</u></td></tr>
<tr><td>师生交互
过程</td><td colspan="3">教师:发布线上测试
学生:在规定时间内完成测试
教师:根据每道题得分情况选择性答疑
教师:布置线下测试,让学生完成知识点梳理中对应的练习题
学生:完成练习题
教师:提问并进行解答</td></tr>
<tr><td>学习资源</td><td colspan="3">教材:《西方经济学(上册)》,马工程系列教材,高等教育出版社,pp. 178-186</td></tr>
<tr><td>学习成果及
评价标准</td><td colspan="3">学习成果:线上测试
评价标准:在平时成绩中占 25 分,根据实际得分除以总分,再乘 25 来计算</td></tr>
</table>

活动 5 知识建模图(课下):
见图 3-13 微观经济学知识建模图 1

<table>
<tr><td>活动目标</td><td>长期总成本含义(理解、运用);长期总成本曲线推导(理解);长期平均成本含义(理解、运用);长期平均曲线推导(理解);长期边际成本含义(理解、运用);长期边际成本曲线推导(理解);规模经济和规模不经济的含义(记忆、理解);规模经济和规模不经济的原因(运用);外在经济和外在不经济的含义(理解)</td></tr>
</table>

活动任务序列(导入任务描述):无

<table>
<tr><td>师生交互
过程</td><td>无</td></tr>
</table>

<table>
<tr><td colspan="4" align="center">活动任务序列(任务一)</td></tr>
<tr><td rowspan="3">任务一知识组块:
见活动 5 知识建模图,即图 3-13</td><td>任务描述</td><td colspan="2">采用章节测试的教学策略与方法,使学生达到能够理解和运用成本理论中相关知识的学习结果</td></tr>
<tr><td>任务时长</td><td colspan="2" align="center">150 分钟</td></tr>
<tr><td>学习地点</td><td colspan="2" align="center">课下</td></tr>
<tr><td>教学方法
(学习方法)</td><td colspan="3">□讲授 □小组讨论 □答疑 □实验 □实训 □自主学习 □翻转课堂
☑其他(请填写)<u>章节测试</u></td></tr>
<tr><td>师生交互
过程</td><td colspan="3">教师:下发成本理论部分的章节测试题(满分 100 分,多种题型),要求学生打印完成,在下周第二次上课时提交
学生:在规定时间内完成测试卷</td></tr>
</table>

学习资源	教材:《西方经济学(上册)》,马工程系列教材,高等教育出版社,pp. 169-186
学习成果及评价标准	学习成果:章节测试卷 评价标准:在平时成绩中占 25 分,每次章节测试题满分为 100 分,根据得分情况,成绩被划分为 A、B、C 三个等级。得分≥85 分为 A,得 5 分;65～75 分记为 B,得 4 分;其他记为 C,得 2 分;未提交 0 分

活动 5 知识建模图(课上): 见活动 5 知识建模图(课下),即图 3-13	
活动目标	长期总成本含义(理解、运用);长期总成本曲线推导(理解);长期平均成本含义(理解、运用);长期平均曲线推导(理解);长期边际成本含义(理解、运用);长期边际成本曲线推导(理解);规模经济和规模不经济的含义(记忆、理解);规模经济和规模不经济的原因(运用);外在经济和外在不经济的含义(理解)

活动任务序列(导入任务描述):无

师生交互过程	无

活动任务序列(任务一)

任务一知识组块: 见活动 5 知识建模图,即图 3-13	任务描述	采用答疑的教学策略与方法,使学生达到能够理解和运用成本理论中相关知识的学习结果
	任务时长	50 分钟
	学习地点	课上

教学方法(学习方法)	□讲授　□小组讨论　☑答疑　□实验　□实训　□自主学习　□翻转课堂 □其他(请填写)_____
师生交互过程	教师:先逐一公布答案,在学生完成试卷批改后,针对有疑问的题进行提问并讲解,且重点讲解计算题
学习资源	教材.《西方经济学(上册)》,马工程系列教材,高等教育出版社,pp. 169-186
学习成果及评价标准	学习成果:学生回答问题的表现 评价标准:在平时成绩中占 5 分。根据回答问题的准确性和逻辑性,分为 A、B、C 三个等级。A 级得 2 分,B 级得 1 分,C 级不得分

3. 实施过程

(1) 整体设计思路

通过"线上+线下"混合式教学模式改革,为学生提供开放、共享、互动的学习环境,使学生成为课堂中心,真正做到"带着任务学""带着问题学"和"围绕问题讨论",同时线上资源可以让学生做到"随时学、反复学",激发学生学习积极性,使学生的学习从线下延伸到线上,从线上延伸到线下,拓展学生学习的内容、时间和空间,切实提高学生综合运用所学知识发现问题、解决问题的能力,培养扎实的专业能力,最终形成以基本知识、基本技能为基础,以综合运用能力为重点,以学习态度为参照的授课考评体系。

（2）具体课程设计流程

具体实施分为"课前—课中—课后"三个环节,即课前任务驱动,课中提问、测试、重难点讲授和再测试,课后总测试、案例分析和思维导图绘制,具体内容如下。

① 课前任务驱动。根据学习内容和学习目标,发布详细的课前任务清单,包含教学视频详细信息、待解决问题列表、阅读材料、自测题目等。要求学生在自学完教学视频后,能回答列表中的问题,能通过自测题目检验自学效果,发现知识薄弱点,并通过材料阅读,加强对相关知识在经济生活中运用的理解。

② 课中提问、测试、重难点讲授和再测试。课堂教学一般分四个环节:环节一是提问,提问问题列表中的问题,检验学生视频学习的成效;环节二是测试,测试学生自学后对知识点的理解和掌握情况;环节三是围绕测试后发现的问题,结合本节课的重点和难点进行讲授和提问;环节四是再测试,这是对知识点应用能力的测试,检验学生对知识点的再理解和应用能力。

③ 课后总测试、案例分析和思维导图绘制。课后针对学生的薄弱环节和易错部分进行总测试,布置课后案例分析,绘制本次课的思维导图。

除了上述以两课时为单位的知识点测试外,还设计有章节总测试,其试题由人大芸窗试题库随机抽题生成。

4. 教学评价

该课程的平时成绩占 40%,期末考试成绩占 60%。其中平时成绩评价方法如下。

（1）教学视频学习情况:在平时成绩中占 15 分,每次课及时完成得 1 分,未完成 0 分。

（2）预习笔记:在平时成绩中占 15 分,每次课评为优秀得 1 分,其他得 0.6 分,未完成 0 分。

（3）知识点练习整理:在平时成绩中占 15 分,得分率 90% 以上每次得 2 分,得分率在 80%～90%(不含 90%)得 1.5 分,其他得 1 分,未完成 0 分。

（4）学生回答问题的表现:在平时成绩中占 5 分。根据回答问题的准确性和逻辑性,分为 A、B、C 三个等级。A 级得 2 分,B 级得 1 分,C 级不得分。

（5）线上测试:在平时成绩中占 25 分,根据实际得分除以总分,再乘 25 来计算。

（6）章节测试题:在平时成绩中占 25 分,每次章节测试题满分 100 分,根据得分情况,成绩被划分为 A、B、C 三个等级。得分≥85 分记为 A,得 5 分;65～75 分记为 B,得 4 分;其他记为 C,得 2 分;未提交 0 分。

期末考试实行教考分离的形式,依托人大微观经济学习题库,随机抽题生成考试试卷,并根据参考答案和评分标准进行打分。

4.3.3　宏观经济学

1. 课程简介

宏观经济学是经济管理类专业的基础课程之一,它以社会总体的经济运行情况作为研究对象,通过总量分析来说明在市场经济条件下,社会的商品和劳务的总产出与产出的增长、通货膨胀与失业率、国际收支和汇率以及宏观经济政策的运用及其对国民经济所产生的影响等。通过本课程的学习,学生可以理解宏观经济学的基本原理,掌握宏观经济问题的基本分析方法,全面系统地理解宏观经济的运行方式和机制、宏观经济政策对经济的作用、经济对宏观经济政策的反应方式,以及来自需求和供给两个方面的冲击可能对经济造成的影响,从而不断提高学生分析问题、解决问题的能力。

2. 教学设计

宏观经济学专业基础课教学设计如表 4-11 所示。

表 4-11　宏观经济学专业基础课教学设计

2023—2024 年第 1 学期第 7 周

知识建模图:

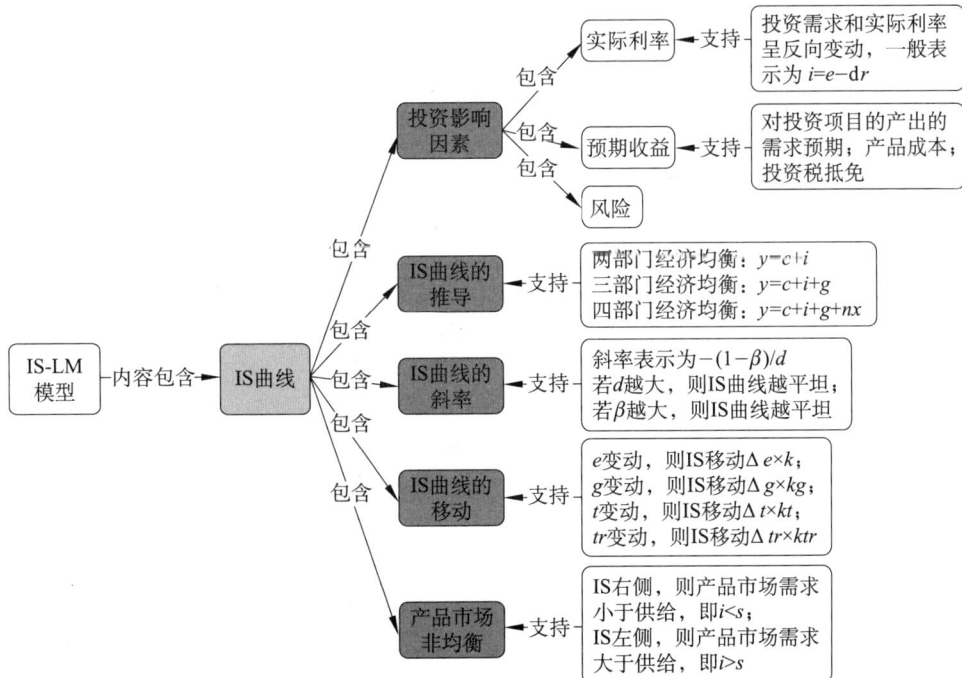

学习目标	知识点(学习水平)			素质目标
	投资的影响因素(理解);IS 曲线的含义(理解、记忆);IS 曲线的推导(理解、运用);IS 曲线的斜率(理解、运用);IS 曲线的移动(理解、运用);产品市场非均衡(理解、运用)			理解高收益一定伴随高风险,具备风险意识
学习先行知识技能	知识点(学习水平)			
	无			
课上资源	课件;教材;文档	课下资源	课件;教材;文档;教学视频	
课上时间	100 分钟	课下时间	190 分钟	
活动序列	活动目标	时　间	学习资源	学习地点
活动 1	投资的影响因素(理解)	课上 25 分钟	(1)课件:第 11 章 IS-LM 模型 (2)教材:《西方经济学(下册)》,马工程系列教材,高等教育出版社	课上
		课下 30 分钟	(1)教材:《西方经济学(下册)》,马工程系列教材,高等教育出版社 (2)文档:第 11 章知识点梳理;第 11 章任务清单 (3)课件:第 11 章 IS-LM 模型 (4)视频:第 11 章投资与利率	课下
活动 2	IS 曲线的含义(理解、记忆);IS 曲线的推导(理解、运用)	课上 15 分钟	(1)课件:第 11 章 IS-LM 模型 (2)教材:《西方经济学(下册)》,马工程系列教材,高等教育出版社	课上
		课下 30 分钟	(1)视频:第 11 章 IS 的定义和推导 (2)文档:第 11 章知识点梳理;第 11 章任务清单 (3)课件:第 11 章 IS-LM 模型 (4)教材:《西方经济学(下册)》,马工程系列教材,高等教育出版社	课下

活动序列	活动目标	时　间	学 习 资 源	学习地点
活动 3	IS 曲线的斜率（理解、运用）	课上 20 分钟	(1) 课件：第 11 章 IS-LM 模型 (2) 教材：《西方经济学（下册）》，马工程系列教材，高等教育出版社	课上
		课下 40 分钟	(1) 视频：第 11 章 IS 的斜率和变动 (2) 文档：第 11 章知识点梳理；第 11 章任务清单 (3) 课件：第 11 章 IS-LM 模型 (4) 教材：《西方经济学（下册）》，马工程系列教材，高等教育出版社	课下
活动 4	IS 曲线的移动（理解、运用）	课上 30 分钟	(1) 课件：第 11 章 IS-LM 模型 (2) 教材：《西方经济学（下册）》，马工程系列教材，高等教育出版社	课上
		课下 60 分钟	(1) 视频：第 11 章 IS 的斜率和变动 (2) 文档：第 11 章知识点梳理；第 11 章任务清单 (3) 课件：第 11 章 IS-LM 模型 (4) 教材：《西方经济学（下册）》，马工程系列教材，高等教育出版社	课下
活动 5	产品市场非均衡（理解、运用）	课上 10 分钟	(1) 课件：第 11 章 IS-LM 模型 (2) 教材：《西方经济学（下册）》，马工程系列教材，高等教育出版社	课上
		课下 30 分钟	(1) 文档：第 11 章知识点梳理；第 11 章任务清单 (2) 课件：第 11 章 IS-LM 模型 (3) 教材：《西方经济学（下册）》，马工程系列教材，高等教育出版社	课下

活动 1 知识建模图（课下）：

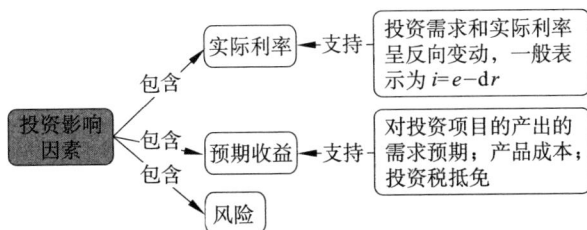

续表

活动目标	投资的影响因素(理解)

活动任务序列(导入任务描述):无

师生交互过程	无

活动任务序列(任务一)

任务一知识组块: 见活动1知识建模图	任务描述	采用观看视频和教材、完成任务清单中的问题和知识点梳理中对应练习的教学策略与方法,使学生达到能够理解投资的影响因素的学习结果
	任务时长	30分钟
	学习地点	课下

教学方法 (学习方法)	□讲授 □小组讨论 □答疑 □实验 □实训 ☑自主学习 □其他(请填写)_____

师生交互过程	教师:在学习中心发布学习任务,下发任务清单和第11章知识点梳理 学生:按照要求完成投资决定的预习,弄清任务清单中的问题并完成练习题

学习资源	(1) 教材:《西方经济学(下册)》,马工程系列教材,高等教育出版社 (2) 文档:第11章知识点梳理;第11章任务清单 (3) 课件:第11章 IS-LM 模型 (4) 视频:第11章投资与利率

学习成果及评价标准	学习成果1:教学视频学习情况 评价标准:在平时成绩中占15分,每次课及时完成得1分,未完成0分 学习成果2:预习笔记 评价标准:在平时成绩中占15分,每次课评为优秀得1分,其他得0.6分,未完成0分 学习成果3:知识点练习整理 评价标准:在平时成绩中占15分,得分率90%以上每次得2分,得分率在80%~90%(不含90%)得1.5分,其他得1分,未完成0分。

活动1知识建模图(课上):
见活动1知识建模图(课下)

活动目标	投资的影响因素(理解)

活动任务序列(导入任务描述):通过提问的方式引入投资

师生交互过程	教师提问:"经济学中的投资是指什么?" 学生思考并回答,可能会认为金融投资属于投资 教师总结并强调:"经济学中的投资是指实物资本资产投资。"

续表

活动任务序列(任务一)

任务一知识组块: 见活动 1 知识建模图	任务描述	采用讲解、提问、课堂测试的教学策略与方法,使学生达到能够理解投资影响因素的学习结果
	任务时长	25 分钟
	学习地点	课上

教学方法 (学习方法)	☑讲授　□小组讨论　☑答疑　□实验　□实训　□自主学习 ☑其他(请填写)提问,习题演练

师生交互过程	教师提问:"假如你要开一家餐馆,需要考虑哪些因素?" 学生在教师的引导下回答出资本、利润、风险等 教师总结:"利率、预期收益、风险等都影响投资,接下来一一学习。" 教师:讲授利率对投资的影响,得到投资是关于利率的减函数。借助网络让学生了解最新的利率数据,弄清楚名义利率和实际利率的关系,同时,引入"负利率",强调影响投资的利率实际上指的是实际利率,得到投资需求函数 $i=e-dr$,结合具体函数 $i=1250-250r$,让学生画图,并思考投资需求曲线是什么形状的 学生:画图,并回答投资需求曲线是向右下方倾斜的 教师提问:"其斜率是多少?" 学生可能回答:"$-250,-1/250$。" 教师:"正确的答案是 $-1/250$,这是函数表示和坐标轴代表含义相反造成的。" 教师教授预期收益对投资的影响,具体分析产品成本、项目产品的市场需求及投资抵免税对预期收益的影响风险 教师讲授风险对投资的影响,套用谚语"舍不得孩子套不着狼"形象说明风险对投资的影响 教师:进行关于投资的影响因素的课堂测试,并根据学生的答题情况选择性答疑

学习资源	(1) 课件:第 11 章 IS-LM 模型 (2) 教材:《西方经济学(下册)》,马工程系列教材,高等教育出版社
学习成果及评价标准	学习成果:线上测试 评价标准:在平时成绩中占 25 分,根据实际得分除以总分,再乘 25 计算

活动 2 知识建模图(课下):

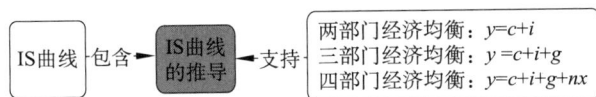

活动目标	IS 曲线的推导(理解、运用);IS 曲线的含义(理解、记忆)

活动任务序列(导入任务描述):无

师生交互过程	无

续表

活动任务序列(任务一)

任务一知识组块: 见活动2知识建模图	任务描述	采用观看视频、参考教材,完成任务清单中提出的问题和知识点梳理中对应练习的教学策略与方法,使学生达到能够理解和运用 IS 曲线推导和含义的学习结果
	任务时长	30 分钟
	学习地点	课下
教学方法 (学习方法)	□讲授　□小组讨论　□答疑　□实验　□实训　☑自主学习 ☑其他(请填写)习题演练	
师生交互 过程	教师:在学习中心发布学习视频,设置完成时间,提醒学生在规定时间内完成,并在下次课时反馈视频观看情况 学生:按照要求观看视频,能回答出任务清单中提出的问题,并完成知识点梳理中对应的练习题	
学习资源	(1)视频:第11章IS的定义和推导 (2)文档:第11章知识点梳理;第11章任务清单 (3)课件:第11章IS-LM模型 (4)教材:《西方经济学(下册)》,马工程系列教材,高等教育出版社	
学习成果及 评价标准	学习成果1:教学视频学习情况 评价标准:在平时成绩中占15分,每次课及时完成得1分,未完成0分 学习成果2:预习笔记 评价标准:在平时成绩中占15分,每次课评为优秀得1分,其他得0.6分,未完成0分 学习成果3:知识点练习整理 评价标准:在平时成绩中占15分,得分率90%以上每次得2分,得分率在80%~90%(不含90%)得1.5分,其他得1分,未完成0分	

活动2知识建模图(课上):
见活动2知识建模图(课下)

活动目标	IS曲线的推导(理解、运用);IS曲线的含义(理解、记忆)
活动任务序列(导入任务描述):通过提问的方式回忆此前学习的两部门、三部门和四部门经济均衡条件	
师生交互 过程	教师提问:"两部门经济中的均衡条件是什么?" 学生思考后回答:"$y=c+i$。" 教师提问:"那三部门经济的均衡条件是什么? 四部门呢?" 学生回答:"三部门是 $y=c+i+g$,四部门是 $y=c+i+g+nx$。"

活动任务序列(任务一)

任务一知识组块: 见活动2知识建模图	任务描述	采用提问、讲授、课堂测试、习题演练和答疑的教学策略与方法,使学生达到能够理解和运用 IS 曲线推导和含义的学习结果
	任务时长	15 分钟
	学习地点	课上

续表

教学方法（学习方法）	☑讲授　□小组讨论　☑答疑　□实验　□实训　□自主学习 ☑其他（请填写）提问，习题演练和课堂测试
师生交互过程	教师总结："本章的均衡和第十章的均衡是一样的，唯一的区别在于第十章中涉及的投资是常数，而本章则是投资函数。" 教师布置练习并提问："两部门经济，$c=40+0.75y$，$i=100-5r$，求均衡收入。" 学生自行计算并回答："$y=560-20r$。" 教师总结："这就是 IS 曲线的方程。" 教师给出坐标系，让学生画出 IS 曲线 学生自行画图 教师提问："画出来的 IS 曲线是什么形状的？" 学生回答："向右下方倾斜。" 教师继续提问："IS 曲线上代表产品市场均衡的点有多少个？" 学生思考并回答："无数个。" 教师总结："产品市场均衡时，反映国民收入和利率关系的曲线就是 IS 曲线，也可以根据 $i=s$ 推出。" 教师布置练习并提问："已知两部门经济，$c=\alpha+\beta y$，$i=e-dr$，求 IS？" 学生计算并回答："$y=(\alpha+e-dr)/(1-\beta)$。" 教师提醒："大家回忆一下第十章两部门的均衡国民收入的表达。" 学生集体回答："$y=(\alpha+i)/(1-\beta)$。" 教师提示："大家比较这两个式子，是一样的吗？" 学生认真比较后回答："一样。" 教师总结："所以，IS 曲线的表达式与第 10 章两部门的表达式其实是一样的，只不过是把原本的投资 I 换为具体的函数 $e-dr$。" 课堂测试：5 分钟 教师：根据答题情况有选择地进行答疑
学习资源	(1) 课件：第 11 章 IS-LM 模型 (2) 教材：《西方经济学（下册）》，马工程系列教材，高等教育出版社
学习成果及评价标准	学习成果 1：学生回答问题的表现 评价标准：在平时成绩中占 5 分。根据回答问题的准确性和逻辑性，分为 A、B、C 三个等级，A 级得 2 分，B 级得 1 分，C 级不得分 学习成果 2：线上测试 评价标准：在平时成绩中占 25 分，根据实际得分除以总分，再乘 25 计算

活动 3 知识建模图（课下）：

IS曲线 —包含→ **IS曲线的斜率** —支持→ 斜率表示为 $-(1-\beta)/d$；若 d 越大，则 IS 曲线越平坦；若 β 越大，则 IS 曲线越平坦

活动目标	IS 曲线的斜率（理解、运用）
活动任务序列（导入任务描述）：无	
师生交互过程	教师发布该知识点的教学视频，学生按照要求观看视频，浏览教材，并回答任务清单中的问题，完成知识点梳理中对应的练习题

活动任务序列(任务一)

任务一知识组块: 见活动3知识建模图	任务描述	采用观看视频、回答问题、练习题试做的教学策略 与方法,使学生达到能够理解和运用 IS 曲线斜率 的学习结果
	任务时长	40 分钟
	学习地点	课下

教学方法 (学习方法)	□讲授　□小组讨论　□答疑　□实验　□实训　☑自主学习 ☑其他(请填写)习题演练
师生交互 过程	教师发布该知识点的教学视频,学生按照要求观看视频,浏览教材,并回答任务清 单中的问题,完成知识点梳理中对应的练习题
学习资源	(1) 视频:第 11 章-IS 的斜率和变动 (2) 文档:第 11 章知识点梳理;第 11 章任务清单 (3) 课件:第 11 章 IS-LM 模型 (4) 教材:《西方经济学(下册)》,马工程系列教材,高等教育出版社
学习成果及 评价标准	学习成果 1:教学视频学习情况 评价标准:在平时成绩中占 15 分,每次课及时完成得 1 分,未完成 0 分 学习成果 2:预习笔记 评价标准:在平时成绩中占 15 分,每次课评为优秀得 1 分,其他得 0.6 分,未完成 0 分 学习成果 3:知识点练习整理 评价标准:在平时成绩中占 15 分,得分率 90% 以上每次得 2 分,得分率在 80%～ 90%(不含 90%)得 1.5 分,其他得 1 分,未完成 0 分

活动 3 知识建模图(课上):
见活动 3 知识建模图(课下)

活动目标	IS 曲线的斜率(理解、运用)

活动任务序列(导入任务描述):斜率如何计算

师生交互 过程	教师:"刚才我们计算出来的 IS 曲线为 $y=560-20r$,那它的斜率是多少?" 学生:"－20,－1/20。"

活动任务序列(任务一)

任务一知识组块: 见活动3知识建模图	任务描述	采用讲解、提问、课堂测试的教学策略与方法,使学 生达到能够理解和运用 IS 曲线的斜率的学习结果
	任务时长	20 分钟
	学习地点	课上

教学方法 (学习方法)	☑讲授　□小组讨论　☑答疑　□实验　□实训　□自主学习 □其他(请填写)课堂测试,提问

师生交互过程	教师:通过 IS 曲线表达式,提问学生该曲线斜率的表达式是什么? 给出两个选择: A. $-(1-\beta)/d$　　B. $-d/(1-\beta)$ 学生:可能两个选项都有学生选择 教师:根据学生的回答,解释为什么答案选择 A,然后从数学的角度分析,通过讲授的方式,得出如下结论:d 越大,斜率越大,IS 曲线越平坦;β 越大,斜率越大,IS 曲线越平坦。再从经济学的角度分析,当利率提高变动 1 个单位时,投资减少 d 个单位,通过投资乘数 $1/(1-\beta)$,国民收入减少 $d/(1-\beta)$ 个单位 教师特别提醒:尽管两个因素都影响 IS 曲线的斜率,但 β 相对固定,因此该斜率主要取决于 d 的变化 教师提问:"若是定量税,在三部门经济中,IS 曲线的斜率如何表示呢? 若是比例税,在三部门经济中,IS 曲线的斜率又如何表示呢?" 学生自行思考并回答:"定量税,斜率表示为 $-(1-\beta)/d$;比例税,斜率表示为 $-(1-\beta(1-t))/d$。" **课堂测试(5 分钟)** 教师进行该知识点的课堂测试,并根据答题情况选择性答疑
学习资源	课件:第 11 章 IS-LM 模型 教材:《西方经济学(下册)》,马工程系列教材,高等教育出版社
学习成果及评价标准	学习成果:学生回答问题的表现 评价标准:在平时成绩中占 5 分。根据回答问题的准确性和逻辑性,分为 A、B、C 三个等级,A 级得 2 分,B 级得 1 分,C 级不得分

活动 4 知识建模图(课下):

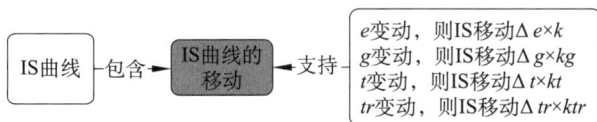

活动目标	IS 曲线移动(理解、运用)

活动任务序列(导入任务描述):无

师生交互过程	无

活动任务序列(任务一)

任务一知识组块: 见活动 4 知识建模图	任务描述	采用观看视频、参考教材、回答问题和习题试做的教学策略与方法,使学生达到能够理解和运用 IS 曲线移动的学习结果
	任务时长	60 分钟
	学习地点	课下
教学方法 (学习方法)	☐讲授　☐小组讨论　☐答疑　☐实验　☐实训　☑自主学习 ☑其他(请填写)习题演练	

师生交互过程	教师:在学习中心发布学习视频,设置完成时间,提醒学生在规定时间内完成,并在下次课时反馈视频观看情况 学生:按照要求观看视频,参考教材和课件,回答任务清单中对应问题,并完成本章知识点梳理中对应的习题
学习资源	(1) 视频:第 11 章-IS 的斜率和变动 (2) 文档:第 11 章知识点梳理;第 11 章任务清单 (3) 课件:第 11 章 IS-LM 模型 (4) 教材:《西方经济学(下册)》,马工程系列教材,高等教育出版社
学习成果及评价标准	学习成果 1:教学视频学习情况 评价标准:在平时成绩中占 15 分,每次课及时完成得 1 分,未完成 0 分 学习成果 2:预习笔记 评价标准:在平时成绩中占 15 分,每次课评为优秀得 1 分,其他得 0.6 分,未完成 0 分 学习成果 3:知识点练习整理 评价标准:在平时成绩中占 15 分,得分率 90% 以上每次得 2 分,得分率在 80%～90%(不含 90%)得 1.5 分,其他得 1 分,未完成 0 分

活动 4 知识建模图(课上):
见活动 4 知识建模图(课下)

活动目标	IS 曲线移动(理解、运用)

活动任务序列(导入任务描述):无

师生交互过程	无

活动任务序列(任务一)

任务一知识组块: 见活动 4 知识建模图	任务描述	采用讲解、提问、课堂测试、答疑的教学策略与方法,使学生达到能够理解和运用 IS 曲线移动的学习结果
	任务时长	30 分钟
	学习地点	课上

教学方法 (学习方法)	☑讲授　□小组讨论　☑答疑　□实验　□实训　□自主学习 ☑其他(请填写)提问,课堂测试

师生交互过程	教师布置练习题:三部门经济,$c=1000+0.8yd$,$i=1000-50r$,$g=1000$,$t=800$,$tr=800$, (1) 求 IS (2) 若投资变为 $i=1200-50r$,求 IS (3) 若政府购买变为 1200,求 IS (4) 若税收变为 1000,求 IS (5) 若转移支付变为 1000,求 IS

师生交互过程	学生认真做题 教师查看学生做题情况,待学生完成做题后逐一讲解,并在讲解中逐一提问,如比较 1 和 2,2 是 1 向( )平移( )单位得到的,这是由于( )变动了( );1 和 3 比较,3 是 1 向( )平移( )单位得到的,这是由于( )变动了( );1 和 4 比较,4 是1 向( )平移( )单位得到的,这是由于( )变动了( );1 和 5 比较,5 是 1 向( )平移( )单位得到的,这是由于( )变动了( ) 教师和学生一起总结出规律:当 e、g、tr、t 的变动量为 Δ 时,IS 曲线将平移 Δ 乘相应乘数 教师进行该知识点的课堂测试(时间设置 10 分钟,可提前结束),并根据答题情况选择性答疑
学习资源	(1) 课件:第 11 章 IS-LM 模型 (2) 教材:《西方经济学(下册)》,马工程系列教材,高等教育出版社
学习成果及评价标准	学习成果:线上测试 评价标准:在平时成绩中占 25 分,根据实际得分除以总分,再乘 25 计算

活动 5 知识建模图(课下):

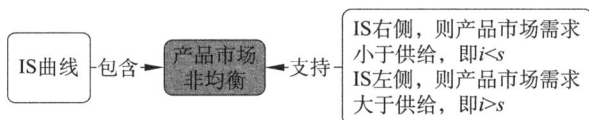

活动目标	产品市场的非均衡(理解、运用)

活动任务序列(导入任务描述):无

师生交互过程	无

活动任务序列(任务一)

任务一知识组块: 见活动 5 知识建模图	任务描述	采用预习教材、回答问题、习题试做的教学策略与方法,使学生达到能够理解和运用产品市场的非均衡的学习结果
	任务时长	30 分钟
	学习地点	课下
教学方法(学习方法)	□讲授　□小组讨论　□答疑　□实验　□实训　☑自主学习 □其他(请填写)习题演练	
师生交互过程	教师:布置预习任务 学生:预习课件中 IS 曲线的非均衡分析,结合教材相关内容,回答任务清单中的问题,完成本章知识点梳理中对应的习题	

学习资源	(1) 文档:第 11 章知识点梳理;第 11 章任务清单 (2) 课件:第 11 章 IS-LM 模型 (3) 教材:《西方经济学(下册)》,马工程系列教材,高等教育出版社
学习成果及 评价标准	学习成果:预习笔记 评价标准:在平时成绩中占 15 分,每次课评为优秀得 1 分,其他得 0.6 分,未完成 0 分

活动 5 知识建模图(课上):
见活动 5 知识建模图(课下)

活动目标	产品市场的非均衡(理解、运用)

活动任务序列(导入任务描述):无

师生交互 过程	无

活动任务序列(任务一)

任务一知识组块: 见活动 5 知识建模图	任务描述	采用讲授、课堂测试和答疑的教学策略与方法,使学生达到能够理解和运用产品市场的非均衡的学习结果
	任务时长	10 分钟
	学习地点	课上

教学方法 (学习方法)	☑讲授 □小组讨论 ☑答疑 □实验 □实训 □自主学习 ☑其他(请填写)课堂测试
师生交互 过程	教师:"我们以 IS 右侧的 A 点为例,结合图形进行分析,如在 IS 曲线上找一个和 A 点具有同样收入的 B 点,此时 $y_A = y_B$,而 $r_A > r_B$,当 $y_A = y_B$ 时,$S_A = S_B$;当 $r_A > r_B$ 时,$I_A < I_B$;又因为对于 B 点而言,$I_B = S_B$,因此 $I_A < S_A$。IS 曲线右侧的点,$I < S$,需求<供给,出现产品过剩的情况;IS 曲线左侧的点,$I > S$,需求>供给,出现产品短缺的情况。" 教师进行该知识点的课堂测试(时间设置 3 分钟,可提前结束),并根据答题情况选择性答疑
学习资源	(1) 课件:第 11 章 IS-LM 模型 (2) 教材:《西方经济学(下册)》,马工程系列教材,高等教育出版社
学习成果及 评价标准	学习成果:线上测试 评价标准:在平时成绩中占 25 分,根据实际得分除以总分,再乘 25 计算

3. 实施过程

(1) 课前自主学习。课前学习是课外学习的环节之一,由个体预习和小组合作研讨组成。

(2) 课上精细讲解。教师应充分运用多媒体的优势,特别是图形与文字的有机结合、动画演示等技巧突出重点,辅助难点教学;黑板板书注重与多媒体的有机对接。

(3)分组主题演讲。教师应采用专题知识小组协作和课堂展示的教学方法,围绕我国扩大内需、供给侧结构性改革和实施"双碳"战略等热点问题,开展启发式探究式教学。

(4)阅读分享、新闻分享。教师应根据授课内容提前一周至两周在翻转校园平台布置任务,要求学生关注宏观经济发展动态和经济发展实践情况,查阅权威文献进行重点阅读,收集相关财经新闻,并引入课堂进行分享。

4. 教学评价

该课程的平时成绩占 40%,期末考试成绩占 60%。其中平时成绩评价方法如下。

(1)教学视频学习情况:在平时成绩中占 15 分,每次课及时完成得 1 分,未完成 0 分。

(2)预习笔记:在平时成绩中占 15 分,每次课评为优秀得 1 分,其他得 0.6 分,未完成 0 分。

(3)知识点练习整理:在平时成绩中占 15 分,得分率 90% 以上每次得 2 分,得分率在 80%～90%(不含 90%)得 1.5 分,其他得 1 分,未完成 0 分。

(4)学生回答问题的表现:在平时成绩中占 5 分。根据回答问题的准确性和逻辑性,分为 A、B、C 三个等级,A 级得 2 分,B 级得 1 分,C 级不得分。

(5)线上测试:在平时成绩中占 25 分,根据实际得分除以总分,再乘 25 计算。

(6)章节测试题:在平时成绩中占 25 分,每次章节测试题 100 分,得分≥85 分记为 A,65～75 分记为 B,其他记为 C。A 得 5 分,B 得 4 分,C 得 2 分,不交 0 分。

期末考试实行教考分离的形式,依托人大宏观经济学习题库,随机抽题形成考试试卷,并根据参考答案和评分标准进行打分。

4.3.4　产业经济学

1. 课程简介

产业经济学是一门以研究产业组织、产业结构和产业政策为主要内容的中观层次的经济学课程。也是当前经济学领域发展最为迅速、理论创新最为活跃的课程之一。产业经济学主要研究企业之间的垄断和竞争关系,是各国反垄断和政府管制政策的重要基础。同时,产业经济学对产业演变规律、产业布局的分析,也是理解后起国家产业决策和各种产业现象以及评价其产业政策和产业结构合理与否的理论基础。通过本课程的学习,学生能够掌握产业经济学的基本理论和产业组织的基本概念,熟悉产业结构分析的框架和主要分析方法,能对现实经济中存在的产业组织现象和产业政策进行较深入地经济学分析。

2. 教学设计

产业经济学专业基础课教学设计见表 4-12～表 4-16。

表 4-12 产业经济学专业基础课教学设计 1

2023—2024 年第 2 学期第 1 周第 1 课时

知识建模图：

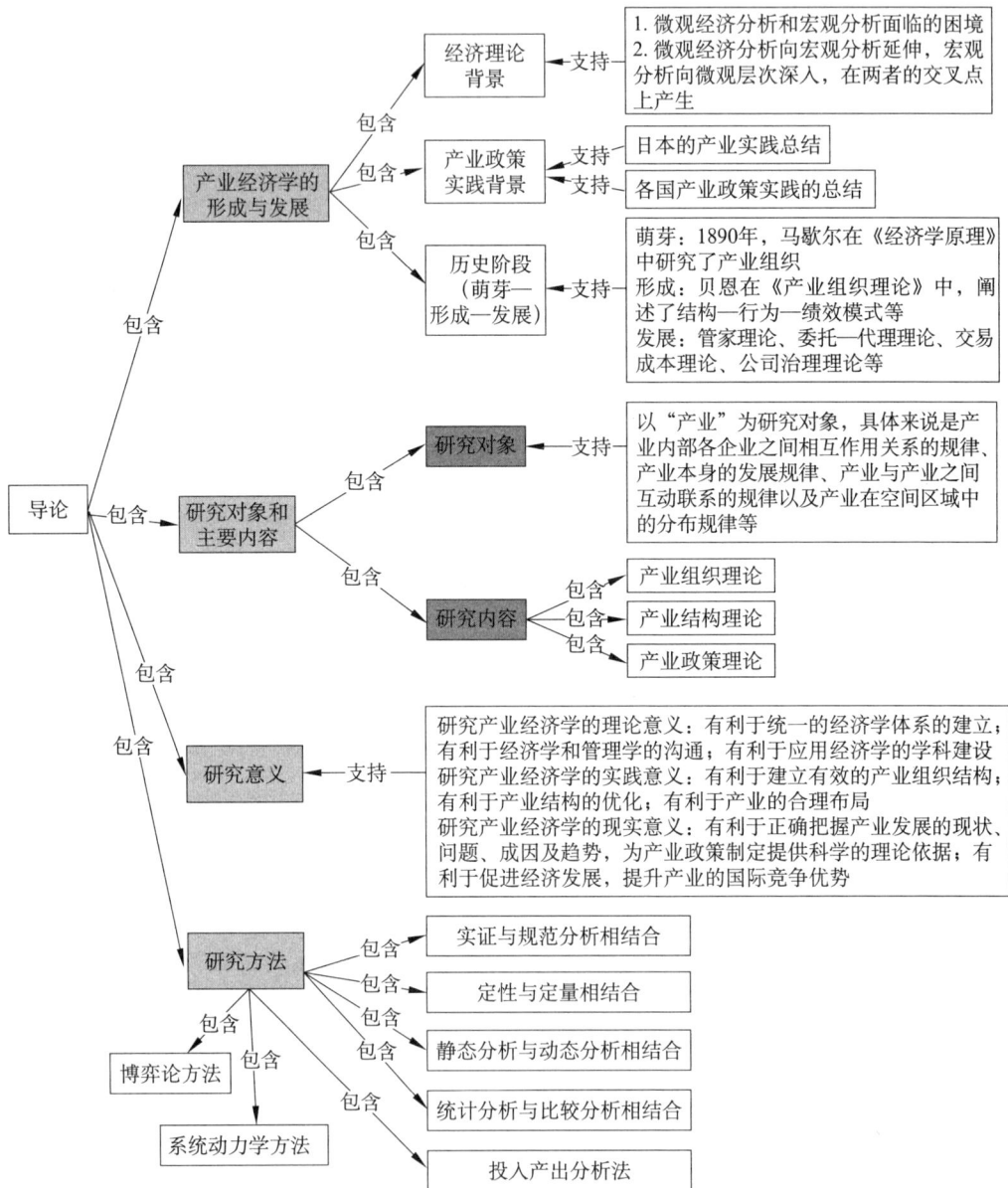

学习目标	知识点(学习水平)	素质目标
	产业经济学形成与发展(理解)；研究对象和内容(理解、记忆)；研究意义(理解)；研究方法(运用)	无

续表

学习先行知识技能	知识点(学习水平)			
	无			
课上资源	课件和教材	课下资源	教材、教学视频和文档	
课上时间	55 分钟	课下时间	100 分钟	
活动序列	活动目标	时　间	学习资源	学习地点
活动 1	产业经济学形成与发展(理解)	课上 15 分钟	(1) 教材:《产业经济学(第四版)》,高等教育出版社,pp. 8-14 (2) 课件:第 1 章导论	课上
		课下 30 分钟	(1) 教材:王俊豪《产业经济学(第四版)》,高等教育出版社 (2) 视频:1-3 产业经济学的理论发展;1-6 新时代产业经济思想 (3) 文档:第 1 章自学任务清单	课下
活动 2	研究对象和内容(理解、记忆)	课上 10 分钟	(1) 教材:王俊豪《产业经济学(第四版)》,高等教育出版社,pp. 1-5 (2) 课件:第 1 章导论	课上
		课下 30 分钟	(1) 视频:1-1 产业经济学的研究对象和理论体系;1-2 产业分类 (2) 文档:第 1 章自学任务清单 (3) 教材:王俊豪《产业经济学(第四版)》,高等教育出版社,pp. 1-5	课下
活动 3	研究意义(理解);研究方法(运用)	课上 30 分钟	(1) 课件:第 1 章导论 (2) 教材:王俊豪《产业经济学(第四版)》,高等教育出版社,p. 5;pp. 14-16	课上
		课下 40 分钟	(1) 视频:1-4 产业经济学的性质和地位;1-5 产业经济学研究方法 (2) 文档:第 1 章自学任务清单 (3) 教材:王俊豪《产业经济学(第四版)》,高等教育出版社,p. 5;pp. 14-16	课下

活动 1 知识建模图(课下):

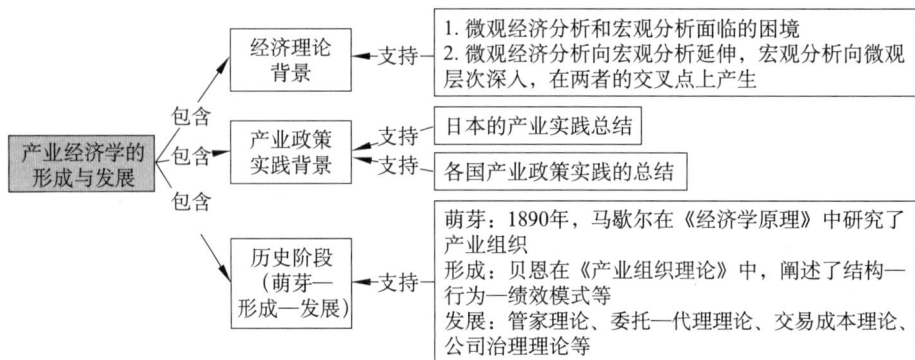

活动目标	产业经济学形成与发展(理解)

活动任务序列(导入任务描述):自学

师生交互过程	无

活动任务序列(任务一)

任务一知识组块: 见活动 1 知识建模图	任务描述	采用观看视频、学习教材中相应内容、撰写预习笔记的教学策略与方法,使学生达到能够初步理解产业经济学形成与发展的学习结果
	任务时长	30 分钟
	学习地点	课下

教学方法 (学习方法)	□讲授　□小组讨论　□答疑　□实验　□实训　☑自主学习　□翻转课堂 ☑其他(请填写)练习法,笔记法
师生交互过程	教师:发布对应活动 1 的教学视频,下发对应的课前自学问题清单,并提出以下要求: (1)在规定时间内完成教学视频的观看 (2)对照课前自学问题清单,完成预习笔记并上传到学习中心 学生:按照教师要求完成上述内容
学习资源	(1)教材:王俊豪《产业经济学(第四版)》,高等教育出版社,pp. 8-14 (2)视频:1-3 产业经济学的理论发展;1-6 新时代产业经济思想 (3)文档:第 1 章自学任务清单
学习成果及评价标准	学习成果 1:教学视频学习情况 评价标准:在平时成绩中占 15 分,每次课及时完成得 1 分,未完成 0 分 学习成果 2:预习笔记 评价标准:在平时成绩中占 15 分,每次课评为优秀得 1 分,其他得 0.6 分,未完成 0 分

活动 1 知识建模图(课上): 见活动 1 知识建模图(课下)	
活动目标	产业经济学形成与发展(理解)
活动任务序列(导入任务描述):导入语	
师生交互过程	教师陈述:"我们知道,经济学有理论经济学和应用经济学两大类,那产业经济学为何属于应用经济学呢? 这是因为它是从实践中发展起来的。"

活动任务序列(任务一)

任务一知识组块: 见活动 1 知识建模图	任务描述	采用讲授、提问的教学策略与方法,使学生达到能够理解产业经济学的发展背景,理解其发展过程的学习结果
	任务时长	15 分钟
	学习地点	课上
教学方法 (学习方法)	☑讲授　□小组讨论　□答疑　□实验　□实训　□自主学习　□翻转课堂 ☑其他(请填写)提问	
师生交互过程	教师提问:"产业经济学是怎么产生的?"(单人提问) 学生可能从经济理论背景和实践背景两个方面回答 教师结合学生回答详细地从经济理论背景和实践背景两个方面讲解产业经济学的形成,然后再从萌芽、形成和发展三个方面讲产业经济学的发展(也可结合单人提问进行)	
学习资源	(1) 教材:王俊豪《产业经济学(第四版)》,高等教育出版社,pp.8-14 (2) 课件:第 1 章导论	
学习成果及评价标准	学习成果:学生回答问题的表现 评价标准:在平时成绩中占 5 分。根据回答问题的准确性和逻辑性,分为 A、B、C 三个等级,A 级得 2 分,B 级得 1 分,C 级不得分	

活动 2 知识建模图(课下):

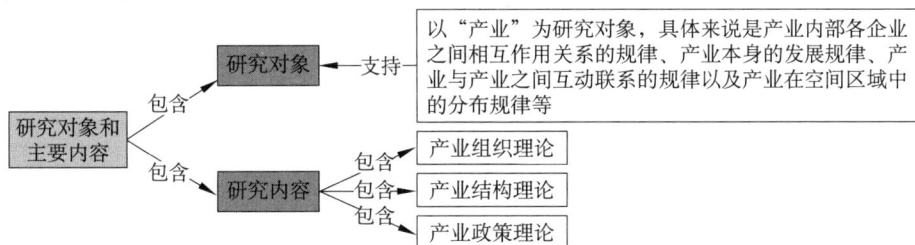

活动目标	研究对象和内容(理解、记忆)
活动任务序列(导入任务描述):自学	
师生交互过程	无

活动任务序列(任务一)

任务一知识组块： 见活动 2 知识建模图	任务描述	采用观看视频、学习教材中相应内容、撰写预习笔记的教学策略与方法,使学生达到能够初步记忆和理解产业经济学的研究对象和内容的学习结果
	任务时长	30 分钟
	学习地点	课下

教学方法 (学习方法)	□讲授　□小组讨论　□答疑　□实验　□实训　☑自主学习　□翻转课堂 ☑其他(请填写)练习法,笔记法
师生交互 过程	教师:发布对应活动 2 的教学视频,下发对应的课前自学任务清单,并提出以下要求: (1) 在规定时间内完成教学视频的观看 (2) 对照课前自学问题清单,完成预习笔记并上传到学习中心 (3) 完成知识点练习整理中对应的习题 学生:按照教师要求完成上述内容
学习资源	(1) 视频:1-1 产业经济学的研究对象和理论体系;1-2 产业分类 (2) 文档:第 1 章自学任务清单 (3) 教材:王俊豪《产业经济学(第四版)》,高等教育出版社,pp. 1-5
学习成果及 评价标准	学习成果 1:教学视频学习情况 评价标准:在平时成绩中占 15 分,每次课及时完成得 1 分,未完成 0 分 学习成果 2:预习笔记 评价标准:在平时成绩中占 15 分,每次课评为优秀得 1 分,其他得 0.6 分,未完成 0 分

活动 2 知识建模图(课上):
见活动 2 知识建模图(课下)

活动目标	研究对象和内容(理解、记忆)

活动任务序列(导入任务描述):导入语

师生交互 过程	教师陈述:"那产业经济学的研究对象是什么? 主要的研究内容包含哪些呢?"

活动任务序列(任务一)

任务一知识组块： 见活动 2 知识建模图	任务描述	采用讲授、提问的教学策略与方法,使学生达到能够理解和记忆产业经济学研究对象和内容的学习结果
	任务时长	10 分钟
	学习地点	课上

教学方法 (学习方法)	☑讲授　□小组讨论　□答疑　□实验　□实训　□自主学习　□翻转课堂 ☑其他(请填写)提问

师生交互过程	教师提问："产业经济学的研究对象是什么?"(单人提问) 学生回答："以'产业'为研究对象,具体来说是产业内部各企业之间相互作用关系的规律、产业本身的发展规律、产业与产业之间互动联系的规律以及产业在空间区域中的分布规律等。" 教师继续提问："那什么是产业?"(单人提问) 学生回答："产业是具有某种同类属性的具有相互作用的经济活动组成的集合或系统。" 教师继续提问："你都知道哪些产业呢?"(单人提问) 学生回答："汽车、房地产等。" 教师讲授："产业经济学研究的主要内容有产业组织理论、产业结构理论和产业政策理论,之后我们会详细讨论每个部分包含的内容。"
学习资源	教材:王俊豪《产业经济学(第四版)》,高等教育出版社,pp. 1-5 课件:第 1 章导论
学习成果及评价标准	学习成果:学生回答问题的表现 评价标准:在平时成绩中占 5 分。根据回答问题的准确性和逻辑性,分为 A、B、C三个等级,A 级得 2 分,B 级得 1 分,C 级不得分

活动 3 知识建模图(课下):

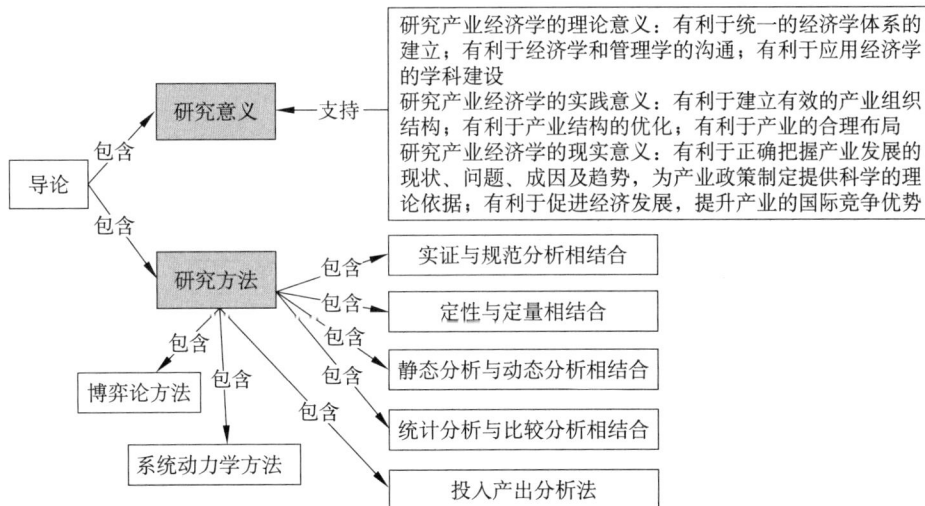

活动目标	研究意义(理解);研究方法(运用)
活动任务序列(导入任务描述):自学	
师生交互过程	无

续表

活动任务序列(任务一)

任务一知识组块: 见活动 3 知识建模图	任务描述	采用观看视频、学习教材中相应内容、撰写预习笔记的教学策略与方法,使学生达到能够初步理解研究意义和研究方法,且能在后期学习中运用研究方法的学习结果
	任务时长	40 分钟
	学习地点	课下

教学方法 (学习方法)	□讲授　□小组讨论　□答疑　□实验　□实训　☑自主学习　□翻转课堂 ☑其他(请填写)练习法,笔记法
师生交互 过程	教师:发布对应活动 3 的教学视频,下发对应的课前自学问题清单,并提出以下要求: (1) 在规定时间内完成教学视频的观看 (2) 对照课前自学问题清单,完成预习笔记并上传到学习中心 (3) 学生:按照教师要求完成上述内容
学习资源	(1) 视频:1-4 产业经济学的性质和地位;1-5 产业经济学研究方法 (2) 文档:第 1 章自学任务清单 (3) 教材:王俊豪《产业经济学(第四版)》,高等教育出版社,p.5;pp.14-16
学习成果及 评价标准	学习成果 1:教学视频学习情况 评价标准:在平时成绩中占 15 分,每次课及时完成得 1 分,未完成 0 分 学习成果 2:预习笔记 评价标准:在平时成绩中占 15 分,每次课评为优秀得 1 分,其他得 0.6 分,未完成 0 分

活动 3 知识建模图(课上):
见活动 3 知识建模图(课下)

活动目标	研究意义(理解);研究方法(运用)

活动任务序列(导入任务描述):导入语

师生交互 过程	教师陈述:"那产业经济学的研究意义何在? 在研究中能用到哪些方法呢?"

活动任务序列(任务一)

任务一知识组块:

研究意义 ←支持	研究产业经济学的理论意义:有利于统一的经济学体系的建立;有利于经济学和管理学的沟通;有利于应用经济学的学科建设 研究产业经济学的实践意义:有利于建立有效的产业组织结构;有利于产业结构的优化;有利于产业的合理布局 研究产业经济学的现实意义:有利于正确把握产业发展的现状、问题、成因及趋势,为产业政策制定提供科学的理论依据;有利于促进经济发展,提升产业的国际竞争优势	任务描述	采用讲授、提问的教学策略与方法,使学生达到能够理解研究意义的学习结果
		任务时长	10 分钟
		学习地点	课上

教学方法 (学习方法)	☑讲授　□小组讨论　□答疑　□实验　□实训　□自主学习　□翻转课堂 ☑其他(请填写)提问
师生交互 过程	教师提问:"研究产业经济学的意义是什么?" 学生可能回答:"有理论意义、实践意义和现实意义。" 教师从理论意义、实践意义和现实意义三个方面分析产业经济学的研究意义
学习资源	课件:第 1 章导论 教材:王俊豪《产业经济学(第四版)》,高等教育出版社,p.5
学习成果及 评价标准	学习成果:学生回答问题的表现 评价标准:在平时成绩中占 5 分。根据回答问题的准确性和逻辑性,分为 A、B、C 三个等级。A 级得 2 分,B 级得 1 分,C 级不得分

活动任务序列(任务二)

任务二知识组块: 	任务描述	采用讲授、提问的教学策略与方法,使学生达到能够理解研究方法,且能在后期学习中运用研究方法的学习结果
	任务时长	20 分钟
	学习地点	课上

教学方法 (学习方法)	☑讲授　□小组讨论　□答疑　□实验　□实训　□自主学习　□翻转课堂 ☑其他(请填写)提问
师生交互 过程	教师提问:"那产业经济学有哪些研究方法?" 学生回答:"实证与规范分析、定性和定量分析等。" 教师结合此前要学习的章节内容,讲述各种研究方法可能的运用 教师发布线上测试(10 分钟),学生完成后教师根据每道题的得分情况进行答疑
学习资源	课件:第 1 章导论 教材:王俊豪《产业经济学(第四版)》,高等教育出版社,pp.14-16
学习成果及 评价标准	学习成果 1:学生回答问题的表现 评价标准:在平时成绩中占 5 分。根据回答问题的准确性和逻辑性,分为 A、B、C 三个等级,A 级得 2 分,B 级得 1 分,C 级不得分 学习成果 2:线上测试 评价标准:在平时成绩中占 10 分,根据实际得分除以总分,再乘 10 来计算

表 4-13 产业经济学专业基础课教学设计 2

2023—2024 年第 2 学期第 1 周第 2 课时

知识建模图:

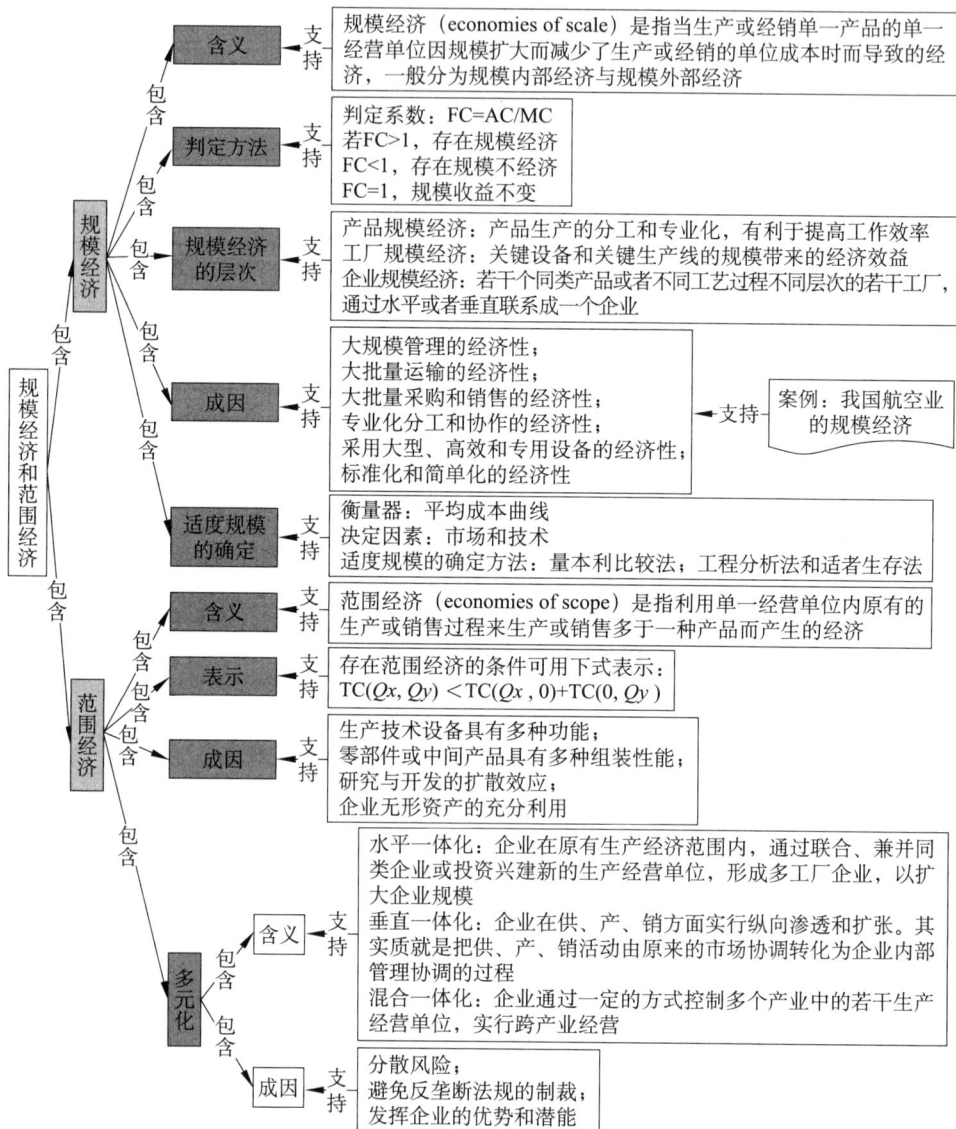

	知识点(学习水平)	素质目标
学习目标	规模经济含义(理解、记忆),规模经济判定方法(运用);规模经济的层次(理解);规模经济的成因(运用)	无
学习先行知识技能	知识点(学习水平)	
	无	

续表

课上资源	(1) 课件:第 2 章规模经济和范围经济 (2) 教材:王俊豪《产业经济学(第四版)》,高等教育出版社,pp. 21-30	课下资源	(1) 视频:2-1 规模经济的含义;2-2 规模经济的成因;2-3 企业适度规模的确定 (2) 教材:王俊豪《产业经济学(第四版)》,高等教育出版社,pp. 21-30 (3) 文档:第 2 章自学问题清单	
课上时间	45 分钟	课下时间	60 分钟	
活动序列	活动目标	时　间	学习资源	学习地点
活动 1	规模经济含义(理解、记忆),规模经济判定方法(运用);规模经济的层次(理解);规模经济的成因(运用)	课上 45 分钟	(1) 课件:第 2 章规模经济和范围经济 (2) 教材:王俊豪《产业经济学(第四版)》,高等教育出版社,pp. 21-30	课上
		课下 60 分钟	(1) 视频:2-1 规模经济的含义;2-2 规模经济的成因;2-3 企业适度规模的确定 (2) 教材:王俊豪《产业经济学(第四版)》,高等教育出版社,pp. 21-30 (3) 文档:第 2 章自学问题清单	课下

活动 1 知识建模图(课下):

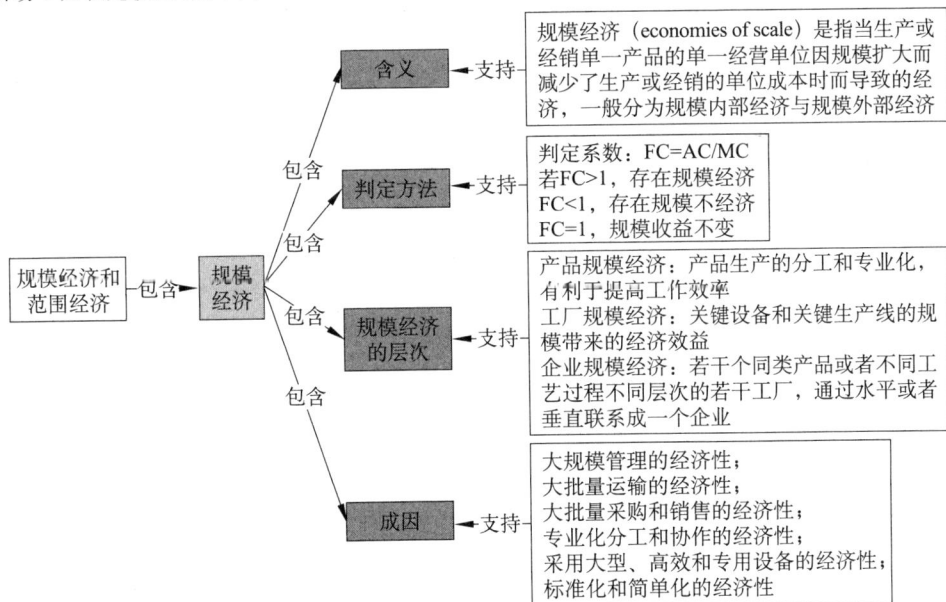

活动目标	规模经济含义(理解、记忆),规模经济判定方法(运用);规模经济的层次(理解);规模经济的成因(运用)
活动任务序列(导入任务描述):自学	

续表

师生交互过程	无

活动任务序列(任务一)

任务一知识组块：见活动1知识建模图	任务描述	采用观看视频、学习教材中相应内容、撰写预习笔记的教学策略与方法,使学生达到能够初步理解规模经济的含义和层次,且能运用判定方法和分析成因的学习结果
	任务时长	60分钟
	学习地点	课下

教学方法(学习方法)	□讲授　□小组讨论　□答疑　□实验　□实训　☑自主学习　□翻转课堂 ☑其他(请填写)<u>练习法,笔记法</u>
师生交互过程	教师:发布对应活动1的教学视频,下发对应的课前自学问题清单,并提出以下要求: (1)在规定时间内完成教学视频的观看 (2)对照课前自学问题清单,完成预习笔记并上传到学习中心 学生:按照教师要求完成上述内容
学习资源	(1)视频:2-1规模经济的含义;2-2规模经济的成因;2-3企业适度规模的确定 (2)教材:王俊豪《产业经济学(第四版)》,高等教育出版社,pp. 21-30 (3)文档:第2章自学问题清单
学习成果及评价标准	学习成果1:教学视频学习情况 评分标准:在平时成绩中占15分,每次课及时完成得1分,未完成0分 学习成果2:预习笔记 评分标准:在平时成绩中占15分,每次课评为优秀得1分,其他得0.6分,未完成0分

活动1知识建模图(课上):
见活动1知识建模图(课下)

活动目标	规模经济含义(理解、记忆);规模经济判定方法(运用);规模经济的层次(理解);规模经济的成因(运用)

活动任务序列(导入任务描述):导入语

师生交互过程	教师陈述:"规模经济和范围经济是产业组织理论的核心内容,今天我们就来学习规模经济。"

活动任务序列(任务一)

任务一知识组块：			
规模经济 —包含→ 含义 —支持→	规模经济(economies of scale)是指当生产或经销单一产品的单一经营单位因规模扩大而减少了生产或经销的单位成本时而导致的经济,一般分为规模内部经济与规模外部经济	任务描述	采用讲授、提问的教学策略与方法,使学生达到能够理解和记忆规模经济的学习结果
		任务时长	7分钟
		学习地点	课上

教学方法 (学习方法)	☑讲授　□小组讨论　□答疑　□实验　□实训　□自主学习　□翻转课堂 ☑其他(请填写)提问
师生交互 过程	教师提问:"我们在微观经济学中曾经学习过规模经济,那什么是规模经济呢?" 学生回忆并回答:"规模经济(economies of scale)是指当生产或经销单一产品的单一经营单位因规模扩大而减少了生产或经销的单位成本时而导致的经济。" 教师进行简单总结并陈述:"规模经济包含规模内部经济和规模外部经济。规模内部经济就是指随着生产规模的扩大,单位产品成本下降,收益上升;规模外部经济是指实现规模内部经济性所需的外部条件,如市场规模扩大、资源供给充足、运输和融资方便等。"
学习资源	教材:王俊豪《产业经济学(第四版)》,高等教育出版社,p.21 课件:第 2 章规模经济和范围经济
学习成果及 评价标准	学习成果:学生回答问题的表现 评价标准:在平时成绩中占 5 分。根据回答问题的准确性和逻辑性,分为 A、B、C三个等级。A 级得 2 分,B 级得 1 分,C 级不得分

活动任务序列(任务二)

任务二知识组块: 规模经济 —包含→ 判定方法 —支持→ 判定系数:FC=AC/MC 若FC>1,存在规模经济 FC<1,存在规模不经济 FC=1,规模收益不变	任务描述	采用讲授、提问的教学策略与方法,使学生达到能够运用判定方法进行判定的学习结果
	任务时长	13 分钟
	学习地点	课上

教学方法 (学习方法)	☑讲授　□小组讨论　□答疑　□实验　□实训　□自主学习　□翻转课堂 ☑其他(请填写)提问
师生交互 过程	教师提问:"我们在微观经济学中曾经学习过规模经济,也曾经画过图形,长期平均成本曲线是什么形状的? 为什么呈现这样的形状?" 学生回忆并回答 教师则结合图形进行讲解,最终根据判定系数 FC＝AC/MC 得到如下结论:FC＞1,存在规模经济;FC＜1,存在规模不经济;FC=1,规模收益不变
学习资源	教材:王俊豪《产业经济学(第四版)》,高等教育出版社,pp.21-22 课件:第 2 章规模经济和范围经济
学习成果及 评价标准	学习成果:学生回答问题的表现 评价标准:在平时成绩中占 5 分。根据回答问题的准确性和逻辑性,分为 A、B、C三个等级,A 级得 2 分,B 级得 1 分,C 级不得分

续表

活动任务序列(任务三)

任务三知识组块:		任务描述	采用讲授、提问的教学策略与方法,使学生达到能够理解规模经济三个层次的学习结果
规模经济 —包含→ 规模经济的层次 ←支持—	产品规模经济:产品生产的分工和专业化,有利于提高工作效率 工厂规模经济:关键设备和关键生产线的规模带来的经济效益 企业规模经济:若干个同类产品或者不同工艺过程不同层次的若干工厂,通过水平或者垂直联系成一个企业		
		任务时长	12分钟
		学习地点	课上

教学方法(学习方法)	☑讲授 □小组讨论 □答疑 □实验 □实训 □自主学习 □翻转课堂 ☑其他(请填写)提问
师生交互过程	教师陈述:"产品规模经济是指产品生产的分工和专业化,有利于提高工作效率;工厂规模经济是指关键设备和关键生产线的规模带来的经济效益;企业规模经济是指若干个同类产品或者不同工艺过程不同层次的若干工厂,通过水平或者垂直联系成一个企业。"陈述后,分别结合例子进行解释 教师提问:"你认为三个层次的区别是什么?" 学生思考并回答
学习资源	(1)教材:王俊豪《产业经济学(第四版)》,高等教育出版社,pp.22-23 (2)课件:第2章规模经济和范围经济
学习成果及评价标准	学习成果:学生回答问题的表现 评价标准:在平时成绩中占5分。根据回答问题的准确性和逻辑性,分为A、B、C三个等级,A级得2分,B级得1分,C级不得分

活动任务序列(任务四)

任务四知识组块:		任务描述	采用讲授、提问的教学策略与方法,使学生达到能够说出规模经济成因的学习结果
规模经济 —包含→ 成因 ←支持—	大规模管理的经济性; 大批量运输的经济性; 大批量采购和销售的经济性; 专业化分工和协作的经济性; 采用大型、高效和专用设备的经济性; 标准化和简单化的经济性		
		任务时长	13分钟
		学习地点	课上

教学方法(学习方法)	☑讲授 □小组讨论 □答疑 □实验 □实训 □自主学习 □翻转课堂 □其他(请填写)提问
师生交互过程	教师提问:"我们在微观经济学中也学习过规模经济的成因,同学们还记得都有哪些吗?" 学生回忆并回答 教师根据学生回答的内容进行补充和总结:"共有大规模管理的经济性;大批量运输的经济性;大批量采购和销售的经济性;专业化分工和协作的经济性;采用大型、高效和专用设备的经济性;标准化和简单化的经济性六个成因。总结后,结合例子进行解释。"

续表

学习资源	(1) 教材:王俊豪《产业经济学(第四版)》,高等教育出版社,pp.23-24 (2) 课件:第 2 章规模经济和范围经济
学习成果及评价标准	学习成果:学生回答问题的表现 评价标准:在平时成绩中占 5 分。根据回答问题的准确性和逻辑性,分为 A、B、C 三个等级,A 级得 2 分,B 级得 1 分,C 级不得分

表 4-14　产业经济学专业基础课教案 1

2023—2024 年第 2 学期第 2 周 1 课时

知识建模图:

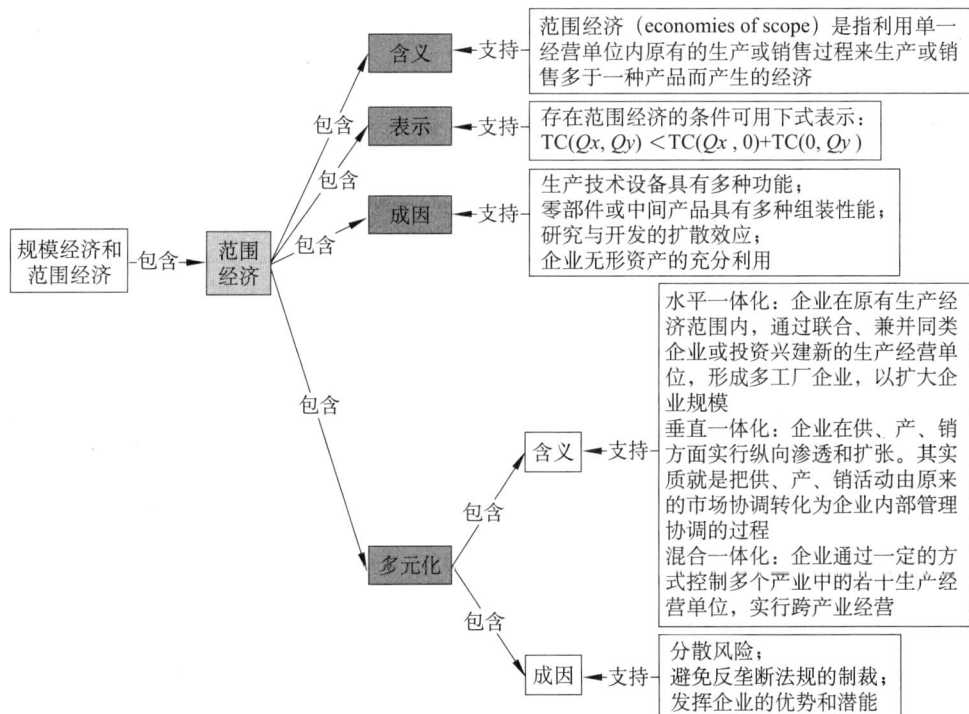

	知识点(学习水平)	素质目标
学习目标	范围经济的含义(记忆);范围经济的成因(理解、运用);企业多元化战略(运用)	无
学习先行知识技能	知识点(学习水平)	
	无	

续表

课上资源	(1) 课件:第2章规模经济和范围经济 (2) 教材:王俊豪《产业经济学(第四版)》,高等教育出版社,p. 23；pp. 24-25；pp. 30-34	课下资源	(1) 视频:2-4 范围经济 (2) 课件:第2章规模经济和范围经济 (3) 文档:第2章任务清单 (4) 文档:学术论文 (5) 教材:王俊豪《产业经济学(第四版)》,高等教育出版社
课上时间	50分钟	课下时间	140分钟

活动序列	活动目标	时　间	学习资源	学习地点
活动1	范围经济的含义(记忆)；范围经济的成因(理解、运用)；企业多元化战略(运用)	课上35分钟	(1) 课件:第2章规模经济和范围经济 (2) 教材:王俊豪《产业经济学(第四版)》,高等教育出版社	课上
		课下60分钟	(1) 视频:2-4 范围经济 (2) 课件:第2章规模经济和范围经济 (3) 文档:第2章任务清单 (4) 文档:学术论文 (5) 教材:王俊豪《产业经济学(第四版)》,高等教育出版社	课下
活动2	掌握本章基本知识点,并能运用于分析中	课上15分钟	无	课上
		课下80分钟	文档:学术论文1-3篇	课下

活动1知识建模图(课下):
见表4-14开头"规模经济和范围经济"知识建模图

活动目标	范围经济的含义(记忆);范围经济的成因(理解、运用);企业多元化战略(运用)

活动任务序列(导入任务描述):自学

师生交互过程	无

活动任务序列(任务一)

任务一知识组块: 见表4-14开头"规模经济和范围经济"知识建模图	任务描述	采用观看视频、学习教材中相应内容、撰写预习笔记的教学策略与方法,使学生达到能够初步理解范围经济的含义、成因的学习结果
	任务时长	60分钟
	学习地点	课下

教学方法 (学习方法)	□讲授　□小组讨论　□答疑　□实验　□实训　☑自主学习　□翻转课堂 ☑其他(请填写)练习法,笔记法
师生交互 过程	教师:发布对应活动 1 的教学视频 2-4 范围经济,并提出以下要求。 (1) 在规定时间内完成教学视频的观看 (2) 对照第 2 章课前自学任务清单,完成预习笔记并上传到学习中心 学生:按照教师要求完成上述内容
学习资源	(1) 视频:2-4 范围经济 (2) 课件:第 2 章规模经济和范围经济 (3) 文档:第 2 章自学任务清单;关于范围经济和规模经济的学术论文 (4) 教材:王俊豪《产业经济学(第四版)》,高等教育出版社
学习成果及 评价标准	学习成果 1:教学视频学习情况 评分标准:在平时成绩中占 15 分,每次课及时完成得 1 分,未完成 0 分 学习成果 2:预习笔记 评分标准:在平时成绩中占 15 分,每次课评为优秀得 1 分,其他得 0.6 分,未完成 0 分

活动 1 知识建模图(课上):

见表 4-14 开头"规模经济和范围经济"知识建模图

活动目标	范围经济的含义(记忆);范围经济的成因(理解、运用);企业多元化战略(运用)
活动任务序列(导入任务描述):通过提问引出本章的学习内容——范围经济	
师生交互 过程	无

活动任务序列(任务一)

任务一知识组块: 范围经济 └包含→含义─支持→范围经济 (economies of scope) 是指利用单一经营单位内原有的生产或销售过程来生产或销售多于一种产品而产生的经济 └包含→表示─支持→存在范围经济的条件可用下式表示:$TC(Qx, Qy) < TC(Qx, 0) + TC(0, Qy)$	任务描述	采用讲授、提问、讨论的教学策略与方法,使学生达到能够理解范围经济含义的学习结果
	任务时长	10 分钟
	学习地点	课上

教学方法 (学习方法)	☑讲授　□小组讨论　□答疑　□实验　□实训　□自主学习　□翻转课堂 ☑其他(请填写)练习法
师生交互 过程	教师提问:"什么是范围经济呢?" 学生回忆并回答:"范围经济(economies of scope)是指利用单一经营单位内原有的生产或销售过程来生产或销售多于一种产品而产生的经济。" 教师布置讨论区小练习:"范围经济和规模经济有何区别和联系?" 学生思考并在讨论区中答题 教师查看学生答题情况并进行总结

续表

学习资源	（1）课件：第 2 章规模经济和范围经济 （2）教材：王俊豪《产业经济学（第四版）》，高等教育出版社，p.23
学习成果及评价标准	学习成果：学生回答问题的表现 评价标准：在平时成绩中占 5 分。根据回答问题的准确性和逻辑性，分为 A、B、C 三个等级。A 级得 2 分，B 级得 1 分，C 级不得分

活动任务序列（任务二）

任务二知识组块：		任务描述	采用讲授、提问教学策略与方法，使学生达到能够理解和掌握范围经济成因的学习结果
		任务时长	10 分钟
		学习地点	课上

教学方法 （学习方法）	☑讲授 □小组讨论 □答疑 □实验 □实训 □自主学习 □翻转课堂 ☑其他（请填写）练习
师生交互过程	教师提问："那形成范围经济的原因有哪些呢？" 学生回忆并回答 教师讲解："生产技术设备具有多种功能；零部件或中间产品具有多种组装性能；研究与开发的扩散效应；企业无形资产的充分利用。"讲解完毕后，结合例子进行解释 教师提问："在成因方面，规模经济和范围经济有何区别？"
学习资源	（1）课件：第 2 章规模经济和范围经济 （2）教材：王俊豪《产业经济学（第四版）》，高等教育出版社，pp.24-25
学习成果及评价标准	学习成果：学生回答问题的表现 评价标准：在平时成绩中占 5 分。根据回答问题的准确性和逻辑性，分为 A、B、C 三个等级。A 级得 2 分，B 级得 1 分，C 级不得分

活动任务序列（任务三）

任务三知识组块：		任务描述	采用讲授、提问的教学策略与方法，使学生达到能够运用多元化经营分析问题的学习结果
		任务时长	15 分钟
		学习地点	课上

教学方法 （学习方法）	☑讲授　□小组讨论　□答疑　□实验　□实训　□自主学习　□翻转课堂 ☑其他（请填写）练习
师生交互 过程	教师提问："什么是多元化经营？" 学生回忆并回答 教师提问："那为什么要进行多元化经营？" 学生思考并回答 教师提问："实施多元化战略有哪些问题？" 学生思考并回答
学习资源	（1）课件：第 2 章规模经济和范围经济 （2）教材：王俊豪《产业经济学（第四版）》，高等教育出版社，pp.30-34
学习成果及 评价标准	学习成果：学生回答问题的表现 评价标准：在平时成绩中占 5 分。根据回答问题的准确性和逻辑性，分为 A、B、C 三个等级。A 级得 2 分，B 级得 1 分，C 级不得分

活动 2 知识建模图（课上）：
同表 4-14 开头"规模经济和范围经济"知识建模图

活动目标	范围经济的含义（记忆）；范围经济的成因（理解、运用）；企业多元化战略（运用）；规 模经济含义（理解、记忆）；规模经济判定方法（运用）；规模经济的层次（理解）；规模 经济的成因（运用）

活动任务序列（导入任务描述）：无

师生交互 过程	无

活动任务序列（任务一）

任务一知识组块： 见表 4-14 开头"规模经济和范围经济" 知识建模图	任务描述	采用线上测试、答疑和案例分析的教学策 略与方法，使学生达到能够理解规模经济 的学习结果
	任务时长	15 分钟
	学习地点	教室

教学方法 （学习方法）	□讲授　□小组讨论　☑答疑　□实验　□实训　□自主学习　□翻转课堂 ☑案例分析　☑其他（请填写）线上测试
师生交互 过程	教师：发布线上测试（7 分钟） 学生：在规定时间内完成测试 教师：根据每道题得分情况选择性答疑 教师：发布案例分析，要求学生在讨论区中完成
学习资源	案例分析：我国航空业的规模经济

续表

学习成果及评价标准	学习成果1:线上测试 评价标准:在平时成绩中占25分,根据实际得分除以总分,再乘25来计算 学习成果2:案例分析和讨论区发言 评价标准:在平时成绩中占25分。根据发言质量,分为A和B两个等级,A级得2分,B级得1分

活动2知识建模图(课下):
同表4-14开头"规模经济和范围经济"知识建模图

活动目标	范围经济的含义(记忆);范围经济的成因(理解、运用);企业多元化战略(运用);规模经济含义(理解、记忆),规模经济判定方法(运用);规模经济的层次(理解);规模经济的成因(运用)

活动任务序列(导入任务描述):无

师生交互过程	无

活动任务序列(任务一)

任务一知识组块: 见表4-14开头"规模经济和范围经济"知识建模图	任务描述	采用撰写读书笔记的教学策略与方法,使学生达到能够理解规模经济的学习结果
	任务时长	80分钟
	学习地点	课上

教学方法(学习方法)	☐讲授 ☐小组讨论 ☐答疑 ☐实验 ☐实训 ☑自主学习 ☐翻转课堂 ☑其他(请填写)笔记法
师生交互过程	教师:在教学资源中发布第2章相关学术论文 学生:按照要求研读论文,并形成读书笔记
学习资源	文档:第2章相应论文(1～3篇,可调整)
学习成果及评价标准	学习成果:预习笔记 评价标准:在平时成绩中占15分,每次课评为优秀得1分,其他得0.6分,未完成0分

表 4-15　产业经济学专业基础课教案 2

2023—2024 年第 2 学期第 2 周第 2 课时

知识建模图:

一般集中和市场集中
- 包含 → 一般集中 —支持→ 表示在整个国民经济或全部企业的经济活动中,最大若干个企业所占的比重
- 包含 → 市场集中 —支持→ 描述特定市场的规模结构,衡量特定市场的集中程度,以反映特定市场受到大型经济组织控制的状况。包括买方集中度和卖方集中度两种。一般来说,卖方集中度又称为产业集中度或行业集中度

市场集中
- 包含 → 一般集中和市场集中
- 包含 → 市场集中度的测定指标

市场集中度的测定指标
- 包含 → 绝对集中度
  - 包含 → 含义 —支持→ 通常用行业内在规模上处于前 n 位的企业的有关数值(产值、产量、销售量、职工人数等)的累计数量占整个市场或行业的份额来计算 —支持→ 案例:我国证券行业的市场集中度
  - 包含 → 缺陷 —支持→ 仅能反映产业中规模最大的前几位企业的市场集中程度,不能把握产业内全部企业的规模分布状况
- 包含 → 赫芬达尔-赫希曼指数
  - 包含 → 含义 —支持→ $HHI = \sum_{i=1}^{N} \left(\frac{X_i}{X} \right)^2$
  - 包含 → 特点 —支持→
    1. 当等于1时,说明只有一家企业,值越大,说明集中度越高
    2. 当所有企业规模相同时,值等于 $1/n$
    3. 对规模较大的前几家企业市场份额的变化很敏感
    4. 实际应用中,常用10000乘份额的平方和来表达H指数
    5. 兼并后指数低于1000,处于非集中状态;兼并后指数在1000和1800之间,处于中等集中状态;兼并后指数大于1800,处于严重集中状态
- 包含 → 熵指数
  - 包含 → 含义 —支持→ $EI = \sum_{i=1}^{n} S_i \log(1/S_i)$
  - 包含 → 特点 —支持→ HHI和EI这两个指数之间有共同点,也有不同点。共同点在于这两个指数都反映了市场中所有企业的规模情况,并且都是企业的市场份额之和;不同点在于这两个指数分配各个企业市场份额的权重不同,两者都对大企业分配了较高的权数,但重要程度有所不同
- 包含 → 基尼系数
  - 包含 → 含义 —支持→ 基尼系数=$L/(L+M)$ L为洛伦兹曲线与均等分布线(对角线)之间的面积;M为洛伦兹曲线与右下方两条直角边(OX和XP)之间的面积
  - 包含 → 应用 —支持→ 基尼系数在0到1之间,基尼系数越小,说明厂商规模分布越接近于均等;基尼系数越大,则说明越不均等。基尼系数是对洛伦兹曲线的计量,因此它也存在与洛伦兹曲线类似的特点

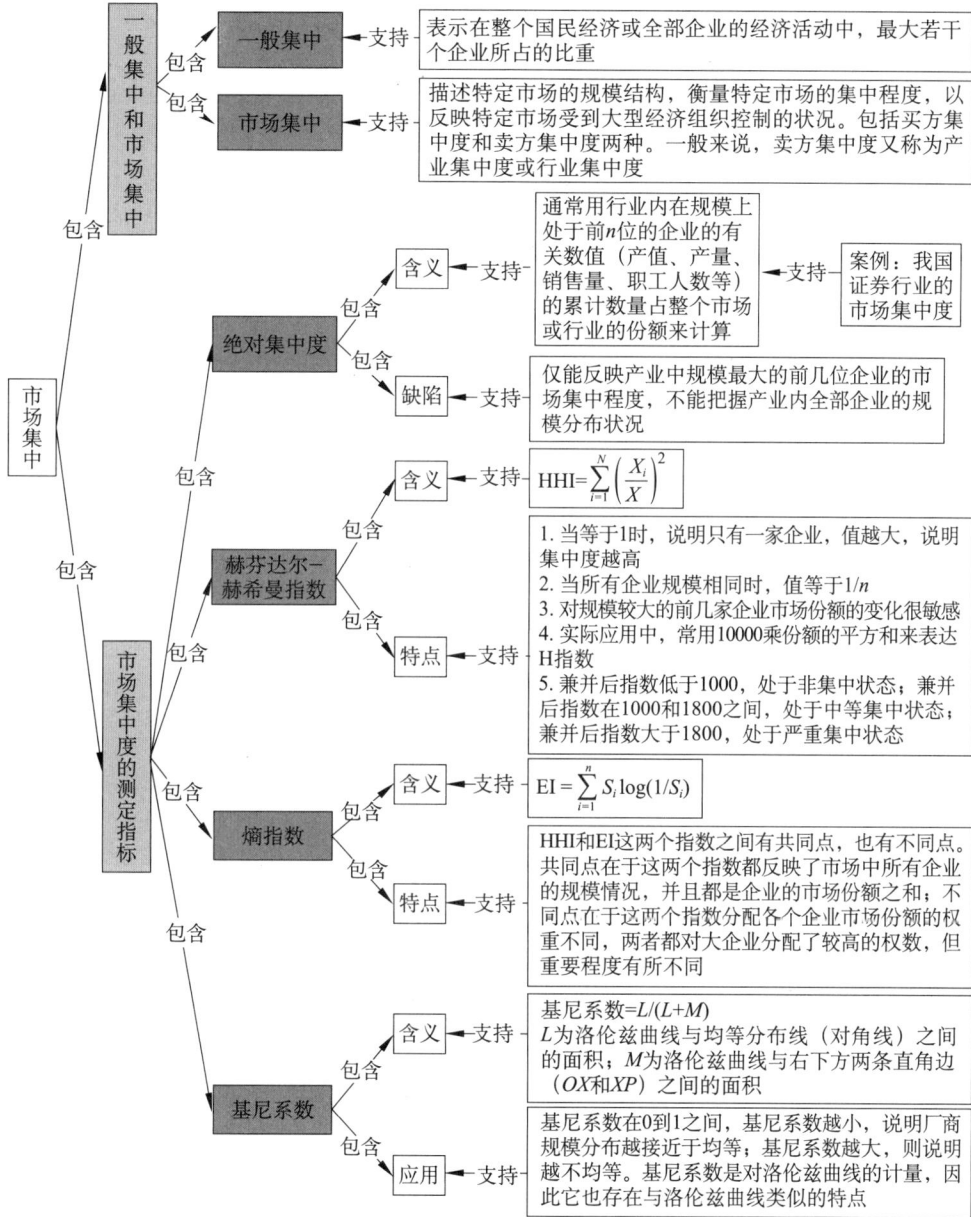

	知识点(学习水平)	素质目标
学习目标	一般集中和市场集中(理解);市场集中度的测度指标(理解、运用)	无

续表

学习先行 知识技能	知识点(学习水平)			
	无			
课上资源	课件和教材	课下资源	教材、教学视频和文档	
课上时间	50 分钟	课下时间	80 分钟	
活动序列	活动目标	时 间	学习资源	学习地点
活动 1	一般集中和市场集中(理解);市场集中度的测度指标(理解、运用)	课上 50 分钟	(1) 课件:第 3 章市场集中 (2) 教材:王俊豪《产业经济学(第四版)》,高等教育出版社	课上
		课下 80 分钟	(1) 视频:第 3 章一般集中和市场集中;第 3 章市场集中度的测度指标 (2) 文档:第 3 章任务清单 (3) 文档:3 篇学术论文 (4) 教材:王俊豪《产业经济学(第四版)》,高等教育出版社	课下

活动 1 知识建模图(课下):
见表 4-15 开头"市场集中"知识建模图

活动目标	一般集中和市场集中(理解);市场集中度的测度指标(理解、运用)

活动任务序列(导入任务描述):自学

师生交互 过程	无

活动任务序列(任务一)

任务一知识组块: 见表 4-15 开头"市场集中"知识建模图	任务描述	采用观看视频、学习教材中相应内容、撰写预习笔记和阅读笔记的教学策略与方法,使学生达到能够初步理解一般集中和市场集中差异,能理解和运用测度指标分析某行业的学习结果
	任务时长	80 分钟
	学习地点	课下
教学方法 (学习方法)	□讲授 □小组讨论 □答疑 □实验 □实训 ☑自主学习 □翻转课堂 ☑其他(请填写)笔记法	
师生交互 过程	教师:发布对应活动 1 的教学视频 3-1 一般集中和市场集中和 3-2 市场集中度的测度指标,下发对应的课前自学问题清单,并提出以下要求: (1) 在规定时间内完成教学视频的观看 (2) 对照课前自学问题清单,完成预习笔记并上传到学习中心 (3) 阅读下发的学术论文,撰写阅读笔记 学生:按照教师要求完成上述内容	

学习资源	(1) 视频：3-1 一般集中和市场集中；3-2 市场集中度的测度指标 (2) 课件：第 3 章市场集中 (3) 教材：王俊豪《产业经济学（第四版）》，高等教育出版社，pp. 39-44 (4) 文档：第 3 章自学任务清单
学习成果及 评价标准	学习成果 1：教学视频学习情况 评分标准：在平时成绩中占 15 分，每次课及时完成得 1 分，未完成 0 分 学习成果 2：预习笔记和阅读笔记 评分标准：在平时成绩中占 15 分，每次课评为优秀得 1 分，其他得 0.6 分，未完成 0 分

活动 1 知识建模图（课上）：
见表 4-15 开头"市场集中"知识建模图

活动目标	一般集中和市场集中（理解）；市场集中度的测度指标（理解、运用）

活动任务序列（导入任务描述）：导入语

师生交互 过程	教师陈述："市场集中度综合反映了市场的结构性特征，一定程度上显示了市场的竞争程度，是反垄断司法实践的重要前置特征。"

活动任务序列（任务一）

任务一知识组块：		任务描述	采用讲授、提问的 教学策略与方法， 使学生达到能够理 解一般集中和市场 集中差异的学习 结果
		任务时长	15 分钟
		学习地点	课上

教学方法 （学习方法）	☑讲授　□小组讨论　□答疑　□实验　□实训　□自主学习　□翻转课堂 ☑其他（请填写）提问

师生交互 过程	教师提问："我们在微观时学过四类市场，先进行简单回忆。" 学生在教师的提示下回忆四类市场的差异 教师提问："什么是一般集中？" 学生回答："一般集中度表示在整个国民经济或全部企业的经济活动中，最大若干个企业所占的比重。" 教师陈述："大家注意，一般集中侧重在整个国民经济中的占比，不考虑产业，因此一般集中意味着少数大企业的部分高级管理者对整个社会经济事务拥有较高的影响力。这可能会引起两个方面的顾虑：一是经济上对市场结构的影响会引发有效性的忧虑；二是可能与民主政治的理念相冲突。" 教师提问："什么是市场集中？" 学生回答："市场集中度能够衡量特定市场的集中程度。"

续表

师生交互过程	教师总结:"市场集中度描述特定市场的规模结构,衡量特定市场的集中程度,以反映特定市场受到大型经济组织控制的状况,它是衡量产业竞争和垄断程度最常用的指标,包括卖方集中度和买方集中度,这里是指卖方集中度。"
学习资源	(1) 课件:第3章市场集中 (2) 教材:王俊豪《产业经济学(第四版)》,高等教育出版社,pp. 39-44
学习成果及评价标准	学习成果:学生回答问题的表现 评价标准:在平时成绩中占5分。根据回答问题的准确性和逻辑性,分为 A、B、C 三个等级。A级得2分,B级得1分,C级不得分

活动任务序列(任务二)

任务二知识组块: 见表 4-15 开头"市场集中"知识建模图	任务描述	采用讲授、提问的教学策略与方法,使学生达到能够运用衡量指标对某行业进行分析的学习结果
	任务时长	35 分钟
	学习地点	课上

教学方法 (学习方法)	☑讲授　□小组讨论　□答疑　□实验　□实训　□自主学习　□翻转课堂 ☑其他(请填写)提问
师生交互过程	教师讲解:"产业集中度也称绝对集中度。市场集中度的指标也是市场结构垄断与竞争程度的衡量指标。通常用行业内在规模上处于前 n 位的企业的有关数值(产值、产量、销售量、职工人数等)的累计数量占整个市场或行业的份额来计算。" 教师给出两组数据,让学生自己计算,并结合给出的贝恩分类,判定该产业属于哪种类型。然后让学生通过两组数据的比较,说出该指标的优势和缺陷 教师根据赫芬达尔─赫希曼指数,给出公式和两组数据,让学生自己计算,同时通过两组数据的比较,说出该指标的优势和缺陷 教师根据洛伦兹曲线反映的是产业中由小到大的厂商数量的累积百分比与其规模(市场占有率)的累积百分比之间的关系,并结合图形进行解释 教师讲解:"基尼系数建立在洛伦兹曲线基础上,把洛伦兹曲线所反映的不均匀度用数量表示出来。计算公式为:基尼系数 $=L/(L+M)$。基尼系数在 0 到 1 之间,基尼系数越小,说明厂商规模分布越接近于均等;基尼系数越大,则说明越不均等。基尼系数是对洛伦兹曲线的计量,因此它也存在与洛伦兹曲线类似的特点。" 教师根据熵指数,给出公式,并结合此前的数据,让学生自己计算,同时让学生比较与 HHI 指数的差异
学习资源	(1) 课件:第3章市场集中 (2) 教材:王俊豪《产业经济学(第四版)》,高等教育出版社,pp. 39-44
学习成果及评价标准	学习成果:学生回答问题的表现 评价标准:在平时成绩中占5分。根据回答问题的准确性和逻辑性,分为 A、B、C 三个等级。A级得2分,B级得1分,C级不得分

表 4-16　产业经济学专业基础课程教案 3

2024 年第 2 学期第 3 周(2 课时)

知识建模图:

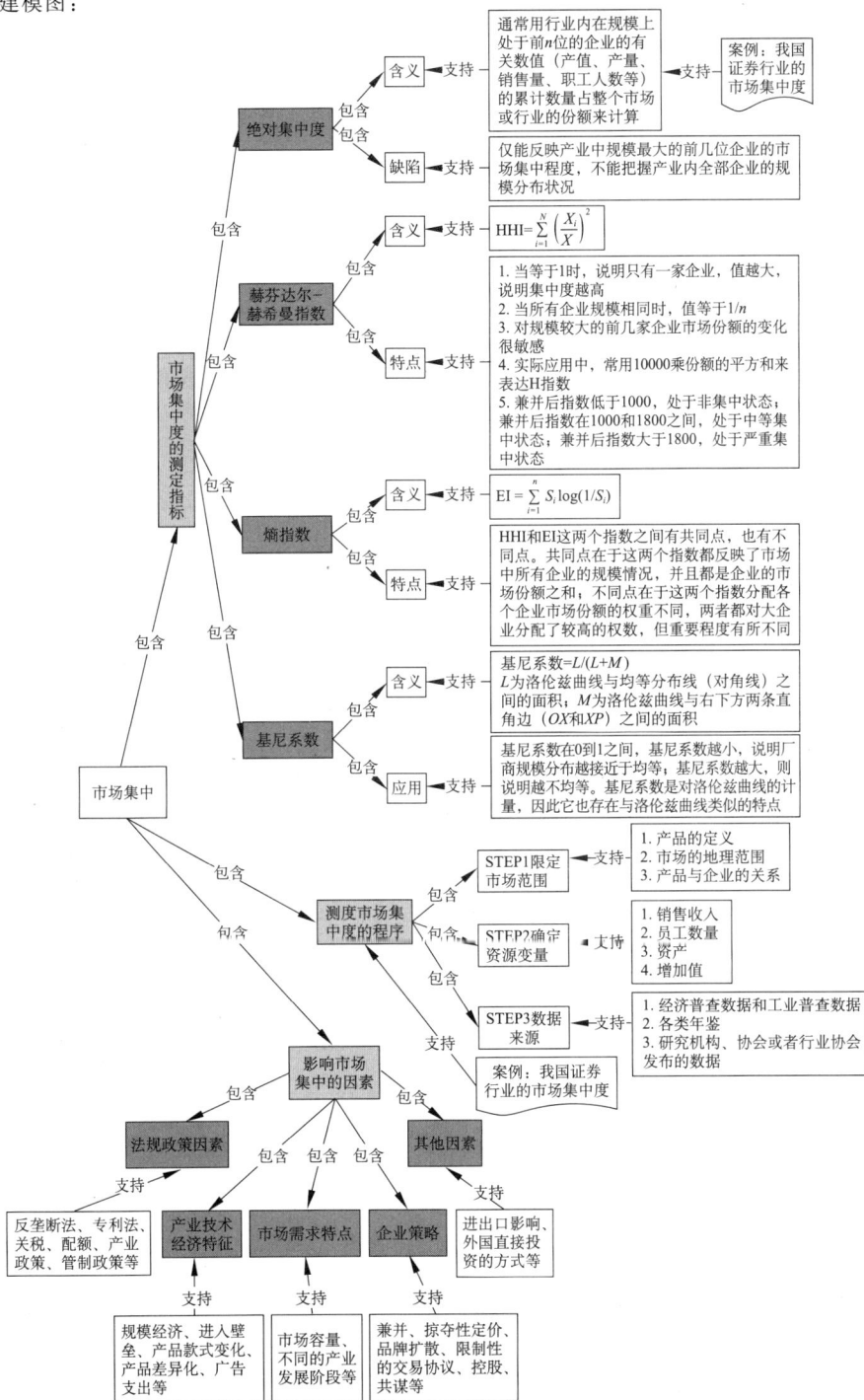

绝对集中度 —含义→支持→ 通常用行业内在规模上处于前 n 位的企业的有关数值(产值、产量、销售量、职工人数等)的累计数量占整个市场或行业的份额来计算 —支持← 案例:我国证券行业的市场集中度

绝对集中度 —缺陷→支持→ 仅能反映产业中规模最大的前几位企业的市场集中程度,不能把握产业内全部企业的规模分布状况

赫芬达尔-赫希曼指数 —含义→支持→ $HHI = \sum_{i=1}^{N}\left(\frac{X_i}{X}\right)^2$

赫芬达尔-赫希曼指数 —特点→支持→
1. 当等于 1 时,说明只有一家企业,值越大,说明集中度越高
2. 当所有企业规模相同时,值等于 $1/n$
3. 对规模较大的前几家企业市场份额的变化很敏感
4. 实际应用中,常用 10000 乘份额的平方和来表达 H 指数
5. 兼并后指数低于 1000,处于非集中状态;兼并后指数在 1000 和 1800 之间,处于中等集中状态;兼并后指数大于 1800,处于严重集中状态

熵指数 —含义→支持→ $EI = \sum_{i=1}^{n} S_i \log(1/S_i)$

熵指数 —特点→支持→ HHI 和 EI 这两个指数之间有共同点,也有不同点。共同点在于这两个指数都反映了市场中所有企业的规模情况,并且都是企业的市场份额之和;不同点在于这两个指数分配各个企业市场份额的权重不同,两者都对大企业分配了较高的权数,但重要程度有所不同

基尼系数 —含义→支持→ 基尼系数 $= L/(L+M)$
L 为洛伦兹曲线与均等分布线(对角线)之间的面积;M 为洛伦兹曲线与右下方两条直角边(OX 和 XP)之间的面积

基尼系数 —应用→支持→ 基尼系数在 0 到 1 之间,基尼系数越小,说明厂商规模分布越接近于均等;基尼系数越大,则说明越不均等。基尼系数是对洛伦兹曲线的计量,因此它也存在与洛伦兹曲线类似的特点

测度市场集中度的程序 —包含→ STEP1 限定市场范围 —支持→
1. 产品的定义
2. 市场的地理范围
3. 产品与企业的关系

测度市场集中度的程序 —包含→ STEP2 确定资源变量 —支持→
1. 销售收入
2. 员工数量
3. 资产
4. 增加值

测度市场集中度的程序 —包含→ STEP3 数据来源 —支持→
1. 经济普查数据和工业普查数据
2. 各类年鉴
3. 研究机构、协会或者行业协会发布的数据

案例:我国证券行业的市场集中度

影响市场集中的因素 —包含→ 法规政策因素 —支持→ 反垄断法、专利法、关税、配额、产业政策、管制政策等

影响市场集中的因素 —包含→ 产业技术经济特征 —支持→ 规模经济、进入壁垒、产品款式变化、产品差异化、广告支出等

影响市场集中的因素 —包含→ 市场需求特点 —支持→ 市场容量、不同的产业发展阶段等

影响市场集中的因素 —包含→ 企业策略 —支持→ 兼并、掠夺性定价、品牌扩散、限制性的交易协议、控股、共谋等

影响市场集中的因素 —包含→ 其他因素 —支持→ 进出口影响、外国直接投资的方式等

学习目标	知识点(学习水平)		素质目标	
	测度市场集中度的程序(理解、运用);影响市场集中度的因素(理解、运用)		无	
学习先决知识技能	知识点(学习水平)			
	无			
课上资源	教材、文档	课下资源	教材、文档	
课上时间	100 分钟	课下时间	420 分钟	
活动序列	活 动 目 标	时 间	学 习 资 源	学习地点
活动 1	测度市场集中度的程序(理解、运用)	课下 30 分钟	(1) 教材:王俊豪《产业经济学(第四版)》,高等教育出版社,pp.45-47 (2) 文档:第3章自学任务清单	课下
		课上 15 分钟	(1) 课件:第3章市场集中 (2) 教材:王俊豪《产业经济学(第四版)》,高等教育出版社,pp.45-47	课上
活动 2	影响市场集中度的因素(理解、运用)	课下 30 分钟	(1) 教材:王俊豪《产业经济学(第四版)》,高等教育出版社,pp.47-50 (2) 文档:第3章自学任务清单 (3) 文档:市场集中度相关的学术论文	课下
		课上 20 分钟	(1) 课件:第3章市场集中 (2) 教材:王俊豪《产业经济学(第四版)》,高等教育出版社,pp.47-50	课上
活动 3	市场集中度的测度指标(理解、运用);测度市场集中度的程序(理解、运用);影响市场集中度的因素(理解、运用)	课下 0 分钟	无	课下
		课上 65 分钟	文档:行业集中度的学术论文	课上
活动 4	市场集中度的测度指标(理解、运用);测度市场集中度的程序(理解、运用);影响市场集中度的因素(理解、运用)	课下 360 分钟	文档:行业集中度的学术论文	课下
		课上 0 分钟	无	课上

续表

活动1知识建模图（课下）：

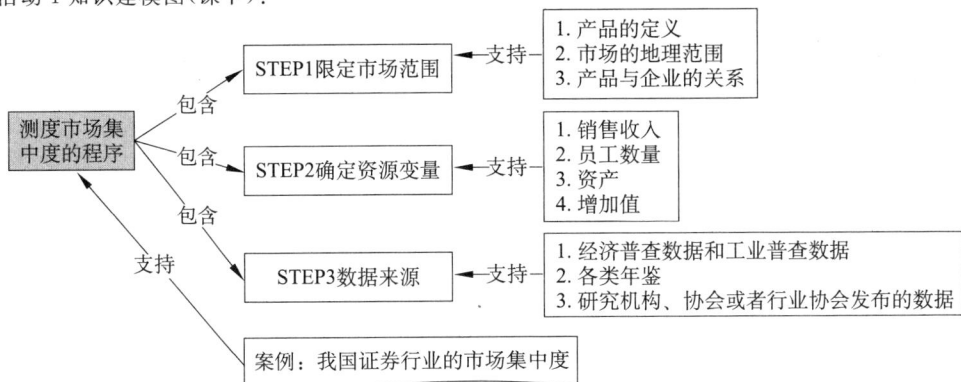

活动目标	测度市场集中度的程序（理解、运用）

活动任务序列（导入任务描述）：自学

师生交互 过程	无

活动任务序列（任务一）

任务一知识组块： 见活动1知识建模图	任务描述	采用学习教材中相应内容、撰写预习笔记的教学策略与方法，使学生达到能够初步理解测度市场集中度程序的学习结果
	任务时长	30分钟
	学习地点	课下

教学方法 （学习方法）	□讲授　□小组讨论　□答疑　□实验　□实训　☑自主学习　□翻转课堂 ☑其他（请填写）笔记法
师生交互 过程	教师：发布对应活动1的教学视频，下发对应的课前自学问题清单以及知识点练习整理，并提出以下要求： (1) 在规定时间内完成教学视频的观看 (2) 对照课前自学问题清单，完成预习笔记并上传到学习中心 学生：按照教师要求完成上述内容
学习资源	(1) 教材：王俊豪《产业经济学（第四版）》，高等教育出版社，pp.45-47 (2) 文档：第3章自学任务清单
学习成果及 评价标准	学习成果1：教学视频学习情况 评分标准：在平时成绩中占15分，每次课及时完成得1分，未完成0分 学习成果2：预习笔记 评分标准：在平时成绩中占15分，每次课评为优秀得1分，其他得0.6分，未完成0分

活动1知识建模图（课上）：
见活动1知识建模图（课下）

续表

活动目标	测度市场集中度的程序(理解、运用)		
活动任务序列(导入任务描述):导入语			
师生交互过程	教师陈述:"在测度市场集中度时,应该如何操作呢?"		

活动任务序列(任务一)

任务一知识组块: 见活动1知识建模图	任务描述	采用讲授和演示的教学策略与方法,使学生达到能够理解并能运用测度市场集中度的程序于某个行业分析的学习结果
	任务时长	15 分钟
	学习地点	课上

教学方法 (学习方法)	☑讲授　□小组讨论　□答疑　□实验　□实训　□自主学习　□翻转课堂 □其他(请填写)＿＿＿＿＿
师生交互过程	教师讲述:"那我们若是要计算某产业的集中度,应该怎么做呢?要分三步走,第一步限定市场范围;第二步确定资源变量,第三步调查数据来源。接下来我们以某产业为例,分三步,尝试计算某产业的集中度。" 教师带着学生边做边展示
学习资源	(1)课件:第3章市场集中 (2)教材:王俊豪《产业经济学(第四版)》,高等教育出版社,pp.45-47
学习成果及评价标准	无

活动2知识建模图(课下):

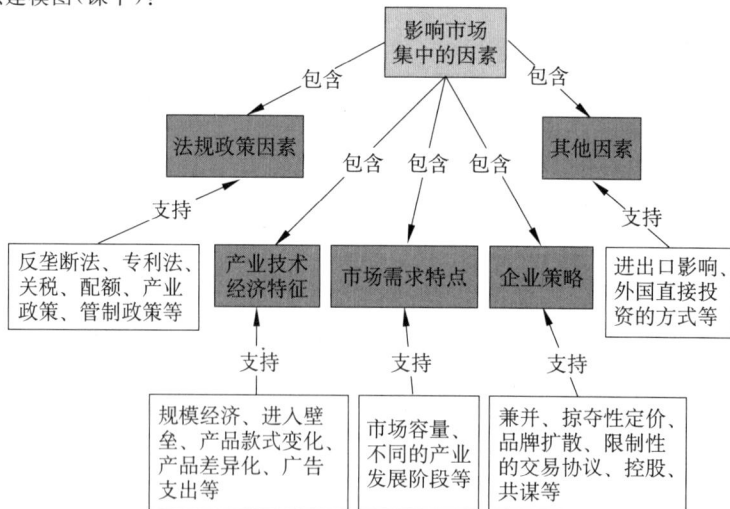

活动目标	影响市场集中度的因素(理解、运用)

活动任务序列(导入任务描述):自学	
师生交互过程	无

活动任务序列(任务一)

任务一知识组块: 见活动 2 知识建模图	任务描述	采用学习教材中相应内容、撰写预习笔记的教学策略与方法,使学生达到能够初步理解影响市场集中度因素的学习结果
	任务时长	30 分钟
	学习地点	课下

教学方法 (学习方法)	☐讲授 ☐小组讨论 ☐答疑 ☐实验 ☐实训 ☑自主学习 ☐翻转课堂 ☑其他(请填写)笔记法
师生交互过程	教师:让学生对照课前自学任务清单,完成影响市场集中度的因素的预习笔记并上传到学习中心 学生:按照教师要求完成上述内容
学习资源	(1) 教材:王俊豪《产业经济学(第四版)》,高等教育出版社,pp.45-47 (2) 文档:第 3 章自学任务清单
学习成果及评价标准	学习成果:预习笔记 评分标准:在平时成绩中占 15 分,每次课评为优秀得 1 分,其他得 0.6 分,未完成 0 分

活动 2 知识建模图(课上): 见活动 2 知识建模图(课下)	
活动目标	影响市场集中度的因素(理解、运用)

活动任务序列(导入任务描述):导入语	
师生交互过程	教师陈述:"我们已经知道了如何测度市场集中度,但我们计算出来的市场有些集中度高,有些集中度低,那么影响市场集中度的因素有哪些呢?"

活动任务序列(任务一)

任务一知识组块: 见活动 2 知识建模图	任务描述	采用讲授和举例的教学策略与方法,使学生达到能够理解并能运用影响市场集中度的因素于某个行业分析的学习结果
	任务时长	20 分钟
	学习地点	课上

教学方法 (学习方法)	☑讲授 ☐小组讨论 ☐答疑 ☐实验 ☐实训 ☐自主学习 ☐翻转课堂 ☐其他(请填写)_____

续表

师生交互过程	教师通过举例的方式逐一讲解影响市场集中度的因素,法规政策因素、产业技术经济特征、市场需求特点、企业策略、其他因素等 学生认真听讲,通过对例子的理解,掌握这些因素如何影响市场集中度
学习资源	(1) 课件:第3章市场集中 (2) 教材:王俊豪《产业经济学(第四版)》,高等教育出版社,pp. 45-47
学习成果及评价标准	无

活动3 知识建模图(课上):
见表4-15开头"市场集中"知识建模图

活动目标	市场集中度的测度指标(理解、运用);测度市场集中度的程序(理解、运用);影响市场集中度的因素(理解、运用)

活动任务序列(导入任务描述):无

师生交互过程	无

活动任务序列(任务一)

任务一知识组块: 见表4-15开头"市场集中"知识建模图	任务描述	采用线上测试的教学策略与方法,使学生达到能够掌握本章知识点的学习结果
	任务时长	10分钟
	学习地点	课上

教学方法 (学习方法)	□讲授　□小组讨论　□答疑　□实验　□实训　□自主学习　□翻转课堂 ☑其他(请填写)<u>线上测试</u>
师生交互过程	教师发布线上测试(5分钟),学生完成后教师根据每道题的得分情况进行答疑
学习资源	无
学习成果及评价标准	学习成果:线上测试 评价标准:在平时成绩中占10分,根据实际得分除以总分,再乘10计算

活动任务序列(任务二)

任务二知识组块: 见表4-15开头"市场集中"知识建模图	任务描述	采用案例分析的教学策略与方法,使学生达到能够运用本章相关知识点分析问题的学习结果
	任务时长	15分钟
	学习地点	课上

教学方法 (学习方法)	☐讲授 ☐小组讨论 ☐答疑 ☐实验 ☐实训 ☐自主学习 ☐翻转课堂 ☑案例分析 ☐其他(请填写)_____
师生交互 过程	教师在讨论区发布案例分析,学生完成后教师进行总结和点评
学习资源	无
学习成果及 评价标准	学习成果:案例分析和讨论区发言 评价标准:在平时成绩中占 25 分。根据发言质量,分为 A 和 B 两个等级,A 级得 2 分,B 级得 1 分

活动任务序列(任务三)

任务三知识组块: 见表 4-15 开头"市场集中"知识建模图	任务描述	采用提问和研读的教学策略与方法, 使学生达到能够运用本章相关知识点 分析问题的学习结果
	任务时长	40 分钟
	学习地点	课上

教学方法 (学习方法)	☐讲授 ☐小组讨论 ☐答疑 ☐实验 ☐实训 ☐自主学习 ☐翻转课堂 ☑其他(请填写)提问,研读
师生交互 过程	教师通过提问的方式,让学生总结三篇学术论文的主要内容,并在学生陈述后带领 学生进行论文结构的讲解和学习
学习资源	文档:行业集中度的学术论文
学习成果及 评价标准	学习成果:学生回答问题的表现 评价标准:在平时成绩中占 5 分。根据回答问题的准确性和逻辑性,分为 A、B、C 三个等级,A 等级得 2 分,B 等级得 1 分,C 等级不得分

活动 4 知识建模图(课下):
见表 4-15 开头"市场集中"知识建模图

活动目标	市场集中度的测度指标(理解、运用);测度市场集中度的程序(理解、运用);影响市 场集中度的因素(理解、运用)

活动任务序列(导入任务描述):无

师生交互 过程	无

续表

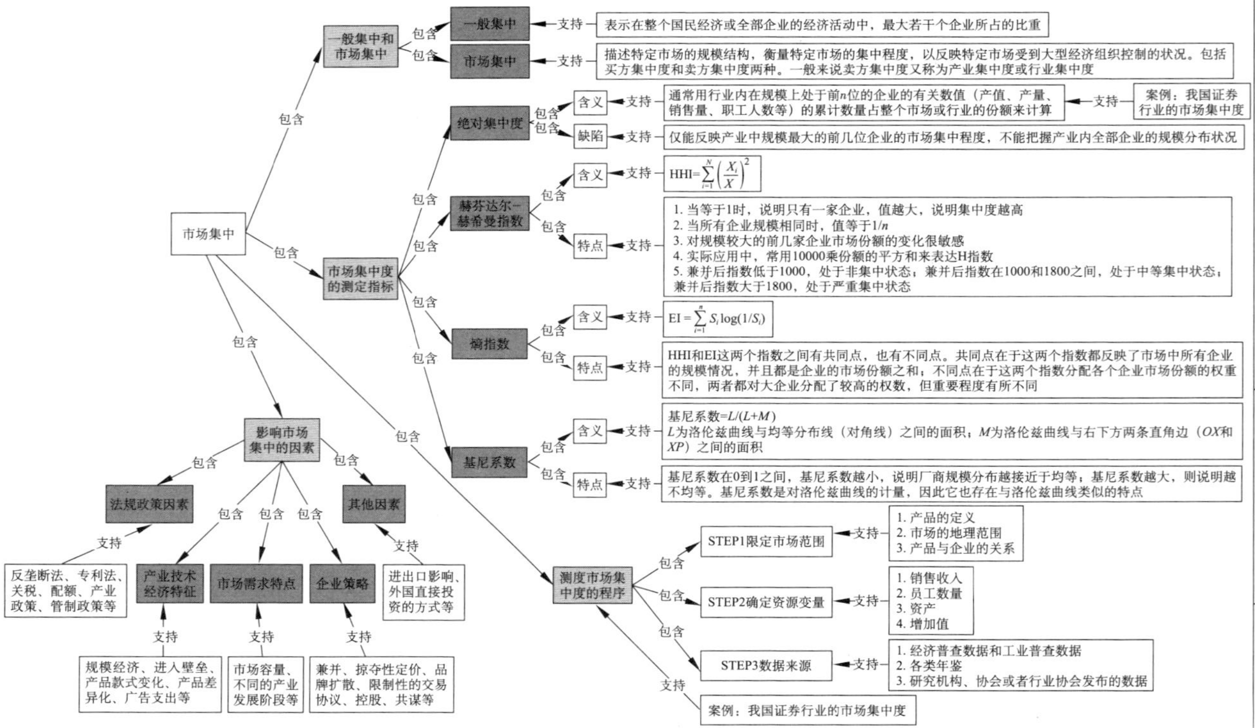

	任务描述	采用撰写课程小论文的教学策略与方法，使学生达到能够运用本章相关知识点分析问题的学习结果
	任务时长	360分钟
	学习地点	课下

活动任务序列（任务一）

任务一知识组块:

教学方法 (学习策略)	□讲授　□小组讨论　□答疑　□实验　□实训　☑自主学习　□翻转课堂 ☑其他(请填写)学术论文
师生交互 过程	教师提出撰写要求:选择某一产业,以某产业集中度分析为题,写一篇不少于 3 000 字的论文。学生按照格式要求、内容要求,以小组为单位完成论文并根据反馈的修改意见进行修改直至定稿
学习资源	文档:行业集中度的学术论文
学习成果及 评价标准	学习成果:课程小论文 评价标准:在平时成绩中占 30 分,共计 3 篇,以小组为单位,按照工作量和工作态度等评价标准,由组长和老师共同打分

3. 实施过程

(1) 整体设计思路。通过"线上＋线下"混合式教学模式改革,为学生提供开放、共享、互动的学习环境,使学生成为课堂中心,真正做到"带着任务学""带着问题学"和"围绕问题讨论",同时线上资源可以让学生做到"随时学、反复学",激发学生学习积极性,使学生的学习从线下延伸到线上,从线上延伸到线下,拓展学生学习的内容、时间和空间,切实提高学生综合运用所学知识发现问题、解决问题的能力,培养扎实的专业能力,最终形成以基本知识、基本技能为基础,以综合运用能力为重点,以学习态度为参照的授课考评体系。

(2) 具体课程设计流程。分为"课前—课中—课后"三个环节,即课前任务驱动、学术论文研读,课中提问、测试、重难点讲授、讨论、课后案例分析和课程小论文,具体内容如下。

(3) 课前任务驱动。根据学习内容和学习目标,发布详细的课前任务清单,包含教学视频详细信息、待解决问题列表、要阅读的论文。要求学生在自学完教学视频后,能回答列表中的问题,通过论文阅读,初步理解课程知识在经济生活中运用的理解。

(4) 课中提问、测试、重难点讲授和讨论。每个章节的课堂教学包含五个环节:环节 1 是提问,提问问题列表中的问题,检验学生视频学习的成效;环节 2 是测试,测试学生自学后对知识点的理解和掌握情况;环节 3 是围绕测试后发现的问题,并结合本节课的重点和难点进行讲授和提问;环节 4 是讨论,发布相关话题,在讨论区中完成讨论,其目的是检测学生对知识点的再理解和应用能力;环节 5 是学术论文研读。带领学生一起研读和分析论文,为课后的课程论文做准备。

(5) 课后案例分析、课程小论文撰写和论文指导。布置课后案例分析,考察学生的综合分析应用能力;撰写课程小论文,学习学术规范;老师提出修改意见,学生进一步完成课程论文。

4. 教学评价

该课程的教学评价由占 40％的平时成绩和占 60％的期末考试成绩组成。其中平时成绩的考核如下。

(1) 学生回答问题的表现。在平时成绩中占 5 分。根据回答问题的准确性和逻辑性,分为 A、B、C 三个等级,A 等级得 2 分,B 等级得 1 分,C 不得分。

（2）教学视频学习情况。在平时成绩中占 15 分，每次课及时完成得 1 分，未完成 0 分。

（3）预习笔记和阅读笔记。在平时成绩中占 15 分，每次课评为优秀得 1 分，其他得 0.6 分，未完成 0 分。

（4）线上测试。在平时成绩中占 10 分，根据实际得分除以总分，再乘 10 计算。

（5）案例分析和讨论区发言。在平时成绩中占 25 分。根据发言质量，分为 A 和 B 两个等级，A 等级得 2 分，B 等级得 1 分。

（6）课程小论文。在平时成绩中占 30 分，共计 3 篇，以小组为单位，按照工作量和工作态度等评价标准，由组长和老师共同打分。

课程小论文评价标准如表 4-17 所示（按 100 分）。

表 4-17　课程小论文评价标准

评审项目	指　　　标	分值
工作量、工作态度	按期圆满完成规定的任务，难易程度和工作量符合教学要求；态度认真；善于发挥团队力量	20
调查论证	能独立查阅文献和调研；有综合、收集和正确利用各种信息及获取新知识的能力	20
论文质量	立论正确，论据充分，结构严谨合理；文理通顺，技术用语准确，符合规范	50
参考性	有参考价值	10

期末考试以闭卷形式进行，以开放性题目为主。

4.3.5　区域经济学

1. 课程简介

区域经济学属于应用经济学，是经济学专业的核心课程之一。区域经济学产生于第二次世界大战以后，作为一门新兴课程，它在各国解决区域问题、缩小区际差异和促进区域之间协调发展三个方面发挥了重要作用，在我国的应用前景也十分广阔。区域经济学是研究生产要素区际转移规律及其影响区域经济发展机制的课程。通过本课程的学习，学生能够基本掌握区域经济系统运行规律、生产要素转移规律、区域系统非均衡形成机制、区域经济结构演进及区际经济结构差异、区际差距形成机理及其变化趋势、区域协调发展机制与区域经济政策的相关知识。

区域经济学又是一门实践性很强的课程，它强调国外区域理论与国内区域理论的结合、传统区域理论与最新区域理论的结合、区域经济理论与区域经济实践活动的结合，并从区域经济现实中抽象出区域经济内在的规律。通过本课程的学习，学生能够利用区域经济学的基本理论来解释现实中区域经济现象，能够利用区域经济学理论来指导具体的区域经济实践活动。

2. 教学设计

区域经济学专业基础课教案设计如表 4-18～表 4-20 所示。

知识建模图：

表 4-18　区域经济学专业基础课教案 1

2023—2024 年第 1 学期第 1 周

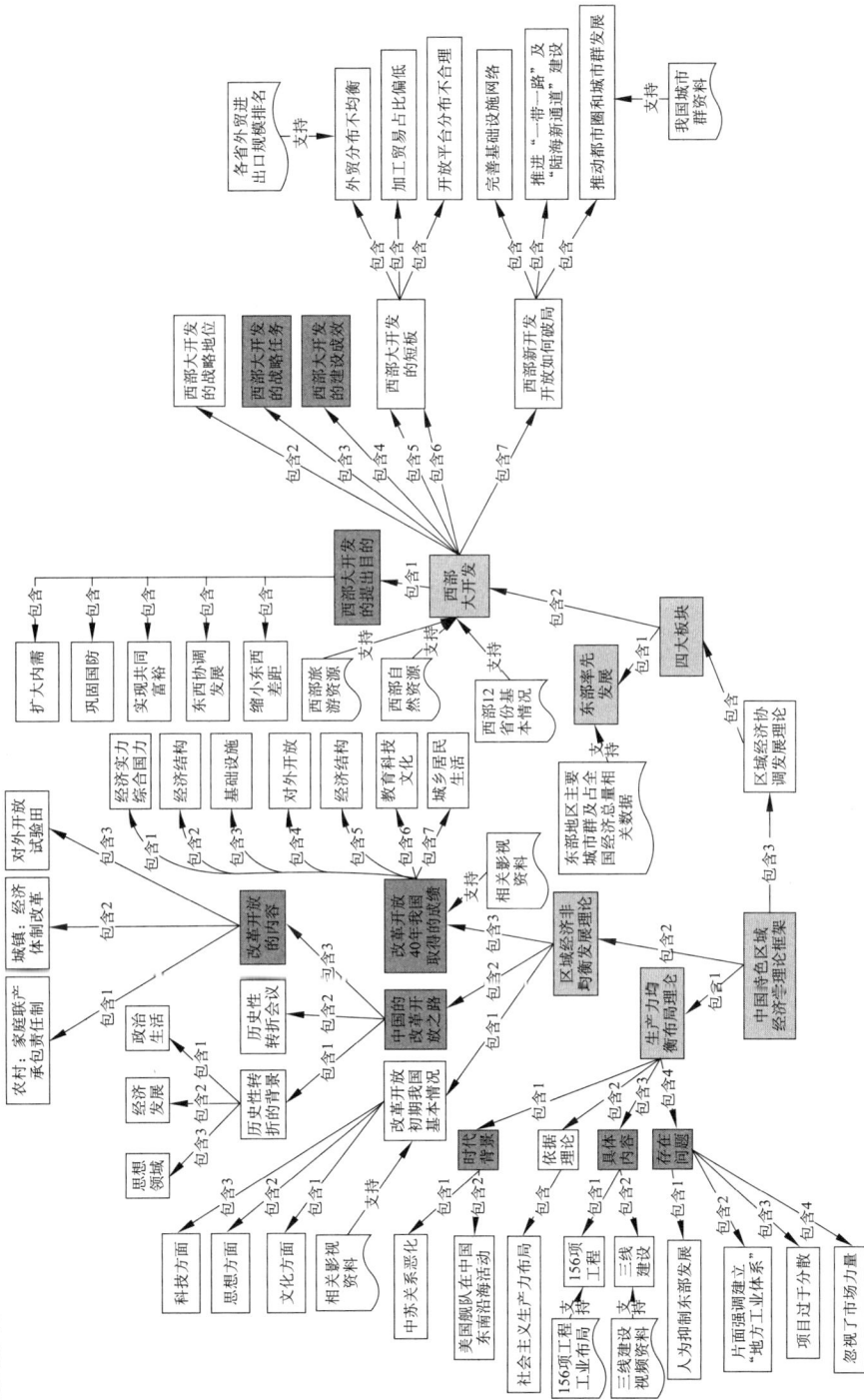

知识建模图（思维导图）主要节点：

- 各省外贸进出口规模排名 — 支持 — 外贸分布不均衡
- 加工贸易占比偏低
- 开放平台分布不合理
- 完善基础设施网络
- 推进"一带一路"及"陆海新通道"建设
- 推动都市圈和城市群发展 — 支持 — 我国城市群资料

- 西部大开发的战略地位（包含2）
- 西部大开发的战略任务（包含3）
- 西部大开发的建设成效（包含4）
- 西部大开发的短板（包含5/包含6）
- 西部新开发如何破局开放布局（包含7）

- 西部大开发的提出目的（包含1）
- 西部大开发（包含1、包含2）
- 四大板块（包含1）

- 扩大内需（包含）
- 巩固国防（包含）
- 实现共同富裕（包含）
- 东西协调发展（包含）
- 缩小东西差距（包含）
- 西部旅游资源 — 支持
- 西部自然资源 — 支持
- 西部12省份基本情况 — 支持
- 东部率先发展

- 经济实力综合国力（包含1）
- 经济结构（包含2）
- 基础设施（包含3）
- 对外开放（包含4）
- 经济结构（包含5）
- 教育科技文化（包含6）
- 城乡居民生活（包含7）
- 相关影视资料 — 支持

- 对外开放试验田（包含3）
- 城镇：经济体制改革（包含2）
- 改革开放的内容
- 农村：家庭联产承包责任制（包含1）
- 政治生活（包含1）
- 经济发展（包含2）
- 思想领域（包含3）

- 改革开放40年我国取得的成绩
- 历史性转折会议（包含1）
- 历史性转折的背景（包含2）
- 中国的改革开放之路
- 改革开放初期我国基本情况（包含1、包含2）
- 区域经济非均衡发展理论（包含2）
- 区域经济发展理论（包含1、包含2）
- 中国特色区域经济学理论框架（包含3、包含1）
- 东部地区主要城市群及占全国经济总量相关数据 — 支持
- 生产力布局理论（包含1、包含2、包含3、包含4）
- 区域经济协调发展理论（包含3）

- 科技方面
- 思想方面
- 文化方面
- 相关影视资料 — 支持
- 中苏关系恶化
- 美国舰队在中国东南沿海活动
- 社会主义生产力布局
- 156项工程 — 支持
- 三线建设 — 支持
- 三线建设视频资料
- 人为抑制东部发展
- 片面强调建立"地方工业体系"
- 项目过于分散
- 忽视了市场力量
- 时代背景（包含1、包含2）
- 依据理论（包含1、包含2）
- 具体内容（包含1、包含2）
- 存在问题（包含1、包含2、包含3、包含4）

	知识点(学习水平)	素 质 目 标
学习目标	生产力均衡布局理论的时代背景和主要内容(理解);非均衡发展时期的时代背景(记忆、理解);改革开放的主要内容(记忆);改革开放取得的成绩(运用);西部大开发的战略目的及战略地位(记忆、理解);西部大开发的战略任务及建设成效(运用)	(1) 在当前"不忘初心、牢记使命"主题教育中重温三线建设,学习"三线精神",领悟其实质,把握其价值呈现,有助于学生进一步牢记党的初心和使命 (2) 四十年来的伟大成就充分证明了中国特色社会主义道路、理论、制度和文化的正确性、先进性。让学生看身边的变化、听亲身的故事,切身感受社会主义建设和改革开放的先锋们无私的奉献精神和高尚的道德情操,形成强烈的思想认同和价值认同,增强学生的历史使命感 (3) 让学生关注西部发展,进而主动去投身西部建设,发挥主观能动性,围绕国家政策,发挥自身技术优势,创造社会价值
学习先决知识技能	知识点(学习水平)	
	无	

课 上 资 源	课 下 资 源
(1) 教材:《区域经济学》,马工程系列教材,高等教育出版社 (2) 课件:第1章中国特色区域经济学理论框架 (3) 视频:"影响历史的事件——十一届三中全会";微记录"西部大开发"	(1) 视频:三线建设;1980年的中国发生了什么;40年改革开放深刻改变中国;微记录(西部大开发;西部大开发现在处于哪个阶段;影响历史的事件——十一届三中全会) (2) 文档:第1章知识点梳理 (3) 课件:第1章中国特色区域经济学理论框架 (4) 大纲:第1章中国特色区域经济学理论框架 (5) 教案:第1章中国特色区域经济学理论框架 (6) 测试题:学习中心第1章中国特色区域经济学理论框架测试题 (7) 文章:知网期刊文章

课上时间	100分钟		课下时间	230分钟
活动序列	活 动 目 标	地点	时间	学 习 资 源
活动1	理解生产力均衡布局的时代背景和主要内容	课上	20分钟	(1) 课件:第1章中国特色区域经济学理论框架 (2) 教材:《区域经济学》,马工程系列教材,高等教育出版社 (3) 教案:第1章中国特色区域经济学理论框架 (4) 视频:三线建设

续表

活动序列	活动目标	地点	时间	学 习 资 源
活动1	理解生产力均衡布局的时代背景和主要内容	课下	50分钟	（1）文档：第1章知识点梳理 （2）课件：第1章中国特色区域经济学理论框架 （3）测试题：学习中心第1章中国特色区域经济学理论框架测试题
活动2	理解非均衡发展的时代背景及主要内容；掌握改革开放40年我国的成就	课上	30分钟	（1）课件：第1章中国特色区域经济学理论框架 （2）教材：《区域经济学》，马工程系列教材，高等教育出版社 （3）教案：第1章中国特色区域经济学理论框架 （4）视频：影响历史的事件——十一届三中全会
活动2	理解非均衡发展的时代背景及主要内容；掌握改革开放40年我国的成就	课下	60分钟	（1）视频：1980年的中国发生了什么；40年改革开放深刻改变中国 （2）文档：第1章知识点梳理 （3）测试题：学习中心第1章中国特色区域经济学理论框架测试题
活动3	理解西部大开发的目的、意义及相关大型工程的实施	课上	50分钟	（1）课件：第1章中国特色区域经济学理论框架 （2）教材：《区域经济学》，马工程系列教材，高等教育出版社 （3）教案：第1章中国特色区域经济学理论框架 （4）视频：微记录（西部大开发）
活动3	理解西部大开发的目的、意义及相关大型工程的实施	课下	120分钟	（1）视频：微记录（西部大开发；西部大开发现在处于哪个阶段） （2）文档：第1章知识点梳理 （3）大纲：第1章中国特色区域经济学理论框架 （4）教案：第1章中国特色区域经济学理论框架 （5）测试题：学习中心第1章中国特色区域经济学理论框架测试题

续表

活动1知识建模图（课上＋课下）：

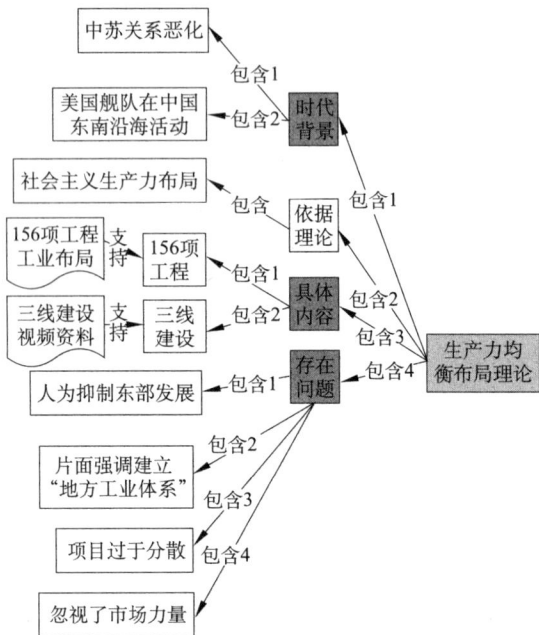

活动目标	理解生产力均衡布局的时代背景和主要内容

活动任务序列（导入任务描述）：

引入："2005年有一部叫《青红》的电影,在戛纳电影节上映,影片讲述了一个发生在20世纪80年代初期的故事,父亲认定迁回上海才是唯一的幸福,于是将自己的理想强加于女儿,因此扼杀了青红人生中最可贵最美好的青春时光。"

问题与思考："影片简述了哪个年代的事情,有什么样的大背景?"

师生交互过程	教师布置学生查阅并思考《青红》电影的主要背景和故事内容的任务 学生认为《青红》采取了一种质朴的纪实拍摄手法,通过实景拍摄、自然光效、混录音效和长镜头等真实地再现了20世纪80年代的生活。同时,把中国三线建设时期的历史和政治对小家庭的影响描写得清清楚楚

活动任务序列（任务一）

任务一知识组块：			
		任务描述	通过自主学习的方式,让学生借助教材、课件、教案等资源预习本部分内容,理解生产力均衡布局的时代背景、主要内容及影响
		任务时长	50分钟
		学习地点	课下

续表

教学方法 （学习方法）	□讲授　□小组讨论　□答疑　□实验　□实训　☑自主学习　□翻转课堂 □其他（请填写）_____
师生交互 过程	教师在学习中心中提前把第 1 章知识要点、课件、教学大纲、教案等发给学生，提醒学生在规定时间内完成本部分预习内容，并在下次课时提问预习相关的内容 学生预习要点： （1）生产力均衡布局的时代背景 （2）156 项工程 （3）三线建设、三线的范围 （4）生产力均衡布局的影响
学习资源	（1）文档：第 1 章知识点梳理 （2）课件：第 1 章中国特色区域经济学理论框架
学习成果及 评价标准	（1）厘清生产力均衡布局的时代背景及对我国经济发展的影响（通过课堂提问，计入平时成绩） （2）熟悉 156 项工程和三线建设的内容（通过课堂提问，计入平时成绩）
备注	在当前"不忘初心、牢记使命"主题教育中重温三线建设，学习"三线精神"，领悟其实质，把握其价值呈现，有助于学生进一步牢记党的初心和使命

活动任务序列（任务二）

任务二知识组块： 中苏关系恶化 —包含1→ 时代背景 美国舰队在中国东南沿海活动 —包含2→ 社会主义生产力布局 —包含→ 依据理论	任务描述	通过视频观看、教师讲授和提问的教学策略，使学生理解 20 世纪 60 年代的历史背景及苏联的均衡布局理论
	任务时长	10 分钟
	学习地点	课上

教学方法 （学习方法）	☑讲授　□小组讨论　☑答疑　□实验　□实训　□自主学习 □其他（请填写）课堂提问
师生交互 过程	教师播放视频"三线建设"，通过视频，将学生带入 20 世纪 60 年代的中国，使学生理解生产力布局的时代背景 教师提问："生产力均衡布局的时代背景是什么？" 学生回答："在 20 世纪 60 年代中国、苏联关系破裂之前，我国是以苏联为首的社会主义阵营的成员。为借鉴苏联经验，开展社会主义建设，我国较为系统地从苏联引入了传统的社会主义生产力布局学，包括生产力布局的规律以及生产布局的原则和方法。" 教师提问："三线建设的时代背景是什么？" 学生回答："三线建设是中国经济史上一次极大规模的工业迁移过程，发生背景是中苏交恶以及美国在中国东南沿海的攻势。"

续表

学习资源	（1）课件：第1章中国特色区域经济学理论框架 （2）教材：《区域经济学》，马工程系列教材，高等教育出版社 （3）视频：三线建设
学习成果及评价标准	（1）对生产力均衡布局的背景有深刻认识（根据课堂回答问题情况，计入平时成绩） （2）对社会主义生产力布局有基本认识（根据课堂回答问题情况，计入平时成绩）
备注	（1）感兴趣的同学可以自行查阅关于中苏关系恶化的资料 （2）课堂中要不断提问，让学生回答课程内容主要问题，才能促使学生提前预习、自学

活动任务序列（任务三）

任务三知识组块：		
	任务描述	通过教师提问、小组讨论、教师答疑的方式，使学生理解生产力均衡布局的具体内容和存在的问题
	任务时长	10分钟
	学习地点	课上

教学方法（学习方法）	☐讲授　☑小组讨论　☑答疑　☐实验　☐实训　☐自主学习 ☐其他（请填写）_____
师生交互过程	教师提问："156项工程主要有哪些？" 学生回答："四川绵阳市、陕西西安市（机电）、宝鸡市（机械）、东北地区的哈尔滨市（电机、机械制造）、长春市（一汽）、吉林市（吉化）、抚顺市、内蒙古包头市（包钢）、湖北武汉市（武钢）、安徽的蚌埠市、淮南市、河南的洛阳市（冶金、机械制造）、甘肃兰州（石油化工）、云南的个旧、白银等，它们共同奠定了中国生产力的基础。" 教师提问："三线建设的范围是哪里？" 学生回答："长城以南、韶关以北、京广铁路以西、甘肃乌鞘岭以东。" 教师提问："均衡理论的运用与实践出现了哪些意想不到的严重问题？" 学生回答："重内地轻沿海，人为地抑制了中国东部地区的发展；片面强调建立'地方工业体系'，忽视了发挥各个地方的独特优势；操作上项目过于分散，缺乏有机联系，难以迅速形成生产能力；发挥了政府力量（指令性计划），却忽视了市场力量（个体私营），实际上影响了总体经济效率和效果。" 教师总结陈述："通过讨论，我们知道了均衡理论的运用与实践违背了生产力发展的客观规律，客观上抑制了东部地区的发展，内地效率也不高。"

学习资源	(1) 课件:第 1 章中国特色区域经济学理论框架 (2) 教材:《区域经济学》,马工程系列教材,高等教育出版社
学习成果及 评价标准	(1) 对于均衡理论的运用与实践出现了意想不到的严重问题的理解(根据课堂回答问题情况,计入平时成绩) (2) 我国进行三线建设的历史影响(根据课堂回答问题情况,计入平时成绩)
备注	(1) 感兴趣的同学可以自行查阅关于"三线建设""156 工程"的资料 (2) 课堂中要不断提问,让学生回答课程内容主要问题,才能促使学生提前预习、自学

活动 2 知识建模图(课上＋课下):

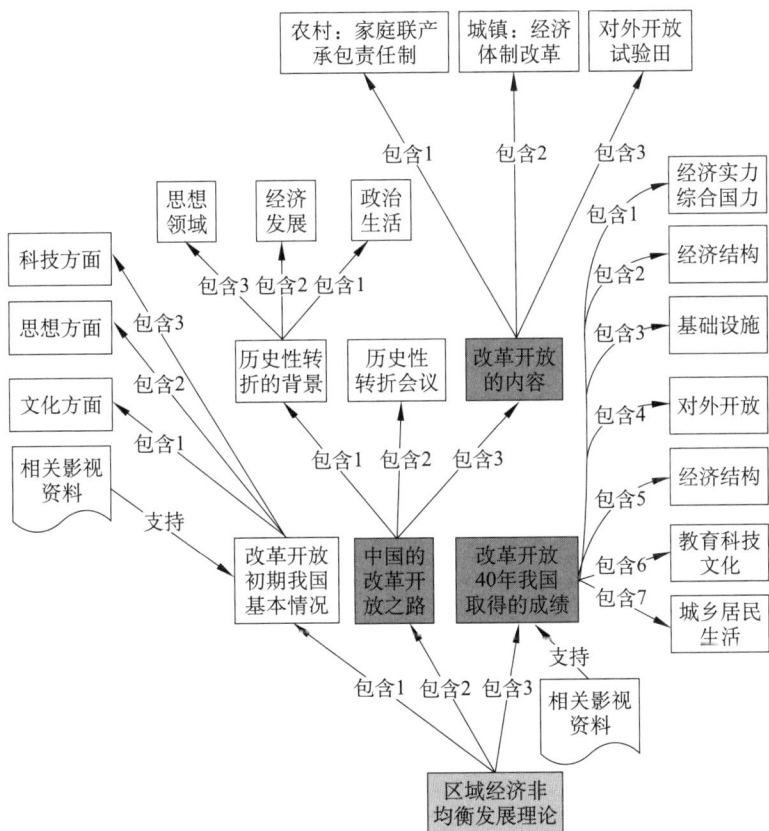

活动目标	理解非均衡发展的时代背景及主要内容;掌握改革开放 40 年我国的成就

活动任务序列(导入任务描述):
问题与思考:"改革开放 40 年,我国取得了哪些成绩?"
学生:收集相关文字或视频资料

师生交互 过程	教师让学生查阅并梳理改革开放 40 多年我国取得的成绩 学生查阅,梳理

续表

活动任务序列(任务一)

任务一知识组块：		
	任务描述	采用自主学习的方式,让学生通过教材、课件、教案、视频等资源预习本部分内容,熟悉非均衡时期的中国背景和改革开放的主要内容
	任务时长	60 分钟
	学习地点	课下

教学方法 (学习方法)	□讲授　□小组讨论　□答疑　☑实验　□实训　☑自主学习　□翻转课堂 □其他(请填写)_____
师生交互过程	教师在学习中心发布学习视频"1980 年的中国发生了什么""40 年改革开放深刻改变中国",设置完成时间,提醒学生在规定时间内完成,并在下次课时反馈视频观看情况;要求学生在看过视频后,能回答任务清单中对应的问题 学生按照要求观看视频,回答任务清单中的问题并完成练习题 **任务清单:** (1)十一届三中全会的主要内容和意义 (2)为什么说十一届三中全会是我国发生史上的伟大历史转折? (3)中国城市和农村的改革开放之路?改革开放 40 多年我国取得哪些成绩?
学习资源	(1)文档:第 1 章知识点梳理 (2)大纲:第 1 章中国特色区域经济学理论框架 (3)视频:1980 年的中国发生了什么;40 年改革开放深刻改变中国 (4)测试题:学习中心第 1 章中国特色区域经济学理论框架测试题
学习成果及评价标准	(1)视频观看情况:查看视频观看情况并反馈 (2)资料搜集:改革开放 40 年我国取得的成绩 (3)课下 App 测试:计入平时成绩
备注	四十年来的伟大成就充分证明了中国特色社会主义道路、理论、制度和文化的正确性、先进性。让学生看身边的变化、听亲身的故事,切身感受社会主义建设和改革开放的先锋们无私的奉献精神和高尚的道德情操,形成强烈的思想认同和价值认同,增强学生的历史使命感

续表

<table>
<tr><td colspan="3" align="center">活动任务序列(任务二)</td></tr>
</table>

任务二知识组块：	任务描述	通过教师讲授、课堂提问的方式,使学生理解非均衡发展提出的背景
科技方面 思想方面 包含3 文化方面 包含2 相关影视资料 包含1 支持 改革开放初期我国基本情况	任务时长	10 分钟
	学习地点	课上

教学方法 (学习方法)	☑讲授　□小组讨论　□答疑　□实验　□实训　□自主学习　□其他(请填写) 课堂提问
师生交互过程	教师陈述:"改革开放初期,中国面临的基本现实是,基础薄弱、贫穷落后;资源有限、效率低下;人口众多、人力剩余;区域多样、差异巨大。" 教师课堂提问:"中国历史上的转折会议是哪个?"通过提问使学生回顾 20 世纪 70 年代末最重要的会议——十一届三中全会,由此引入中国的改革开放之路及非均衡发展战略 学生回答:"十一届三中全会是我国历史性转折,拨乱反正任务很艰巨。" 教师提问:"非均衡发展的理论基础是什么?" 学生回答:"我国的区域经济实践从中华人民共和国成立后的均衡发展方式开始向效率导向的非均衡发展方式转变。区域经济理论也随之进行了研究探讨。20 世纪 80 年代,我国开始较为系统地引入西方区位理论,虽然现在这方面的研究在一定程度上是苏联生产布局学与西方区位理论中国化的混合体,但是,进入 20 世纪 90 年代以来,随着中国成功实现了向市场经济转型的目标,区域经济理论的主流也深深扎根于西方区位科学之中了。"
学习资源	(1) 课件:第 1 章中国特色区域经济学理论框架 (2) 教材:《区域经济学》,马工程系列教材,高等教育出版社
学习成果及评价标准	(1) 对于非均衡发展理论的理解(根据课堂回答问题情况,计入平时成绩) (2) 对于改革开放初期我国基本情况的了解(根据课堂回答问题情况,计入平时成绩)
备注	(1)可以让学生多看关于改革开放初期我国情况的相关影视作品中的记录 (2)课堂中要不断提问,让学生回答课程内容主要问题,才能促使学生提前预习、自学

续表

活动任务序列(任务三)

任务三知识组块： 思想领域　经济发展　政治生活 包含3　包含2　包含1 历史性转折的背景　历史性转折会议	任务描述	通过视频观看和教师课堂提问的方式,使学生理解十一届三中全会在我国历史发展中的主要作用
	任务时长	10分钟
	学习地点	课上

教学方法 (学习方法)	□讲授　□小组讨论　□答疑　□实验　□实训　□自主学习 ☑其他(请填写)<u>课堂提问</u>
师生交互过程	教师让学生观看视频"影响历史的事件——十一届三中全会" 教师课堂提问:"为什么说十一届三中全会是中国历史上的转折会议,会议确定了哪些内容?" 学生回答:"思想上,全面纠正了'文化大革命'及其以前的左倾错误,坚决地批判了'两个凡是'的错误方针,高度评价了关于真理标准问题的讨论,确定了'解放思想、开动脑筋、实事求是、团结一致向前看'的指导方针;经济上,果断停止使用'以阶级斗争为纲'的口号,做出了把党和国家工作中心转移到经济建设上来、实行改革开放的历史性决策;组织上,形成了以邓小平为核心的第二代中央领导集体。"
学习资源	(1) 课件:第1章中国特色区域经济学理论框架 (2) 教材:《区域经济学》,马工程系列教材,高等教育出版社 (3) 视频:影响历史的事件——十一届三中全会
学习成果及评价标准	理解十一届三中全会的主要内容(根据课堂回答情况,计入平时成绩)
备注	(1) 十一届三中全会是我国历史转折点,学生可以搜集中学历史或政治讲授的内容 (2) 课堂中要不断提问,让学生回答课程内容主要问题,才能促使学生提前预习、自学

活动任务序列(任务四)

任务四知识组块： 农村:家庭联产承包责任制　城镇:经济体制改革 包含1　包含2 改革开放的内容	任务描述	通过课堂提问的方式,使学生理解改革开放的主要内容
	任务时长	5分钟
	学习地点	课上

续表

教学方法 (学习方法)	☐讲授 ☐小组讨论 ☐答疑 ☐实验 ☐实训 ☐自主学习 ☑其他(请填写)课堂提问
师生交互 过程	教师提问:"什么是改革开放?" 学生回答:"对内改革,改革束缚我国生产力发展的经济体制;对外开放,实质是社会主义制度的自我完善。" 学生通过资料查找,了解改革开放的主要内容 教师提问:"改革开放有哪些内容?" 学生回答:"对内改革(农村、城市),对外开放(沿海逐步到内地)。" 教师总结并点评
学习资源	(1) 课件:第1章中国特色区域经济学理论框架 (2) 教材:《区域经济学》,马工程系列教材,高等教育出版社
学习成果及 评价标准	无
备注	无

活动任务序列(任务五)

任务五知识组块:		
	任务描述	通过小组讨论、课堂提问的方式,使学生理解改革开放40年取得的成绩
	任务时长	5分钟
	学习地点	课上

教学方法 (学习方法)	☐讲授 ☑小组讨论 ☐答疑 ☐实验 ☐实训 ☐自主学习 ☑其他(请填写)课堂提问
师生交互 过程	教师让学生从经济实力、综合国力、基础设施、科技水平、农业发展、人民生活等几个方面阐述改革开放40年我国取得的成绩,随后总结并点评 学生回答:"中国经济持续增长,成为全球第二大经济体,改革开放初期,中国经济主要依靠农业,如今已经成为全球制造业和出口大国,中国取得了令人瞩目的减贫成就。数以亿计的人口摆脱了贫困,改善了生活水平;中国在交通、通信、能源等领域取得了长足进步,高速铁路、现代化港口、通信网络等建设提升了国家基础设施水平;中国在科技领域取得了巨大进步,成为全球科技创新的重要理论,在人工智能、电子商务、生物科技等领域,取得了显著成就;中国在国际事务中的地位和影响不断提升,作为全球第二大经济体和联合国安理会常任理事国,在国际舞台上扮演着越来越重要的角色。"

续表

师生交互过程	教师总结:"40多年来,我国市场经济体系完成了从孕育、培育、发展、规范到繁荣的过程,微观主体有活力、市场机制有效、宏观调控有度的社会主义市场经济体制框架基本形成。可以说,40年来,中国改革开放伟大事业取得的重要理论和实践创新成果,就是创立和发展了中国特色社会主义理论体系,开辟了符合中国国情、合乎时代潮流、顺应人民意愿的中国特色社会主义道路。"
学习资源	(1) 课件:第1章中国特色区域经济学理论框架 (2) 教材:《区域经济学》,马工程系列教材,高等教育出版社
学习成果及评价标准	资料收集:改革开放40年我国取得的成绩
备注	(1) 感兴趣的同学可以搜集关于改革开放40年的纪录片观看 (2) 课堂中要不断提问,让学生回答课程内容主要问题,才能促使学生提前预习、自学

活动3 知识建模图(课上+课下):

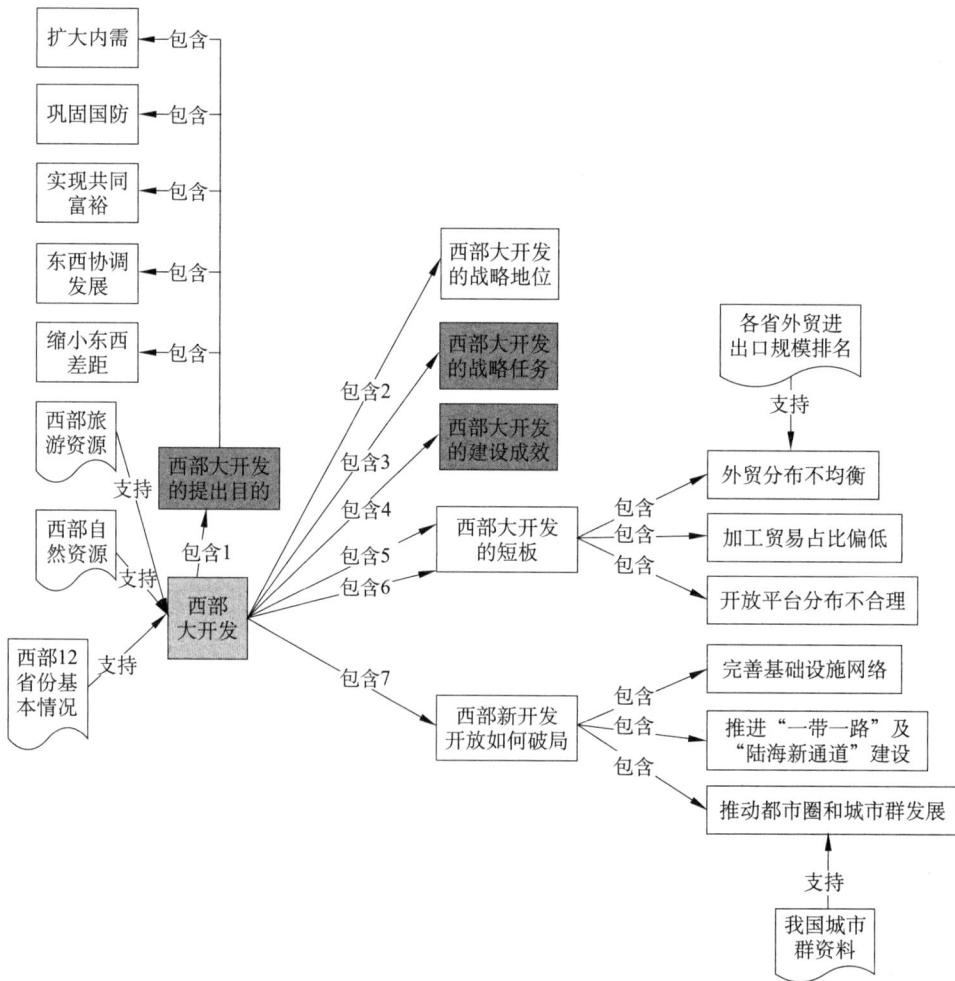

活动目标	理解西部大开发的目的、意义及相关大型工程的实施

活动任务序列(导入任务描述)
问题与思考:你听说过西部大开发吗?
学生:搜集西部大开发相关文字或视频资料。

师生交互过程	教师布置任务:搜集西部大开发相关文字或视频资料,并进行梳理。 学生:查阅、梳理。

活动任务序列(任务一)

任务一知识组块:

	任务描述	让学生通过教材、课件、教案、视频等资源预习本部分内容,熟悉西部大开发的主要内容;小组分工搜集资料并制作 PPT,准备课堂讲授;观看视频
	任务时长	120 分钟
	学习地点	课下

教学方法 (学习方法)	□讲授　□小组讨论　□答疑　□实验　□实训　☑自主学习　☑其他(请填写) 小组制作 PPT
师生交互过程	教师在学习中心发布学习视频"西部大开发""西部大开发现在处于哪个阶段",设置完成时间,提醒学生在规定时间内完成,并在下次课时反馈视频观看情况;要求学生在看过视频后,搜集西部大开发相关资料 学生按照要求观看视频,搜集西部大开发相关资料 任务清单: (1) 西部大开发提出的时间、背景、范围 (2) 西部大开发提出的目的 (3) 西部大开发的战略地位及任务 (4) 西部大开发的成效
学习资源	(1) 视频:微记录(西部大开发:西部大开发现在处于哪个阶段) (2) 大纲:第 1 章中国特色区域经济学理论框架 (3) 测试题:学习中心第 1 章中国特色区域经济学理论框架测试题
学习成果及评价标准	(1) 视频观看情况:查看视频观看情况并反馈 (2) 资料搜集:西部大开发取得的成绩及目前问题 (3) 课下 App 测试:计入平时成绩

备注	让学生关注西部发展,进而主动去投身西部建设,发挥主观能动性,围绕国家政策,发挥自身技术优势,创造社会价值

活动任务序列(任务二)

任务二知识组块:同任务一	任务描述	通过小组代表讲授,使学生理解西部大开发的战略地位及战略任务
	任务时长	15 分钟
	学习地点	课上

教学方法(学习方法)	□讲授　□小组讨论　□答疑　□实验　□实训　□自主学习　☑其他(请填写)小组代表讲授
师生交互过程	小组代表讲授关于西部大开发背景信息、发展阶段、发展成就及意义的主要内容讲课代表提问:"西部大开发涉及哪些大的工程? 西部大开发有哪些成效?"学生回答:"西部大开发代表性工程有青藏铁路、西气东输、西电东送等;成效上,西部地区的基础设施不断完善、经济实力明显增强、产业结构不断优化、教育医疗文化也取得了较大发展。"
学习资源	(1) 课件:第 1 章中国特色区域经济学理论框架(2) 教材:《区域经济学》,马工程系列教材,高等教育出版社
学习成果及评价标准	资料搜集:西部大开发取得的成绩及西部地区现状
备注	(1) 学生制作课件讲课,能搜集到教师察觉不到的信息(2) 学生可以在抖音下载一些相关短视频,并在课堂中播放

活动任务序列(任务三)

任务三知识组块:西部大开发的战略任务　西部大开发的建设成效	任务描述	教师课堂简单讲授,然后进行课堂提问,使学生能够理解并记忆西部大开发的战略任务和战略成效
	任务时长	20 分钟
	学习地点	课上

教学方法(学习方法)	☑讲授　□小组讨论　□答疑　□实验　□实训　□自主学习□其他(请填写)课堂提问
师生交互过程	教师提问:"西部大开发的战略任务是什么?"学生回答:"实施西部大开发战略是实现共同富裕、加强民族团结、保持社会稳定和边疆安全的战略举措;是扩大国内有效需求,实现经济持续快速增长的重要途径;是实现现代化建设的客观需要;是适应世界范围结构调整,提高中国国际竞争力的迫切要求。"教师提问:"西部大开发有哪些具体成效?"学生回答:"西部大开发的成效一是经济实力显著提升;二是脱贫攻坚取得决定性进展;三是基础设施更加完善;四是现代产业体系基本形成;五是国家生态安全屏障得到巩固;六是人民生活水平持续提高。"

续表

学习资源	(1) 课件:第 1 章中国特色区域经济学理论框架 (2) 教材:《区域经济学》,马工程系列教材,高等教育出版社
学习成果及 评价标准	理解西部大开发的战略任务和建设成效(根据课堂学生回答情况,计入平时成绩)
备注	(1) 西部大开发的战略任务是重点,有些内容需要学生记忆 (2) 课堂中要不断提问,让学生回答课程内容主要问题,才能促使学生提前预习、自学

活动任务序列(任务四)

任务四知识组块:		
	任务描述	通过小组讨论、课堂答疑的方式,使学生理解西部大开发的短板
	任务时长	15 分钟
	学习地点	课上

教学方法 (学习方法)	□讲授　☑小组讨论　☑答疑　□实验　□实训　□自主学习 ☑其他(请填写)课堂提问
师生交互 过程	教师通过小组讨论,使学生了解西部大开发的短板 学生小组讨论回答:"西部地区外贸分布极不均衡,西部 12 省外贸占全国比重不足 10%,四川外贸进出口总额的 83.8% 集中在成都市,西安外贸进出口总额更是占了陕西全省份额的 94%;西部地区加工贸易额占全国比重依然很低,2020 年仅为 9.7%;西部地区拥有综合保税区 20 个,保税港区 2 个,出口加工区 4 个,沿边重点开发开放试验区 6 个,边境、跨境经济合作区 9 个。从数量上看,西部地区外贸开放平台已形成一定规模,但是却存在着布局不合理等问题。"
学习资源	(1) 课件:第 1 章中国特色区域经济学理论框架 (2) 教材:《区域经济学》,马工程系列教材,高等教育出版社
学习成果及 评价标准	搜集西部大开发相关视频及西部大开发存在问题的资料(根据课堂学生回答情况,计入平时成绩)

续表

备注	(1) 结合经济学专业毕业论文,思考如果以西部大开发为选题,应该如何构思题目,搜集数据? (2) 课堂中要不断提问,让学生回答课程内容主要问题,才能促使学生提前预习、自学

表 4-19　区域经济学专业基础课教案 2

2023—2024 年第 1 学期第 2 周

知识建模图:

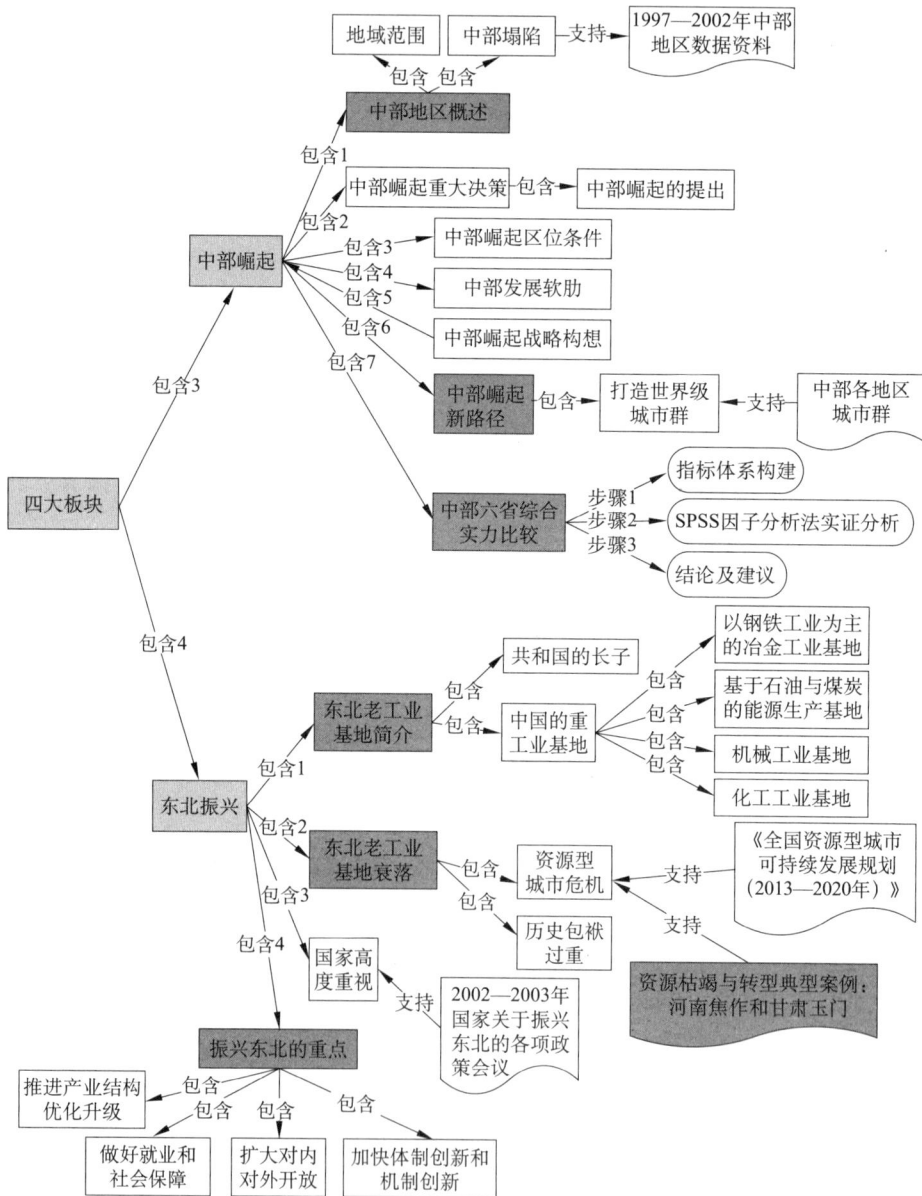

续表

知识点（学习水平）		素 质 目 标
学习目标	中部崛起的提出及区位条件（理解），中部崛起的战略构想及中部六省的比较（理解、运用）；东北衰落的原因及东北振兴的重点（理解）	（1）习近平总书记在新时代推动中部地区崛起座谈会中提出了 6 点意见，其中包括"要以科技创新引领产业创新，积极培育和发展新质生产力" （2）如何在新时代东北全面振兴历程中认清战略定位、把牢前进方向，关键在于坚持党对高校的全面领导；要牢牢把握"培养什么人、怎样培养人、为谁培养人"这一教育的根本问题和建设教育强国的核心课题；坚持不懈用习近平新时代中国特色社会主义思想铸魂育人，着力培养社会主义现代化建设中可堪大用、能担重任的栋梁之材，为新时代东北全面振兴提供高质量人才支撑

学习先决 知识技能	知识点（学习水平）
	无

课 上 资 源	课 下 资 源
（1）教材：《区域经济学》，马工程系列教材，高等教育出版社 （2）课件：第 1 章中国特色区域经济学理论框架 （3）视频：百年煤城，转型成功	（1）视频：东北老工业基地振兴（教师录播，学习中心）；中部崛起；振兴东北迫在眉睫；CCTV 纪录片振兴东北；玉门老城区；百年煤城，转型成功 （2）文档：第 1 章知识点梳理 （3）课件：第 1 章中国特色区域经济学理论框架 （4）大纲：第 1 章中国特色区域经济学理论框架 （5）测试题：学习中心第 1 章中国特色区域经济学理论框架测试题 （6）论文：往届学生论文"中部六省综合实力比较"、教师论文"河南新型城镇化与新型工业化融合度研究" （7）文章：知网期刊文章 "振兴东北""中部崛起"系列；网络文章"东北全面振兴，总书记布局一盘大棋"

课上时间	100 分钟	课下时间	240 分钟

活动序列	活动目标	地点	时　间	学 习 资 源
活动 1	中部崛起的提出、区位条件、战略构想、中部六省的比较（记忆、理解）	课上	50 分钟	（1）课件：第 1 章中国特色区域经济学理论框架 （2）教材：《区域经济学》，马工程系列教材，高等教育出版社 （3）教案：第 1 章中国特色区域经济学理论框架
		课下	120 分钟	（1）视频：中部崛起 （2）文档：第 1 章知识点梳理 （3）大纲：第 1 章中国特色区域经济学理论框架 （4）论文：中部六省综合实力比较 （5）测试题：学习中心第 1 章中国特色区域经济学理论框架测试题

续表

活动序列	活动目标	地点	时　间	学 习 资 源
活动2	东北衰落的原因及东北振兴的重点(记忆、理解)	课上	60分钟	(1)课件:第1章中国特色区域经济学理论框架 (2)教材:《区域经济学》,马工程系列教材,高等教育出版社 (3)视频:振兴东北迫在眉睫;玉门老城区;百年煤城,转型成功 (4)教案:第1章中国特色区域经济学理论框架
		课下	120分钟	(1)视频:东北老工业基地振兴;CCTV纪录片振兴东北 (2)文档:第1章知识点梳理 (3)大纲:第1章中国特色区域经济学理论框架 (4)测试题:学习中心第1章中国特色区域经济学理论框架测试题 (5)文章:知网期刊文章"振兴东北"系列;网络文章"东北全面振兴,总书记布局一盘大棋"

活动1知识建模图(课上＋课下):

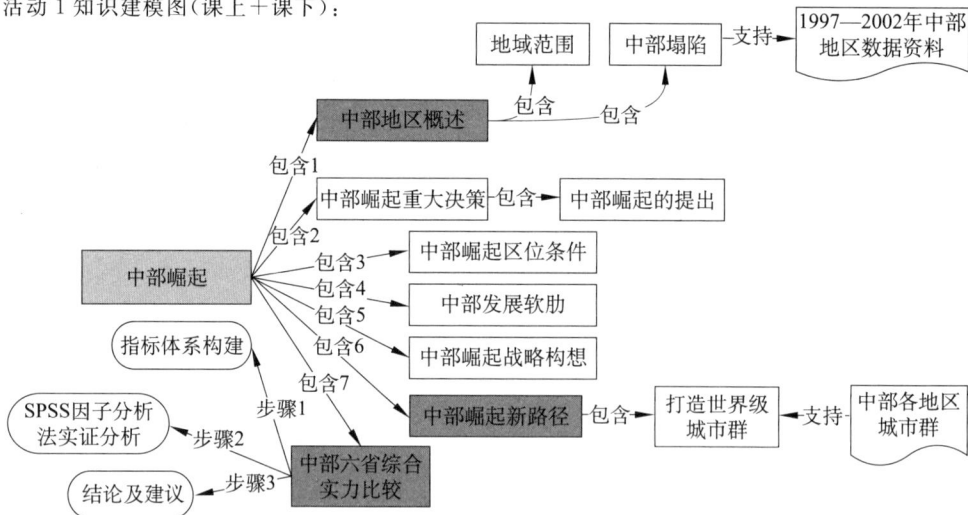

活动目标 | 中部崛起的提出、区位条件、战略构想、中部六省的比较(记忆、理解)

活动任务序列(导入任务描述):
引入:"你是什么时候听说过'中部崛起'这个词的,有什么样的感受,中部包括哪些省份?"
问题与思考:"查阅中部六省的有关资料,思考如果你的毕业论文题目是《中部六省发展水平比较》,你打算如果构思你的论文?"

师生交互过程	教师布置学生查阅并研读知网中有关中部六省的相关文章的任务 学生下载至少3篇知网中有关中部六省的文章,思考经济发展水平比较的指标体系是如何构建的,又采用了何种研究方法

续表

活动任务序列(任务一)

任务一知识组块：		任务描述	学生通过教材、课件、教案、视频等资源预习本部分内容,熟悉中部崛起的主要内容; 小组搜集资料并制作PPT,准备课堂讲授
		任务时长	120 分钟
		学习地点	课下
教学方法 (学习方法)	□讲授　□小组讨论　□答疑　□实验　□实训　☑自主学习　☑其他(请填写) 小组制作PPT		
师生交互 过程	教师在学习中心发布学习视频"中部崛起""中部六省比较",设置完成时间,提醒学生在规定时间内完成,并在下次课时反馈视频观看情况;要求学生在看过视频后,搜集中部六省发展状况的资料 学生按照要求观看视频,搜集中部六省发展状况的资料;分小组制作 PPT"中部崛起",小组代表备课准备课堂讲授		
学习资源	(1) 文档:第1章知识点梳理 (2) 大纲:第1章中国特色区域经济学理论框架 (3) 测试题:学习中心第1章中国特色区域经济学理论框架测试题 (4) 视频:中部崛起,中部六省比较		
学习成果及 评价标准	(1) 视频观看情况:查看视频观看情况并反馈(学习中心后台记录观看情况,并计入平时成绩) (2) 资料搜集:中部六省发展情况及比较(根据课堂回答情况,计入平时成绩) (3) 课下 App 测试:根据学习中心自动计算得分,计入平时成绩		
备注	无		

活动任务序列(任务二)

任务二知识组块： 同任务一	任务描述	通过小组分工的形式,搜集相关资料,制作PPT,进行演讲汇报
	任务时长	15 分钟
	学习地点	课上
教学方法 (学习方法)	□讲授　□小组讨论　□答疑　□实验　□实训　□自主学习　☑其他(请填写) 小组代表讲授	
师生交互 过程	小组代表讲授本部分内容,主要包括:中部崛起背景、中部概况、中部崛起意义及发展成果,可以适当提问 教师听小组代表讲授,并进行点评	

学习资源	(1) 课件:第 1 章中国特色区域经济学理论框架 (2) 教材:《区域经济学》,马工程系列教材,高等教育出版社 (3) 文章:知网期刊文章、往届学生论文
学习成果及 评价标准	根据小组代表讲授及 PPT 制作情况打分,计入学生平时成绩
备注	习近平总书记在新时代推动中部地区崛起座谈会中提出了 6 点意见,其中包括"要 以科技创新引领产业创新,积极培育和发展新质生产力"

活动任务序列(任务三)

任务三知识组块: 中部崛起区位条件 中部发展软肋		任务描述	通过 App 讨论、课堂讨论的形式,使学生理解中部崛起的软肋及中部具有的区位条件
		任务时长	10 分钟
		学习地点	课上
教学方法 (学习方法)	□讲授　□小组讨论　□答疑　□实验　□实训　□自主学习 ☑其他(请填写)App 讨论、课堂讨论		
师生交互 过程	通过 App 讨论,使学生了解中部崛起的发展软肋及战略构想 App 讨论题: (1) 2004 年,中国为什么提出了中部崛起? 这是基于什么发展背景? (2) 中部六省的基本情况(人口、面积、GDP、粮食产量等)是什么? 课堂讨论: (1) 中部六省在 2004 年之前,遇到了哪些发展瓶颈? (2) 促进中部崛起有哪些意义,中部地区有何区位条件? 通过课堂讨论的形式,引导学生通过资料查阅,各抒己见,加深对这一问题的认识 学生回答:"中部地区一直受到经济发展地忽视和排斥,导致发展水平落后。与我国东部沿海地区相比,中部地区的经济发展明显滞后,太多的人被迫放弃家乡,转移到其他地区谋求发展和就业机会,这导致中部地区的发展步伐更慢,贫困阶层数量大幅上升。" 学生回答:"中部地区有山西、河南、安徽、江西、湖北和湖南六省,面积共计 102 万平方千米,约占全国 10.7%;人口共计 3.61 亿,约占全国 28.1%;国内生产总值约占全国 20%;粮食产量共计 14468 万吨,占全国比重 30.6%。" 学生回答:"从 1997 年到 2002 年,中部人均 GDP 相对东部的比重从 54.14% 下降到 52.60%。2001 年西部的 GDP 增幅高达 8.5%,高于全国的 7.4%。2003 年东部的增长速度比中部快了 2.5 个百分点,比西部快了 1.6 个百分点,说明中部地区不仅低于东部,而且低于西部地区 0.9 个百分点,区域经济发展排序中,中部地区速度最低。" 学生回答:"促进中部崛起一是有利于优化国民经济结构、保持经济持续健康发展。中部地区是中国新一轮工业化、城镇化、信息化和农业现代化的重点区域,是扩大内需、提升开放水平最具潜力的区域。二是有利于加快实现全面建成小康社会目标。中部地区'三农'问题仍然突出,贫困发生率高于全国平均水平,促进中部地区崛起有助于坚决打赢脱贫攻坚战。三是有利于构建全国统一大市场。中部地区承东启西、连南接北,交通网络发达。通过积极融入推进'一带一路'、京津冀协同发展、长江经济带三大发展战略,能够有力支撑全国新一轮全方位开放开放。"

续表

学习资源	(1) 课件:第 1 章中国特色区域经济学理论框架 (2) 教材:《区域经济学》,马工程系列教材,高等教育出版社
学习成果及 评价标准	(1) App 讨论,通过学习中心端,根据学生回答情况,计入平时成绩 (2) 课堂讨论,若对中部崛起的瓶颈和崛起意义回答正确,条理清晰,计入平时成绩 5 分
备注	(1) 查阅中部六省的有关数据 (2) 课堂中要不断提问,让学生回答课程内容主要问题,才能促使学生提前预习、自学

活动任务序列(任务四)

任务四知识组块: 中部崛起战略构想 中部崛起新路径 —包含→ 打造世界级城市群 ←支持— 中部各地区城市群	任务描述	通过教师讲授、课堂讨论的形式,使学生理解中部六省各自提出的崛起策略
	任务时长	15 分钟
	学习地点	课上

教学方法 (学习方法)	☑讲授　□小组讨论　□答疑　□实验　□实训　□自主学习 ☑其他(请填写)课堂讨论
师生交互 过程	教师引入河南提出的实施路径,引导学生查阅资料,通过课堂讨论的形式,了解并回答其他五省的崛起路径和城市群的有关内容 教师陈述:"河南省的战略构想是加快中原城市群发展和县域经济发展作为实现中部崛起两大支撑,推进工业化、城镇化和农业现代化进程。" 学生回答:"湖北省提出的战略目标是把湖北建设成重要的农产品加工生产区、现代制造业聚集区、高新技术发展区、现代物流中心区。江西的战略定位是把江西建设成沿海发达地区的'三个基地、一个后花园',即把江西建成沿海发达地区产业梯度转移的承接基地、优质农副产品加工供应基地、劳务输出基地和旅游休闲的'后花园'。安徽省抢抓长三角一体化的历史机遇,积极融入长三角,参与长三角经济分工,承接长三角资本,经济发展速度位居我国前列。湖南重点是做强长株潭城市群,建设湘中经济走廊,发展湘西经济带。同时实行向南战略,积极承接珠三角产业转移,扩大与港澳地区交流。山西针对产业结构重型化、产品初级化和高度依赖煤炭的情况,提出的战略思路是建设全国新型能源基地和新型工业基地。" 教师总结:"中部地区应定位为'六个基地',即全国商品粮和优势农副产品生产加工基地、能源生产基地、重要原材料生产基地、有竞争力的制造业和高新技术产业基地、劳动力资源开发和输出基地、核心的中华历史文化文明传承和海内外旅游基地,以及环境友好的绿色生态美好家园。有关专家表示,中部地区的崛起需要一个世界级的大城市群作为增长极。中部地区应该取长补短,共同打造中部城市群,构建中部崛起的战略支点。"
学习资源	(1) 课件:第 1 章中国特色区域经济学理论框架 (2) 教材:《区域经济学》,马工程系列教材,高等教育出版社
学习成果及 评价标准	课堂讨论:若对中部崛起路径、战略构想回答正确,条理清晰,计入平时成绩 5 分

备注	(1) 有关城市群知识点的延伸 (2) 结合中部各省经济社会发展情况的调研,可以选择一个省进行实证分析,作为毕业论文选题

活动任务序列(任务五)

任务五知识组块: 	任务描述	通过教师讲授、课堂讨论的方式,引导学生构思并撰写与中部地区有关的文章
	任务时长	10 分钟
	学习地点	课上

教学方法 (学习方法)	☑讲授　□小组讨论　□答疑　□实验　□实训　□自主学习 ☑其他(请填写)课堂讨论
师生交互 过程	教师提问:"如果给你一篇文章'中部六省综合实力比较研究',你会如何构思文章内容?" 学生回答:"基于统计学中的因子分析方法,可以根据中部六省的经济基础、对外开放水平、基础设施、科技教育和居民生活水平这几个指标,通过统计年鉴搜集中部六省的相关数据,采用 SPSS 的因子分析方法得出六省在经济基础、对外开放水平、基础设施、科技教育和居民生活水平六个方面的得分,并进行排序比较,然后采用简单平均分得出六个方面的平均分,再次进行排序比较,从而可以得出中部六省综合实力比较情况。"
学习资源	(1) 课件:第 1 章中国特色区域经济学理论框架 (2) 教材:《区域经济学》,马工程系列教材,高等教育出版社 (3) 文章:知网期刊文章、往届学生论文
学习成果及 评价标准	资料搜集:研读有关中部的期刊文章;查阅中部六省主要综合性对比数据;列出"中部六省综合实力比较"论文的框架
备注	无

活动 2 知识建模图(课上+课下):

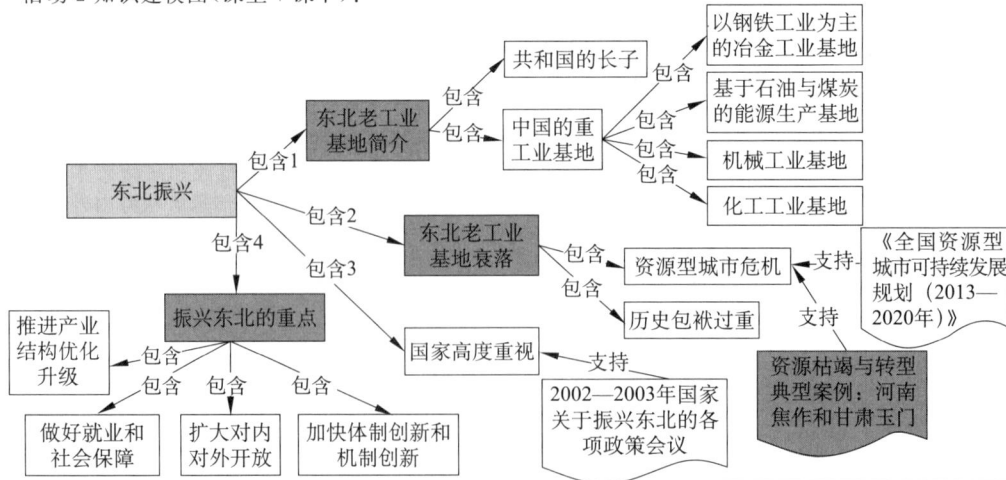

续表

活动目标	东北衰落的原因及东北振兴的重点(记忆、理解)

活动任务序列(导入任务描述)
问题与思考:"为什么称东北为'东北老工业基地'?"
学生:搜集相关文字或视频资料说明

师生交互过程	教师布置查阅并梳理东北在中华人民共和国成立前后发展历史的任务 学生查阅,梳理

活动任务序列(任务一)

任务一知识组块:		任务描述	通过教材、视频、课件、教案等资料预习本部分内容,熟悉东北振兴的主要内容;小组搜集资料并制作 PPT,准备课堂讲授
		任务时长	120 分钟
		学习地点	课下

教学方法(学习方法)	☐讲授　☐小组讨论　☐答疑　☑实验　☐实训　☑自主学习　☐翻转课堂 ☐其他(请填写)_____

师生交互过程	教师在学习中心中发布学习视频"东北老工业基地振兴""CCTV 纪录片振兴东北",设置完成时间,提醒学生在规定时间内完成,并在下次课时反馈视频观看情况;要求学生在看过视频后,能回答任务清单中对应的问题 任务清单: (1)东北三省基本情况(面积、人口、GDP、农业)、历史上的东北,特别是新中国成立前东北工业概况 (2)东北曾经有哪些重工业? (3)东北有哪些城市面临或已经面临了资源枯竭? 学生按照要求观看视频,分小组制作"东北振兴"PPT,搜集知网文章"振兴东北"系列并研读,观看网络文章"东北全面振兴,总书记布局一盘大棋"

学习资源	(1)文档:第 1 章知识点梳理 (2)大纲:第 1 章中国特色区域经济学理论框架 (3)测试题:学习中心第 1 章中国特色区域经济学理论框架测试题 (4)文章:知网期刊文章"振兴东北"系列;网络文章"东北全面振兴,总书记布局一盘大棋" (5)视频:东北老工业基地振兴(教师录播,学习中心);CCTV 纪录片振兴东北

学习成果及评价标准	(1)视频观看情况:查看视频观看情况并反馈 (2)任务清单:任务清单完成情况,课堂检测 (3)PPT:小组 PPT 制作情况打分,并计入平时成绩 (4)课下 App 测试:计入平时成绩

备注	无

续表

活动任务序列(任务二)		
任务二知识组块: 同任务一	任务描述	通过小组分工的形式,搜集相关资料,制作PPT,进行演讲汇报
	任务时长	15分钟
	学习地点	课上
教学方法 (学习方法)	□讲授 □小组讨论 □答疑 □实验 □实训 □自主学习 ☑其他(请填写) 小组代表讲授	
师生交互 过程	小组代表讲授本部分内容,主要包括:东北概况、为什么要振兴东北、东北振兴的规划内容、东北振兴的成果等,小组代表可以适当提问 教师听小组代表讲授,并进行简单评价	
学习资源	(1)课件:第1章中国特色区域经济学理论框架 (2)教材:《区域经济学》,马工程系列教材,高等教育出版社	
学习成果及 评价标准	(1)对东北概况的了解 (2)对东北衰落的原因及振兴重点的认识	
备注	课堂中要不断提问,让学生回答课程内容主要问题,才能促使学生提前预习、自学	

活动任务序列(任务三)		
任务三知识组块: 	任务描述	通过河南焦作和甘肃玉门两个城市的案例,引导学生思考资源枯竭型城市如何转型
	任务时长	15分钟
	学习地点	课上
教学方法 (学习方法)	□讲授 □小组讨论 ☑答疑 □实验 □实训 □自主学习 □其他(请填写) 课堂讨论	
师生交互 过程	教师播放视频"甘肃玉门""河南焦作"两个城市案例,通过这两个案例,引导学生查阅我国资源枯竭型城市的相关信息,并进行分类;让学生思考对于资源枯竭型城市,转型发展是必由之路,它们应该如何转型?引导学生各抒己见,进行讨论,教师最后总结 学生回答:"国家划定69个典型资源枯竭型城市,煤都占54%。资源枯竭城市应该找到自己的区位或其他产业优势,发展优势产业,进行转型。它们可以通过发展有特色、有基础、有竞争力的主导产业,不断进行产业链延伸,真正做到延链、补链、强链,使产业向高端化发展,往产品高附加值的路子走。除此之外,资源枯竭性城市实现转型升级还需注意一是要立足自身的资源禀赋和产业基础,发展精加工和深加工,延伸产业链条;二是要加强技术投入、数字化投入,促进产品升级换代,调整产业结构;三是要积极发展文化旅游等服务业,提高产业结构的'软性';四是要加强环境治理,打造绿水青山。"	

学习资源	(1) 课件:第1章中国特色区域经济学理论框架 (2) 教材:《区域经济学》,马工程系列教材,高等教育出版社 (3) 视频:百年煤城,转型成功;玉门老城区
学习成果及 评价标准	根据课堂讨论回答情况进行记录,计入平时成绩考核
备注	(1) 甘肃玉门和河南焦作是两个对立的案例,可以让学生查阅其他转型成功的资源枯竭型城市 (2) 课堂中要不断提问,让学生回答课程内容主要问题,才能促使学生提前预习、自学

活动任务序列(任务四)

任务四知识组块: 	任务描述	通过课堂提问、答疑的方式,使学生理解东北振兴的重点举措
	任务时长	10 分钟
	学习地点	课上

教学方法 (学习方法)	□讲授　□小组讨论　☑答疑　□实验　□实训　□自主学习　□其他(请填写) 课堂讨论
师生交互 过程	教师提问:"国家针对东北工业基地振兴提出了哪些政策?国家为什么这么重视东北?" 学生回答:"意义上,东北地区是我国重要的工业和农业基地,其维护国家国防安全、粮食安全、生态安全、能源安全、产业安全的战略地位十分重要,关乎国家发展大局;支持东北地区等老工业基地加快调整和改造,支持以资源开采为主的城市发展接续产业,是全面建设小康社会的必然要求;振兴老工业基地既是东北等地自身改革发展的迫切要求,也是实现国家经济社会协调发展的重要战略举措。政策上,国务院11项举措出台振兴东北再打组合拳。为巩固扩大东北地区振兴发展成果、努力破解发展难题、依靠内生发展推动东北经济提质增效升级,国务院近日出台了《关于近期支持东北振兴若干重大政策举措的意见》。"
学习资源	(1) 课件:第1章中国特色区域经济学理论框架 (2) 教材:《区域经济学》,马工程系列教材,高等教育出版社 (3) 视频:振兴东北迫在眉睫
学习成果及 评价标准	(1) 视频观看情况:查看视频观看情况并反馈 (2) 资料搜集:东北目前发展的情况相关数据资料 (3) App 测试:完成本部分测试并计入成绩 (4) 根据课堂讨论回答情况计入平常成绩
备注	(1) 可以让学生查阅党中央文件,了解党中央对振兴东北的重视和决心 (2) 让学生思考如果以振兴东北为选题,作为毕业论文,该如何构思框架?

表 4-20　区域经济学专业基础课教案 3

2023—2024 年第 1 学期第 3 周

知识建模图：

（1）见图 3-22 区域经济学知识建模图 1

（2）

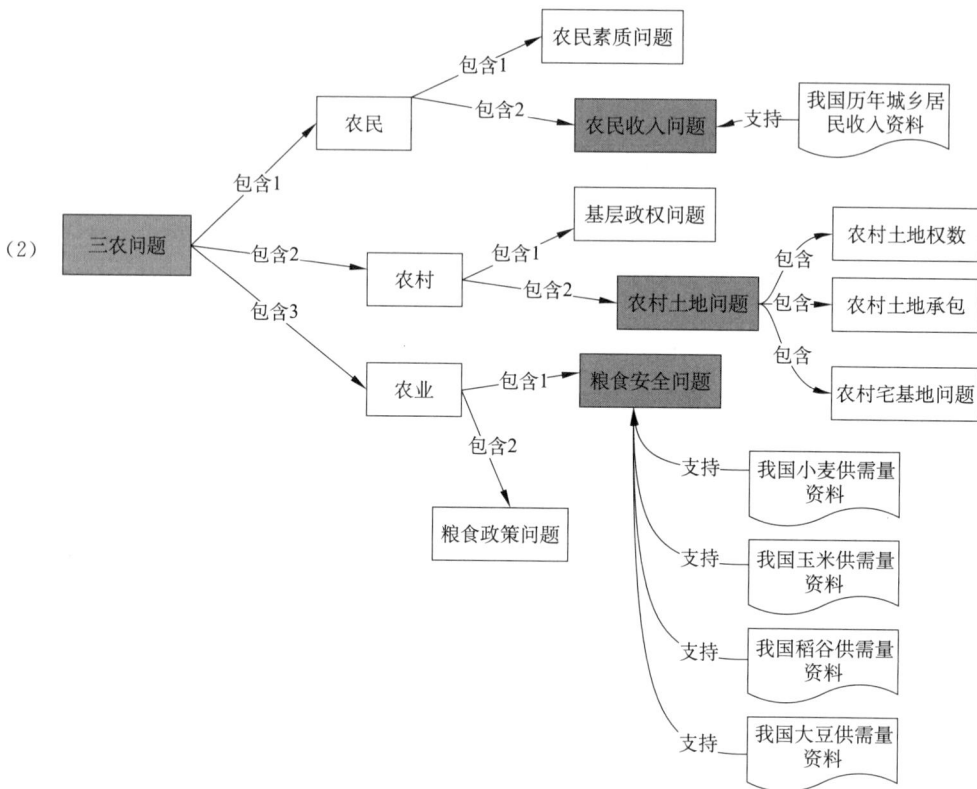

知识点（学习水平）	素 质 目 标
学习目标 "一带一路"提出的背景、战略作用和意义（记忆、理解、运用）；京津冀协同发展的提出及建设成效（记忆、理解）；长江经济带区域的概况、相关产业、出现问题及取得成绩（记忆、理解）；我国针对"三农问题"相关政策解读（记忆、理解、运用）	（1）作为新时代大学生，应肩负时代的责任，树立远大的志向，发扬自立自强、坚忍不拔的拼搏精神，放眼全球，着力未来，为"一带一路"建设注入青春力量 （2）督促学生将个人发展与国家战略紧密结合，在京津冀协同发展的大潮中，勇担使命，既要有高瞻远瞩的全局观念，又要有脚踏实地的务实精神，以青春之我，奋斗之我，投身于祖国建设这一伟大事业中，为实现中华民族伟大复兴贡献自己的青春和力量 （3）自进入新时代以来，以习近平同志为核心的党中央作出一系列重大战略部署，把生态文明建设摆在全局工作的突出位置，将生态文明建设纳入"五位一体"总体布局，将"人与自然和谐共生"纳入新时代发展中国特色社会主义基本方略，将"绿色发展"纳入新发展理念，将"污染防治"纳入三大攻坚战，我国生态文明建设从认识到实践都发生了历史性、转折性、全局性的变化，创造了举世瞩目的生态保护和绿色发展奇迹

续表

学习先决 知识技能	知识点(学习水平)			
	无			

课 上 资 源	课 下 资 源			
(1) 教材:《区域经济学》,马工程系列教材,高等教育出版社 (2) 课件:第 1 章中国特色区域经济学理论框架	(1) 视频:一带一路格局;原来这才是"一带一路"被想出来的真正原因和深远意义啊!一带一路及六大经济路线;京津冀协同发展;雄安新区;长江经济带是个什么带;长江经济带高质量发展;什么是"三农"问题;中国"三农"问题为何突出;"三农"问题 (2) 文档:第 1 章知识点梳理 (3) 课件:第 1 章中国特色区域经济学理论框架 (4) 大纲:第 1 章中国特色区域经济学理论框架 (5) 测试题:学习中心第 1 章中国特色区域经济学理论框架测试题 (6) 文章:知网期刊"京津冀协同发展"系列;人民日报文章"推动京津冀协同发展不断迈上新台阶"			

课上时间	100 分钟	课下时间	240 分钟	
活动序列	活动目标	地点	时 间	学 习 资 源
活动 1	"一带一路"提出的背景、战略作用和意义(记忆、理解)	课上	25 分钟	(1) 课件:第 1 章中国特色区域经济学理论框架 (2) 教材:《区域经济学》,马工程系列教材,高等教育出版社 (3) 文章:知网期刊文章 (4) 教案:第 1 章中国特色区域经济学理论框架
		课下	60 分钟	(1) 文档:第 1 章知识点梳理 (2) 测试题:学习中心第 1 章中国特色区域经济学理论框架 (3) 视频:一带一路格局;原来这才是"一带一路"被想出来的真正原因和深远意义啊!
活动 2	京津冀协同发展的提出及建设成效(记忆、理解)	课上	25 分钟	(1) 视频:一带一路及六大经济路线 (2) 课件:第 1 章中国特色区域经济学理论框架 (3) 教材:《区域经济学》,马工程系列教材,高等教育出版社 (4) 文章:知网期刊"京津冀协同发展"系列;人民日报文章"推动京津冀协同发展不断迈上新台阶" (5) 教案:第 1 章中国特色区域经济学理论框架

续表

活动序列	活动目标	地点	时　间	学习资源
活动2	京津冀协同发展的提出及建设成效（记忆、理解）	课下	60分钟	（1）文档：第1章知识点梳理 （2）大纲：第1章中国特色区域经济学理论框架 （3）测试题：学习中心第1章中国特色区域经济学理论框架测试题 （4）视频"京津冀协同发展""雄安新区"
活动3	长江经济带区域的概况、相关产业、出现问题及取得成绩（记忆、理解）	课上	25分钟	（1）课件：第1章中国特色区域经济学理论框架 （2）教材：《区域经济学》，马工程系列教材，高等教育出版社 （3）教案：第1章中国特色区域经济学理论框架
		课下	60分钟	（1）文档：第1章知识点梳理 （2）大纲：第1章中国特色区域经济学理论框架 （3）测试题：学习中心第1章中国特色区域经济学理论框架 （4）视频：长江经济带是个什么带；长江经济带高质量发展
活动4	我国"三农问题"基本概况及针对"三农问题"相关政策解读（记忆、理解、运用）	课上	25分钟	（1）课件：第1章中国特色区域经济学理论框架 （2）教材：《区域经济学》，马工程系列教材，高等教育出版社 （3）资料：中央一号文件 （4）教案：第1章中国特色区域经济学理论框架
		课下	60分钟	（1）文档：第1章知识点梳理 （2）大纲：第1章中国特色区域经济学理论框架 （3）测试题：学习中心第1章中国特色区域经济学理论框架 （4）视频：三农问题；什么是三农问题；中国三农问题为何突出

续表

活动 1 知识建模图(课上＋课下):

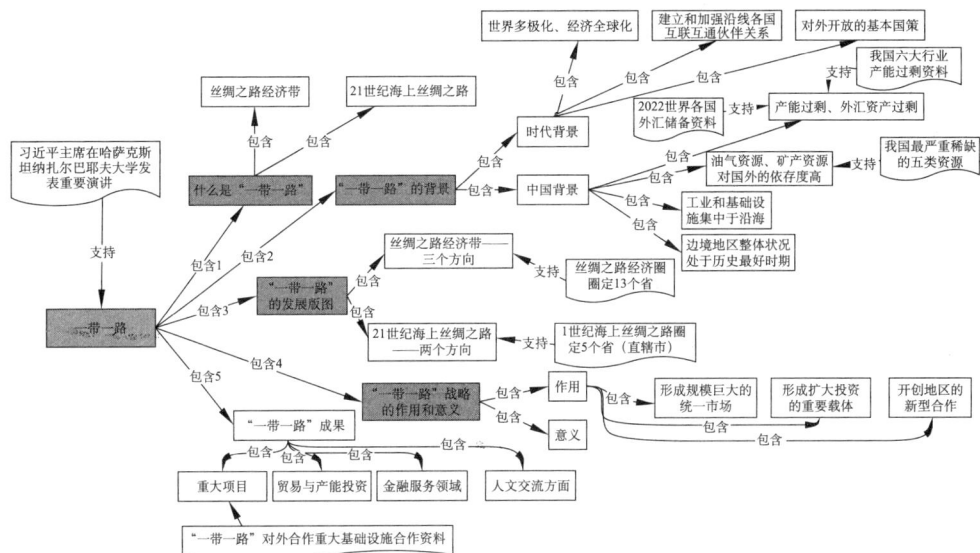

活动目标	"一带一路"提出的背景、战略作用和意义(记忆、理解)

活动任务序列(导入任务描述)
引入:"你是什么时候听说'一带一路'这个词的,你了解一带一路的哪些相关内容?"
问题与思考:"查阅知网中有关的文章,如何以'一带一路'为背景来进行选题和构思的?"

师生交互过程	教师布置学生查阅并研读知网中有关"一带一路"的相关文章的任务 学生下载至少 3 篇知网中有关"一带一路"的文章,查看它们的选题,并思考其采用了何种研究方法

活动任务序列(任务一)

任务一知识组块:

任务描述	通过教材、课件、教案、视频等资料预习本部分内容,熟悉"一带一路"的主要内容;小组搜集资料并制作 PPT,准备课堂讲授	
任务时长	60 分钟	
学习地点	课下	

续表

教学方法 （学习方法）	☐讲授　☐小组讨论　☐答疑　☐实验　☐实训　☑自主学习　☑其他（请填写） 小组制作PPT
师生交互 过程	教师在学习中心发布学习视频"一带一路""原来这才是'一带一路'被想出来的真 正原因和深远意义啊！""一带一路及六大经济路线"，设置完成时间，提醒学生在规 定时间内完成，并在下次课时反馈视频观看情况 学生按照要求观看视频，回答任务清单中的问题并完成测试题 任务清单： （1）"一带一路"的具体内容 （2）"一带一路"提出的国内、国际背景 （3）"一带一路"的战略意义 （4）"一带一路"的发展成果 学生完成任务清单，分组制作"一带一路"课件，选出小组代表上课讲授
学习资源	（1）文档：第1章知识点梳理 （2）课件：第1章中国特色区域经济学理论框架 （3）测试题：学习中心第1章中国特色区域经济学理论框架 （4）视频："一带一路""原来这才是'一带一路'被想出来的真正原因和深远意义 啊！""一带一路及六大经济路线"
学习成果及 评价标准	（1）视频观看情况：查看视频观看情况并反馈（学习中心后台记录观看情况，并计 入平时成绩） （2）任务清单：课程抽查提问 （3）课下App测试：根据学习中心自动计算得分，计入平时成绩 （4）视频观看情况：查看视频观看情况并反馈
备注	（1）最近几年学生毕业论文选题喜欢以"一带一路"为背景，可以让学生多读一些 这样的文章，特别是硕士论文 （2）"一带一路"是一项非常重要的对外策略，青年学生需要深入理解并支持这一 项国策

活动任务序列（任务二）

任务二知识组块： 	任务描述	通过小组分工的形 式，搜集相关资料， 制作PPT，并进行 演讲汇报
	任务时长	15分钟
	学习地点	课上

教学方法 (学习方法)	□讲授　□小组讨论　□答疑　□实验　□实训　□自主学习　☑其他(请填写) **小组代表讲授**
师生交互 过程	小组代表讲授本部分内容,主要包括"一带一路"的含义版图、"一带一路"建设成 果、推动"一带一路"建设行稳致远,小组代表可以适当提问 教师听小组代表讲授,并进行点评
学习资源	(1) 课件:第 1 章中国特色区域经济学理论框架 (2) 教材:《区域经济学》,马工程系列教材,高等教育出版社 (3) 文章:知网期刊文章;往届学生论文
学习成果及 评价标准	根据小组代表讲授及 PPT 制作情况打分,计入学生平时成绩
备注	作为新时代大学生,应肩负时代的责任,树立远大的志向,发扬自立自强、坚忍不拔 的拼搏精神,放眼全球,着力未来,为"一带一路"建设注入青春力量

活动任务序列(任务三)

任务三知识组块: 		任务描述	通过教师讲授、App 讨论的方式,重申"一带一路"提出的背景、战略作用和意义及成果
		任务时长	10 分钟
		学习地点	课上
教学方法 (学习方法)	☑讲授　□小组讨论　□答疑　□实验　□实训　□自主学习 ☑其他(请填写)**课堂讨论**		
师生交互 过程	教师重申"一带一路"提出的背景和原因。如顺应世界多极化、经济全球化、文化多样化、社会信息化的潮流;国内产能过剩、外汇资产过剩;我国油气资源、矿产资源对国外的依存度高;我国的工业和基础设施集中于沿海,若遇到外部打击,易失去核心设施等。然后组织学生讨论"一带一路"的意义、作用和成果 学生根据 2013 年 9 月和 10 月由中国国家主席习近平分别提出建设"新丝绸之路经济带"和"21 世纪海上丝绸之路"的合作倡议来讨论"一带一路"的意义、作用和成果 学生回答:"'一带一路'依靠中国与有关国家既有的双多边机制,借助既有的、行之有效的区域合作平台,'一带一路'旨在借用古代丝绸之路的历史符号,高举和平发展的旗帜,积极发展与合作伙伴的经济合作关系,共同打造政治互信、经济融合、文化包容的利益共同体、命运共同体和责任共同体。2013—2021 年,中国与'一带一路'沿线国家进出口总值由 6.5 万亿元增长至 11.6 万亿元,年均增长 7.5%,高于同期整体货物贸易年均增速;占同期我国外贸总值的比重由 25% 提升至 29.7%。目前,中国已经与 140 个国家、32 个国际组织签署 200 多份共建'一带一路'合作的文件。除此之外,雅万高铁、瓜达尔港、中俄原油管道复线等一批重大项目已经取得了早期收获,21 世纪数字丝绸之路建设有序推进;中欧班列累计开行已突破了8000 列,通达了欧洲 14 个国家和 42 个城市。"		

学习资源	(1) 课件:第1章中国特色区域经济学理论框架 (2) 教材:《区域经济学》,马工程系列教材,高等教育出版社 (3) 文章:知网期刊文章
学习成果及 评价标准	(1) 资料收集:学生收集"一带一路"发展的成果,总结后上传至学习中心作业端口 (每人1份,每份300～500字) (2) 课上讨论:计入平时成绩
备注	(1) 结合学生毕业论文选题喜欢以"一带一路"为背景的情况,让学生思考,如果是 自己,会如何选择题目? (2) 课堂中要不断提问,让学生回答课程内容主要问题,才能促使学生提前预习、 自学

活动2 知识建模图(课上+课下):

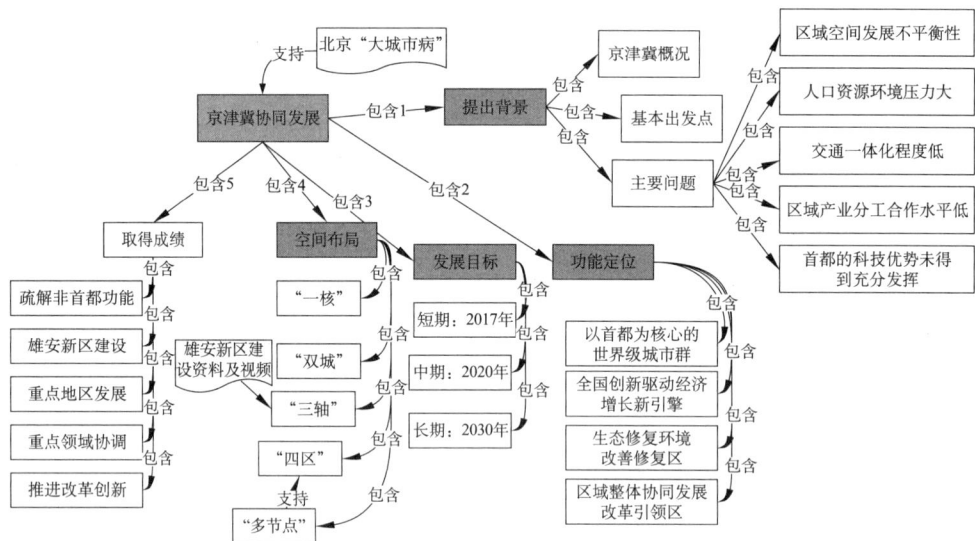

活动目标	京津冀协同发展的提出及建设成效(记忆、理解)

活动任务序列(导入任务描述)

引入:2024年2月27日,与央视新闻共同探寻京津冀三地交通一体化的"手"如何"越牵越紧",引领协同发展跑出新速度! 2014年2月,京津冀协同发展上升为国家战略。十年来,"交通一体化"持续向纵深拓展,"轨道上的京津冀"正加速奔跑。北京城市副中心站综合交通枢纽内塔吊林立,正加紧建设的综合交通枢纽样板典范"八线换乘、站城融合",在未来将让三地通行更加便捷高效;走进天津西站,看京津城际公交化运营给两地群众带来哪些便利;在河北雄安新区启动区,雄安城际站及国贸中心片区正加紧建设,"四纵三横"对外高速公路网让城市发展融入新格局

任务:"什么是京津冀协同发展,你了解到哪些方面的内容?"

师生交互 过程	教师布置查阅京津冀协同发展提出的原因的任务 学生查阅,梳理

活动任务序列(任务一)

任务一知识组块： 	任务描述	通过教材、视频、课件、教案等资料预习本部分内容,熟悉京津冀协同发展的主要内容;小组搜集资料并制作 PPT,准备课堂讲授
	任务时长	60 分钟
	学习地点	课下

教学方法 (学习方法)	□讲授　□小组讨论　□答疑　□实验　□实训　☑自主学习　□其他(请填写) 分组制作PPT
师生交互 过程	教师在学习中心发布学习视频"京津冀协同发展""雄安新区",设置完成时间,提醒学生在规定时间内完成,并在下次课时反馈视频观看情况;要求学生在看过教学后,能回答任务清单中对应的问题 学生按照要求观看视频,回答任务清单中的问题并完成测试题 **任务清单:** (1) 京津冀三地区的主要情况(面积、人口、GDP、人均 GDP、主要产业) (2) 京津冀协同发展的发展目标 (3) 京津冀的发展空间布局 (4) 京津冀协同发展取得的成绩 学生以小组为单位搜集资料并制作 PPT,准备课堂讲授 学生搜集并研读知网期刊"京津冀协同发展"系列,人民日报文章"推动京津冀协同发展不断迈上新台阶"
学习资源	(1) 大纲:第1章中国特色区域经济学理论框架 (2) 测试题:学习中心第1章中国特色区域经济学理论框架测试题 (3) 视频:京津冀协同发展;雄安新区 (4) 文章:知网期刊"京津冀协同发展"系列;人民日报文章"推动京津冀协同发展不断迈上新台阶"
学习成果及 评价标准	(1) 视频观看情况:查看视频观看情况并反馈 (2) 任务清单:任务清单完成情况,课堂检测 (3) PPT:根据小组 PPT 制作情况打分,并计入平时成绩 (4) 课下 App 测试:计入平时成绩
备注	(1) 学生制作 PPT 的过程中需要教师把关,根据教师提出的修改意见及时修改 (2) 小组制作 PPT 的时候,需要组长制定好分工,防止"搭便车"

活动任务序列(任务二)

任务二知识组块:

任务描述	通过小组代表讲授,使学生理解京津冀协同发展的提出及建设成效
任务时长	15 分钟
学习地点	课上

教学方法(学习方法)	□讲授 □小组讨论 □答疑 □实验 □实训 □自主学习 ☑其他(请填写) 小组代表讲授
师生交互过程	小组代表讲授本部分内容,主要包括京津冀协同发展提出的背景、发展概况、空间布局、发展成绩等,可以适当提问 教师听小组代表讲授,并进行点评
学习资源	(1) 课件:第1章中国特色区域经济学理论框架 (2) 教材:《区域经济学》,马工程系列教材,高等教育出版社 (3) 文章:知网期刊"京津冀协同发展"系列;人民日报文章"推动京津冀协同发展不断迈上新台阶"
学习成果及评价标准	(1) 对京津冀的多方面了解 (2) 对京津冀协同发展现状资料的查阅
备注	课堂中要不断提问,让学生回答课程内容主要问题,才能促使学生提前预习、自学

活动任务序列(任务三)

任务三知识组块:

任务描述	通过教材、课件、文章等资料,使学生理解京津冀协同发展的空间布局、发展目标和功能定位
任务时长	10 分钟
学习地点	课上

续表

教学方法 （学习方法）	☑讲授　□小组讨论　☑答疑　□实验　□实训　□自主学习　☑其他（请填写） 课堂讨论
师生交互 过程	教师："京津冀协同发展的功能定位和发展目标是什么？" 学生："京津冀整体定位是以首都为核心的世界级城市群，是全国创新驱动经济增长新引擎，是生态修复环境改善修复区，还是区域整体协同发展改革引领区。短期目标是 2017 年有序纾解北京非首都功能取得明显进展，协同发展取得显著有效；中期目标是 2020 年初步形成京津冀协同发展、互利共赢新局面；长期目标是 2030 年首都核心功能更加优化，京津冀区域一体化格局基本形成。" 教师："京津冀协同发展的成效有哪些？" 学生："京津冀协同发展的成效一是纾解非首都功能，二是雄安新区建设，三是重点地区发展，四是重点领域协同，五是推进改革创新。" 教师："如何理解京津冀协同发展的空间布局？" 学生："北京为核心，北京、天津为主要引擎，以京津、京保石、京津唐三个产业发展带为支撑京津冀协同发展的主体框架。" 教师："如何理解雄安新区在京津冀协同发展中的作用？" 学生："一是缓解北京城市病，改善生态环境。北京作为中国的首都，人口密集、资源紧张、环境污染等问题日益突出。雄安新区的建设可以分流北京的人口和产业，缓解北京的城市病。新区规划了大量的公共服务设施和绿色生态空间，将有效改善生态环境，提升居民的生活品质。二是形成更完善的区域经济布局。雄安新区位于北京、天津之间，是京津冀协同发展的重要节点。新区的建设将促进京津冀地区的协同发展，形成更加完善的区域经济布局。新区还将吸引大量的产业和人才集聚，推动京津冀地区的产业升级和经济转型。" 教师总结："在京津冀协同发展的大潮中，勇担使命，既要有高瞻远瞩的全局观念，又要有脚踏实地的务实精神，以青春之我，奋斗之我，投身于祖国建设这一伟大事业中，为实现中华民族伟大复兴贡献自己的青春和力量。"
学习资源	（1）课件：第 1 章中国特色区域经济学理论框架 （2）教材：《区域经济学》，马工程系列教材，高等教育出版社 （3）文章：知网期刊"京津冀协同发展"系列；人民日报文章"推动京津冀协同发展不断迈上新台阶"
学习成果及 评价标准	根据课堂讨论回答情况进行记录，计入平时成绩考核
备注	督促学生将个人发展与国家战略紧密结合，在京津冀协同发展的大潮中，勇担使命，既要有高瞻远瞩的全局观念，又要有脚踏实地的务实精神，以青春之我，奋斗之我，投身于祖国建设这一伟大事业中，为实现中华民族伟大复兴贡献自己的青春和力量

活动3知识建模图（课上＋课下）：

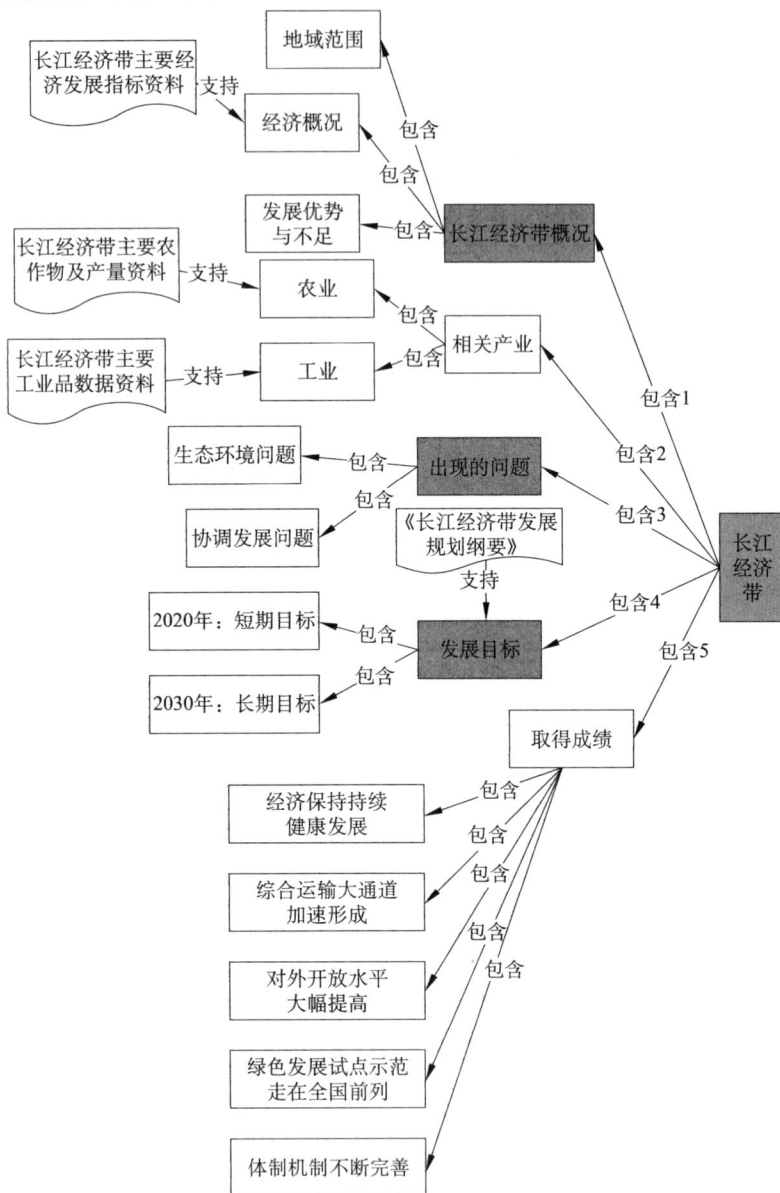

活动目标	长江经济带区域的概况、相关产业、出现问题及取得成绩（记忆、理解）

活动任务序列（导入任务描述）

引入案例：非法采矿要不得

2017年11月至2018年5月，翁某组织吉某、孟某等12人，以疏浚航道的名义在长江非法采砂161次。经法院一审判决，以非法采矿罪、掩饰、隐瞒犯罪所得罪分别判处各被告人翁某、吉某等人有期徒刑四年六个月至有期徒刑三年缓刑四年不等的刑期警醒:在长江进行非法采砂,会破坏河床沉积物的动态平衡,对防汛、船运、取水等造成影响。行为人以清淤为名行盗采之实,相较于一般盗采行为更具有隐蔽性,但本质上依然构成非法采矿罪。

任务:你了解到的长江生态环境遭遇破坏的例子有哪些? 说说你的感受。

师生交互过程	教师布置查阅长江经济带提出的原因的任务 学生查阅,梳理

活动任务序列(任务一)

任务一知识组块:

任务描述	通过教材、视频、课件、教案等资源预习本部分内容,熟悉长江经济带的主要内容;小组搜集资料并制作 PPT,准备课堂讲授
任务时长	60分钟
学习地点	课下

教学方法(学习方法)	□讲授　□小组讨论　□答疑　□实验　□实训　☑自主学习　☑其他(请填写) 小组制作 PPT
师生交互过程	教师在学习中心发布学习视频"长江经济带是个什么带?""长江经济带高质量发展",设置完成时间,提醒学生在规定时间内完成,并在下次课时反馈视频观看情况;要求学生在看过视频后,能回答任务清单中对应的问题 **任务清单:** (1) 长江经济带的范围及主要数据(面积、人口、GDP、农业) (2) 国家提出发展长江经济带的原因? (3) 长江经济带的发展目标 (4) 长江经济带取得的成绩 学生分小组制作长江经济带 PPT,小组代表准备课堂讲授
学习资源	(1) 大纲:第1章中国特色区域经济学理论框架 (2) 测试题:学习中心第1章中国特色区域经济学理论框架测试题 (3) 视频:长江经济带是个什么带;长江经济带高质量发展

251

续表

学习成果及评价标准	(1) 视频观看情况:查看视频观看情况并反馈 (2) 任务清单:任务清单完成情况,课堂检测 (3) PPT:根据小组 PPT 制作情况打分,并计入平时成绩 (4) 课下 App 测试:计入平时成绩
备注	无

活动任务序列(任务二)

任务二知识组块:

任务描述	通过小组分工的形式,搜集相关资料,制作 PPT,并进行演讲汇报
任务时长	15 分钟
学习地点	课上

教学方法 (学习方法)	□讲授　□小组讨论　□答疑　□实验　□实训　□自主学习　☑其他(请填写) <u>小组代表讲授</u>
师生交互过程	小组代表讲授本部分内容,主要包括长江经济带的发展背景、发展阶段、发展优势、发展成就等,可以适当提问 教师听小组代表讲授,并进行简单评价
学习资源	(1) 课件:第 1 章中国特色区域经济学理论框架 (2) 教材:《区域经济学》,马工程系列教材,高等教育出版社
学习成果及评价标准	(1) 对长江经济带的了解 (2) 对长江经济带是我国半壁江山的理解
备注	(1) 课堂中要不断提问,让学生回答课程内容主要问题,才能促使学生提前预习、自学 (2) 让学生思考如果毕业论文以长江经济带为研究对象,可以从哪方面入手?(要考虑数据的可获得性)

活动任务序列(任务三)

任务三知识组块:

	任务描述	通过教师讲授、答疑、课堂讨论的方式,使学生理解长江经济带区域的概况、相关产业、出现问题及取得成绩
	任务时长	10 分钟
	学习地点	课上

教学方法 (学习方法)	☑讲授　□小组讨论　☑答疑　□实验　□实训　□自主学习　□其他(请填写) 课堂讨论
师生交互 过程	教师:"长江经济带的发展目标是什么?" 学生:"长江经济带的发展目标是到 2020 年,生态环境明显改善,水资源得到有效保护和合理利用;战略性新兴产业形成规模,培育形成一批世界级的企业和产业集群,参与国际竞争的能力显著增强;到 2030 年,水环境和水生态质量全面改善,生态系统功能显著增强,水脉畅通、功能完备的长江全流域黄金水道全面建成。" 教师:"长江经济带产业概况是什么?" 学生:"作为我国重要的农业产区,长江经济带是我国粮、棉、油、猪等大宗农产品的主要生产区,也是我国茶叶、水产品、蚕桑、水果、中药材等特色农产品主产区,为我国农产品供给提供了重要保障。" 教师:"长江经济带取得哪些成绩?" 学生:"长江经济带取得了五大历史成就,一是经济保持持续健康发展;二是综合运输大通道加速形成;三是对外开放水平大幅提高;四是绿色发展试点示范走在全国前列;五是体制机制不断完善。" 教师总结:"自进入新时代以来,以习近平同志为核心的党中央作出一系列重大战略部署,把生态文明建设摆在全局工作的突出位置,将生态文明建设纳入'五位一体'总体布局,将'人与自然和谐共生'纳入新时代发展中国特色社会主义基本方略,将'绿色发展'纳入新发展理念,将'污染防治'纳入三大攻坚战,我国生态文明建设从认识到实践都发生了历史性、转折性、全局性的变化,创造了举世瞩目的生态保护和绿色发展奇迹。"

续表

学习资源	(1)课件:第1章中国特色区域经济学理论框架 (2)教材:《区域经济学》,马工程系列教材,高等教育出版社
学习成果及 评价标准	根据课堂讨论回答情况进行记录,计入平时成绩考核
备注	可以让学生搜集有关长江经济带的期刊文章,进行研读

活动4 知识建模图(课上＋课下):

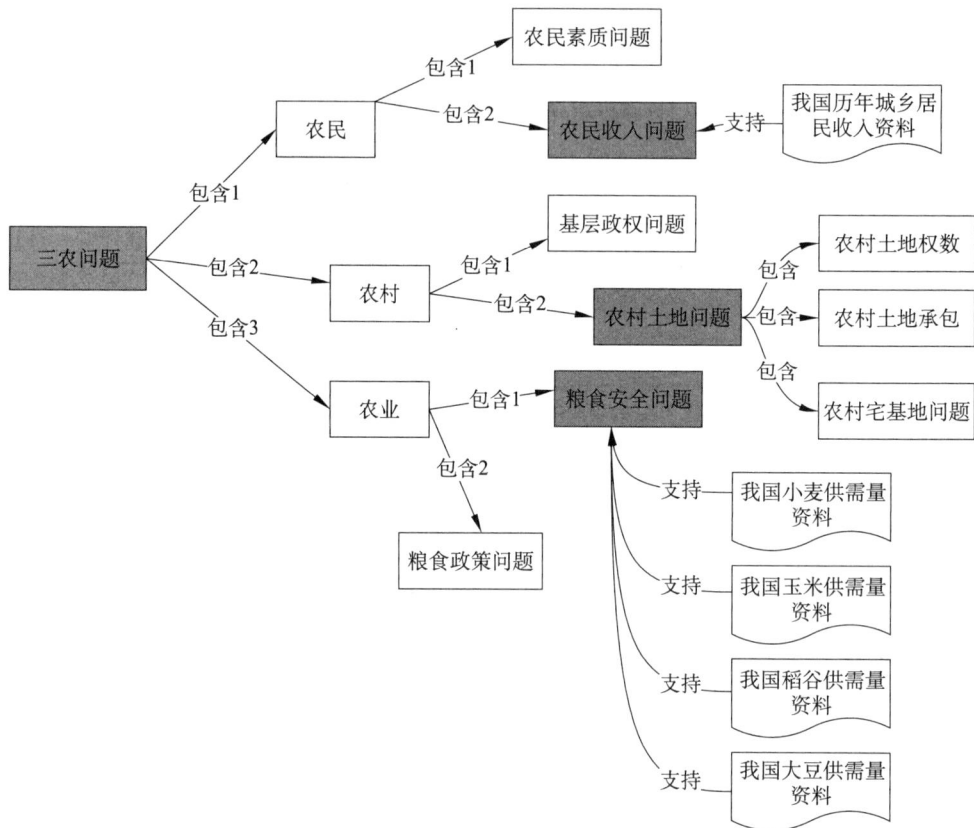

活动目标	我国"三农问题"基本概况及针对"三农问题"相关政策解读(记忆、理解、运用)

活动任务序列(导入任务描述)

引入:《中央一号文件》

2024年中央一号文件主要内容:确保国家粮食安全,抓好粮食和重要农产品生产,严格落实耕地保护制度,加强农业基础设施建设,强化农业科技支撑,构建现代农业经营体系,增强粮食和重要农产品调控能力,持续深化食物节约各项行动,确保不发生规模性返贫,落实防止返贫监测帮扶机制,持续加强产业和就业帮扶

任务:每年的中央一号文件主要关注了哪些方面?说说你的感受

师生交互 过程	教师布置查阅中央一号文件全文的任务 学生查阅,梳理

续表

活动任务序列(任务一)

任务一知识组块:		
	任务描述	通过教材、课件、教案、视频等资料预习本部分内容,熟悉三农问题的主要内容;小组搜集资料并制作 PPT,准备课堂讲授
	任务时长	60 分钟
	学习地点	课下

教学方法 (学习方法)	□讲授　□小组讨论　□答疑　□实验　□实训　☑自主学习　☑其他(请填写) 小组制作 PPT
师生交互 过程	教师在学习中心发布学习视频"三农问题",B 站视频"什么是三农问题""中国三农问题为何突出",设置完成时间,提醒学生在规定时间内完成,并在下次课时反馈视频观看情况;要求学生在看过教学后,能回答任务清单中对应的问题 **任务清单:** (1) 搜集"中央一号文件",研读要点 (2) 搜集我国粮食产量的数据(最近 10 年) (3) 搜集我国小麦、稻谷、玉门、大豆产量及使用量的相关数据(最近 10 年) (4) 搏集我国城乡居民收入的数据(最近 10 年) (5) 了解乡村振兴战略的主要内容及战略目标 学生按照要求观看视频,完成测试题 学生分小组制作三农问题 PPT,小组代表准备课堂讲授
学习资源	(1) 大纲:第 1 章中国特色区域经济学理论框架 (2) 测试题:学习中心第 1 章中国特色区域经济学理论框架测试题 (3) 视频:三农问题;什么是三农问题;中国三农问题为何突出
学习成果及 评价标准	(1) 视频观看情况:查看视频观看情况并反馈 (2) 任务清单:任务清单完成情况,课堂检测 (3) PPT:根据小组 PPT 制作情况打分,并计入平时成绩 (4) 课下 App 测试:计入平时成绩
备注	无

续表

活动任务序列(任务二)

任务二知识组块:

三农问题 —— 包含1 → 农民
三农问题 —— 包含2 → 农村
三农问题 —— 包含3 → 农业

任务描述	通过小组分工的形式,搜集相关资料,制作 PPT,并进行演讲汇报
任务时长	15 分钟
学习地点	课上

教学方法(学习方法)	□讲授 □小组讨论 □答疑 □实验 □实训 □自主学习 ☑其他(请填写) 小组代表讲授
师生交互过程	小组代表讲授本部分内容,主要包括三农问题的表现、三农问题的成因、如何解决三农问题等,可以适当提问 教师听小组代表讲授,并进行简单评价
学习资源	(1) 课件:第 1 章中国特色区域经济学理论框架 (2) 教材:《区域经济学》,马工程系列教材,高等教育出版社
学习成果及评价标准	(1) 对我国"农业、农村、农民"的了解 (2) 对"农业、农村、农民"问题是中国现代化建设根本问题的理解
备注	(1) 课堂中要不断提问,让学生回答课程内容主要问题,才能促使学生提前预习、自学 (2) 让学生思考如果毕业论文以三农问题为研究对象,可以从哪方面入手?(要考虑数据的可获得性)

活动任务序列(任务三)

任务三知识组块:

农业 —— 包含1 → 粮食安全问题
农业 —— 包含2 → 粮食政策问题
粮食安全问题 ← 支持 — 我国小麦供需量资料
粮食安全问题 ← 支持 — 我国玉米供需量资料
粮食安全问题 ← 支持 — 我国稻谷供需量资料
粮食安全问题 ← 支持 — 我国大豆供需量资料

任务描述	通过小组讨论的方式,使学生理解我国针对"三农问题"相关政策的解读
任务时长	10 分钟
学习地点	课上

教学方法 （学习方法）	□讲授　☑小组讨论　☑答疑　□实验　□实训　□自主学习 □其他（请填写）_____	
师生交互 过程	教师："我国粮食安全问题主要体现在哪些方面？" 学生："一是粮食增收难度加大。粮食生产'十二连增'后，进一步发展粮食生产的制约因素不断增多。二是粮价下行压力较大。国内外粮食价格倒挂，依靠托市收购促农增收的空间越来越小。三是粮食需求难有起色。四是粮食流通补短板的领域仍然较多。" 教师："'中央一号文件'中有关三农问题的重点解读是什么？" 学生："强基础——强化现代农业基础支撑，促发展——聚焦产业促进乡村发展，守底线——坚决守住不发生规模性返贫底线。" 教师："2023 年中央农村工作会议概述了建设中国特色农业强国的五个主要方面，这五个方面是什么？" 学生："一是依靠自己的力量端牢饭碗；二是依托双层经营体制发展农业；三是发展生态低碳农业；四是赓续农耕文明；五是扎实推进共同富裕。要把我国建设成为真正的农业强国，这五个方面缺一不可。" 教师总结："当前中国粮食安全形势总体较好，但粮食高产量、高价格、高库存的特征更加明显，农民增收、农业增效、农村发展都面临新挑战。从长远看，中国粮食供求紧平衡的趋势不会变，保障国家粮食安全的压力不会减。"	
学习资源	（1）课件：第 1 章中国特色区域经济学理论框架 （2）教材：《区域经济学》，马工程系列教材，高等教育出版社 （3）资料：中央一号文件	
学习成果及 评价标准	根据课堂讨论回答情况进行记录，计入平时成绩考核	
备注	习近平总书记在庆祝中国共产党成立 100 周年大会上的重要讲话，贯通了历史、现实、未来，深刻阐述了"以史为鉴、开创未来"的根本要求。"三农"问题一直是革命、建设、改革各个历史时期的一条重要主线，我们党重视解决"三农"问题走过的辉煌历程、取得的伟大成就、积累的宝贵经验，是党的百年奋斗史诗的重要组成，是党的初心使命的生动诠释	

3. 实施过程

整体设计思路：本课程的授课方式采取"线上＋线下"的混合式教学模式，采用"理论＋实践"的教学方法，要求学生课下利用慕课、教师录制的视频、B 站视频、PPT 等资料进行自主学习，结合线下面授、答疑、讲解、案例分析、讨论、小组 PPT 讲授等活动进行深层次的进阶学习。具体课程设计流程如下。

（1）课前自学。要求学生在课下通过给定的慕课、视频等进行线上理论知识的学习，用翻转校园平台题库测试反馈学习效果。

（2）课上主体演讲。教师根据授课内容提前一周在翻转校园平台布置任务，开展应用性教学；学生需关注本学科发展动态和区域经济实践，下载知网中有代表性的论文并进行提炼，作为主题演讲引入课堂。

（3）课上分组 PPT 讲解。对于区域经济学课程内容中涉及的专题知识，实行小组合作和课堂展示的教学方法，围绕近些年国家制定的西部大开发、东北振兴、中部崛起、长江经济带、京津冀协同发展等系列区域性政策措施,开展启发式探究式教学。小组合作进行课堂展示环节,锻炼学生制作 PPT 和课堂演讲等学术素养,提高学生认知能力、团队协作能力和表达能力,提升学生综合素质。

（4）校外专题调研。由教师拟订题目,学生分组实施课题研究。以小组为单位,围绕"中原城市群一体化发展""河南乡村振兴战略""河南县域经济发展""郑州国家中心城市建设"等区域经济发展问题,小组成员利用课下时间针对专题内容进行分工合作,通过调研、搜集资料数据、分析问题、解决问题、撰写调研报告、演示展示等一系列工作,根据区域经济相关理论分析问题,提高分析和解决问题的能力、团队协调能力以及写作能力和语言表达能力。专题研究过程中,课题组教师要对学生课题研究学习进行全程跟踪与管理,确保学生把握课题研究的主要方向与发展。

（5）个人小论文写作。学生结合自己熟悉的区域问题作为选题,通过搜集资料和社会调研,独立完成小论文 2～3 篇。这有利于培养学生发现问题、分析问题和解决问题的能力以及写作能力。

（6）课外拓展。重视创新人才培养,鼓励学生组织团队解决热点问题,将实践所获的一手资料等进行成果转化,鼓励学生参加大学生挑战杯、"互联网+"、大学生房地产策划大赛、创业大赛、行业研究大赛等,运用专业知识分析和解决实际问题,做到学以致用。

4. 教学评价

该课程考核建立了以"理论基础学习＋课堂讨论、课堂展示＋专题调研汇报＋个人社会调研＋课外拓展"的多元化考核指标体系,既注重理论知识学习,又强调实践应用。

在具体的课程考核中,本课程适当淡化卷面成绩的作用,注重过程考核。把课堂讨论、案例分析、课堂展示、主题演讲和自主学习等实践性教学效果和过程学习成果纳入课程的考核范围中,完善了多元化的考核方式。

传统的考核方式:平时成绩(占 40%)＋期末闭卷考试成绩(占 60%)。平时成绩主要考察学生的到课情况、课堂参与互动的表现、上交的作业情况、自学情况、小组展示及实践调研等,平时成绩考核的内容多,但是分值少,不能更好地调动学生平时上课的积极性和提高学习成效。

改革后的考核方式:平时成绩(占 60%)＋期末闭卷考试成绩(占 40%)。

其中平时成绩(占 60%)评价方法如表 4-21 所示。

表 4-21 平时成绩评价方法

考 核 方 式	考 核 内 容	考 核 标 准	成绩占比
考勤	课堂出勤	课内共 16 次课(32 学时),全勤为 100 分,每次缺勤扣 6 分,请假扣 2 分,缺勤超过 5 次,取消本门课程考核	10%
翻转校园测试	基本教学内容	翻转校园自动记录分数,测试成绩取翻转校园所有测试的百分制平均分	10%

续表

考核方式	考核内容	考核标准	成绩占比
线上资源学习	学生自主学习翻转校园提供的 PPT 课件、慕课、B 站教学视频、教师录课视频等资源、并参与讨论	(1) 翻转校园讨论占 10%，根据讨论表现给相应分数：优秀 90～100 分，良好 80～90 分，中等 70～80 分，合格 60～70 分，不合格 60 分以下 (2) 慕课学习、视频下载学习、课件下载学习占 10%，根据下载次数及学习情况表现给相应分数：优秀 90～100 分，良好 80～90 分，中等 70～80 分，合格 60～70 分，不合格 60 分以下	20%
主题演讲	学生利用课堂 5 分钟时间，分享区域热点和知网研读文章的总结	进行一次课上主体研读分享并提交个人课上主体演讲资料，根据表现给相应分数：优秀 90～100 分，良好 80～90 分，中等 70～80 分，合格 60～70 分，不合格 60 分以下	10%
PPT 汇报	由 5～6 名学生组成小组，完成教师布置的分组小专题 PPT 制作，并进行课上讲解	该部分由小组代表课上汇报，根据汇报结果打分：优秀 90～100 分，良好 80～90 分，中等 70～80 分，合格 60～70 分，不合格 60 分以下	10%
校外实践调研	由 5～6 名学生组成小组，由教师拟订题目，学生分组实施课题研究，撰写调研报告并演示汇报	①调研是否真正展开；②资料搜集是否完整；③数据分析方法是否恰当；④调研报告是否符合要求；⑤汇报重点内容是否突出；⑥调研报告不少于 10000 字，知网重复率不高于 20%。依照此标准依次给分：优秀 90～100 分，良好 80～90 分，中等 70～80 分，合格 60～70 分，不合格 60 分以下	20%
个人小论文写作	以某一区域问题作为研究对象，通过搜集资料和社会调研，独立完成小论文 2～3 篇	①搜集整理利用各种信息及获取新知识；②数据分析是否正确，论据是否可靠、结构是否合理；③文字表述是否规范，图表使用是否规范准确，④小论文不少于 3000 字，知网重复率不高于 20%。依照此标准依次给分：优秀 90～100 分，良好 80～90 分，中等 70～80 分，合格 60～70 分，不合格 60 分以下	15%
课外拓展	积极参与课外比赛，运用专业知识分析和解决实际问题，鼓励学生学以致用	(1) 积极参与学科竞赛（挑战杯、"互联网＋"、创新创业大赛等）且获奖，评价为优秀，90～100 分 (2) 参与学科竞赛无获奖，评价为良好，80～90 分 (3) 来参与任何学科竞赛，评价为不合格，0 分	5%

期末成绩（占 40%）：按学校的有关规定，以线下闭卷形式开展，成绩由教师根据

参考答案或评分标准评阅而得。

4.3.6 计量经济学

1. 课程简介

计量经济学是经济学、金融学专业的基础课。它是在经济理论的指导下,以实际取得的观测数据为基础,运用数学、统计学的方法并借助现代计算机技术工具,以建立经济计量模型为主要手段,定量分析研究具有随机性特性的经济变量关系的一门经济学课程。

通过对这些模型的学习,一方面可以对经济学教材中的模型进行深化解释,另一方面又能培养学生分析和解决经济问题的能力。通过本课程的学习,学生能掌握经济问题分析的基本理论、基本分析方法和应用步骤;具有理论联系实际,熟练运用EVIEWS软件构建计量经济模型,进而学会运用模型分析解决实际经济问题的能力。

2. 教学设计

计量经济学课程的教学设计如表 4-22～表 4-24 所示。

表 4-22 计量经济学专业基础课教案 1

2023—2024 年第 2 学期第 8 次课

知识建模图:

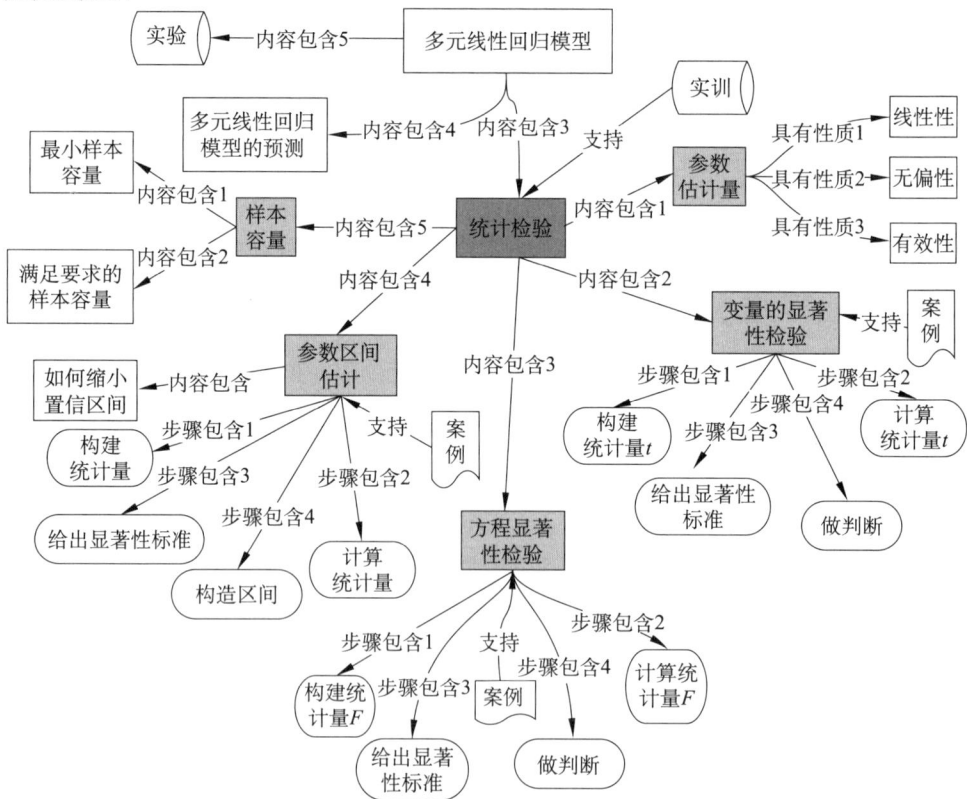

学习目标	知识点(学习水平)		素质目标
学习目标	OLS 统计量的性质(理解、记忆、运用);T 检验(理解、记忆、运用),F 检验(理解、记忆、运用);参数的置信区间(理解、记忆、运用);如何缩小置信区间(理解、记忆);最小样本容量(理解、记忆、运用);满足要求的样本容量(理解、记忆、运用)		—
学习先行知识技能	知识点(学习水平)		
学习先行知识技能	无		

课 上 资 源	课 下 资 源
(1) 课件:计量经济学第 3 章多元线性回归的统计检验,多元回归模型的统计性质,多元线性回归的预测 (2) 教材:李子奈《计量经济学(第五版)》,高等教育出版社,pp.65-75 (3) 文档:多元回归案例分析与习题数据 (4) 单元测试题:学习中心课堂测试题	(1) 课件:计量经济学第 3 章多元线性回归的统计检验,多元回归模型的统计性质,多元线性回归的预测 (2) 教材:李子奈《计量经济学(第五版)》,高等教育出版社,pp.65-75 (3) 参考教材:贾俊平《统计学(第 8 版)》,中国人民大学出版社,pp.127-129,pp.256-258;古扎拉蒂《计量经济学基础(第五版)》,中国人民大学出版社,pp.234-245 (4) 学习中心视频:参数估计量的统计性质和变量的显著性检验;方程的显著性检验;样本容量问题;多元线性回归模型的预测 (5) 文档:案例和习题库 (6) 上机指导书籍:张晓桐《EVIEWS 使用指南与案例》,机械工业出版社,pp.204-210;易丹辉《数据分析与 EVIEWS 应用(第 3 版)》,中国人民大学出版社,pp.27-40

课上时间	100 分钟		课下时间		240 分钟
活动序列	活 动 目 标	地点	时　间	学 习 资 源	
活动 1	OLS 统计量的性质(理解、记忆、运用);T 检验(理解、记忆、运用);F 检验(理解、记忆、运用)	课上	40 分钟	(1) 课件:计量经济学第 3 章多元回归模型的统计性质 (2) 教材:李子奈《计量经济学(第五版)》,高等教育出版社,pp.65-72	
活动 1	OLS 统计量的性质(理解、记忆、运用);T 检验(理解、记忆、运用);F 检验(理解、记忆、运用)	课下	60 分钟	(1) 课件:计量经济学第 3 章多元回归模型的统计性质 (2) 教材:李子奈《计量经济学(第五版)》,高等教育出版社,pp.65-72 (3) 参考教材:古扎拉蒂《计量经济学基础(第五版)》,中国人民大学出版社,pp.230-245 (4) 学习中心视频:参数估计量的统计性质和变量的显著性检验	

续表

活动序列	活动目标	地点	时　间	学 习 资 源
活动2	参数的置信区间（理解、记忆、运用）；如何缩小置信区间（理解、记忆）；最小样本容量（理解、记忆、运用）；满足要求的样本容量（理解、记忆、运用）	课上	40分钟	（1）课件：计量经济学第3章多元线性回归的统计检验 （2）教材：李子奈《计量经济学（第五版）》，高等教育出版社，pp. 67-73
		课下	40分钟	（1）课件：计量经济学第3章多元线性回归的统计检验 （2）教材：李子奈《计量经济学（第五版）》，高等教育出版社，pp. 67-73 （3）参考教材：贾俊平《统计学（第8版）》，中国人民大学出版社，pp. 127-129 （4）学习中心视频：参数置信区间；缩小置信区间；样本容量问题 （5）文档：多元回归案例分析与习题数据
活动3	多元线性回归模型的预测（理解、记忆、运用）	课上	20分钟	（1）课件：计量经济学第3章多元回归模型的统计性质 （2）教材：李子奈《计量经济学（第五版）》，高等教育出版社，pp. 73-75 （3）单元测试题：学习中心课堂测试题
		课下	20分钟	（1）课件：计量经济学第3章多元回归模型的统计性质 （2）教材：李子奈《计量经济学（第五版）》，高等教育出版社，pp. 73-75 （3）参考教材：贾俊平《统计学（第8版）》，中国人民大学出版社，pp. 256-258 （4）学习中心视频：多元线性回归模型的预测
活动4	多元线性回归部分实验	课下	120分钟	上机指导书籍：张晓桐《EVIEWS 使用指南与案例》，机械工业出版社，pp. 204-210；易丹辉《数据分析与 EVIEWS 应用（第3版）》，中国人民大学出版社，pp. 27-40

活动 1 知识建模图(课下＋课上)

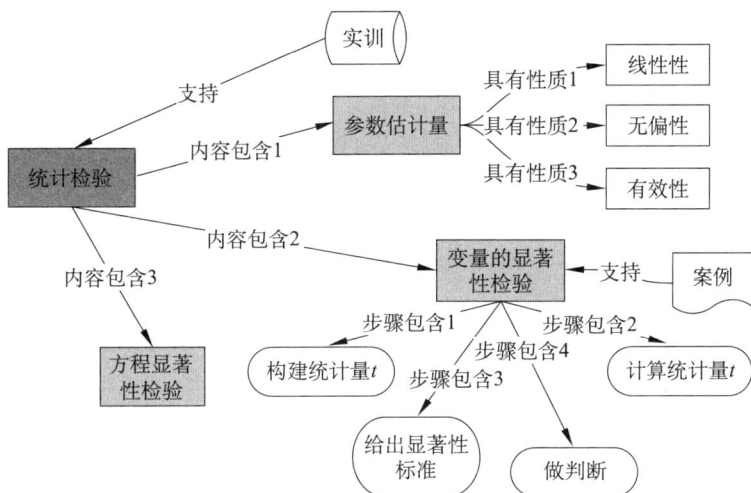

活动目标	OLS 统计量的性质(理解、记忆、运用);T 检验(理解、记忆、运用);F 检验(理解、记忆、运用)
活动任务序列(导入任务描述):为什么要进行检验? 如何检验?	
师生交互过程	教师让学生复习统计学中假设检验的内容,提问检验的目的,并介绍检验的常用统计量有哪些

活动任务序列(任务一)

任务一知识组块:

任务描述	通过自主学习,让学生预习统计量的基本性质	
任务时长	60 分钟	
学习地点	课下	

教学方法(学习方法)	□讲授　□小组讨论　□答疑　□实验　□实训　☑自主学习 □其他(请填写)_____
师生交互过程	教师发布任务:发送学习资源到学习中心,布置学习任务到学习中心 学生自主学习:接受并完成学习任务 (1)阅读参考教材:古扎拉蒂《计量经济学基础(第五版)》,中国人民大学出版社,pp. 230-245(35 分钟) (2)阅读教材:李子奈《计量经济学(第五版)》,高等教育出版社,pp.65-72,预习内容(20 分钟) (3)观看视频:参数估计量的统计性质和变量的显著性检验(5 分钟)

续表

学习资源	(1) 课件:计量经济学第 3 章多元回归模型的统计性质 (2) 教材:李子奈《计量经济学(第五版)》,高等教育出版社,pp.65-72 (3) 参考教材:古扎拉蒂《计量经济学基础(第五版)》,中国人民大学出版社,pp. 230-245 (4) 学习中心视频:参数估计量的统计性质和变量的显著性检验
学习成果及 评价标准	学习成果:视频(参数估计量的统计性质和变量的显著性检验)预习情况 评价标准:根据学习中心后台数据,完成得 10 分,完不成得 0 分

活动任务序列(任务二)

任务二知识组块: 	任务描述	教师通过讲授和答疑,使学生能够理解和运用 OLS 的性质
	任务时长	20 分钟
	学习地点	课上

教学方法 (学习方法)	☑讲授　□小组讨论　☑答疑　□实验　□实训　□自主学习 □其他(请填写)_____
师生交互 过程	教师提问:"OLS 的统计性质有哪些?" 该部分在一元线性回归部分已讲过,大部分学生应该能准确回答 教师补充讲述:"多元回归分析中 OLS 估计量的性质的表达,与一元线性回归的不同部分是本次分析的重点。"
学习资源	(1) 课件:计量经济学第 3 章多元回归模型的统计性质 (2) 教材:李子奈《计量经济学(第五版)》,高等教育出版社,pp.65-67
学习成果及 评价标准	学习成果:掌握统计性质 评价标准:根据问题回答情况给分。学生回答问题概念清楚,表述合理得 7～10 分;学生回答问题概念基本清楚,表述基本合理得 4～6 分;其余得分 0～3 分

活动任务序列(任务三)

任务三知识组块: 	任务描述	教师通过讲授和实训,使学生理解 T 检验及 F 检验的内容及应用,且学会软件操作
	任务时长	20 分钟
	学习地点	课上

教学方法 （学习方法）	☑讲授　□小组讨论　□答疑　□实验　☑实训　□自主学习 □其他（请填写）_____
师生交互 过程	教师讲述：总结并讲解 T 检验内容 教师演示：结合案例 3.2.2，上机操作演示 F 检验及结果解读 学生上机实操 教师提问："在一元线性回归分析和多元线性回归分析中 T 检验和 F 检验之间有何不同？" 重点在不同的地方，部分学生可能回答不清楚 教师讲解："一元线性回归分析二者是一致的，多元线性回归分析二者不一致。"
学习资源	（1）课件：计量经济学第 3 章多元线性回归的统计检验 （2）教材：李子奈《计量经济学（第五版）》，高等教育出版社 （3）文档：多元回归案例分析与习题数据
学习成果及 评价标准	学习成果：掌握 T 检验和 F 检验的内容 评价标准：教师通过巡视或查看教师端计算机了解学生操作情况，通过提问了解学生是否理解知识点，并根据问题回答情况给分。操作流畅，回答问题清楚得 7～10 分；在教师或同学的帮助下会操作，能回答问题但不流畅得 4～6 分；基本不会操作得 0～3 分

活动 2 知识建模图（课上＋课下）：

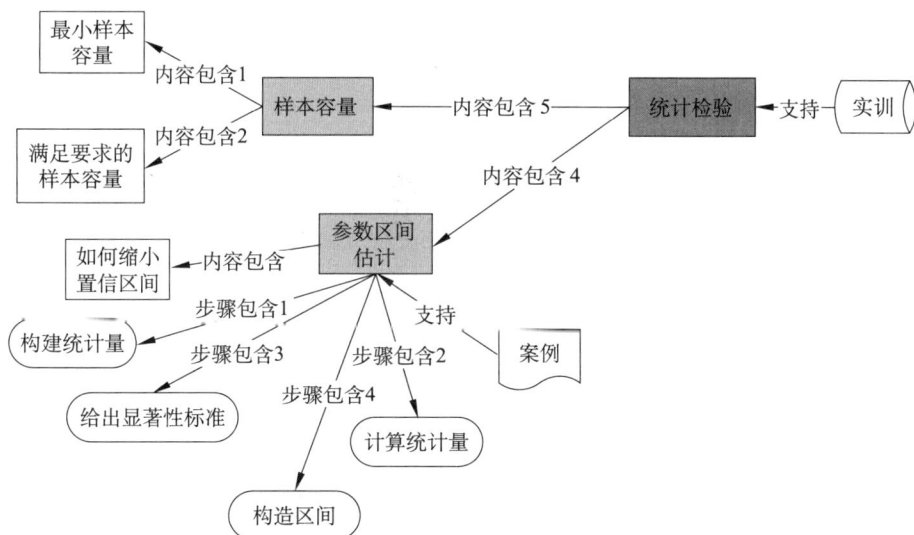

活动目标	参数的置信区间（理解、记忆、运用）；如何缩小置信区间（理解、记忆）；最小样本容量（理解、记忆、运用）；满足要求的样本容量（理解、记忆、运用）

活动任务序列（导入任务描述）：区间估计及样本容量相关问题

师生交互 过程	教师提问："样本容量究竟多大合适？"通过提问引导出两类样本容量

活动任务序列(任务一)

任务一知识组块： 		任务描述	通过自主学习,让学生预习参数的置信区间,了解如何缩小置信区间
		任务时长	40分钟
		学习地点	课下

教学方法 (学习方法)	□讲授　□小组讨论　□答疑　□实验　□实训　☑自主学习 □其他(请填写)_____
师生交互过程	教师发布任务:发送学习资源到学习中心,布置学习任务到学习中心 学生自主学习:接受并完成学习任务 (1)阅读教材:李子奈《计量经济学(第五版)》,高等教育出版社,pp.67-72,预习内容(20分钟) (2)预习参考教材:贾俊平《统计学(第8版)》,中国人民大学出版社,pp.127-129,关于样本划分部分的知识点(10分钟) (3)观看视频:"参数置信区间""缩小置信区间""样本容量问题"(10分钟)
学习资源	(1)课件:计量经济学第3章多元线性回归的统计检验 (2)教材:李子奈《计量经济学(第五版)》,高等教育出版社,pp.67-72 (3)参考教材:贾俊平《统计学(第8版)》,中国人民大学出版社,pp.127-129,关于样本划分部分的知识点 (4)学习中心视频:"参数置信区间""缩小置信区间""样本容量问题" (5)文档:多元回归案例分析与习题数据
学习成果及评价标准	学习成果:视频"参数置信区间""缩小置信区间""样本容量问题"预习情况 评价标准:根据学习中心后台数据,完成得10分,完不成得0分

续表

活动任务序列(任务二)

任务二知识组块:		
	任务描述	教师通过讲授和实训的方式,让学生理解参数的置信区间,学会如何缩小置信区间
	任务时长	20 分钟
	学习地点	课上

教学方法(学习方法)	☑讲授 □小组讨论 □答疑 □实验 ☑实训 □自主学习 □其他(请填写)_____
师生交互过程	教师讲述:在一次抽样中所估计的参数值离参数的真实值有多"近" 在变量的显著性检验中已经知道: $$t=\frac{\hat{\beta}_i-\beta_i}{S_{\hat{\beta}_i}}=\frac{\hat{\beta}_i-\beta_i}{\sqrt{c_{ii}\dfrac{e'e}{n-k-1}}}\sim t(n-k-1)$$ 容易推出:在$(1-\alpha)$的置信水平下 i 的置信区间: $$\left(\hat{\beta}_i-t_{\frac{\alpha}{2}}\times s_{\hat{\beta}_i},\ \hat{\beta}_i+t_{\frac{\alpha}{2}}\times s_{\hat{\beta}_i}\right)$$ 给定$(1-\alpha)$的置信水平下 Y_0 的置信区间: $$\hat{Y}_0-t_{\frac{\alpha}{2}}\times\hat{\sigma}\sqrt{1+X_0(X'X)^{-1}X_0'}<Y_0<\hat{Y}_0+t_{\frac{\alpha}{2}}\times\hat{\sigma}\sqrt{1+X_0(X'X)^{-1}X_0'}$$ 教师、学生:结合案例 3.2.2 上机实训 教师讲述:缩小置信区间的方法
学习资源	(1) 课件:计量经济学第 3 章多元线性回归的预测 (2) 教材:李子奈《计量经济学(第五版)》,高等教育出版社,pp.67-72 (3) 文档:多元回归案例分析与习题数据
学习成果及评价标准	学习成果:掌握最小二乘原理的内容 评价标准:教师通过巡视或查看教师端计算机了解学生操作情况并评定分数:操作流畅,得 7~10 分;在教师或同学的帮助下会操作得 4~6 分;基本不会操作得 0~3 分

活动任务序列(任务三)

任务三知识组块：		

任务三知识组块：

最小样本容量 ← 内容包含1 — 样本容量 — 内容包含2 → 满足要求的样本容量

任务描述	教师通过讲授和答疑的方式,让学生了解最小样本容量和满足要求的样本容量
任务时长	20分钟
学习地点	课上

教学方法 (学习方法)	☑讲授　□小组讨论　☑答疑　□实验　□实训　□自主学习 □其他(请填写)_____
师生交互 过程	教师提问:"统计学中大样本、小样本是如何划分的?" 学生回答:"划分标准是样本容量是否大于30,大于30是大样本,小于30是小样本。" 教师讲述:"从最小二乘原理和最大自然原理出发并得到参数估计量,不管其质量如何,所要求的样本容量的下限就是最小样本容量。最小的容量必须不少于模型中解释变量的数目(包括常数项),即 $N \geq K+1$。" 教师提问:"结合高等数学知识, $N \geq K+1$ 的意义是什么?" 学生回答:"可以通过矩阵的秩来分析。" 教师讲述:"一般经验认为,当 n 大于或等于30或者至少 n 等于 $3(k+1)$ 时,才能说满足模型估计的基本要求。原因是在 n 很小时,除了参数估计量质量不好外,建立模型所必需的后续工作也无法进行。" 教师演示:用案例分析不满足要求会有哪些后果
学习资源	(1) 课件:计量经济学第3章多元回归模型的统计性质 (2) 教材:李子奈《计量经济学(第五版)》,高等教育出版社,pp.72-73
学习成果及 评价标准	学习成果:掌握样本容量的内容 评价标准:根据问题回答情况给分。学生回答问题概念清楚,表述合理得 7～10分;学生回答问题概念基本清楚,表述基本合理得 4～6分;其余得 0～3分

活动3知识建模图(课下+课上):

多元线性回归模型

多元线性回归模型的预测 ← 内容包含4

活动目标	多元线性回归模型的预测(理解、记忆、运用)
活动任务序列(导入任务描述):如何预测?	
师生交互 过程	教师提问:"经济预测的方式有哪些?" 教师介绍计量经济学角度的预测方法

续表

活动任务序列(任务一)

任务一知识组块:		
	任务描述	通过自主学习,让学生预习多元线性回归模型预测的知识点
	任务时长	20 分钟
	学习地点	课下

教学方法(学习方法)	□讲授　□小组讨论　□答疑　□实验　□实训　☑自主学习 □其他(请填写)_____
师生交互过程	教师发布任务:发送学习资源到学习中心,布置学习任务到学习中心 学生自主学习:接受并完成学习任务 (1) 预习参考教材:贾俊平《统计学(第 8 版)》,中国人民大学出版社,pp.256-258,关于预测部分的知识点(15 分钟) (2) 观看视频:"多元线性回归模型的预测"(5 分钟)
学习资源	(1) 课件:计量经济学第 3 章多元回归模型的统计性质 (2) 教材:李子奈《计量经济学(第五版)》,高等教育出版社,pp.73-75 (3) 学习中心视频:多元线性回归模型的预测
学习成果及评价标准	学习成果:视频(多元线性回归模型的预测)预习情况 评价标准:根据学习中心后台数据,完成得 10 分,完不成得 0 分

活动任务序列(任务二)

任务二知识组块: 同任务一		
	任务描述	教师通过讲授和答疑的方法使学生学会多元线性回归模型的预测方法
	任务时长	20 分钟
	学习地点	课上

教学方法(学习方法)	☑讲授　□小组讨论　☑答疑　□实验　□实训　□自主学习 □其他(请填写)_____
师生交互过程	教师讲述: (1) 期望值的置信区间 (2) 个别值的置信区间 教师发布单元练习:学习中心课堂测试题

学习资源	(1) 课件:计量经济学第 3 章多元回归模型的统计性质 (2) 教材:李子奈《计量经济学(第五版)》,高等教育出版社,pp.73-75
学习成果及评价标准	学习成果:学习中心课堂测试题(多元线性回归部分) 评价标准:期末按照所有单元测试的平均成绩计入平时成绩

活动 4 知识建模图(课下):

活动目标	多元线性回归部分实验

活动任务序列(任务一)

任务一知识组块: 	任务描述	让学生运用多元线性回归部分的知识进行实验
	任务时长	120 分钟
	学习地点	课下

教学方法(学习方法)	□讲授　□小组讨论　□答疑　☑实验　□实训　□自主学习 □其他(请填写)_____
师生交互过程	(1) 教师布置任务:上传多元线性回归实验题目到学习中心,要求学生限时完成实验 (2) 学生完成任务:做实验,提交到学习中心,并做好下次课小组汇报准备
学习资源	(1) 上机指导书籍:张晓桐《EVIEWS 使用指南与案例》,机械工业出版社,pp. 204-210;易丹辉《数据分析与 EVIEWS 应用(第 3 版)》,中国人民大学出版社,pp. 27-40 (2) 文档:多元线性回归案例和习题库;张晓桐《EVIEWS 使用指南与案例》,机械工业出版社;多元线性回归实验题目
学习成果及评价标准	学习成果:完成实验,按要求提交到学习中心指定位置 评价标准:实验完整,结果解释合理,文档规范得 80～100 分;实验基本完整,结果解释基本合理,文档基本规范得 60～80 分;实验未完成,未充分解释,文档不规范得 0～60 分
备注	本部分内容教较抽象,学生理解存在一定困难,这是学习这门课程的特点,学生要有一定适应期

表 4-23　计量经济学专业基础课教案 2

2023—2024 年第 2 学期第 9 次课

知识建模图：

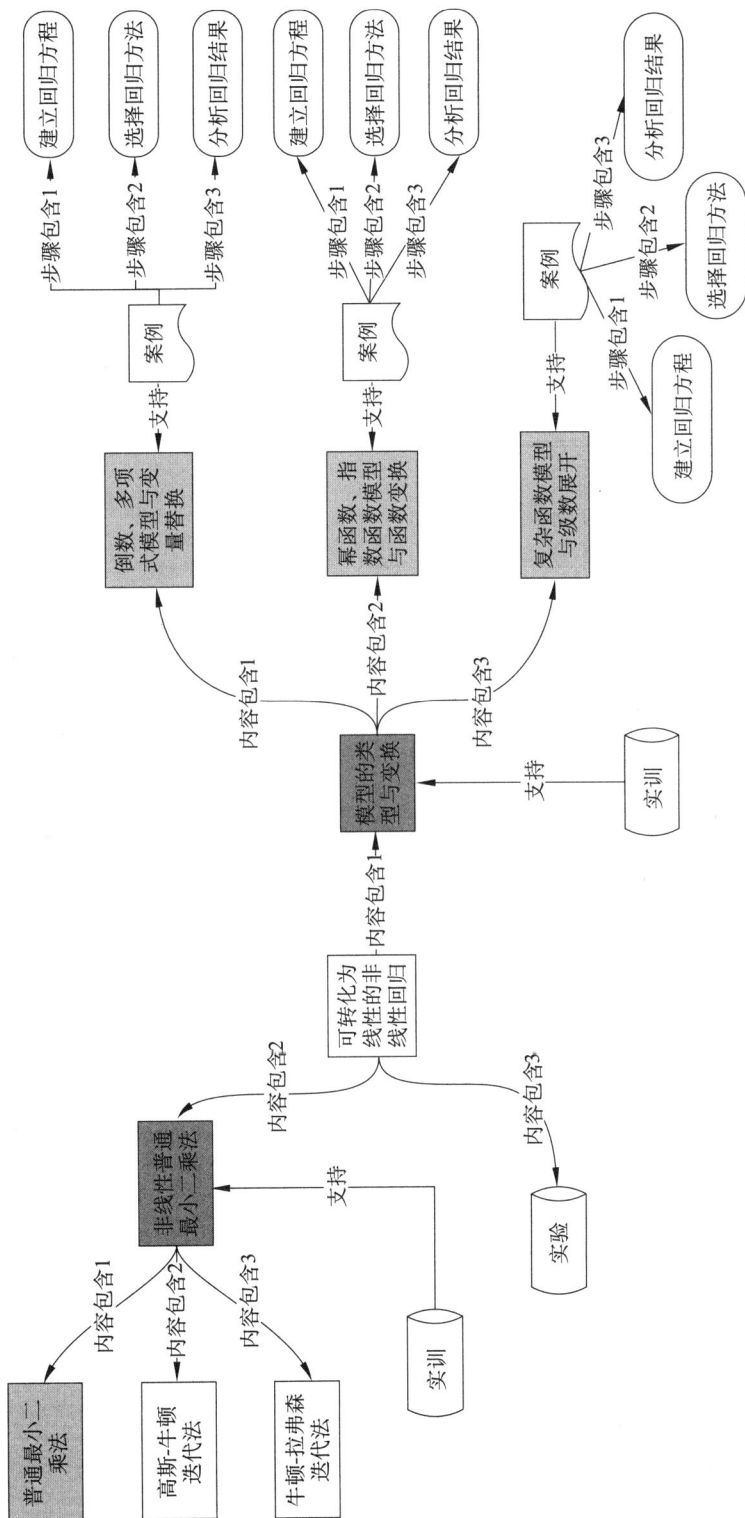

续表

	知识点(学习水平)				素质目标
学习目标	倒数模型、多项式模型与变量的直接置换(理解、记忆、运用);幂函数模型、指数函数模型与对数变换法(理解、记忆、运用);复杂函数模型与级数展开法(理解、记忆、运用);非线性最小平方法(理解、记忆、运用)				无
学习先行知识技能	知识点(学习水平)				
	无				
课上资源	(1)课件:计量经济学第3章可化为线性的多元非线性模型 (2)教材:李子奈《计量经济学(第五版)》,高等教育出版社,pp.75-84 (3)文档:非线性回归案例分析与习题数据 (4)单元测试题:学习中心测试题		课下资源		(1)课件:计量经济学第3章可化为线性的多元非线性模型 (2)教材:李子奈《计量经济学(第五版)》,高等教育出版社,pp.75-84 (3)参考教材:古扎拉蒂《计量经济学基础(第五版)》,中国人民大学出版社,pp.523-533 (4)学习中心视频:可转化为线性的多元非线性模型 (5)文档:案例和习题数据 (6)上机指导书籍:张晓桐《EVIEWS使用指南与案例》,机械工业出版社,pp.210-216;易丹辉《数据分析与EVIEWS应用(第3版)》,中国人民大学出版社,pp.64-74
课上时间	100分钟		课下时间		240分钟

活动序列	活动目标	地点	时间	学习资源
活动1	多元线性回归实验汇报	课上	20分钟	多元线性回归实验题目
活动2	倒数模型、多项式模型与变量的直接置换(理解、记忆、运用);幂函数模型、指数函数模型与对数变换法(理解、记忆、运用);复杂函数模型与级数展开法(理解、记忆、运用)	课上	60分钟	(1)课件:计量经济学第3章可化为线性的多元非线性模型 (2)教材:李子奈《计量经济学(第五版)》,高等教育出版社,pp.75-84 (3)文档:非线性回归案例分析与习题数据
		课下	100分钟	(1)课件:计量经济学第3章可化为线性的多元非线性模型 (2)教材:李子奈《计量经济学(第五版)》,高等教育出版社,pp.75-84 (3)参考教材:古扎拉蒂《计量经济学基础(第五版)》,中国人民大学出版社,pp.523-533 (4)文档:非线性回归案例分析与习题数据 (5)上机指导书籍:张晓桐《EVIEWS使用指南与案例》,机械工业出版社,pp.210-216;易丹辉《数据分析与EVIEWS应用(第3版)》,中国人民大学出版社,pp.64-74

续表

活动序列	活动目标	地点	时　间	学习资源
活动 3	非线性最小平方方法（理解、记忆、运用）	课上	20 分钟	(1) 课件:计量经济学第 3 章可化为线性的多元非线性模型 (2) 教材:李子奈《计量经济学（第五版）》,高等教育出版社,pp. 75-84 (3) 文档:案例和习题数据 (4) 单元测试题:学习中心测试题
		课下	20 分钟	(1) 课件:计量经济学第 3 章可化为线性的多元非线性模型 (2) 教材:李子奈《计量经济学（第五版）》,高等教育出版社,pp. 75-84 (3) 参考教材:古扎拉蒂《计量经济学基础（第五版）》,中国人民大学出版社,pp. 523-533 (4) 学习中心视频:可转化为线性的多元非线性模型 (5) 文档:案例和习题数据
活动 4	非线性回归实验	课下	120 分钟	(1) 文档:实验题目 (2) 上机指导书籍:张晓桐《EVIEWS 使用指南与案例》,机械工业出版社,pp. 210-216;易丹辉《数据分析与 EVIEWS 应用（第 3 版）》,中国人民大学出版社,pp. 64-74

活动 1 知识建模图(课上):

活动目标	多元线性回归实验汇报

活动任务序列(任务一)

任务一知识组块:		任务描述	通过多元线性回归实验汇报,使学生掌握多元线性回归分析的应用
		任务时长	20 分钟
		学习地点	课上
教学方法（学习方法）	□讲授　□小组讨论　□答疑　☑实验　□实训　□自主学习 □其他(请填写)_____		

续表

师生交互过程	学生分组实验汇报： （1）分小组汇报实验内容，不汇报的小组派代表打分 （2）其他同学质疑、提问 教师讲评：讲解学生汇报中存在的问题
学习资源	多元线性回归实验题目
学习成果及评价标准	学习成果：实验汇报，满分 100 分，按平均成绩计入期末总成绩 评价标准：此部分为每小组代表给分，标准如下： （1）汇报人软件操作是否规范、正确（满分 40 分） （2）汇报内容是否正确、完整（满分 25 分） （3）汇报人语言是否流畅（满分 25 分） （4）汇报时间是否合理，每小组汇报时间为 6 分钟左右（满分 10 分）

活动 2 知识建模图（课上＋课下）：

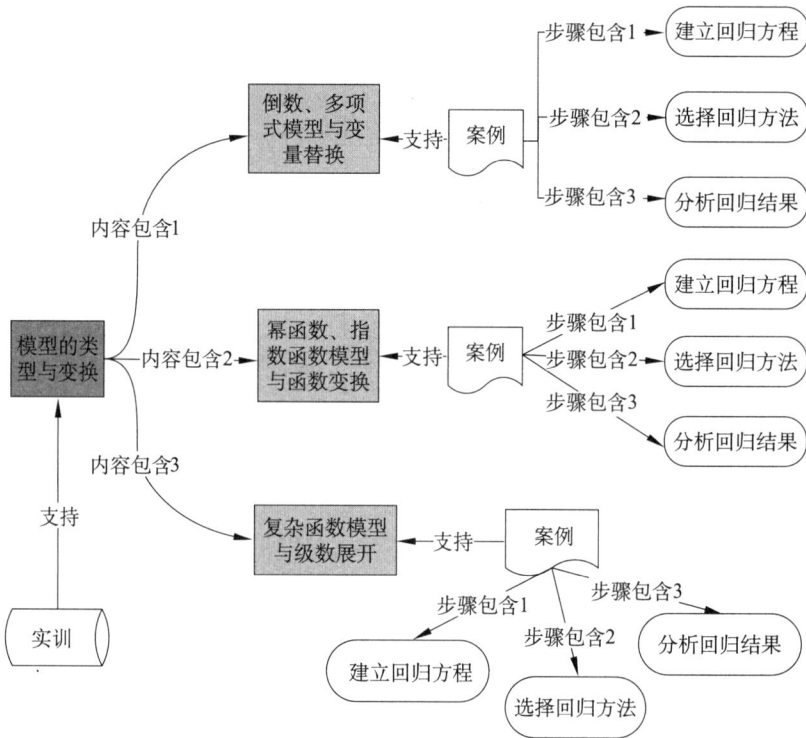

活动目标	倒数模型、多项式模型与变量的直接置换（理解、记忆、运用）；幂函数模型、指数函数模型与对数变换法（理解、记忆、运用）；复杂函数模型与级数展开法（理解、记忆、运用）

续表

活动任务序列(任务一)

任务一知识组块: 见活动 2 知识建模图	任务描述	通过自主学习,让学生预习并初步了解非线性回归形式与运用
	任务时长	100 分钟
	学习地点	课下

教学方法 (学习方法)	□讲授　□小组讨论　□答疑　□实验　□实训　☑自主学习 □其他(请填写)_____
师生交互 过程	教师发布任务:发送学习资源到学习中心,发布学习任务至学习中心 学生自主学习:接收自主学习任务,从学习中心下载资料学习 (1) 阅读上机指导书籍:张晓桐《EVIEWS 使用指南与案例》,机械工业出版社,pp.210-216;易丹辉《数据分析与 EVIEWS 应用(第 3 版)》,中国人民大学出版社,pp.64-74;自主练习基本操作,完成一个案例的操作(50 分钟) (2) 阅读教材:《计量经济学(第五版)》,高等教育出版社,pp.75-84(20 分钟) (3) 阅读参考教材:古扎拉蒂《计量经济学基础(第五版)》,中国人民大学出版社,pp.523-533 预习内容(30 分钟) 教师检查:通过后台数据检查学生预习情况,督促学生完成预习任务
学习资源	(1) 课件:计量经济学第 3 章可化为线性的多元非线性模型 (2) 教材:李子奈《计量经济学(第五版)》,高等教育出版社,pp.75-84 (3) 参考教材:古扎拉蒂《计量经济学基础(第五版)》,中国人民大学出版社,pp.523-533 (4) 文档:非线性回归案例分析与习题数据 (5) 上机指导书籍:张晓桐《EVIEWS 使用指南与案例》,机械工业出版社,pp.210-216;易丹辉《数据分析与 EVIEWS 应用(第 3 版)》,中国人民大学出版社,pp.64-74
学习成果及 评价标准	学习成果:完成一个案例操作 评价标准:能熟练分析一个案例,表达流畅得 7~10 分;能操作软件进行分析,表达基本流畅得 4~6 分;还需要课外辅导得 0~3 分

活动任务序列(任务二)

任务二知识组块:		通过讲授和小组讨论的方式,使学生了解倒数模型、多项式模型与变量的直接置换
	任务描述	
	任务时长	20 分钟
	学习地点	课上

教学方法 (学习方法)	☑讲授　☑小组讨论　□答疑　□实验　□实训　□自主学习 □其他(请填写)_____

师生交互过程	教师讲述:讲解倒数模型、多项式模型与变量的直接置换法 教师公布讨论区讨论题目:分析日常生活中的例子 教师上机演示:案例 3.5.1 分析(通过案例演示分析操作过程,并对结果进行解释) 学生实操:上机重复案例 3.5.1 操作过程
学习资源	(1) 课件:计量经济学第 3 章可化为线性的多元非线性模型 (2) 教材:李子奈《计量经济学(第五版)》,高等教育出版社,pp.75-84 (3) 文档:可化为线性的多元非线性回归案例分析与习题数据
学习成果及评价标准	学习成果 1:学习中心讨论区分析日常生活中的例子 评价标准:学生回答问题全面,表述合理得 7～10 分;学生回答问题基本全面,表述基本合理得 4～6 分;学生回答问题不全,表达不清得 0～3 分 学习成果 2:掌握非线性回归形式(一)的运用 评价标准:教师通过巡视或查看教师端计算机了解学生操作情况并评定分数:操作流畅,得 7～10 分;在教师或同学的帮助下会操作得 4～6 分;基本不会操作得 0～3 分

活动任务序列(任务三)

任务三知识组块:

任务描述	通过讲授和小组讨论的方式,使学生了解函数模型、指数函数模型与对数变换法
任务时长	20 分钟
学习地点	课上

教学方法 (学习方法)	☑讲授　☑小组讨论　□答疑　□实验　□实训　□自主学习 □其他(请填写)_____
师生交互过程	教师讲述:幂函数模型、指数函数模型与对数变换法 教师公布讨论区讨论题目:分析经济学理论中的其他例子有哪些 教师演示:案例 3.5.2 演示与分析 学生上机练习:学生重复案例 3.5.2 的操作过程
学习资源	(1) 课件:计量经济学第 3 章可化为线性的多元非线性模型 (2) 教材:李子奈《计量经济学(第五版)》,高等教育出版社,pp.75-84 (3) 文档:非线性回归案例分析与习题数据

学习成果及评价标准	学习成果 1:学习中心讨论区讨论并分析经济学理论中的其他例子 评价标准:讨论区学生回答例子较多,表述合理得 7～10 分;学生回答案例数量一般,表述基本合理得 4～6 分;学生回答不清或没有回答得 0～3 分 学习成果 2:掌握非线性回归形式(二)的运用 评价标准:教师通过巡视或查看教师端计算机了解学生操作情况并评定分数;操作流畅得 7～10 分;在教师或同学的帮助下会操作得 4～6 分;基本不会操作得 0～3 分

活动任务序列(任务四)

任务四知识组块:

任务描述	通过讲授和实训的方式,使学生了解复杂函数模型与级数展开法,且学会分析模型
任务时长	20 分钟
学习地点	课上

教学方法 (学习方法)	☑讲授　□小组讨论　□答疑　□实验　☑实训　□自主学习 □其他(请填写)_____
师生交互过程	教师讲述:复杂函数模型与级数展开法 教师演示:案例 3.5.2 演示与分析 学生上机练习:学生重复案例 3.5.2 的操作过桯
学习资源	(1) 课件:计量经济学第 3 章可化为线性的多元非线性模型 (2) 教材:李子奈《计量经济学(第 5 版)》,高等教育出版社,pp.75-84 (3) 学习中心视频:可转化为线性的多元非线性模型 (4) 文档:案例和习题数据;张晓桐《EVIEWS 使用指南与案例》,机械工业出版社
学习成果及评价标准	学习成果:掌握非线性回归形式(二)的运用 评价标准:教师通过巡视或查看教师端计算机了解学生操作情况并评定分数:操作流畅得 7～10 分;在教师或同学的帮助下会操作得 4～6 分;基本不会操作得 0～3 分

活动 3 知识建模图(课下+课上):

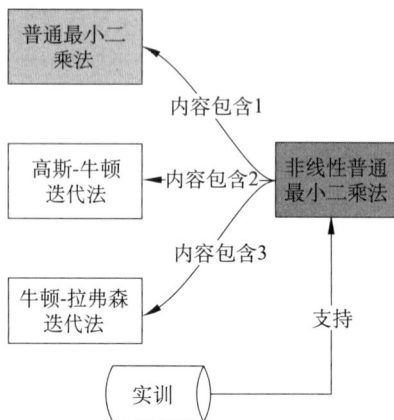

活动目标	非线性最小平方方法(理解、记忆、运用)
活动任务序列(导入任务描述):非线性关系怎么处理?	
师生交互过程	教师列举经济学中不能转化成线性关系的变量关系,并介绍处理方法

活动任务序列(任务一)

任务一知识组块: 见活动 3 知识建模图	任务描述	通过自主学习,让学生预习非线性最小平方方法
	任务时长	20 分钟
	学习地点	课下

教学方法(学习方法)	□讲授 □小组讨论 □答疑 □实验 □实训 ☑自主学习 □其他(请填写)_____
师生交互过程	教师发布任务:发送学习资源到学习中心,发布学习任务至学习中心 学生自主学习:接收自主学习任务,从学习中心下载资料学习 (1) 阅读教材:《计量经济学(第五版)》,高等教育出版社,pp.75-84;古扎拉蒂《计量经济学基础(第五版)》,中国人民大学出版社,pp.523-533 预习内容(15 分钟) (2) 观看视频:多元线性回归的参数估计方法(5 分钟) 教师检查:通过后台数据检查学生预习情况,督促学生完成预习任务
学习资源	(1) 课件:计量经济学第 3 章可化为线性的多元非线性模型 (2) 教材:李子奈《计量经济学(第五版)》,高等教育出版社,pp.75-84 (3) 参考教材:古扎拉蒂《计量经济学基础(第五版)》,中国人民大学出版社,pp.523-533 (4) 学习中心视频:可转化为线性的多元非线性模型 (5) 文档:案例和习题数据

续表

学习成果及 评价标准	学习成果:完成视频(可转化为线性的多元非线性模型)预习 评价标准:根据学习中心后台数据,完成得 10 分,完不成得 0 分		
活动任务序列(任务二)			
任务二知识组块: 见活动 3 知识建模图	任务描述		通过讲授和实训的方式,让学生学会非线性最小平方法
	任务时长		20 分钟
	学习地点		课上
教学方法 (学习方法)	☑讲授　□小组讨论　□答疑　□实验　☑实训　□自主学习 □其他(请填写)_____		
师生交互 过程	教师讲述:非线性最小平方法的原理和应用 教师上机演示:结合案例数据,演示非线性最小平方法的实际操作过程 学生实操:结合课堂习题数据上机练习非线性最小平方法的操作过程 教师公布单元测试题:学习中心测试题		
学习资源	(1) 课件:计量经济学第 3 章可化为线性的多元非线性模型 (2) 教材:李子奈《计量经济学(第五版)》,高等教育出版社,pp. 75-84 (3) 文档:多元回归案例分析与习题数据		
学习成果及 评价标准	学习成果:学习中心课堂测试题(非线性回归部分) 评价标准:期末按照所有单元测试的平均成绩计入平时成绩		

活动 4 知识建模图(课下):

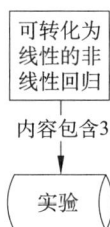

活动目标	完成实验报告,掌握基本知识		
活动任务序列(任务一)			
任务一知识组块: 同上	任务描述		进行非线性回归部分的综合实验,让学生完成实验报告,并掌握基础知识
	任务时长		120 分钟
	学习地点		课下
教学方法 (学习方法)	□讲授　□小组讨论　□答疑　□实验　□实训　☑自主学习 □其他(请填写)_____		

续表

师生交互过程	教师发布任务:安排实验任务,上传到学习中心实验报告位置 学生完成实验:在学习中心下载实验任务,做实验,提交到学习中心,并做好汇报准备
学习资源	(1) 文档:实验题目 (2) 上机指导书籍:张晓桐《EVIEWS 使用指南与案例》,机械工业出版社,pp. 210-216;易丹辉《数据分析与 EVIEWS 应用(第 3 版)》,中国人民大学出版社,pp. 64-74
学习成果及评价标准	学习成果:完成实验,按要求提交到学习中心指定位置 评价标准:实验完整、结果解释合理、文档规范得 $80\sim100$ 分;实验基本完整、结果解释基本合理、文档基本规范得 $60\sim80$ 分;实验未完成、未充分解释、文档不规范得 $0\sim60$ 分
备注	本次课内容较难,学生相对吃力,需要加强自主学习

表 4-24 计量经济学专业基础课教案 3

2023—2024 年第 2 学期第 10 次课

知识建模图:

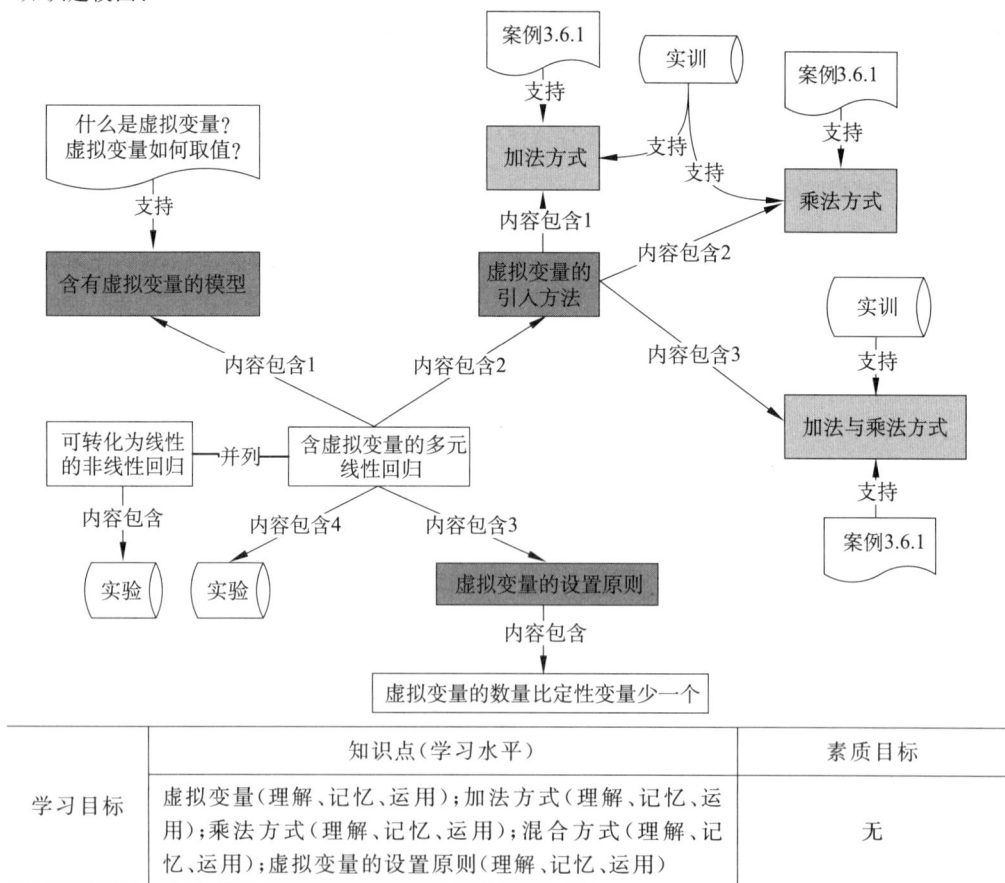

	知识点(学习水平)	素质目标
学习目标	虚拟变量(理解、记忆、运用);加法方式(理解、记忆、运用);乘法方式(理解、记忆、运用);混合方式(理解、记忆、运用);虚拟变量的设置原则(理解、记忆、运用)	无

续表

学习先行 知识技能	知识点（学习水平）		
	无		

课 上 资 源	课 下 资 源		
（1）课件：计量经济学第 3 章含义虚拟变量的多元回归模型 （2）教材：李子奈《计量经济学（第五版）》，高等教育出版社，pp. 85-90 （3）文档：教材案例数据 （4）单元测试题：学习中心测试题	（1）课件：计量经济学第 3 章含义虚拟变量的多元回归模型 （2）教材：李子奈《计量经济学（第五版）》，高等教育出版社，pp. 85-90 （3）参考教材：古扎拉蒂《计量经济学基础（第五版）》，中国人民大学出版社，pp. 276-303 （4）学习中心视频：虚变量回归理论部分；虚变量应用案例；虚拟变量；虚拟变量的案例分析；虚拟变量的操作 （5）文档：虚拟变量回归实验案例和习题数据；虚拟变量回归实验题目 （6）上机指导书籍：张晓桐《EVIEWS 使用指南与案例》，机械工业出版社，pp. 216-218；易丹辉《数据分析与 EVIEWS 应用（第 3 版）》，中国人民大学出版社，pp. 50-53		

课上时间	100 分钟	课下时间	240 分钟

活动序列	活 动 目 标	地点	时　间	学 习 资 源
活动 1	可转化为线性的非线性回归实验汇报	课上	20 分钟	可转化为线性的多元非线性回归实验题目
活动 2	虚拟变量（理解、记忆、运用）；加法方式（理解、记忆、运用）；乘法方式（理解、记忆、运用）；混合方式（理解、记忆、运用）	课上	60 分钟	（1）课件：计量经济学第 3 章含义虚拟变量的多元回归模型 （2）教材：李子奈《计量经济学（第五版）》，高等教育出版社，pp. 85-90 （3）文档：虚拟变量回归实验案例和习题数据；虚拟变量回归实验题目
		课下	80 分钟	（1）课件：计量经济学第 3 章含义虚拟变量的多元回归模型 （2）教材：李子奈《计量经济学（第五版）》，高等教育出版社，pp. 85-90 （3）参考教材：古扎拉蒂《计量经济学基础（第五版）》，中国人民大学出版社，pp. 276-303 （4）学习中心视频：虚变量回归理论部分；虚变量应用案例；虚拟变量；虚拟变量的案例分析；虚拟变量的操作 （5）文档：虚拟变量回归实验案例和习题数据；虚拟变量回归实验题目 （6）上机指导书籍：张晓桐《EVIEWS 使用指南与案例》，机械工业出版社，pp. 216-218；易丹辉《数据分析与 EVIEWS 应用（第 3 版）》，中国人民大学出版社，pp. 50-53

续表

活 动 序 列	活 动 目 标	地点	时 间	学 习 资 源
活动3	虚拟变量的设置原则(理解、记忆、运用)	课上	20分钟	(1) 课件:计量经济学第3章含义虚拟变量的多元回归模型 (2) 教材:李子奈《计量经济学(第五版)》,高等教育出版社,pp.85-90 (3) 文档:虚拟变量回归实验案例 (4) 学习中心课堂测试题:虚拟变量回归部分
		课下	20分钟	(1) 课件:计量经济学第3章含义虚拟变量的多元回归模型 (2) 教材:李子奈《计量经济学(第五版)》,高等教育出版社,pp.85-90 (3) 文档:虚拟变量回归实验案例
活动4	虚拟变量回归实验	课下	140分钟	(1) 上机指导书籍:张晓桐《EVIEWS 使用指南与案例》,机械工业出版社,pp.216-218;易丹辉《数据分析与 EVIEWS 应用(第3版)》,中国人民大学出版社,pp.50-53 (2) 文档:虚拟变量回归实验题目

活动1知识建模图(课上):

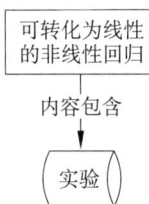

活动目标	可转化为线性的非线性回归实验汇报

活动任务序列(任务一)

任务一知识组块: 见活动1知识建模图	任务描述	让学生进行可转化为线性的多元非线性回归实验分组汇报,从而掌握该知识的分析应用
	任务时长	20分钟
	学习地点	课上
教学方法 (学习方法)	□讲授 □小组讨论 ☑答疑 ☑实验 □实训 □自主学习 ☑其他(请填写)分组汇报	
师生交互 过程	学生分组实验汇报: (1) 分小组汇报实验内容,不汇报的小组派代表打分 (2) 同学质疑、提问阶段 教师总结、补充讲解:讲解学生汇报中存在的问题	
学习资源	文档:可转化为线性的非线性回归实验题目	

学习成果及评价标准	学习成果:实验汇报,满分 100 分,按平均成绩计入期末总成绩 评价标准:此部分为每小组代表给分,标准如下: (1) 汇报人软件操作是否规范、正确(满分 40 分) (2) 汇报内容是否正确、完整(满分 25 分) (3) 汇报人语言是否流畅(满分 25 分) (4) 汇报时间是否合理,每小组汇报时间为 6 分钟左右(满分 10 分)

活动 2 知识建模图(课上＋课下):

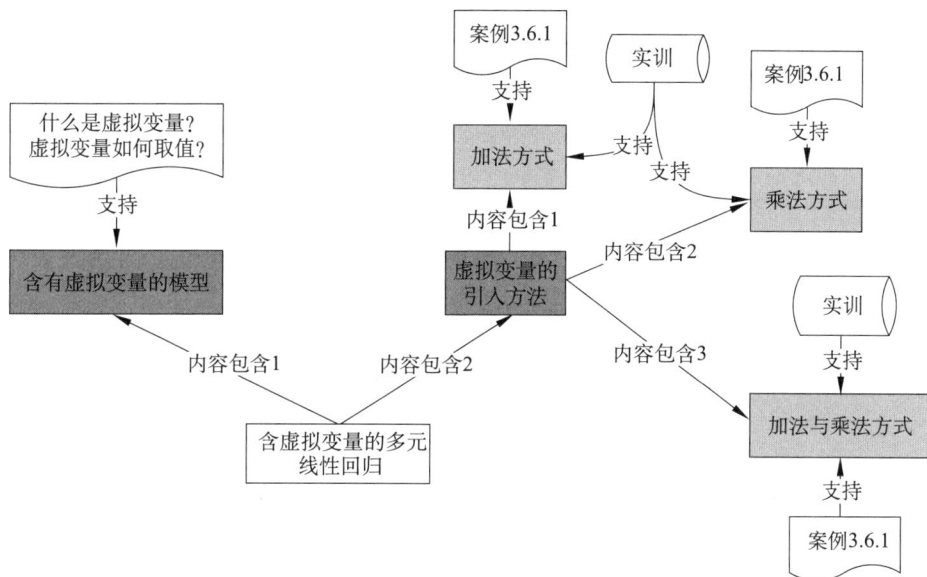

活动目标	虚拟变量(理解、记忆、运用);加法方式(理解、记忆、运用);乘法方式(理解、记忆、运用);混合方式(理解、记忆、运用)
活动任务序列(导入任务描述):定性变量如何分析?	
师生交互过程	教师引入:通过生活中的各类歧视,如性别歧视、年龄歧视、职业歧视等,引导出定性变量的回归问题

活动任务序列(任务一)

任务一知识组块: 见活动 2 知识建模图	任务描述	通过实训和自主学习,让学生预习并初步理解虚拟变量的内容
	任务时长	80 分钟
	学习地点	课下
教学方法 (学习方法)	□讲授　□小组讨论　□答疑　□实验　☑实训　☑自主学习 □其他(请填写)_____	

师生交互过程	教师发布任务:发送学习资源到学习中心,发送学习任务到学习中心 学生自主学习: (1)阅读教材:李子奈《计量经济学(第五版)》,高等教育出版社,pp.85-90预习内容(10分钟) (2)阅读参考教材:古扎拉蒂《计量经济学基础(第五版)》,中国人民大学出版社,pp.276-303(25分钟) (3)阅读上机指导书籍:张晓桐《EVIEWS使用指南与案例》,机械工业出版社,pp.216-218;易丹辉《数据分析与EVIEWS应用(第3版)》,中国人民大学出版社,pp.50-53;自主练习基本操作,完成一个案例操作,上课时接受抽查(35分钟) (4)观看学习中心视频:虚变量回归理论部分;虚变量应用案例;虚拟变量;虚拟变量的案例分析;虚拟变量的操作(10分钟)
学习资源	(1)课件:计量经济学第3章含义虚拟变量的多元回归模型 (2)教材:李子奈《计量经济学(第五版)》,高等教育出版社,pp.85-90 (3)参考教材:古扎拉蒂《计量经济学基础(第五版)》,中国人民大学出版社,pp.276-303 (4)学习中心视频:虚变量回归理论部分;虚变量应用案例;虚拟变量;虚拟变量的案例分析;虚拟变量的操作 (5)文档:虚拟变量回归实验案例和习题数据;虚拟变量回归实验题目 (6)上机指导书籍:张晓桐《EVIEWS使用指南与案例》,机械工业出版社,pp.216-218;易丹辉《数据分析与EVIEWS应用(第3版)》,中国人民大学出版社,pp.50-53
学习成果及评价标准	学习成果1:完成视频(虚变量回归理论部分;虚变量应用案例;虚拟变量;虚拟变量的案例分析;虚拟变量的操作)预习 评价标准:根据学习中心后台数据,完成得10分,完不成得0分 学习成果2:完成一个案例操作 评价标准:检查结果并给分。能熟练分析一个案例,表达流畅得7~10分;能操作软件进行分析,表达基本流畅得4~6分;还需要课外辅导得0~3分

活动任务序列(任务二)

任务二知识组块:		
	任务描述	通过讲授和小组讨论,使学生了解什么是虚拟变量,并能够判断什么情况下可以设置虚拟变量
	任务时长	10分钟
	学习地点	课上
教学方法(学习方法)	☑讲授　☑小组讨论　□答疑　□实验　□实训　□自主学习 □其他(请填写)_____	

师生交互 过程	教师讲述："在对经济现象的描述中,通常会有一些影响经济变量的因素无法定量或度量,如职业性别对收入的影响,战争、自然灾害对 GDP 的影响,季节对某些产品的销售影响等,为了能够在模型中反映这些因素的影响,并提高模型的精度,需要将它们量化,这种量化通常是通过引入虚拟变量来完成的。根据这些虚拟变量的属性,这种量化构造只取 0 或 1 的人工变量。一般在虚拟变量的设置中,基础类型、肯定类型取值为 1,比较类型和否定类型取值为 0。另外,同时含有一般解释变量与虚拟变量的模型,称为是含有十几变的模型。" 学生学习中心讨论:日常生活中的虚拟变量例子
学习资源	(1) 课件:计量经济学第 3 章含义虚拟变量的多元回归模型 (2) 教材:李子奈《计量经济学(第五版)》,高等教育出版社,pp.85-90 (3) 文档:虚拟变量回归案例分析与习题;教材案例数据
学习成果及 评价标准	学习成果:学习中心讨论——日常生活中的虚拟变量例子 评价标准:学生回答问题合理,表述合理得 7～10 分;学生回答问题基本合理,表述基本合理得 4～6 分;学生回答问题基本合理,表达不清得 0～3 分

活动任务序列(任务三)

任务三知识组块:		任务描述	通过讲授、实训和答疑,使学生了解加法模型,且能够运用加法模型分析实际问题
		任务时长	20 分钟
		学习地点	课上

教学方法 (学习方法)	☑讲授　□小组讨论　☑答疑　□实验　☑实训　□自主学习 □其他(请填写)_____
师生交互 过程	教师讲述:当直线的截距项发生变化时,通常采用加法模型。加法模型的基本形式: $$E(Y_i \mid X_i, D_i = 1) = (\beta_0 + \beta_2) + \beta_1 X_i$$ $$E(Y_i \mid X_i, D_i = 0) = \beta_0 + \beta_1 X_i$$ 其中,D 为虚拟变量,表示分类变量 教师上机演示:案例分析(我国农村居民和城镇居民自发性消费是否相同;通过虚拟变量建立回归模型进行分析),主要体现在两个方面:操作和结果分析 学生上机实训:接收课堂教师发送的数据,上机操作练习 教师答疑:关注学生操作状态,了解学生掌握程度,指导学生实训,解决存在的问题

续表

学习资源	(1) 课件:计量经济学第3章含义虚拟变量的多元回归模型 (2) 教材:李子奈《计量经济学(第五版)》,高等教育出版社,pp.85-90 (3) 文档:虚拟变量回归案例分析与习题;教材案例数据
学习成果及 评价标准	学习成果:掌握加法模型的应用 评价标准:能熟练操作软件对加法模型进行分析,表达合理得 7~10 分;能对加法模型进行分析,表达基本合理得 4~6 分;还需要课外辅导得 0~3 分

活动任务序列(任务四)

任务四知识组块:		任务描述	通过讲授、答疑和实训的方式,使学生了解乘法模型应用,且能够应用乘法模型分析问题
实训 → 支持 → 乘法方式 ← 支持 ← 案例3.6.1 虚拟变量的引入方法 — 内容包含2 → 乘法方式			
		任务时长	20 分钟
		学习地点	课上

教学方法 (学习方法)	☑讲授 □小组讨论 ☑答疑 □实验 ☑实训 □自主学习 □其他(请填写)_____
师生交互 过程	教师讲述:当直线的斜率值发生变化时,通常采用乘法模型 $C_i = \beta_0 + \beta_1 X_i + \beta_2 D_i X_i + \mu_i$ 教师案例演示:案例分析(我国农村居民和城镇居民边际消费倾向是否相同;通过虚拟变量建立回归模型进行分析),主要体现在两个方面:操作和结果分析 学生上机实训:接收教师发送的案例数据进行上机操作练习 教师答疑:关注学生实训状况,解答学生学习中存在的问题
学习资源	(1) 课件:计量经济学第3章含有虚拟变量的多元回归模型 (2) 教材:李子奈《计量经济学(第五版)》,高等教育出版社,pp.85-90 (3) 文档:虚拟变量回归案例分析与习题;教材案例数据
学习成果及 评价标准	学习成果:掌握乘法模型的应用 评价标准:能熟练操作软件对乘法模型进行分析,表达合理得 7~10 分;能对加法模型进行分析,表达基本合理得 4~6 分;还需要课外辅导得 0~3 分

续表

活动任务序列(任务五)

任务五知识组块:

	任务描述	通过讲授、答疑和实训的方式,使学生了解混合模型的应用,且能够运用模型分析问题
	任务时长	10 分钟
	学习地点	课上

教学方法 (学习方法)	☑讲授　□小组讨论　☑答疑　□实验　☑实训　□自主学习 □其他(请填写)_____
师生交互过程	教师讲述:当斜率和截距项都发生变化时,采用混合模型 $C_i = \beta_0 + D_i + \beta_1 X_i + \beta_2 D_i X_i + \mu_i$ 教师案例演示:案例分析(我国农村居民和城镇居民自发性消费、边际消费倾向是否相同;通过虚拟变量建立回归模型进行分析) 学生上机实训:接收教师发送的案例数据,上机操作练习 教师答疑:关注学生实训状况,了解学生掌握程度,解答学生学习中存在的问题
学习资源	(1) 课件:计量经济学第 3 章含义虚拟变量的多元回归模型 (2) 教材:李子奈《计量经济学(第五版)》,高等教育出版社,pp. 85-90 (3) 文档:虚拟变量回归案例分析与习题;教材案例数据
学习成果及评价标准	学习成果:掌握混合模型的应用 评价标准:能熟练操作软件对混合模型进行分析,表达合理得 7～10 分;能对加法模型进行分析,表达基本合理得 4～6 分;还需要课外辅导得 0～3 分

活动 3 知识建模图(课下＋课上):

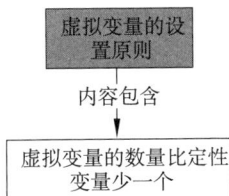

活动目标	虚拟变量的设置原则(理解、记忆、运用)
活动任务序列(导入任务描述):虚拟变量的设置	
师生交互过程	给出实际问题,让学生思考如何设置虚拟变量? 对设置不当的情况给出解释

续表

活动任务序列(任务一)

任务一知识组块:			
		任务描述	通过实训和自主学习的方式,使学生了解虚拟变量的设置原则
		任务时长	20分钟
		学习地点	课下
教学方法 (学习方法)	□讲授　□小组讨论　□答疑　□实验　☑实训　☑自主学习 □其他(请填写)_____		
师生交互过程	教师发布任务:发送学习资源到学习中心,发送学习任务到学习中心 学生自主学习:阅读教材,预习基本理论部分(20分钟)		
学习资源	(1)课件:计量经济学第3章含义虚拟变量的多元回归模型 (2)教材:李子奈《计量经济学(第五版)》,高等教育出版社,pp.85-90 (3)文档:虚拟变量回归实验案例		
学习成果及评价标准	学习成果:掌握虚拟变量的设置原则 评价标准:能够进行对案例进行简单分析即可		

活动任务序列(任务二)

任务二知识组块: 同任务一		任务描述	通过讲授、答疑和实训,让学生学会对设置虚拟变量的应用和分析
		任务时长	20分钟
		学习地点	课上
教学方法 (学习方法)	☑讲授　□小组讨论　☑答疑　□实验　☑实训　□自主学习 □其他(请填写)_____		
师生交互过程	教师讲述:"每一定性变量所需的虚拟变量个数要比该定性变量的状态类别数少1,即如果有 m 种状态,只在模型中引入 $m-1$ 个虚拟变量。例如,季节定性变量有春、夏、秋、冬4种状态,只需要设置3个虚变量。" 教师提问: (1)我国分东部、中部、西部,在讨论我国居民收入问题时,居民地域分布特征应设置几个虚拟变量? 如何设置? (2)对于一个模型中有多个分类变量的情况,应该如何设置虚拟变量? 学生回答:回答问题(第2个问题可能存在一定困难) 教师答疑:如果有 m 个定性变量,只在模型中引入 $m-1$ 个虚拟变量即可。否则,就会导致完全多重共线性问题。 教师上机演示:结合案例数据(我国天然气消耗情况),演示虚拟变量设置错误时会出现的问题 单元课堂测试:做学习中心课堂测试题		

续表

学习资源	课件:计量经济学第 3 章含义虚拟变量的多元回归模型 教材:李子奈《计量经济学(第五版)》,高等教育出版社 文档:虚拟变量回归案例分析与习题;教材案例数据
学习成果及 评价标准	学习成果:学习中心课堂测试题(虚拟变量模型) 评价标准:期末按照所有单元测试的平均成绩计入平时成绩

活动 4 知识建模图(课下):

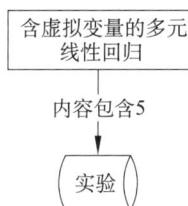

活动目标	虚拟变量回归实验		
任务一知识组块: 见活动 4 知识建模图	任务描述	进行虚拟变量回归部分的综合实验,让学生完成实验报告,并掌握基本知识	
	任务时长	120 分钟	
	学习地点	课下	
教学方法 (学习方法)	□讲授　□小组讨论　□答疑　☑实验　□实训　□自主学习 □其他(请填写)_____		
师生交互 过程	教师行为:安排实验任务,上传到学习中心实验报告位置 学生行为:在学习中心下载实验任务,做实验,提交到学习中心,并做好下次课的小组汇报准备工作		
学习资源	(1) 上机指导书籍:张晓桐《EVIEWS 使用指南与案例》,机械工业出版社,pp. 216-218;易丹辉《数据分析与 EVIEWS 应用(第 3 版)》,中国人民大学出版社,pp. 50-53 (2) 文档:虚拟变量回归实验题目		
学习成果及 评价标准	学习成果:完成实验,按要求提交到学习中心指定位置。 评价标准:实验完整,结果解释合理,文档规范得 80~100 分;实验基本完整,结果解释基本合理,文档基本规范得 60~80 分;实验未完成,未充分解释,文档不规范得 0~60 分		
备注	本部分问题在生活中常见,学生理解没有困难,但一定量的习题还是有必要的		

3. 实施过程

本课程拟采用"线上＋线下"的混合教学模式。课堂上采用"理论＋实验＋实操"的教学方法,课下利用慕课、教师录制的视频、习题库、数据资料库等进行自主学习,结合线下面授、答疑、讲解、案例分析等活动进行深层次的进阶学习。具体表现为以下三点。

（1）课前预习。教师通过翻转校园提前一周发布学习任务，根据章节内容预留学习目标和课程作业，学生根据教师提供的慕课和视频资源进行预习，并按任务要求完成学习，再自己进行上机演练。另外，学生可以通过微信群随时以语音、文本形式向老师或同伴请求帮助，实现网上讨论、答疑等课外互动和交流。

（2）课堂教学。①上节回顾、问题处理及汇报交流；②重难点讲解；③课堂练习及讲评；④案例分析，实训讲解；⑤小组讨论：经济学教材中和实际经济问题中模型的运用；⑥学生上机练习，部分课堂需安排随堂实验。

（3）课后学习。①视频学习：通过观看教师提供的慕课和教师拍摄的视频资源学习；②完成个人课外实验（形成实验报告）；③完成小组实验（需要拍视频或下次课堂展示）；④完成文献阅读、总结或实证论文写作；⑤与课题组任课教师沟通交流学习中存在的问题。

4. 教学评价

本门课程采用平时成绩占比 60%，期末考查占比 40% 的比例进行评价，并细化成绩考核的标准。

（1）平时成绩

由出勤、学习中心线上资源学习、课堂讨论、课后实验、小组实验分析报告和课程论文等组成。

① 课堂出勤占比 10%。课内共 24 次课（48 学时），全勤为 100 分，每次缺勤扣 2 分，请假扣 1 分，缺勤超过课时 1/3，取消本门课程考核。

② 自主学习占比 20%。慕课学习、视频下载学习、课件下载学习占 3%。根据下载次数及学习情况表现给分：优秀 90～100 分，良好 80～90 分，中等 70～80 分，合格 60～70 分，不合格 60 分以下。

③ 实验占比 50%。包括 10 次实验报告，1 篇课程论文。

拟提交 10 次个人实验，提交 10 次实验报告，每次实验为百分制。

实验报告考核标准：报告是否完成、操作是否正确、结果解释是否合理、语言表达是否流畅、报告整理是否规范等给分，具体标准如下。

90～100 分：实验内容完整、操作正确规范、结果解释合理充分、语言表达流畅、报告整理规范。

80～90 分：实验内容完整、操作正确、结果解释合理、语言表达流畅、报告整理规范。

70～80 分：实验内容完整、操作正确规范、结果解释基本合理、语言表达基本流畅、报告整理基本规范。

60～70 分：实验内容基本完整、操作正确规范、结果解释基本合理、语言表达基本流畅、报告整理基本规范。

60 分以下：实验内容不完整、操作不规范、结果解释不合理、语言表达不规范、报告整理不规范。

实证论文考核标准:论文题目是否恰当、结构是否合理、是否运用软件建模分析、结果是否进行深入解释、语言表达是否规范、文档整理是否规范。具体标准如下。

90～100 分:论文题目恰当、结构合理、能运用软件建模分析、结果进行深入解释、语言表达规范、文档整理规范;能针对主题深入进行分析,并有独到见解,能够理论联系实际,对实际工作或学术研究有一定的现实意义,符合课程论文要求,字数在 1500～2000 之间。

80～89 分:论文题目恰当、层次清楚、结构合理、运用软件建模分析结果进行深入解释、语言表达规范、文档整理规范;能够运用所学知识,理论联系实际,分析比较深入,符合课程论文要求,字数为 1500～2000。

70～79 分:论文题目基本恰当、结构基本合理、运用软件建模分析结果进行解释、语言表达规范、文档整理基本规范;能够运用所学知识,理论联系实际,有一定分析,字数不少于 1500。

60～69 分:论文题目不恰当、结构不合理、运用软件建模分析、能对结果进行解释、语言表达基本规范、文档整理基本规范;文章有一定的条理,一定的论据,文字尚通顺,符合课程论文要求,字数稍少。

60 分以下:论文题目不恰当、结构不合理、无法运用软件建模分析结果进行解释、语言表达不规范、文档整理不规范;未掌握已学的有关专业知识;中心不明确,层次混淆不清,主要论据短缺;论点论据脱节或严重搭配不当;抄袭他人文章、成果、书籍;提交格式不符合课程论文要求。

④ 分组实验展示占比 10%。由 5～6 名学生组成一个小组,完成教师布置的相关实验并在课堂上或录制相应视频汇报。该部分由小组代表根据汇报结果打分,最终以平均成绩计入总分。评分内容包含以下几个部分:汇报人软件操作是否规范、正确(满分 40 分);汇报内容是否正确、完整(满分 25 分);汇报人语言是否流畅(满分 25 分);汇报时间是否合理(满分 10 分)。

⑤ 学习中心课堂测试占比 15%。每个单元设置课堂测试,考查学生对基本知识掌握的情况,其中单选题每题 2 分,判断题每题 1 分,由期末学习中心自动记录分数。

⑥ 学习中心讨论占 5%。一般讨论在课堂上(分组)进行,具有一定难度的在学习中心进行。课堂上进行的讨论根据学生的参入度及讨论的表现给出分数;学习中心的讨论由学习中心根据标准给出分析(目前还没有教师给分选项)。

(2)期末成绩

对计量经济学进行综合性考查,实施教考分离的形式。本课程建立期末考查题库,从题库中随机抽题进行上机考试。每次考查制定参考答案及评分标准并以此为依据给分,满分 100 分。

4.3.7 经济统计软件及应用

1. 课程简介

该课程是对统计理论课程教学的完善和补充,尤其是对多元统计知识的补充。它能够使学生掌握描述统计、推断统计、数据建模等方法在 SPSS 软件中的实现,并且能够正确解释 SPSS 软件的运行结果。

本课程的学习,能够帮助提高学生获取经济数据的能力;提高学生对经济数据处理和分析的能力;通过个人实验提升学生的应用能力;通过讨论和小组实践活动,提升学生的团队协作能力。

2. 教学设计

经济统计软件及应用课程的教学设计如表 4-25~表 4-27 所示。

表 4-25 经济统计软件及应用专业基础课教案 1

2023—2024 年第 2 学期第 2 次课

知识建模图:

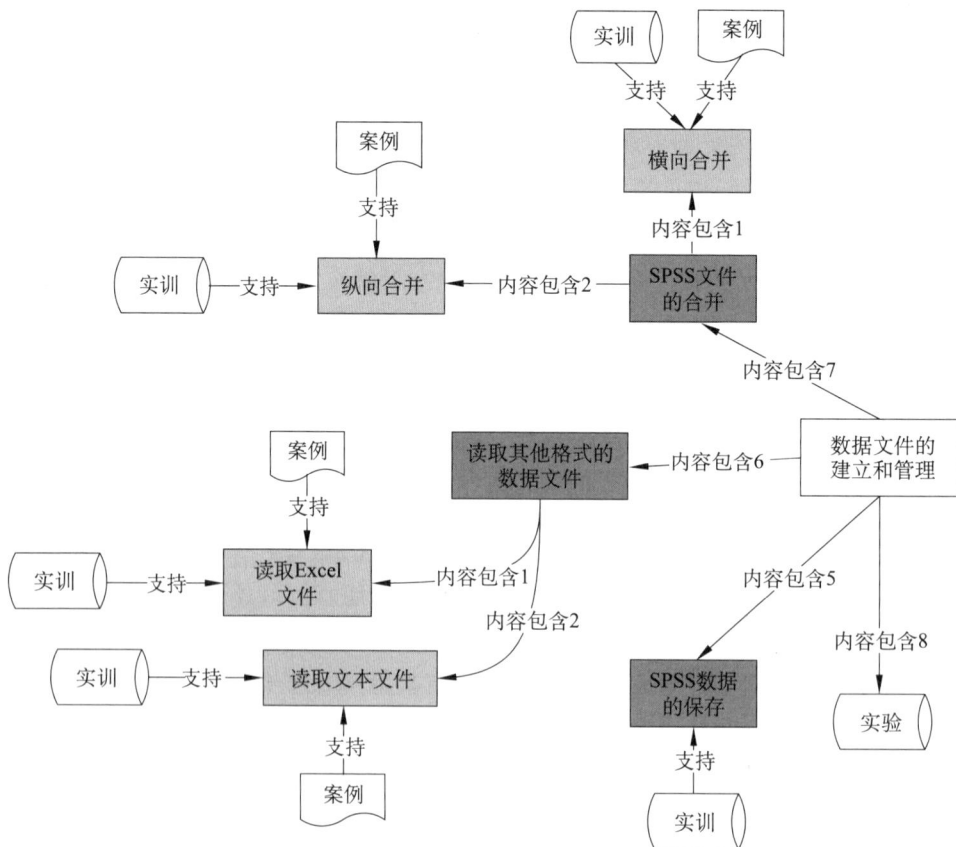

续表

学习目标	知识点(学习水平)	素质目标
学习目标	SPSS 文件格式(理解、记忆);Excel 文件格式(理解、记忆);文本文件格式(理解、记忆);SPSS 数据的保存(记忆、运用);直接读入其他格式的数字文件(理解、记忆、运用);使用导向导入其他格式的数字文件(理解、记忆、运用);纵向合并数据文件(理解、记忆、运用);横向合并数据文件(理解、记忆、运用)	无

学习先行知识技能	知识点(学习水平)
学习先行知识技能	无

课 上 资 源	课 下 资 源
(1) 教材:薛薇《统计分析与 SPSS 的应用(第 6 版)》,中国人民大学出版社,pp.30-41 (2) 课件:统计分析与 SPSS 的应用-第 2 章 SPSS 数据文件的建立和处理 (3) 文档:数据导入、数据合并案例分析与练习数据	(1) 课件:统计分析与 SPSS 的应用第 2 章 SPSS 数据文件的建立和处理 (2) 教材:薛薇《统计分析与 SPSS 的应用(第 6 版)》,中国人民大学出版社,pp.30-41 (3) 参考教材:武松《SPSS 统计分析大全》,清华大学出版社,pp.15-25 (4) 学习中心视频:数据的编辑;数据的录入;数据的读入;数文件的合并;数文件的拆分 (5) 慕课参考视频:《SPSS 数据分析基础》第二单元 SPSS 软件简介一 (6) 文档:数据导入、数据合并案例分析与练习数据;课后习题参考答案;实验题目

课上时间	100 分钟	课下时间		360 分钟

活动序列	活 动 目 标	地点	时　间	学 习 资 源
活动 1	SPSS 文件格式(理解、记忆),Excel 文件格式(理解、记忆);文本文件格式(理解、记忆);SPSS 数据的保存(记忆、运用);直接读入其他格式的数字文件(理解、记忆、运用);使用导向导入其他格式的数字文件(理解、记忆、运用)	课上	50 分钟	(1) 课件:统计分析与 SPSS 的应用第 2 章 SPSS 数据文件的建立和处理 (2) 教材:薛薇《统计分析与 SPSS 的应用(第 6 版)》,中国人民大学出版社,pp.30-35 (3) 文档:数据导入、数据合并案例分析与练习数据
活动 1	SPSS 文件格式(理解、记忆),Excel 文件格式(理解、记忆);文本文件格式(理解、记忆);SPSS 数据的保存(记忆、运用);直接读入其他格式的数字文件(理解、记忆、运用);使用导向导入其他格式的数字文件(理解、记忆、运用)	课下	70 分钟	(1) 课件:统计分析与 SPSS 的应用第 2 章 SPSS 数据文件的建立和处理 (2) 教材:薛薇《统计分析与 SPSS 的应用(第 6 版)》,中国人民大学出版社,pp.30-35 (3) 参考教材:武松《SPSS 统计分析大全》,清华大学出版社,pp.15-23 (4) 文档:案例分析与练习数据 (5) 学习中心视频:数据的编辑;数据的录入;数据的导入 (6) 慕课参考视频:《SPSS 数据分析基础》第二单元 SPSS 软件简介一

续表

活动序列	活动目标	地点	时　间	学习资源
活动2	纵向合并数据文件（理解、记忆、运用）；横向合并数据文件（理解、记忆、运用）	课上	50分钟	（1）课件:统计分析与 SPSS 的应用第2章 SPSS 数据文件的建立和处理 （2）教材:薛薇《统计分析与 SPSS 的应用（第6版）》,中国人民大学出版社,pp.35-41
		课下	90分钟	（1）课件:统计分析与 SPSS 的应用第2章 SPSS 数据文件的建立和处理 （2）教材:薛薇《统计分析与 SPSS 的应用（第6版）》,中国人民大学出版社,pp.35-41 （3）参考教材:武松《SPSS 统计分析大全》,清华大学出版社,pp.23-25 （4）学习中心视频:数文件的合并;数文件的拆分 （5）慕课参考视频:《SPSS 数据分析基础》第二单元 SPSS 软件简介一 （6）文档:数据合并案例分析与练习数据
活动3	数据文件的建立和管理实验	课下	120分钟	（1）课件:统计分析与 SPSS 的应用第2章 SPSS 数据文件的建立和处理 （2）教材:薛薇《统计分析与 SPSS 的应用（第6版）》,中国人民大学出版社,pp.30-41 （3）慕课参考视频:《SPSS 数据分析基础》第二单元 SPSS 软件简介一 （4）文档:课后习题参考答案;数据文件的建立和管理实验题目 （5）软件:SPSS 软件（第27版本）

活动1知识建模图（课上＋课下）:

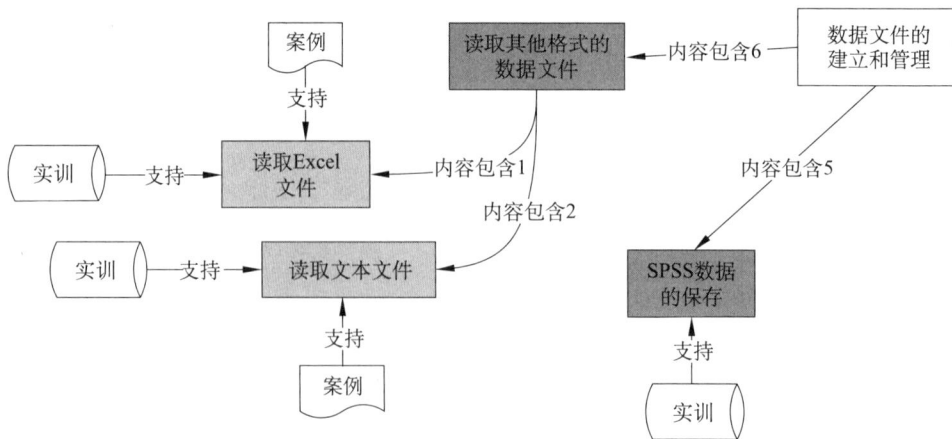

活动目标	SPSS 文件格式(理解、记忆),Excel 文件格式(理解、记忆);文本文件格式(理解、记忆);SPSS 数据的保存(记忆、运用);直接读入其他格式的数字文件(理解、记忆、运用);使用导向导入其他格式的数字文件(理解、记忆、运用)

活动任务序列(导入任务描述):数据分析的准备工作——数据的基本整理	
师生交互过程	复习统计学中数据的搜集、整理,引出本门课分析的基本原材料——数据,为了分析,先需对数据进行整理和录入

活动任务序列(任务一)

任务一知识组块: 见活动 1 知识建模图	任务描述	通过实训和自主学习,让学生预习数据文件的基本格式,学会数据文件录入、导入的基本操作
	任务时长	70 分钟
	学习地点	课下

教学方法 (学习方法)	□讲授　□小组讨论　□答疑　□实验　☑实训　☑自主学习 □其他(请填写)_____

师生交互过程	教师发布任务:发送学习资源到学习中心,发布学习任务至学习中心 学生自主学习:接收自主学习任务,完成学习 (1) 阅读教材:《统计分析与 SPSS 的应用(第 6 版)》,中国人民大学出版社,pp.32-35 预习内容(20 分钟) (2) 阅读参考教材:武松《SPSS 统计分析大全》,清华大学出版社,pp.15-23(30 分钟) (3) 观看视频:数据的保存;数据的编辑;数据的读入及慕课参考视频(20 分钟) 教师检查:通过后台数据检查学生预习情况,督促学生完成预习任务

学习资源	(1) 课件:统计分析与 SPSS 的应用第 2 章 SPSS 数据文件的建立和处理 (2) 教材:薛薇《统计分析与 SPSS 的应用(第 6 版)》,中国人民大学出版社,pp.30-35 (3) 参考教材:武松《SPSS 统计分析大全》,清华大学出版社,pp.15-23 (4) 文档:案例分析与练习数据 (5) 学习中心视频:数据的保存;数据的编辑;数据的读入 (6) 慕课参考视频:《SPSS 数据分析基础》第二单元 SPSS 软件简介一

学习成果及评价标准	学习成果:视频(数据的保存;数据的编辑;数据的读入)预习完成情况 评价标准:根据学习中心后台数据,完成得 10 分,完不成得 0 分

续表

活动任务序列(任务二)

任务二知识组块：

任务描述	通过讲授、提问、答疑和实训,使学生了解数据保存的基本内容
任务时长	20分钟
学习地点	课上

教学方法 (学习方法)	☑讲授　□小组讨论　☑答疑　□实验　☑实训　□自主学习 ☑其他(请填写)提问
师生交互过程	教师提问:"数据能够保存哪些格式?" 学生回答:"保存类型为 Excel 文件;文本文件等 SPSS 可识别的多种形式。" 教师上机演示、讲解:利用数据"大学生职业生涯规划.sav"演示、讲解常用的数据保存格式及其特点(SPSS 数据文件;Excel 文件;文本文件) 学生上机实训:接收课堂上教师传送的习题数据"公司信息.sav",上机实训常用的数据保存格式及其特点(SPSS 数据文件;Excel 文件;文本文件) 教师答疑:了解学生练习的结果,对有困难的学生给予指导
学习资源	(1) 课件:统计分析与 SPSS 的应用第2章 SPSS 数据文件的建立和处理 (2) 教材:薛薇《统计分析与 SPSS 的应用(第6版)》,中国人民大学出版社,pp. 30-32 (3) 文档:数据导入、数据合并案例分析与练习数据
学习成果及评价标准	学习成果:掌握数据的保存方法 评价标准:在3分钟内完成操作的8~10分;3~5分钟完成操作的6~8分;5分钟内未完成得0~6分

活动任务序列(任务三)

任务三知识组块：

任务描述	通过讲授和上机实训方式,让学生学会如何读取数据
任务时长	15分钟
学习地点	课上

教学方法 (学习方法)	☑讲授　□小组讨论　□答疑　□实验　☑实训　□自主学习 □其他(请填写)_____

师生交互过程	教师讲述:随机指定学生演示简单数据录入,了解预习效果,对存在的问题进行分析 教师上机演示、讲解:结合数据文件"大学生职业生涯规划.sav"讲解 SPSS 软件如何直接读入其他格式的数据(SPSS 文件;Excel 文件;SAS) 学生上机实训:接收教师传送的习题及数据("第二章数据.xls"),在 SPSS 软件实训直接读入其他格式的数据(SPSS 文件;Excel 文件;SAS) 教师答疑:了解学生操作效果,对存在的问题给予指导
学习资源	(1) 教材:薛薇《统计分析与 SPSS 的应用(第 6 版)》,中国人民大学出版社,pp.32-35 (2) 课件:统计分析与 SPSS 的应用-第 2 章 SPSS 数据文件的建立和处理 (3) 文档:数据导入案例分析与练习数据
学习成果及评价标准	学习成果:掌握数据的读取 评价标准:在 3 分钟内完成操作的 8~10 分;3~5 分钟完成操作的 6~8 分;5 分钟内未完成得 0~6 分

活动任务序列(任务四)

任务四知识组块: 同任务三		任务描述	通过讲授、答疑和实训,让学生学会如何使用导向读取其他格式的数据
		任务时长	15 分钟
		学习地点	课上
教学方法 (学习方法)	☑讲授　□小组讨论　☑答疑　□实验　☑实训　□自主学习 □其他(请填写)_____		
师生交互过程	教师上机演示、讲解:结合数据文件("大学生职业生涯规划.dat")讲解如何使用导向读取其他格式的数据(文本格式数据) 学生上机实训:接收课堂教师传送的习题数据("自由格式文本文件.txt"),在 SPSS 软件实训读取文本格式数据 教师答疑:及时了解学生操作状态、操作结果和存在的问题,并及时讲解		
学习资源	教材:薛薇《统计分析与 SPSS 的应用(第 6 版)》,中国人民大学出版社,pp.32-35 课件:统计分析与 SPSS 的应用第 2 章 SPSS 数据文件的建立和处理 文档:数据导入案例分析与练习数据		
学习成果及评价标准	学习成果:掌握如何使用导向读取其他格式的数据 评价标准:在 3 分钟内完成操作的 8~10 分;3~5 分钟完成操作的 6~8 分;5 分钟内未完成得 0~6 分		

活动 2 知识建模图(课下＋课上)：

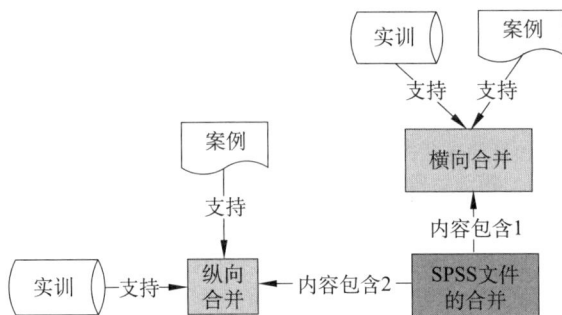

活动目标	纵向合并数据文件(理解、记忆、运用)；横向合并数据文件(理解、记忆、运用)
活动任务序列(导入任务描述)：如何有效利用现有数据——合并、拆分数据	
师生交互过程	列举出不同类型的数据,让学生思考如何有效利用已有数据进行合并与拆分

活动任务序列(任务一)

任务一知识组块：见活动 2 知识建模图	任务描述	通过实训和自主学习,让学生预习在 SPSS 中如何合并、拆分文件,达到学会简单操作的目的
	任务时长	90 分钟
	学习地点	课下

教学方法(学习方法)	□讲授　□小组讨论　□答疑　□实验　☑实训　☑自主学习 □其他(请填写)_____
师生交互过程	教师发布任务：发送学习资源到学习中心,布置学习任务到学习中心 学生自主学习：接受学习任务,完成任务 (1) 阅读教材：《统计分析与 SPSS 的应用(第 6 版)》,中国人民大学出版社,pp.35-39,预习内容(20 分钟) (2) 阅读参考教材：武松《SPSS 统计分析大全》,清华大学出版社,pp.23-25,模仿案例进行简单操作(40 分钟) (3) 观看视频：数文件的合并；数文件的拆分及慕课参考视频(30 分钟)
学习资源	(1) 课件：统计分析与 SPSS 的应用第 2 章 SPSS 数据文件的建立和处理 (2) 教材：薛薇《统计分析与 SPSS 的应用(第 6 版)》,中国人民大学出版社,pp.35-41 (3) 参考教材：武松《SPSS 统计分析大全》,清华大学出版社,pp.23-25 (4) 学习中心视频：数文件的合并；数文件的拆分 (5) 慕课参考视频：《SPSS 数据分析基础》第二单元 SPSS 软件简介一 (6) 文档：数据合并案例分析与练习数据

学习成果及 评价标准	学习成果:视频(数文件的合并;数文件的拆分及慕课参考视频)预习完成情况 评价标准:根据学习中心后台数据,完成得 10 分,完不成得 0 分

活动任务序列(任务二)

任务二知识组块: 	任务描述	通过讲授、答疑和实训的方式,让学生了解纵向合并的内容
	任务时长	20 分钟
	学习地点	课上
教学方法 (学习方法)	☑讲授　□小组讨论　☑答疑　□实验　☑实训　□自主学习 □其他(请填写)_____	
师生交互 过程	教师讲述:讲述纵向合并的内容 (1) 纵向合并:是将当前数据编辑器窗口中的数据与另一个 SPSS 数据文件中的数据进行首尾对接,即将一个 SPSS 数据文件的内容追加到当前数据编辑器窗口中数据的后面,依据两份数据文件中的变量名进行数据对接 (2) 纵向合并需注意:两个待合并的数据文件合并起来要有实际意义;为方便数据合并,不同数据文件中相同的数据项最好取相同的变量名,且数据类型也要相同,这样有利于数据的自动匹配;含义不同的数据项变量名不要相同 教师上机演示:通过案例("职工数据.sav""追加职工.sav")演示如何添加个案 学生上机实训:接收教师传送的数据("纵向合并 1.sav""纵向合并 2.sav"),通过数据练习个案添加的实训 教师答疑:关注学生状态,了解学生掌握状况,解答学生提出的问题	
学习资源	(1) 教材:薛薇《统计分析与 SPSS 的应用(第 6 版)》,中国人民大学出版社,pp. 35-39 (2) 课件:统计分析与 SPSS 的应用第 2 章 SPSS 数据文件的建立和处理 (3) 文档:数据合并案例分析与练习数据	
学习成果及 评价标准	学习成果:掌握纵向合并的内容 评价标准:教师通过巡视或查看教师端电脑了解学生操作情况并评定分数。操作流畅得 7～10 分;在教师或同学的帮助下会操作得 4～6 分;基本不会操作得 0～3 分	

活动任务序列(任务三)

任务三知识组块: 	任务描述	通过讲授、答疑和实训的方式,让学生了解横向合并的内容
	任务时长	13 分钟
	学习地点	课上

教学方法 (学习方法)	☑讲授 □小组讨论 ☑答疑 □实验 ☑实训 □自主学习 □其他(请填写)_____
师生交互 过程	教师讲述:讲述横向合并的内容 (1) 横向合并:将数据编辑器窗口中的数据与另一个 SPSS 数据文件中的数据进行左右对接,即将一个 SPSS 数据文件的内容拼到数据编辑器窗口中当前数据的右边,依据两个数据文件中的个案进行数据对接 (2) 横向合并需注意:两个数据文件必须至少有一个变量名相同的变量,该变量是两个数据文件横向拼接的依据,称为关键变量;两个数据文件都必须事先按照关键变量升序排列;不同数据文件中数据含义不同的数据项,其变量名不应相同 教师上机演示:通过案例("职工数据.sav""职工奖金.sav")演示如何添加变量 教师提问与学生回答环节
学习资源	(1) 教材:薛薇《统计分析与 SPSS 的应用(第 6 版)》,中国人民大学出版社,pp. 39-41 (2) 课件:统计分析与 SPSS 的应用第 2 章 SPSS 数据文件的建立和处理 (3) 文档:案例分析与练习数据
学习成果及 评价标准	学习成果:掌握横向合并的含义 评价标准:学生回答问题准确,表述合理得 7～10 分;学生回答问题基本准确,表述基本合理得 4～6 分;学生回答问题不准确,表达不清得 0～3 分

活动任务序列(任务四)

任务四知识组块:		
实训 ↓支持 横向合并 ↓内容包含1 SPSS文件 的合并	任务描述	通过答疑和实训的方式,让学生进行横向合并文件的实训
	任务时长	17 分钟
	学习地点	课上

教学方法 (学习方法)	□讲授 □小组讨论 ☑答疑 □实验 ☑实训 □自主学习 □其他(请填写)_____
师生交互 过程	学生上机实训:通过数据("横向合并 1.sav""横向合并 2.sav")练习变量添加的实操 教师答疑:掌握学生实训结果,解答学生操作中的问题
学习资源	(1) 教材:薛薇《统计分析与 SPSS 的应用(第 6 版)》,中国人民大学出版社,pp. 39-41 (2) 课件:统计分析与 SPSS 的应用第 2 章 SPSS 数据文件的建立和处理 (3) 文档:案例分析与练习数据

学习成果及 评价标准	学习成果：掌握横向合并的内容 评价标准：教师通过讲台计算机端了解学生操作情况并评定分数：操作熟练、准确 得 7～10 分；能正确操作得 4～6 分；操作困难得 0～3 分

活动 3 知识建模图（课下）：

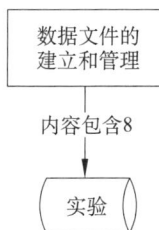

活动目标	数据文件的建立和管理实验

活动任务序列（任务一）

任务一知识组块： 见活动 3 知识建模图	任务描述	通过小组讨论、实验和自主学习的方 式，让学生完成数据建立和管理实验 的报告
	任务时长	120 分钟
	学习地点	课下

教学方法 （学习方法）	□讲授　☑小组讨论　□答疑　☑实验　□实训　☑自主学习 □其他（请填写）_____
师生交互 过程	教师布置任务：上传实验报告到学习中心，要求学生下载、完成、提交，做好汇报 准备 学生完成任务：在学习中心下载实验内容，做实验报告，提交到学习中心，同时做好 下次课的小组汇报准备工作
学习资源	(1) 教材：薛微《统计分析与 SPSS 的应用（第 6 版）》，中国人民大学出版社，pp. 30-41 (2) 课件：统计分析与 SPSS 的应用第 2 章 SPSS 数据文件的建立和处理 (3) 文档：课后习题参考答案；数据文件的建立和管理实验题目 (4) 慕课参考视频：《SPSS 数据分析基础》第二单元 SPSS 软件简介一 (5) 软件：SPSS 软件（第 27 版本）
学习成果及 评价标准	学习成果：完成实验，按要求提交到学习中心指定位置，计入期末总成绩部分 评价标准：实验完整、结果解释合理、文档规范得 80～100 分；实验基本完整、结果 解释基本合理、文档基本规范得 60～80 分；实验未完成、未充分解释、文档不规范 得 0～60 分
备注	本次课是对基本数据的处理，基本知识在统计学中学过，学生听课没有问题，难度 也较小，效果理想

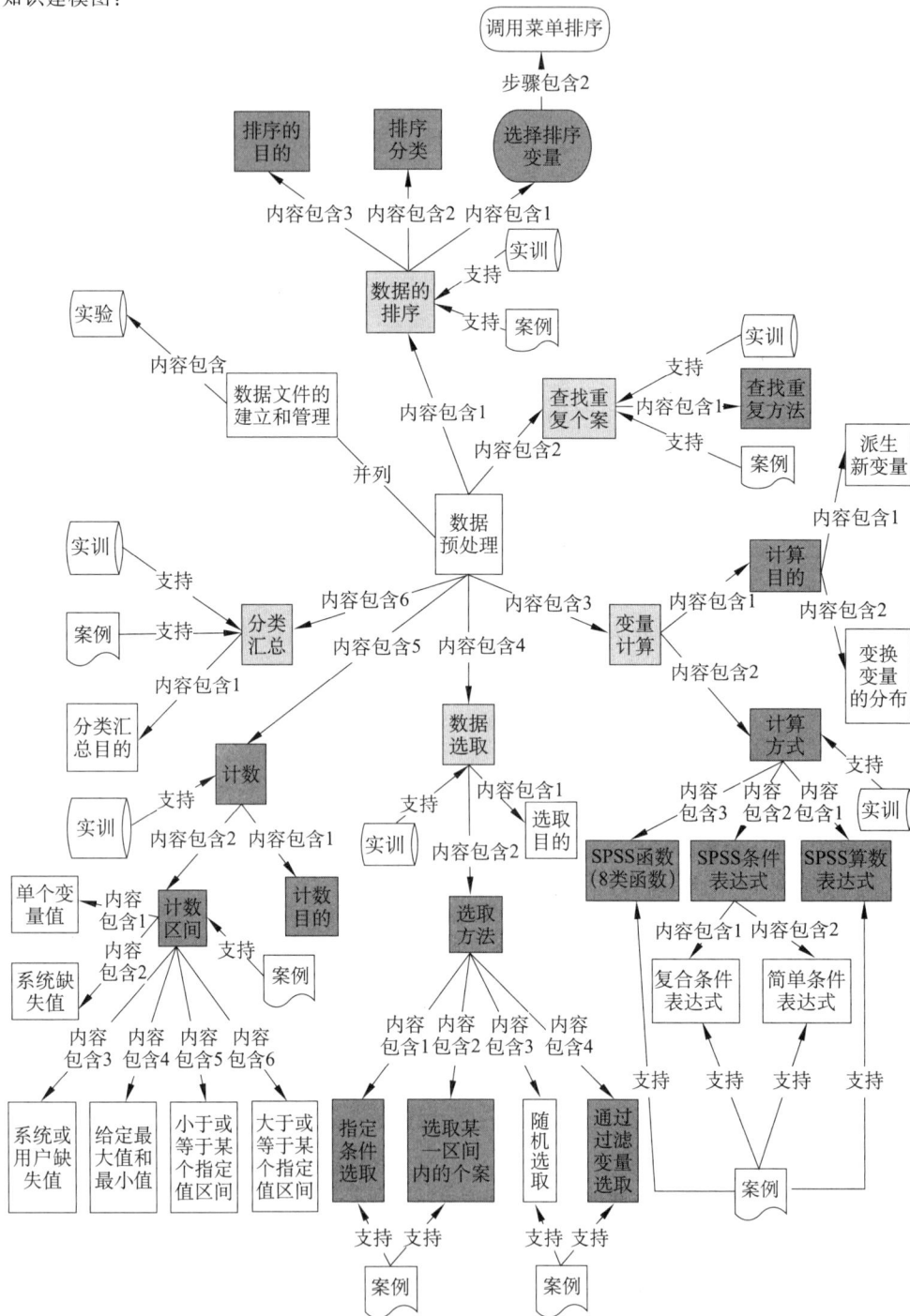

表 4-26 经济统计软件及应用专业基础课教案 2

2023—2024 年第 2 学期第 3 次课

知识建模图：

调用菜单排序
步骤包含2
选择排序变量

排序的目的 — 内容包含3
排序分类 — 内容包含2
选择排序变量 — 内容包含1

数据的排序 — 支持 — 实训
数据的排序 — 支持 — 案例

实验 — 内容包含 — 数据文件的建立和管理
数据文件的建立和管理 — 并列 — 数据预处理

数据的排序 — 内容包含1 — 数据预处理

查找重复个案 — 支持 — 实训
查找重复个案 — 内容包含1 — 查找重复方法
查找重复个案 — 支持 — 案例
数据预处理 — 内容包含2 — 查找重复个案

派生新变量
计算目的 — 内容包含1 — 派生新变量
计算目的 — 内容包含2 — 变换变量的分布

数据预处理 — 内容包含3 — 变量计算
变量计算 — 内容包含1 — 计算目的
变量计算 — 内容包含2 — 计算方式

实训 — 支持 — 分类汇总
案例 — 支持 — 分类汇总
数据预处理 — 内容包含6 — 分类汇总
分类汇总 — 内容包含1 — 分类汇总目的

实训 — 支持 — 计数
数据预处理 — 内容包含5 — 计数
计数 — 内容包含2 — 计数区间
计数 — 内容包含1 — 计数目的
计数区间 — 支持 — 案例

数据预处理 — 内容包含4 — 数据选取
数据选取 — 支持 — 实训
数据选取 — 内容包含1 — 选取目的
数据选取 — 内容包含2 — 选取方法

计算方式 — 内容包含3 — SPSS函数(8类函数)
计算方式 — 内容包含2 — SPSS条件表达式
计算方式 — 内容包含1 — SPSS算数表达式
计算方式 — 支持 — 实训

单个变量值 — 内容包含1 — 计数区间
系统缺失值 — 内容包含2 — 计数区间

计数区间 — 内容包含3 — 系统或用户缺失值
计数区间 — 内容包含4 — 给定最大值和最小值
计数区间 — 内容包含5 — 小于或等于某个指定值区间
计数区间 — 内容包含6 — 大于或等于某个指定值区间

选取方法 — 内容包含1 — 指定条件选取
选取方法 — 内容包含2 — 选取某一区间内的个案
选取方法 — 内容包含3 — 随机选取
选取方法 — 内容包含4 — 通过滤变量选取

SPSS条件表达式 — 内容包含1 — 复合条件表达式
SPSS条件表达式 — 内容包含2 — 简单条件表达式

指定条件选取 — 支持 — 案例
选取某一区间内的个案 — 支持 — 案例
随机选取 — 支持 — 案例
通过滤变量选取 — 支持 — 案例

复合条件表达式 — 支持 — 案例
简单条件表达式 — 支持 — 案例
SPSS算数表达式 — 支持 — 案例

续表

	知识点(学习水平)				素质目标
学习目标	数据的排序(理解、记忆、运用);查找重复个案(理解、记忆、运用);变量的计算(理解、记忆、运用);数据选取(理解、记忆、运用);计数(理解、记忆、运用);分类汇总(理解、记忆、运用)				无
学习先行 知识技能	知识点(学习水平)				
	无				

课 上 资 源	课 下 资 源			
(1) 教材:薛薇《统计分析与 SPSS 的应用(第 6 版)》,中国人民大学出版社,pp.43-63 (2) 课件:统计分析与 SPSS 的应用第 3 章 SPSS 数据的预处理 (3) 文档:预处理案例分析与练习数据	(1) 课件:统计分析与 SPSS 的应用第 3 章 SPSS 数据的预处理 (2) 教材:薛薇《统计分析与 SPSS 的应用(第 6 版)》,中国人民大学出版社,pp.43-63 (3) 参考教材:武松《SPSS 统计分析大全》,清华大学出版社,pp.25-42 (4) 学习中心视频:数据排序;查找重复数据;变量计算;数据计数;分类汇总 (5) 慕课参考视频:《SPSS 数据分析基础》第二单元 SPSS 软件简介二 (6) 文档:预处理案例分析与练习数据			

课上时间	100 分钟	课下时间		180 分钟
活动序列	活 动 目 标	地点	时　间	学 习 资 源
活动 1	数据文件的建立和管理实验汇报	课上	20 分钟	数据文件的建立和管理实验
活动 2	数据的排序(理解、记忆、运用);查找重复个案(理解、记忆、运用);变量的计算(理解、记忆、运用)	课上	40 分钟	(1) 课件:统计分析与 SPSS 的应用第 3 章 SPSS 数据的预处理 (2) 教材:薛薇《统计分析与 SPSS 的应用(第 6 版)》,中国人民大学出版社,pp.43-56 (3) 文档:预处理案例分析与练习数据
		课下	80 分钟	(1) 课件:统计分析与 SPSS 的应用第 3 章 SPSS 数据的预处理 (2) 教材:薛薇《统计分析与 SPSS 的应用(第 6 版)》,中国人民大学出版社,pp.43-56 (3) 参考教材:武松《SPSS 统计分析大全》,清华大学出版社,pp.28-29;pp.32-34;pp.36-39 (4) 学习中心视频:数据排序;查找重复数据;变量计算 (5) 慕课参考视频:《SPSS 数据分析基础》第二单元 SPSS 软件简介二 (6) 文档:预处理案例分析与练习数据

续表

活动序列	活动目标	地点	时 间	学 习 资 源
活动3	数据选取（理解、记忆、运用）；计数（理解、记忆、运用）	课上	20分钟	（1）教材：薛薇《统计分析与SPSS的应用（第6版）》，中国人民大学出版社，pp.56-61 （2）课件：统计分析与SPSS的应用第3章SPSS数据的预处理 （3）文档：预处理案例分析与练习数据
		课下	50分钟	（1）教材：薛薇《统计分析与SPSS的应用（第6版）》，中国人民大学出版社，pp.56-61 （2）课件：统计分析与SPSS的应用第3章SPSS数据的预处理 （3）学习中心视频：数据计数；分类汇总 （4）慕课参考视频：《SPSS数据分析基础》第二单元SPSS软件简介二 （5）文档：预处理案例分析与练习数据
活动4	分类汇总（理解、记忆、运用）	课上	20分钟	（1）教材：薛薇《统计分析与SPSS的应用（第6版）》，中国人民大学出版社，pp.61-63 （2）课件：统计分析与SPSS的应用第3章SPSS数据的预处理 （3）文档：预处理案例分析与练习数据
		课下	50分钟	（1）教材：薛薇《统计分析与SPSS的应用（第6版）》，中国人民大学出版社，pp.61-63 （2）参考教材：武松《SPSS统计分析大全》，清华大学出版社，pp.28-29；pp.29-32 （3）课件：统计分析与SPSS的应用第3章SPSS数据的预处理 （4）学习中心视频：分类汇总 （5）慕课参考视频：《SPSS数据分析基础》第二单元SPSS软件简介二 （6）文档：预处理案例分析与练习数据

活动1知识建模图（课上）：

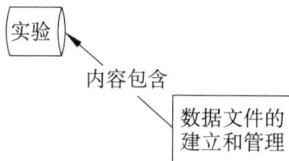

活动目标	数据文件的建立和管理实验汇报

活动任务序列（任务一）

任务一知识组块： 见活动1知识建模图	任务描述	通过实验汇报，让学生掌握数据文件建立和管理的运用
	任务时长	20分钟
	学习地点	课上

续表

教学方法 (学习方法)	□讲授　□小组讨论　□答疑　☑实验　□实训　□自主学习 □其他(请填写)＿＿＿＿＿＿＿
师生交互 过程	学生实验汇报: (1) 部分小组汇报实验内容,不汇报的小组派代表根据汇报情况打分 (2) 同学提问:没听明白或有疑问的学生可以向汇报人发问,汇报人做出解释,不能解释的由任课教师给出解释 教师评讲:对学生汇报情况进行评析,讲解学生汇报中存在的问题
学习资源	数据文件的建立和管理实验
学习成果及 评价标准	学习成果:实验内容汇报,满分 100 分,每小组代表给分,按平均成绩计入期末总成绩 评价标准:汇报人软件操作是否规范、正确(满分 40 分);汇报内容是否正确、完整(满分 25 分);汇报人语言是否流畅(满分 25 分);汇报时间是否合理,每小组汇报时间为 6 分钟左右(满分 10 分)

活动 2 知识建模图(课上＋课下):

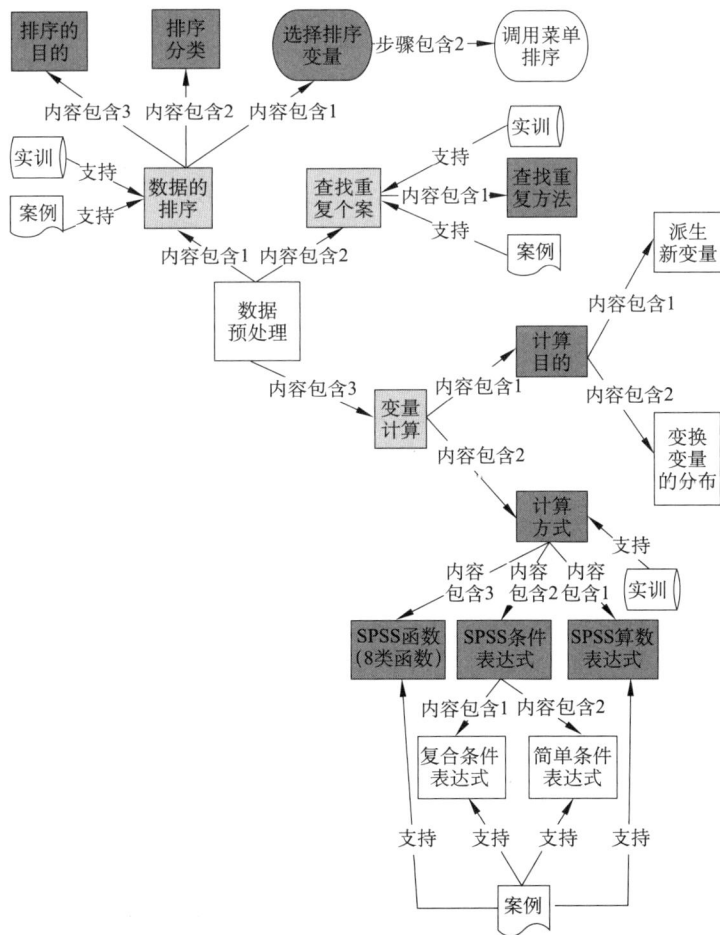

305

续表

活动目标	数据的排序(理解、记忆、运用);查找重复个案(理解、记忆、运用);变量的计算(理解、记忆、运用)

活动任务序列(导入任务描述):从大量数据中如何快速得到自己想要的数据?

师生交互过程	教师引入:"大数据时代如何从海量数据中找到自己希望得到的数据? 借助于专业的统计软件能够快速达到我们的目的,比如数据的排序、查找重复个案和变量的计算就是很好的方法。"

活动任务序列(任务一)

任务一知识组块: 见活动 2 知识建模图	任务描述	结合课程资源自主预习在 SPSS 中如何进行排序、查找重复个案和计算变量
	任务时长	80 分钟
	学习地点	课下

教学方法 (学习方法)	□讲授　□小组讨论　□答疑　□实验　□实训　☑自主学习 □其他(请填写)_____

师生交互过程	教师发布任务:发送学习资源到学习中心,布置学习任务到学习中心 学生自主学习:接受学习任务,完成任务 (1) 阅读参考教材:武松《SPSS 统计分析大全》,清华大学出版社,pp. 28-29;pp. 32-34;pp. 36-39,自主练习基本操作,完成一个案例操作,上课时接受教师抽查(30 分钟) (2) 阅读教材:《统计分析与 SPSS 的应用(第 6 版)》,中国人民大学出版社,pp. 43-56 预习内容(30 分钟) (3) 观看视频:数据排序;查找重复数据;变量计算及慕课参考视频(20 分钟) 教师检查:通过后台数据检查学生预习情况,督促学生完成预习任务

学习资源	(1) 课件:统计分析与 SPSS 的应用第 3 章 SPSS 数据的预处理 (2) 教材:薛薇《统计分析与 SPSS 的应用(第 6 版)》,中国人民大学出版社,pp. 43-56 (3) 参考教材:武松《SPSS 统计分析大全》,清华大学出版社,pp. 28-29;pp. 32-34;pp. 36-39 (4) 学习中心视频:数据排序;查找重复数据;变量计算 (5) 慕课参考视频:《SPSS 数据分析基础》第二单元 SPSS 软件简介二 (6) 文档:预处理案例分析与练习数据

学习成果及评价标准	学习成果:视频(数据排序;查找重复数据;变量计算及慕课视频)预习完成情况 评价标准:根据学习中心后台数据,完成得 10 分,完不成得 0 分

活动任务序列(任务二)

任务二知识组块： 	任务描述	通过讲解、答疑和实训,让学生学会在 SPSS 中如何对数据进行排序
	任务时长	10 分钟
	学习地点	课上

教学方法 (学习方法)	☑讲授　□小组讨论　☑答疑　□实验　☑实训　□自主学习 □其他(请填写)_____
师生交互 过程	教师行为:通过提问、要求指定学生演示简单操作,了解学生预习效果 教师讲解:结合数据文件("大学生职业生涯规划.sav")讲解在 SPSS 软件中如何排序数据(排序的目的、排序的步骤、注意事项) 教师上机演示:结合案例数据演示如何对数据排序 学生上机实训:通过教师传送的习题数据("第二章数据1.sav"),在 SPSS 软件中排序数据 教师答疑:了解学生操作结果,分析解答存在的问题
学习资源	教材:薛薇《统计分析与 SPSS 的应用(第 6 版)》,中国人民大学出版社,pp.43-47 课件:统计分析与 SPSS 的应用第 3 章 SPSS 数据的预处理 文档:预处理案例分析与练习数据
学习成果及 评价标准	学习成果,掌握数据的排序方法 评价标准:在 3 分钟内完成操作的 8~10 分;3~5 分钟完成操作的 6~8 分;5 分钟内未完成得 0~6 分

活动任务序列(任务三)

任务三知识组块： 	任务描述	通过讲授和实训,让学生学会在 SPSS 中如何查找重复个案
	任务时长	10 分钟
	学习地点	课上

教学方法 (学习方法)	☑讲授　□小组讨论　□答疑　□实验　☑实训　□自主学习 □其他(请填写)_____

续表

师生交互过程	教师讲解:结合数据文件("大学生职业生涯规划.sav")讲解在SPSS软件中如何查找重复个案 教师上机演示:结合案例数据演示查找重复个案的基本步骤(共5步) 学生上机实训:结合数据("大学生恋爱数据.sav"),在SPSS软件中查找重复个案 教师答疑:了解学生操作结果,分析解答存在的问题
学习资源	教材:薛薇《统计分析与SPSS的应用(第6版)》,中国人民大学出版社,pp.43-47 课件:统计分析与SPSS的应用第3章SPSS数据的预处理 文档:预处理案例分析与练习数据
学习成果及评价标准	学习成果:掌握查找重复个案的方法 评价标准:在3分钟内完成操作的8～10分;3～5分钟完成操作的6～8分;5分钟内未完成得0～6分

活动任务序列(任务四)

任务四知识组块:		
	任务描述	通过讲授、答疑和实训,让学生学会如何计算变量
	任务时长	20分钟
	学习地点	课上

教学方法 (学习方法)	☑讲授 □小组讨论 ☑答疑 □实验 ☑实训 □自主学习 □其他(请填写)＿＿＿＿＿＿

师生交互过程	教师行为:随机指定学生完成简单变量计算的操作,通过学生操作了解预习状况 教师讲解:结合数据文件("大学生职业生涯规划.sav")讲解计算变量(派生新变量、变换数据的分布)和主要概念(算术表达式、条件表达式、函数) 教师上机演示:结合案例数据("大学生职业生涯规划.sav")演示计算变量的基本步骤(共 4 步) 学生上机实训:接收教师发送的练习数据("大学生恋爱数据.sav"),在 SPSS 软件中计算变量 教师答疑:了解学生操作结果,分析解答存在的问题
学习资源	教材:薛薇《统计分析与 SPSS 的应用(第 6 版)》,中国人民大学出版社,pp. 47-56 课件:统计分析与 SPSS 的应用第 3 章 SPSS 数据的预处理 文档:预处理案例分析与练习数据
学习成果及评价标准	学习成果:掌握变量的计算方法及操作 评价标准:在 3 分钟内完成操作的 8~10 分;3~5 分钟完成操作的 6~8 分;5 分钟内未完成得 0~6 分

活动 3 知识建模图(课下+课上):

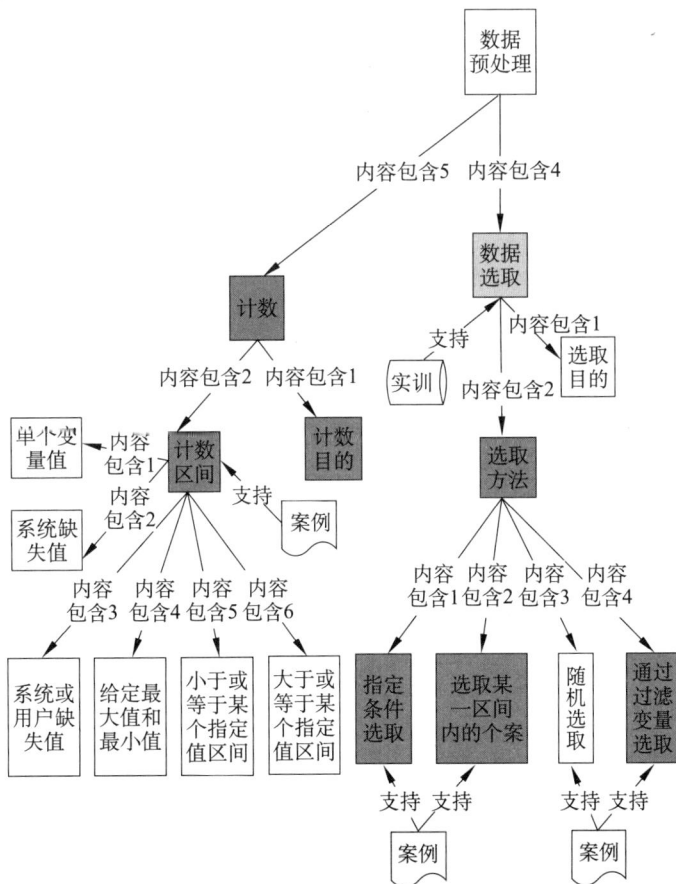

续表

活动目标	数据选取(理解、记忆、运用);计数(理解、记忆、运用)
活动任务序列(导入任务描述):如何利用软件取数?	
师生交互过程	教师引入:"根据设定的条件选取数据,这在不同的软件中有不同的方法。本次课介绍在 SPSS 中如何实现数据的选取和次数统计。"

活动任务序列(任务一)

任务一知识组块: 见活动 3 知识建模图	任务描述	通过教材及视频,让学生预习数据选取与次数统计的内容
	任务时长	50 分钟
	学习地点	课下

教学方法 (学习方法)	□讲授 □小组讨论 □答疑 □实验 □实训 ☑自主学习 □其他(请填写)_____

师生交互过程	教师发布任务:发送学习资源到学习中心,发布学习任务至学习中心 学生自主学习:接收自主学习任务,完成学习 (1) 结合教材 pp.56-61 和 PPT 预习建立计量经济学模型的内容(20 分钟) (2) 通过学习中心视频(数据计数;分类汇总;慕课参考视频),预习基本内容(20 分钟) (3) 结合视频对视频中案例进行操作(10 分钟) 教师检查:通过后台数据检查学生预习情况,督促学生完成预习任务
学习资源	(1) 教材:薛薇《统计分析与 SPSS 的应用(第 6 版)》,中国人民大学出版社,pp.56-61 (2) 课件:统计分析与 SPSS 的应用第 3 章 SPSS 数据的预处理 (3) 学习中心视频:数据计数;分类汇总 (4) 慕课参考视频:《SPSS 数据分析基础》第二单元 SPSS 软件简介二 (5) 文档:预处理案例分析与练习数据
学习成果及评价标准	学习成果:视频(数据计数;分类汇总;慕课参考视频)预习完成情况 评价标准:根据学习中心后台数据,完成得 10 分,完不成得 0 分

活动任务序列(任务二)

任务二知识组块: 见活动 3 知识建模图	任务描述	通过讲授、小组讨论和实训,让学生学习如何选取数据和计数
	任务时长	20 分钟
	学习地点	课上

教学方法 (学习方法)	☑讲授 ☑小组讨论 □答疑 □实验 ☑实训 □自主学习 □其他(请填写)_____

师生交互过程	教师行为:提问学生预习内容,指定学生进行简单操作,了解学生预习效果 教师讲解:结合数据文件讲述数据选取的目的、方法和计数的目的、方法 教师上机演示:结合案例数据("大学生职业生涯规划.sav")演示数据选取、计数的基本步骤(共 4 步) 学生上机实训:接收教师传送的习题数据("学生学习成绩.sav"),在 SPSS 软件中练习数据选取、计数的基本步骤 学生讨论:计数区间和统计中区间是否相同?

续表

学习资源	(1) 教材:薛薇《统计分析与 SPSS 的应用(第 6 版)》,中国人民大学出版社,pp.56-61 (2) 课件:统计分析与 SPSS 的应用第 3 章 SPSS 数据的预处理 (3) 文档:预处理案例分析与练习数据
学习成果及 评价标准	学习成果:掌握如何选取数据和如何计数 评价标准:在 3 分钟内完成操作的 8~10 分;3~5 分钟完成操作的 6~8 分,5 分钟 内未完成得 0~6 分

活动 4 知识建模图(课上+课下):

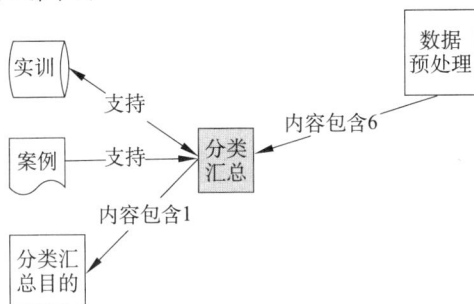

活动目标	分类汇总(理解、记忆、运用)

活动任务序列(导入任务描述):分类汇总无处不在

师生交互 过程	教师行为:通过列举我国不同年龄段人口数据和人口性别比例的案例,让学生思考 这些数据是如何得到的,并介绍一种方法——分类汇总

活动任务序列(任务一)

任务一知识组块: 见活动 4 知识建模图	任务描述	通过自主学习,让学生预习分类汇总内容
	任务时长	50 分钟
	学习地点	课下
教学方法 (学习方法)	□讲授　□小组讨论　□答疑　□实验　□实训　☑自主学习 □其他(请填写)＿＿＿＿＿＿	
师生交互 过程	(1) 教师发布任务:发送学习资源到学习中心,发布学习任务至学习中心 (2) 学生自主学习:接收自主学习任务,完成学习 (3) 结合教材 pp.61-63 和 PPT 预习分类汇总的内容(15 分钟) (4) 阅读参考教材:武松《SPSS 统计分析大全》,清华大学出版社,pp.28-29;pp.29-32(20 分钟) (5) 通过学习中心视频预习基本内容(15 分钟) (6) 教师检查:通过后台数据检查学生预习情况,督促学生完成预习任务	

学习资源	(1) 教材:薛薇《统计分析与 SPSS 的应用(第 6 版)》,中国人民大学出版社,pp.61-63 (2) 参考教材:武松《SPSS 统计分析大全》,清华大学出版社,pp.28-29;pp.29-32 (3) 课件:统计分析与 SPSS 的应用第 3 章 SPSS 数据的预处理 (4) 学习中心视频:分类汇总 (5) 慕课参考视频:《SPSS 数据分析基础》第二单元 SPSS 软件简介二 (6) 文档:预处理案例分析与练习数据
学习成果及 评价标准	学习成果:视频预习完成情况 评价标准:根据学习中心后台数据,完成得 10 分,完不成得 0 分

活动任务序列(任务二)

任务二知识组块: 见活动 4 知识建模图	任务描述	通过讲授、小组讨论和实训,让学生学习分类汇总的知识及操作
	任务时长	20 分钟
	学习地点	课上

教学方法 (学习方法)	☑讲授　☑小组讨论　□答疑　□实验　☑实训　□自主学习 □其他(请填写)_____
师生交互 过程	教师讲解:结合数据文件讲述分类汇总的目的和方法 教师上机演示:结合案例数据("大学生职业生涯规划.sav")演示分类汇总的基本步骤(共 6 步) 学生上机实训:结合数据("第二章数据 1.xls")在 SPSS 软件中实训分类汇总操作的基本步骤 学生讨论:分类汇总和统计中分组是否相同?
学习资源	教材:薛薇《统计分析与 SPSS 的应用(第 6 版)》,中国人民大学出版社,pp.61-63 课件:统计分析与 SPSS 的应用第 3 章 SPSS 数据的预处理 文档:预处理案例分析与练习数据
学习成果及 评价标准	学习成果:掌握分类汇总的理论和操作 评价标准:教师通过巡视或查看教师端计算机了解学生操作情况并评定分数:操作流畅,得 7~10 分;在教师或同学的帮助下会操作得 4~6 分;基本不会操作得 0~3 分
备注	本次课是对数据的预处理,没有理论知识,操作难度小,效果理想

表 4-27　经济统计软件及应用专业基础课教案 3

2023—2024 年第 2 学期第 4 次课

知识建模图：

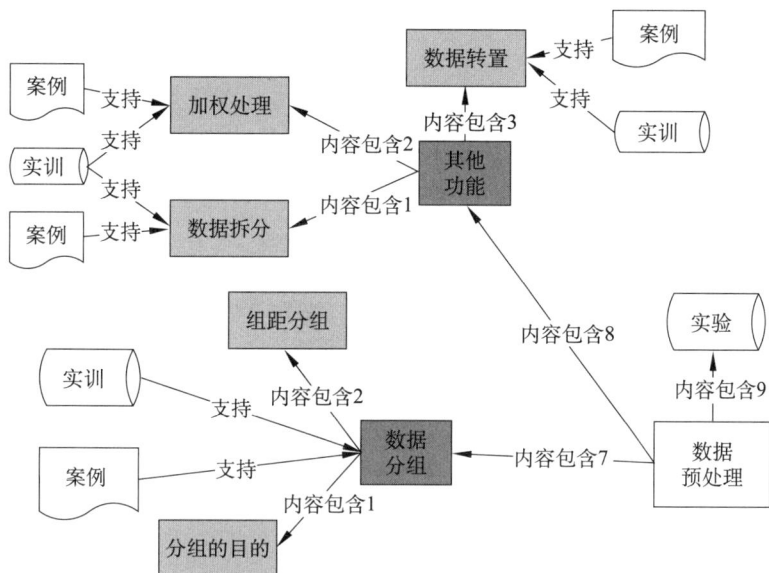

学习目标	知识点（学习水平）		素质目标
学习目标	数据分组（理解、记忆、运用）；数据的转置（理解、记忆、运用）；数据的加权处理（理解、记忆、运用）；数据的拆分（理解、记忆、运用）		无

学习先行知识技能	知识点（学习水平）
学习先行知识技能	无

课 上 资 源	课 下 资 源
（1）教材：薛薇《统计分析与 SPSS 的应用（第 6 版）》，中国人民大学出版社，pp.64-69 （2）课件：统计分析与 SPSS 的应用-第 3 章 SPSS 数据的预处理 （3）文档：预处理案例分析与练习数据	（1）教材：薛薇《统计分析与 SPSS 的应用（第 6 版）》，中国人民大学出版社，pp.64-69 （2）参考教材：武松《SPSS 统计分析大全》，清华大学出版社，pp.27-29；pp.31-32；pp.39-42 （3）课件：统计分析与 SPSS 的应用第 3 章 SPSS 数据的预处理 （4）学习中心视频：数据分组；数据文件的转置；观测的加权；数据文件的拆分 （5）文档：预处理案例分析与练习数据；课后习题参考答案；实验题目

续表

课上时间	100 分钟		课下时间		300 分钟
活动序列	活动目标	地点	时间		学习资源
活动 1	数据分组(理解、记忆、运用);数据的转置(理解、记忆、运用)	课上	50 分钟		(1) 教材:薛薇《统计分析与 SPSS 的应用(第 6 版)》,中国人民大学出版社,pp. 64-67 (2) 课件:统计分析与 SPSS 的应用第 3 章 SPSS 数据的预处理 (3) 文档:预处理案例分析与练习数据
		课下	50 分钟		(1) 教材:薛薇《统计分析与 SPSS 的应用(第 6 版)》,中国人民大学出版社,pp. 64-67 (2) 参考教材:武松《SPSS 统计分析大全》,清华大学出版社,pp. 39-42 (3) 课件:统计分析与 SPSS 的应用第 3 章 SPSS 数据的预处理 (4) 学习中心视频:数据分组;数据文件的转置 (5) 文档:预处理案例分析与练习数据
活动 2	数据的加权处理(理解、记忆、运用);数据的拆分(理解、记忆、运用)	课上	50 分钟		(1) 教材:薛薇《统计分析与 SPSS 的应用(第 6 版)》,中国人民大学出版社,pp. 67-69 (2) 课件:统计分析与 SPSS 的应用第 3 章 SPSS 数据的预处理 (3) 文档:预处理案例分析与练习数据
		课下	60 分钟		(1) 教材:薛薇《统计分析与 SPSS 的应用(第 6 版)》,中国人民大学出版社,pp. 67-69 (2) 参考教材:武松《SPSS 统计分析大全》,清华大学出版社,pp. 27-32 (3) 课件:统计分析与 SPSS 的应用第 3 章 SPSS 数据的预处理 (4) 学习中心视频:观测的加权;数据文件的拆分 (5) 文档:预处理案例分析与练习数据
活动 3	数据预处理实验	课下	190 分钟		(1) 教材:薛薇《统计分析与 SPSS 的应用(第 6 版)》,中国人民大学出版社,pp. 64-69 (2) 课件:统计分析与 SPSS 的应用第 3 章 SPSS 数据的预处理 (3) 文档:预处理案例分析与练习数据;课后习题参考答案;数据预处理实验题目

续表

活动 1 知识建模图（课上）：

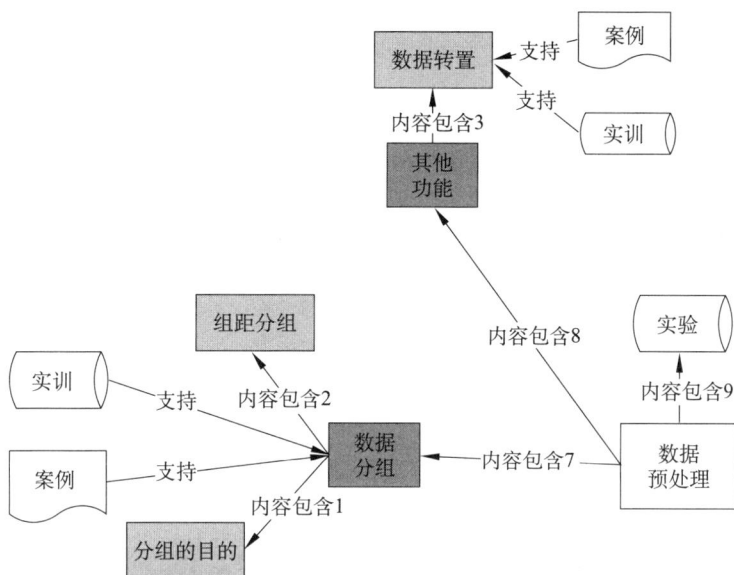

活动目标	数据分组（理解、记忆、运用）；数据的转置（理解、记忆、运用）
活动任务序列（导入任务描述）：数据预处理的一种重要方法——分组及转置	
师生交互过程	教师行为：让学生列举生活中的分组现象。通过例子，告知学生们描述分组现象的特征需要用到的方法比较多，数据分组是常见的、必要的分析方法之一

活动任务序列（任务一）

任务一知识组块：

	任务描述	通过自主学习，让学生预习数据分组和数据转置的内容
	任务时长	50 分钟
	学习地点	课下

教学方法（学习方法）	□讲授　□小组讨论　□答疑　□实验　□实训　☑自主学习 □其他（请填写）_____

续表

师生交互过程	教师发布任务:发送学习资源到学习中心,发布学习任务至学习中心 学生自主学习:接收自主学习任务,完成学习 (1)预习教材:薛薇《统计分析与 SPSS 的应用(第 6 版)》,中国人民大学出版社,pp.64-67(20 分钟) (2)阅读参考教材:武松《SPSS 统计分析大全》,清华大学出版社,pp.39-42 预习内容(25 分钟) (3)通过学习中心视频学习(数据分组;数据文件的转置),预习基本内容(5 分钟)
学习资源	(1)教材:薛薇《统计分析与 SPSS 的应用(第 6 版)》,中国人民大学出版社,pp.64-67 (2)参考教材:武松《SPSS 统计分析大全》,清华大学出版社,pp.39-42 (3)课件:统计分析与 SPSS 的应用第 3 章 SPSS 数据的预处理 (4)学习中心视频:数据分组;数据文件的转置 (5)文档:预处理案例分析与练习数据
学习成果及评价标准	学习成果:视频(数据分组;数据文件的转置)预习完成情况 评价标准:根据学习中心后台数据,完成得 10 分,完不成得 0 分

活动任务序列(任务二)

任务二知识组块: 	任务描述	教师通过演示、讲解,让学生学习数据分组的基本内容
	任务时长	15 分钟
	学习地点	课上

教学方法(学习方法)	☑讲授 □小组讨论 □答疑 □实验 □实训 □自主学习 □其他(请填写)_____
师生交互过程	教师行为:了解学生对数据分组的方法和实践的预习效果 教师讲解:结合数据文件("大学生职业生涯规划.sav")讲述数据分组的目的、方法(组距式分组:分组数目的确定、组距的确定) 教师上机演示:结合案例数据("大学生职业生涯规划.sav")演示数据分组的基本步骤(共 5 步)
学习资源	(1)教材:薛薇《统计分析与 SPSS 的应用(第 6 版)》,中国人民大学出版社,pp.64-66 (2)课件:统计分析与 SPSS 的应用第 3 章 SPSS 数据的预处理 (3)文档:预处理案例分析与练习数据
学习成果及评价标准	学习成果:掌握数据分组的基本内容 评价标准:通过提问,学生回答问题概念清楚,表述合理得 7~10 分;学生回答问题概念基本清楚,表述基本合理得 4~6 分;其余得分 0~3 分

续表

活动任务序列(任务三)		
任务三知识组块：	任务描述	通过实训,让学生掌握数据分组的操作
	任务时长	15 分钟
	学习地点	课上
教学方法 (学习方法)	☐讲授　☐小组讨论　☑答疑　☐实验　☑实训　☐自主学习 ☐其他(请填写)_____	
师生交互 过程	学生上机实训:结合数据("大学生恋爱数据.sav"),在 SPSS 软件中练习数据分组的基本步骤(共 5 步) 教师指导、答疑:指导学生实训中存在的问题	
学习资源	教材:薛薇《统计分析与 SPSS 的应用(第 6 版)》,中国人民大学出版社,pp.64-66 课件:统计分析与 SPSS 的应用-第 3 章 SPSS 数据的预处理 文档:预处理案例分析与练习数据	
学习成果及 评价标准	学习成果:掌握数据分组的操作 评价标准:教师通过讲台计算机端了解学生操作情况并给分。操作熟练、准确得 7～10 分;能正确操作得 4～6 分;操作困难得 0～3 分	
活动任务序列(任务四)		
任务四知识组块：	任务描述	通过讲授、答疑和实训,让学生学会在 SPSS 中如何实现数据的转置
	任务时长	20 分钟
	学习地点	课上
教学方法 (学习方法)	☑讲授　☐小组讨论　☑答疑　☐实验　☑实训　☐自主学习 ☐其他(请填写)_____	
师生交互 过程	教师讲解:结合数据文件讲述数据转置的方法 教师上机演示:结合案例数据("基本建设投资分析.sav")演示数据转置的基本步骤(共 3 步) 学生上机实训:接收教师传送的练习数据("某银行雇员.sav"),在 SPSS 软件中练习数据转置的基本步骤(共 3 步) 教师答疑:关注学生操作结果,发现操作中存在的问题,及时解答	
学习资源	教材:薛薇《统计分析与 SPSS 的应用(第 6 版)》,中国人民大学出版社,pp.66-67 课件:统计分析与 SPSS 的应用第 3 章 SPSS 数据的预处理 文档:预处理案例分析与练习数据	

续表

学习成果及评价标准	学习成果:掌握数据的转置 评价标准:教师通过讲台计算机端了解学生操作情况,抽查部分学生并评定分数: 操作熟练、准确得 7～10 分;能正确操作得 4～6 分;操作困难得 0～3 分

活动 2 知识建模图(课下＋课上):

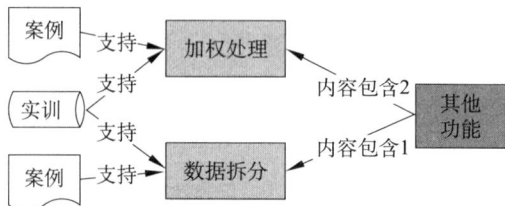

活动目标	数据的加权处理(理解、记忆、运用);数据的拆分(理解、记忆、运用)
活动任务序列(导入任务描述):SPSS 软件中如何对分组数据处理?	
师生交互过程	教师行为:让学生回顾当数据类型较多,SPSS 录入、导入的数据表示都是原始数据,每一行代表一个个案时,结构数据(分组数据)在软件中如何实现?

活动任务序列(任务一)

任务一知识组块: 见活动 2 知识建模图	任务描述	自主学习:预习数据的加权处理,数据的拆分,掌握基本方法,会简单操作
	任务时长	60 分钟
	学习地点	课下

教学方法 (学习方法)	□讲授　□小组讨论　□答疑　□实验　□实训　☑自主学习 □其他(请填写)_____

师生交互过程	教师发布任务:发送学习资源到学习中心,发布学习任务至学习中心 学生自主学习:接收自主学习任务,完成学习 (1) 阅读教材:《统计分析与 SPSS 的应用(第 6 版)》,中国人民大学出版社,pp. 67-69(25 分钟) (2) 参考教材:武松《SPSS 统计分析大全》,清华大学出版社,pp. 27-32(25 分钟) (3) 通过学习中心视频(观测的加权;数据文件的拆分),预习基本内容(10 分钟)

学习资源	(1) 教材:薛薇《统计分析与 SPSS 的应用(第 6 版)》,中国人民大学出版社,pp. 67-69 (2) 参考教材:武松《SPSS 统计分析大全》,清华大学出版社,pp. 27-32 (3) 课件:统计分析与 SPSS 的应用第 3 章 SPSS 数据的预处理 (4) 学习中心视频:观测的加权;数据文件的拆分 (5) 文档:预处理案例分析与练习数据

学习成果及评价标准	学习成果:视频(观测的加权)预习完成情况 评价标准:根据学习中心后台数据,完成得 10 分,完不成得 0 分

活动任务序列(任务二)		
任务二知识组块： 案例 —支持→ 加权处理	任务描述	通过实训,学会数据的加权处理
	任务时长	15 分钟
	学习地点	课上
教学方法 (学习方法)	☑讲授　☑小组讨论　□答疑　□实验　☑实训　□自主学习 □其他(请填写)_____	
师生交互 过程	教师讲解:结合数据文件讲述数据("血压和年龄.sav")的加权处理的方法 教师上机演示:结合案例数据("血压和年龄.sav")演示数据的加权处理的基本步骤(共 2 步) 学生讨论:加权数据和普通数据的区别	
学习资源	(1) 教材:薛薇《统计分析与 SPSS 的应用(第 6 版)》,中国人民大学出版社,pp.67-68 (2) 课件:统计分析与 SPSS 的应用第 3 章 SPSS 数据的预处理 (3) 文档:预处理案例分析与练习数据	
学习成果及 评价标准	学习成果:课堂分组讨论——加权数据和普通数据的区别 评价标准:通过讨论,学生回答问题全面、表述合理得 7～10 分;学生回答问题基本全面、表述基本合理得 4～6 分;学生回答问题不全面、表达不清得 0～3 分	

活动任务序列(任务三)		
任务三知识组块： 加权处理 实训 —支持→	任务描述	通过数据加权处理的实训,让学生学会在 SPSS 中对数据加权处理
	任务时长	15 分钟
	学习地点	课上
教学方法 (学习方法)	□讲授　□小组讨论　☑答疑　□实验　☑实训　□自主学习 □其他(请填写)_____	
师生交互 过程	学生上机实训:结合数据("大学生恋爱数据.sav"),在 SPSS 软件中练习数据的加权处理的基本步骤(共 2 步) 教师答疑:观察学生状态,解答学生实训中存在的问题	
学习资源	教材:薛薇《统计分析与 SPSS 的应用(第 6 版)》,中国人民大学出版社,pp.67-68 课件:统计分析与 SPSS 的应用第 3 章 SPSS 数据的预处理 文档:预处理案例分析与练习数据	
学习成果及 评价标准	学习成果:掌握数据加权处理的基本步骤 评价标准:教师通过巡视或查看教师端计算机了解学生操作情况并评定分数:操作流畅得 7～10 分;在教师或同学的帮助下会操作得 4～6 分;基本不会操作得 0～3 分	

续表

活动任务序列(任务四)

任务四知识组块:	任务描述	通过讲授、答疑和实训,让学生学会如何拆分数据
	任务时长	20 分钟
	学习地点	课上

教学方法 (学习方法)	☑讲授　□小组讨论　☑答疑　□实验　☑实训　□自主学习 □其他(请填写)_____
师生交互 过程	教师讲解:结合数据文件讲述拆分数据的方法 教师上机演示:结合案例数据("大学生职业生涯规划.sav")演示拆分数据的基本步骤(共 4 步) 学生上机实训:接收教师传送的练习数据("学生成绩.sav"),在 SPSS 软件中练习拆分数据的基本步骤(共 4 步) 教师讲解:拆分文件和拆分为文件的区别 学生上机实训:接收教师传送的练习数据("学生成绩.sav"),在 SPSS 软件中练习拆分文件和拆分为文件,体会其区别
学习资源	教材:薛薇《统计分析与 SPSS 的应用(第 6 版)》,中国人民大学出版社,pp.68-69 课件:统计分析与 SPSS 的应用第 3 章 SPSS 数据的预处理 文档:预处理案例分析与练习数据
学习成果及 评价标准	学习成果:掌握拆分文件的步骤 评价标准:教师通过讲台计算机端了解学生操作情况并给分。操作熟练、准确得 7~10 分;能正确操作得 4~6 分;操作困难得 0~3 分

活动 3 知识建模图(课下):

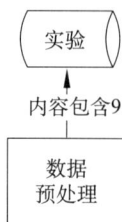

活动目标	数据预处理实验

活动任务序列(任务一)

任务一知识组块: 见活动 3 知识建模图	任务描述	完成数据预处理实验
	任务时长	190 分钟
	学习地点	课下

续表

教学方法 （学习方法）	□讲授　□小组讨论　□答疑　☑实验　□实训　□自主学习 □其他(请填写)_____
师生交互 过程	教师布置任务：上传实验报告到学习中心，要求学生下载、完成、提交，并做好汇报准备 学生完成任务：在学习中心下载实验内容，做实验报告，提交到学习中心，同时做好下次课小组汇报准备工作
学习资源	教材：薛薇《统计分析与 SPSS 的应用(第 6 版)》，中国人民大学出版社，pp.64-69 课件：统计分析与 SPSS 的应用第 3 章 SPSS 数据的预处理 文档：课后习题参考答案；数据预处理实验题目
学习成果及 评价标准	学习成果：完成实验，按要求提交到学习中心指定位置，计入期末总成绩部分 评价标准：实验完整，结果解释合理，文档规范得 80～100 分；实验基本完整，结果解释基本合理，文档基本规范得 60～80 分；实验未完成，未充分解释，文档不规范得 0～60 分
备注	本次课是上次课的延续，即对数据的预处理，没有理论知识，操作难度小，效果理想，学生对实验的完成度很好

3. 实施过程

本课程拟采用"线上＋线下"的混合教学模式。课堂上采用"理论＋实验＋实操"的教学方法，课下利用慕课、B 站资源、教师录制的视频、习题库、数据资料库等进行自主学习，结合线下面授、答疑、讲解、案例分析等活动进行学习。具体表现为以下三点。

(1) 课前预习。教师通过翻转校园提前一周发布学习任务，根据章节内容预留学习目标和课程作业，学生根据教师提供的慕课和视频资源进行预习，并按任务要求完成学习，再自己进行上机演练。另外，学生可以通过网络随时以语音、文字形式与老师沟通，实现网上讨论、答疑等课外互动和交流。

(2) 课堂教学。①上节回顾、问题处理及汇报交流；②重难点讲解；③课堂练习及讲评；④案例分析，实训讲解；⑤小组讨论：经济学教材中的模型和实际经济问题中模型的运用；⑥学生上机练习，部分课堂需安排随堂实验。

(3) 课后学习。①视频学习：通过观看教师提供的慕课和教师拍摄的视频资源学习；②完成个人课外实验(形成实验报告)；③完成小组实验(需要拍视频或下次课堂展示)，完成调研报告；④查找、阅读文献，完成实证论文写作。

4. 教学评价

本次课程采用平时成绩占比 60%，期末考查占比 40% 的比例进行评价，并细化成绩考核的标准。其中平时成绩由出勤、翻转校园线上资源学习、课堂参与、课后实验、分小组案例分析报告等组成。期末成绩则来自对 SPSS 统计软件及应用进行的综合性考查。

（1）课堂出勤占比 10%。课内共 24 次课（48 学时），全勤为 100 分，每次缺勤扣 2 分，请假扣 1 分，缺勤超过课时 1/3，取消本门课程考核。

（2）翻转校园测试占比 5%，翻转校园自动记录分数。

（3）线上学习占比 5%。翻转校园讨论占 2%，根据讨论表现给相应分数：优秀 90～100 分，良好 80～90 分，中等 70～80 分，合格 60～70 分，不合格 60 分以下；慕课学习、视频下载学习、课件下载学习占 3%，根据下载次数及学习情况表现给分：优秀 90～100 分，良好 80～90 分，中等 70～80 分，合格 60～70 分，不合格 60 分以下。

（4）个人实验占比 20%。拟提交 8 次个人实验，依照实验完成度、完成质量、实验报告的规范性等给分：优秀 90～100 分，良好 80～90 分，中等 70～80 分，合格 60～70 分，不合格 60 分以下。最终以平均成绩计入总成绩。

（5）实证论文写作占比 10%。依照内容是否完整、数据分析方法是否恰当、数据分析结果及其解释是否合理的标准依次给分：优秀 90～100 分，良好 80～90 分，中等 70～80 分，合格 60～70 分，不合格 60 分以下。

（6）小组实验或调研占比 10%。该部分由小组代表根据汇报结果打分，最终以平均成绩计入总分：优秀 90～100 分，良好 80～90 分，中等 70～80 分，合格 60～70 分，不合格 60 分以下。

（7）期末考查占比 40%。实施教考分离的形式。本课程建立期末考查题库，从题库随机抽题进行上机考试。依据考查资料的要求和标准答案打分，满分 100 分。

结　　语

　　本校的经济学专业通过多年的建设，已形成了一套较为完善的课程体系，涵盖了经济学的基础理论和应用知识。同时，专业教师队伍素质不断提高，实践教学环节得到了加强。此外，该专业还积极利用各种教学资源，如图书馆、数据库等，为学生的学习提供了有力的支持。经济学专业一方面需要从传统的理论教学向理论与实践并重、注重创新能力和综合素质的培养方向转变，另一方面需要加强与其他学科的融合，如金融、管理、数学等，以培养具有综合素质的人才。最后，随着数字经济的快速发展，经济学专业还需要加强数字化转型，引入更多的数字化工具和平台，以适应时代的需求。总之，从未来发展来看，经济学专业要在数字化转型、跨学科融合、实践教学强化和培养目标升级等方面下功夫。

附录 知识建模法

一、知识建模法简介

（一）概念及应用

知识建模法应用非常广泛，是一个复杂的过程，涉及多个步骤和方法。它旨在创建一个专业知识建模图，为培养新型人才搭建坚实的知识体系基础。

知识建模法将知识域可视化或映射为地图。通过可视化技术，理解知识与知识之间的关系。知识建模法是以图的形式表示知识，其中节点代表实体，如人物、地点或事物；线则代表实体之间的关系。知识建模法在操作中通常需要借助 Microsoft Visio 软件。

（二）作用

知识建模法可以将传统的学科知识体系和企业的实践知识体系用一个逻辑联系起来，形成统一的人才培养的知识点数据库；可实时动态更新"有用"的教学知识、企业任务知识等。知识建模法不仅在技术领域发挥着重要的作用，而且在教育教学领域也带来了革命性的变化，其主要作用体现在以下三个方面。

第一，帮助教师进行课程先后序列的排布。

第二，帮助教师进行每课教学任务的分解。

第三，检查专业的人才培养目标与课程结构之间的对应性，以及课程目标与其知识结构的对应性是否清晰、合理。

二、准备工作

在进行知识建模前，教师需提前做好以下准备工作。

（1）每个专业以一门项目化教学课程及其对应的专业基础课程为分析单位。

（2）本专业参与项目化教学课程及其对应的专业基础课程的所有教师。

（3）项目化教学课程相关的所有资料：教材、企业任务说明书、企业任务工单、视频学习资料、其他资料等。

（4）所有教师携带笔记本电脑，提前安装好 Microsoft Visio 软件。

（5）以 2~3 位教师为一组，合作一个模块的知识建模，可以按照模块内容或者章节内容进行分工。

三、方法与规则

（一）罗列知识点

罗列专业基础课程中要讲授的所有专业知识点，要注意以下事项。

（1）知识点应该是某种学习的结果。

（2）列出不属于教学资料的先决知识。

（3）有些知识点不在教学材料中，但需要学生掌握。

（4）对于无法确定的知识点，只要团队达成共识，就可以罗列进去。

（5）有可能不能完全将知识点罗列出来，后续还可以进一步补充。

以"中国近代史"课程中的"鸦片战争"章节为例，提取出的知识点包括鸦片战争、半殖民地半封建社会、鸦片战争前的中国、马嘎尔尼使团礼仪之争、林则徐虎门销烟、《南京条约》。

（二）确定知识的类型

知识的类型包括：陈述性知识、事实范例、程序性知识和认知策略。

（1）陈述性知识，又称描述性知识，是关于"是什么""为什么""怎么样"的知识，用字母"DK"表示，在知识建模图中用 ▭ 表示。

（2）从本质上讲，事实范例也是一种陈述性知识，如方案、产品、现象、事实、问题、案例、例子，以及命题的推导过程和论证过程，这类知识代表着特定的现实及知识的运用，用字母"FC"表示，在知识建模图中用 ▭ 表示。

（3）程序性知识，又称操作性知识，是关于"怎么做"的知识，这种知识表达的是实物的运动过程或者某种操作的步骤序列，用字母"PK"表示，在知识建模图中用 ⬭ 表示。

（4）从本质上讲，认知策略也是一种程序性知识，但由于其非常特殊，因此单独归类，包括问题解决策略、学习方法、信息加工策略等，用字母"CS"表示，在知识建模图中用 ▱ 表示。仍以"鸦片战争"章节为例，陈述性知识是近代中国、半殖民地半封建社会、鸦片战争前的中国；事实范例是鸦片战争、马嘎尔尼使团礼仪之争、林则徐虎门销烟、《南京条约》。

（三）绘制知识建模图

使用上述不同类型知识的图例，在 Microsoft Visio 软件中按照知识建模法绘制知识建模图。绘图时，必须标出所有知识点之间的关系，即九种语义关系：各类包含；组成或构成；是一种；具有属性；具有特征；定义；并列；是前提；支持。

绘制知识建模图时，需注意以下事项。

（1）"具有属性""组成或构成"两种关系必须标在最上位概念节点上；"是一种"关

系不能跨越概念层级。

（2）原则上禁止出现孤立节点。

（3）最终的知识建模图是共创和共识的结果。

（4）对知识建模图进行优化与定稿。

每位教师绘制好知识建模图后，交由另外 1～2 位教师进行检查，直到达成共识。该课程的知识建模图绘制完毕后，汇总并输出文档。

参考文献

［1］杨开城.以学习活动为中心的教学设计实训指南［M］.北京:电子工业出版社,2016.

［2］杨开城,陈洁,张慧慧.能力建模:课程能力目标表征的新方法［J］.现代远程教育研究,2022,34(2):57-63,84.

［3］杨开城,孙双.一项基于知识建模的课程分析个案研究［J］.现代教育技术,2010,20(12):20-25.

郑 重 声 明

　　本书属于黄河科技学院教学改革系列成果之一,著作权属于黄河科技学院,作者享有署名权。

　　任何未经许可的复制、销售行为均违反《中华人民共和国著作权法》,其行为人将承担相应的法律责任。为了维护市场秩序,保护读者的合法权益,避免读者误用盗版书造成不良后果,我社将配合行政执法部门和司法机关对违法犯罪的单位和个人进行严厉打击。社会各界人士如发现上述侵权行为,希望及时举报,我社将奖励举报有功人员。